アイヌの伝承と民俗

The Ainu and Their Folk-Lore

ジョン・バチラー
安田一郎訳

青土社

アイヌの男

凡例

（1）原著では、アイヌ語はイタリック体で書かれているが、それは訳さないで、片かなで表記した。なおバチラーのアイヌ語は樺太・アイヌ語の影響が強かったために、表記に、kor を koro、kar を kara、moshir を moshiri、chise を chisei にしたり、また ape を abe、sampe を sambe にするなど特有のものがあるが、それはそのままにしてある。

（2）God と god は本書にしばしば出てきた英語であるが、日本語として区別するために、前者は「天帝」または「ゴッド」と訳し、後者は「神」と訳した。deity も「神」と訳した。

（3）［　］内は、訳注である。文中「バチラー」はバチラー『アイヌ・英・和辞典』三版、一九二六年、「知里」は知里真志保『分類アイヌ語辞典』動物編、植物編（『知里真志保著作集』別巻1、平凡社、一九七六年）を指す。またアイヌ語については、上記の他に、服部四郎編『アイヌ語方言辞典』一九六四年、岩波書店、および知里高央、横山孝雄『アイヌ語イラスト辞典』蝸牛社、一九八七年を参考にした。

（4）訳注に昭和初期以前の文献を引用する場合には、現代の読者向けに読み易くするため、漢字を減らし、句読点を多くした。また明治以降の文献ではさらに、現代かなづかいに改めた。

序文

アイヌの男

『日本のアイヌ』*The Ainu of Japan* という私の著書は一八八九年［明治二二年］に書かれ、三年後に出版された。そのとき以来アイヌのなかで約一二年間さらに経験を積み、全体で約二五年間彼らの間で生活したことは［一八七七年、明治一〇年来日］、私の特権であった。このようにして得られたもっと拡大した知識の見地からこの本を読みかえして、私はそのなかに訂正を要する多くのことや、間違っていると思われた他のことを見つけたと認めざるをえない。これらの欠点を直して、大衆に償いをするのが、私の心からの願いであった。これらの欠点に気づいて、私は最初、このテーマについての新しい本を書くか、あるいは旧著を改訂するかのどちらかをしようという構想をもった。

事情をよく考えてから、私は新しい本を書くほうがいいだろうという結論に達した。伝説と民間伝承の点で、私は新しい材料をたくさん手に入れたから、とくにそうであった。それゆえ、本書は単に旧著の改訂ではなく（もちろん多くは旧著から引用したが）、旧著に見出された誤りについて、わかっているかぎり訂正した新しい本である。そして伝説と民間伝承に関してはアイヌ自身に語らせ、私は単に翻訳者として振る舞うというのが、私の一貫した目標であった。

私が、あまりにも多くの似たような伝説や民間伝承の項目を引用したと思う読者がおそらくいるだろう。しかしそんなにたくさん載せたことに対する弁解は（もし弁解が必要なら）、私が手に入れた全部を述べるのがいちばんいいと思ったということである。だからこの種の調査に関心がある人には、他の人種の伝説と比較するための資料になるかもしれない。民族学者は、伝説のわずかな違いがときどき多くのことを意味することを知っている（民族学者ほど、このことをよく知っている人はいないだろう）。またサヴェージ・ランダー氏の『毛深いアイヌ』*The Hairy Ainu*［一八九一年］という本を、私がもっと利用してもよかったのにと言う人がいるかもしれない。私は非常に注意してこの本を読み、氏の本は民族学の目的に用いるには、あまり厳密でないという結論に達した。それゆえ、本書では引用しない。

宗教論文協会［旧著『日本のアイヌ』と本書の出版社］の好意によって、私は旧著に入れた挿絵をこの本に再録することができた。このことについて、私は感謝を述べたい。しかし旧著を執筆してから入手できた写真とスケッチによって、挿絵は大幅にふえたので、この本の内容は著しく豊かになった。同協会が私を丁重に迎えられたこと、同協会がいろいろと示唆を与えられたこと、そしてまた同協会が本書を出版するにあたって配慮を払われたことに対しても、私は同協会に大いに感謝している。私はまた友人、札幌農学校植物学教授宮部博士［宮部金吾、一八六〇―一九五一年、一九四六年文化勲章受章］が、本書に挙げた植物の正しい学名を親切に教えてくださったことに対しても感謝を捧げたい。

終わりに（旧著のまえがきから引用すると）、「本書によって読者がこの未知の人種の良い点を評価するようになるなら、またとくに、文明の影響のもとに、またイエス・キリストの教えの加護のもとに、彼らを連れて来るためになされているさまざまな努力に対して、読者に新たな関心をもたせることができるなら、私の目的は達成されたと言えるだろう」。

アイヌの伝承と民俗——目次

▲アイヌの女とネコ

クマを飼う檻▶

図版一覧

アイヌの伝承と民俗

The Ainu and Their Folk-Lore
by John Batchelor
The Religious Tract Society, London, 1901

1 アイヌの起源について

日本人より先に住んでいた日本のアイヌ／初期のアイヌは食人種という伝説／アイヌの祖先としてのアイオイナ／アイオイナとアイヌということばの意味／オキクルミとワリウネクル／神はどのようにして人間を創造したか／名前を呼ぶ／人間は不完全に作られた／イヌはトーテム動物ではない／アイヌの毛深さ／アイヌの祖先としてのクマ／アイヌの祖先としてのワシ／アイヌはアーリア人種

アイヌが日本人よりずっとまえに、日本に住んでいたことはよく知られた事実である。南は薩摩から北は千島列島まで、帝国［日本国の旧称、大日本帝国の略］内の多くの地名は、アイヌ起源である。それゆえ、地名は、このことを立証する上で大いに役に立つ。日本の古い歴史も、証拠の連鎖のなかの別の環をなす。歴史の説くところによると、古代日本人は、日本に来るときに、その当時本土に住んでいたアイヌとしばしば戦った。彼らの多くは戦いに敗れたが、他の者は山に逃げて助かったと、歴史は言っている。しかし日本人がつねに攻撃者だったと決して思ってはならない。というのは、古代のアイヌは疑いもなく、非常に未開な savage 人々で、ときどきその野蛮性と無法性によって戦いを引き起こしたからである。しかしアイヌが臆病者だったと考えてはならない。というのは、彼らは多くは困難な戦いをしたと信じる強力な理由があるからだし、また日本人は、すぐれた武器と甲冑をもってしても、アイヌを征服するのは非常にむずかしいことに気づいたと思う強力な理由があるからである（原注1）。

日本人がアイヌをきわめて非文明的な uncivilized 人種だと思ったことは、十分に考えられる。というのは、アイヌの伝説自体も、同じことをわれわれに語っているからである。この伝説からわれわれは、アイヌの祖先はカニバリズム、しかも非常に低いタイプのカニバリズムにふけっていたほど、人間の尺度ではきわめて低かったことを知る。

この点について、彼らの伝説はこう述べている。「アイヌはもとは食人種だった。彼らは、生のままクマ、シカ、および他の動物を食べただけでなく、昔は自分たち自身の親族をも殺して食べた。彼らは、最初は肉を煮ないでそれらを食べた。しかし神聖なアイオイナ Aioina が天上から降りて来たとき、彼はもり、弓、矢、壺、鍋、および有用な道具のようなものの作り方を人々に教えた。彼はまた、食べるまえに、あらゆる種類の魚と肉を調理するように彼らに命じた。彼はまた、お互いを食べる習慣を止めるように彼らに警告した」。

この伝説に挙げられたアイオイナという名前は、重要な名前である。そしてこの名前は、本書のなかにしばしばあらわれるだろう。多くの人々は、自分たちはこの名前によって示された人の子孫であるが、どんな場合にも、自然発生という道を通ってではなく、彼によって創造されたという道を通って、この人の子孫であると思っている。実際彼は、この人種の最初の祖先たちを作った神と考えられている。アイヌが言うところによると、アイオイナは、至高神によって、つぎの指図を与えられて、天上から下界に遣わされた。この指図とは、まず最初に人々を作り、つぎに人々に種々の有用な道具の作り方を教え、そのつぎに、狩猟の仕方、魚のとり方、神々を礼拝する仕方、宗教的な儀礼や儀式の仕方をアイヌに教えよというものであった。この問題についての伝説はこうである。

「神聖なアイオイナは、ある人からは、アイヌラックグル ainu rak guru、すなわち『アイヌの匂いのする人』〔ラク＝臭い、グル、クル＝人〕という名前でよばれている。つぎは、彼がその名前でよばれるようになったいわれである。彼が天上から下り、最初のアイヌ（アイヌというのは『人間』という意味である）を作ったのち、彼は非常に長い間、最初のアイヌと一緒に地上にとどまり、最初のアイヌとその子供たちに狩猟の仕方と暮らし方を教えた。世界にいる間、彼はアイヌと同じ生活をし、アイヌが着ているのと同じ種類の衣服を着た。彼が教えるようにと言われたことを全部教え終わったとき、彼は天上に戻った。しかし旅立つまえに、彼は衣服を脱ぐのをすっかり忘れていた。天国に到着したとき、すべての神々は鼻をくんくんさせ、顔を見合わせて言った。『ねえ、なんと、アイヌ（人間たち）の匂いがするじゃないか。どこから匂って来るのだろう』。その原因をよく調べて、彼らはその匂いが、地上の衣服をまだ着ていたアイオイナから来ていることに気づいた。そこで彼らは、アイオイナに地上に戻って、衣服を脱いで来てくれとたのんだ。彼は地上で衣服を脱いでから、もう一度天に戻って来た。あら不思議。人間の匂いは彼から消えていた」。

しかしこの伝説にもかかわらず、アイオイナという名前はアイヌから来たのではなく、逆にアイヌという名前がアイオイナから来たという人が多い。この説は、たしかに拒否されねばならない。というのは、どちらも実際他方から派生したのではないからである。アイヌということばも、アイオイナということばも、それ自身の特別の意味がある。それゆえ、上の伝説が示しているような派生はなんら必要でない。アイヌは「人間」という意味である。人間という

図1—1　著者とペンリ村長

ことばに対しては、彼らの語彙にはこれ以外の単語はない。アイオイナは、彼らの語彙では「教師」という意味である。それゆえ、私はこのことや他のことから、アイオイナは非常に古い時代にこれらの人々に対して教師として活動したある偉大な人物だと結論する。しかしその人物については後でもっとたくさん語る必要があるから、今のところは彼のもとを去ることにしよう。

これと非常によく似た別の神話がある。この神話では、オキクルミ Okikurumi とよばれた人と、彼の息子ワリウネクル Wariunekuru がこの人種の最初の人だと語られている。しかしこれに対しては、別の話がある。この話によると、これらの二人の人は、遠い昔に日本の本土からエゾに逃れて来た日本人であったという（原注2）。しかしこのことはたいへん漠然としているので、この伝説は理解できない。この伝説は作り話以上のものでないという印象を、私はしばしば受けた。

私がこれまでに聞いたアイヌの起源についての伝説のなかで、もっとも短く、ある点でもっとも興味があるものは、つぎの通りである。

「天帝 God がはじめて人間を作ったとき、彼は土から肉体を、ハコベから髪の毛を、ヤナギの棒から背骨を作った。それゆえ、人間は年をとると、背中の真中が曲がるのである」。

もう一つの伝説は、同じ点についてこう言っている。

「世界が創造され、秩序ができたとき、天帝は大地から生える草や木を材料にして多くのものを作った。多くの物が作られたとき、彼は人間を作ることに取りかかった。彼は人間を作るにあたって、一本の木をとり、それを背骨と骨組として使い、土でその隙間を埋めた。だから人間は非常に年をとると、背中が老木のように曲がるのである。さよう。背中はときに非常に曲がるので、人間はシカと同じくらい腰が曲がるようになる」。

私はこれらの人々のなかにいる間、男と女がお互いを「曲がった背中」とか、「年を取った汚いシカめ」などの口汚い名前で呼びあっているのをしばしば聞いた。この伝説を聞くまえに、私はなぜこのような名前が用いられるのかを理解するのに非常に苦しんだ。しかし伝説の観点から見ると、皮肉がどこにあるのかがたやすくわかる。これらのことばは、英語の block-head（ばか）や beast（ちくしょう）のような表現と同じである。

アイヌは、自分たちの創造に関して別の伝説をもっている。最初の人間は、造物主が最初に意図したほど完全に作られていなかったと彼らは言っている。カワウソの極端な不注意がなかったなら、人間はもっと顔だちがととのって作られたろうといわれている。この件に関する伝承の部分はこうである。

「天帝が最初の人間を作る仕事をし、その仕事がほとんど完成したとき、重要な仕事のために、彼は思いがけなく天に戻らなければならなくなった。帰国の旅に出発するまえに、彼はそのときにたまたま自分の近くにいたカワウソをよび、自分は立ち去るつもりだが、自分自身がすでに始めた仕事を完成するために他の神をすぐに派遣すると言った。

図1—2　アイヌ

そしてカワウソの仕事は、この神に伝言を伝え、なにをすべきかを説明することであった。さて、この動物は、間違いなく伝言を伝えましょうと言ったが、うかつになって、泳いで川を上ったり下ったりしたり、魚をつかまえたり、食べたりする以外なにもしなかった。彼はこれらのことにすべての注意を注ぎ、他のことを考えなかった。さよう。カワウソはそれについてすべてを忘れた。天帝が伝えるように言った伝言をすっかり忘れてしまった。彼は魚をとることにそんなに夢中になったので、これが、最初の人間が非常に不完全に作られた理由であるし、またすべての人間が、天帝が最初に意図したような仕方で作られていない理由である。この怠慢と驚くべき忘れやすさの罰として、天帝はカワウソの記憶が悪いようにした。さよう。カワウソは記憶を完全になくしてしまった。これが、今でもカワウソがなにも覚えることができない理由である」。

アイヌは自分たちの祖先をイヌとみなしているということが、ある旅行者たちによって報告された。しかしこれは純然たる作り話である。というのは、自分たちはそんなことを夢にも思っていないと、彼ら自身が私に断言したからである。もし彼らが自分たちはイヌの子孫だとみなしていたならば、彼らはきっとイヌをトーテム動物とするであろうが、彼らの間では、イヌはどんな点から見ても、トーテム動物と見られていない。また彼らは自分たちがイヌの子孫だと思っていない。実際、ジャワの先住民と考えられているカラング族は、自分たちはイヌに変えられた王妃と王の子孫だとみなしているらしい。それゆえ、旅行者たちがこの神話をここに持ち込んで、それをアイヌに移したことはありえないことではない。アイヌ Ainu（英語では、i-nu と発音される）という土着の名前は、日本語のイヌ（英語では、e-nu と発音される）という単語に非常に似ていることから見ると、これ以上に安直なことはない。しかしこの神話はどんな点から見ても、アイヌ起源だと言うのは実際根拠がなく、純粋にいわれのない主張である。

アイヌの毛深いことも、彼らが動物と関係がある証拠だと、ある人たちは言った。しかしこれは、もちろん実際の価値がない。というのは、人種として見ると、アイヌは多くのヨーロッパ人より毛深くないし、トダ族［インド南部に住む］のように毛でおおわれていないからである。毛深いことはアイヌの独占ではない。人が、まじめな主張としてこのような危険な論拠を無鉄砲に提出することができるのは、どうしてなのかと、私は不思議に思わざるをえない。しかしもしだれかが、アイヌの毛深さを四つ足の動物から引き出す熱烈な欲望をもっているなら、この人種の祖先としてイヌではなく、クマを挙げよう。これなら、この問題についての承認されたアイヌの観念とはるかに一致しているだろう。というのは、自分たちの祖先はクマから来ていると想像しているアイヌが多いからである。さらに、この動物は、この人種全体の偉大なトーテム神とみなされているのはたしかだからである。つぎの伝説はこれを物語っている。

「非常に古い時代に、二人の人が住んでいた。二人は夫婦だった。夫がある日病気になり、まもなく死んだ。子供はなかった。それで、貧しい妻はまったく独りで残された。ところで、その女が将来のあるときに男の子を生む運命に

図 1—3　アイヌ

なった。子供が生まれる日が近づいてくるのを人々が見たとき、『たしかにこの女の人は再婚したのだ』と言う人もいれば、『そうではない。死んだ夫がよみがえったのだ』と言う人もいた。しかしその女自身は、『それはまったく不思議なことなのです』と言った。つぎがその説明である」。

「ある夕方、私が小屋に坐っていたとき、小屋に突然人があらわれました。私のところにやって来た人は、外観は人間の形をしていて、黒い衣服をつけていました。彼は、私のほうを向いて言いました。『おお、女よ。私はおまえに言う一つのことばがある。どうか注意して聞いてくれ。私は山々をもっている神（すなわちクマ）だ。私が今男の体型であらわれたが、私は人間ではない。私が来た理由はこうだ。おまえの夫は死んだ。おまえは非常に孤独な状態で残されている。私はこれを知った。そこで私は、おまえが子供を生むだろうと言いにやって来た。子供は、おまえに対する私の贈物だ。男の子が生まれたとき、おまえはもう孤独ではないだろう。そしてその子が成長すれば、その子は大金持で、雄弁な男になるだろう』。こう言ってから、彼は立ち去りました」と。やがてこの女は男の子を生んだ。そしてまもなく、この子は、偉大で、金持で、雄弁な人であるだけでなく、有能な猟師になった。彼はまた、多数の子供たちの父親になった。だから、山に住んでいるアイヌの多くは、今日に至るまでクマの子孫といわれるようになった。彼らはクマ氏族 clan に属し、キムン・カムイ・サニキリ Kimun Kamui sanikiri（すなわち「クマの子孫」）[キムンカムイはクマだが、キム＝山、ウン＝いる、カムイ＝神、サニキリ＝子孫] とよばれている。このような人々は非常に誇りをもっていて、こう言う。「この私はといえば、私は山の神の子だ。私は山々を支配している聖なる者の子孫だ」と。これらの人々は実際、非常に誇りが高い。

　私は、ある地方のアイヌが喧嘩のとき、非難のことばとして、なぜ「ワシの子」とか「鳥の子孫」を意味することばで、しばしばお互いを呼ぶことが多いのかを理解するのに苦しんだ。しかしついに、氏族のトーテミズムがその根底にあることに気づいた。自分の曾々祖父の長老は、(どこからかはわからないが)ワシによって連れて来られたか、あるいはこれらの動物の一羽の直接の子孫だとまじめに信じている一人の若者が、この本を書いている今、私のそばにいることを読者に知らせるのは興味深いことだろう。しかしこれに関する伝説は、さきに述べたものに似ているから、ここで繰り返すのはやめよう。

以上が、アイヌの起源についての彼らの伝説である。彼らは自分たちがもともとどこから来たのかを、われわれになにも告げてくれない。彼らが知っているかぎりでは、彼らは創造の始めから日本にいたのかもしれない。この人種は蒙古人種ではないのはあきらかである。というのは、マレイ人が黒人と違うように、これらの人々は隣人である中国人や日本人とは違うからである。言語の構造はアーリア語（訳注1）で、日本語とは著しく違う。しかしアイヌ族がアーリア人種のどの部分に実際所属するのかは、これから決定されねばならない問題である。

（原注1） これらの事実は、『古事記』と『日本紀』（日本書紀）から集められる。前者は七一二年に書かれた。

（原注2） 義経と弁慶。

（訳注1） バチラーのいう「アーリア語」は、印欧語のことである。彼はアイヌ語がアーリア語だという証拠としてつぎの例を挙げている。たとえば、家は、エゾ・アイヌ語では chisei（chise）、千島アイヌ語では che である。ところがウェールズ語では、家は t、コーンウォール語（イングランドのコーンウォール地方で行われていた言語で、ウェールズ語とともに p-ケルト語といわれる）では、単数では ty、複数では tai である。コーンウォール語とウェールズ語では、頭にあたる語は pen であるが、アイヌ語では、pen は川の源（川の頭）である。アイヌ語で kur（gur）は人であるが、ウェールズ語で gwr は人である。tumbu（tunpu）はアイヌ語では、「部屋」、「胎盤」であるが、ラテン語では、tumba は「墓」、「棺桶」であり、英語の tomb は「墓穴」、「墓」である。舟は英語では ship、アイヌ語では chip である。骨は英語では bone、アイヌ語では pone である（日本語の hone も似ている）。アイヌ語で水は wakka であるが、サンスクリットでは水は aka である（日本語でも仏に供える水をアカという）。two はアイヌ語では tu、threeは re である。「ある」は、ギリシア語では esti、ラテン語では est、サンスクリットでは as（asti）、英語では is(be) であるが、アイヌ語では a（an）である（日本語の aru も似ている）。バチラーはまた、シベリアの地名には、アイヌ語由来のものが多いから（たとえば、トムスクの tom はアイヌ語で「輝く」、オホーツクの okhot、oukotは「結合する」）、アイヌは印欧語が行われている地方からシベリアを通って日本に来たという仮説をたてた。

2　穴居民とアイヌ減少の理由

穴居民／穴居民の伝説／アイヌ減少の原因（a）氏族の戦い（b）食料の変化（c）活力の減退／他の原因／日本人の子供の養子

アイヌをエゾの唯一の先住民とみなしてはならない。というのは、アイヌ自身が、自分たちが住むまえに、この島に住んでいた小人の一人種のことを語っている一つの伝説をもっているからである。そしてアイヌは、この人種を実際の土着の土地所有者とみなしている。アイヌの言うところによると、彼らの祖先たちはこれらの人々をみな殺しにした。現在この人種について残っているすべてのことは、彼らが住むのに使ったといわれている穴と、二、三の火打ち石の道具と、ある未熟な土器である。しかし土器が、なにかの証明になると思ってはならない。というのは、アイヌ自身がそれを作ったと思われる理由があるからである。一九〇〇年［明治三三年、本書執筆時］においても、私は、これらの穴のまわりで発掘されたものに似た土器を、アイヌの子供たちが作って遊んでいるということを聞いた。これらの小人が単にアイヌの一氏族であり、アイヌ自身と同じアイヌであったと考えられないことはない。そしてまた、純粋のアイヌのことばでないような土着の地名は、この島には一つとしてないことや、土着の地名はなにか他のものにさかのぼることができないことを考慮に入れなければならない。

アイヌは、これらの小人について、つぎの一つの伝説をもっている。

「非常に古い時代に、穴に住んでいた一人種がわれわれのまわりで生活していた。彼らは非常に小さかったので、彼

図 2—3　ゴボウの葉

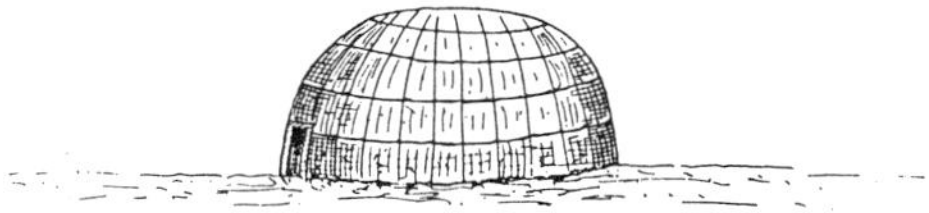

図 2—1　コロボックルの小屋の想像図

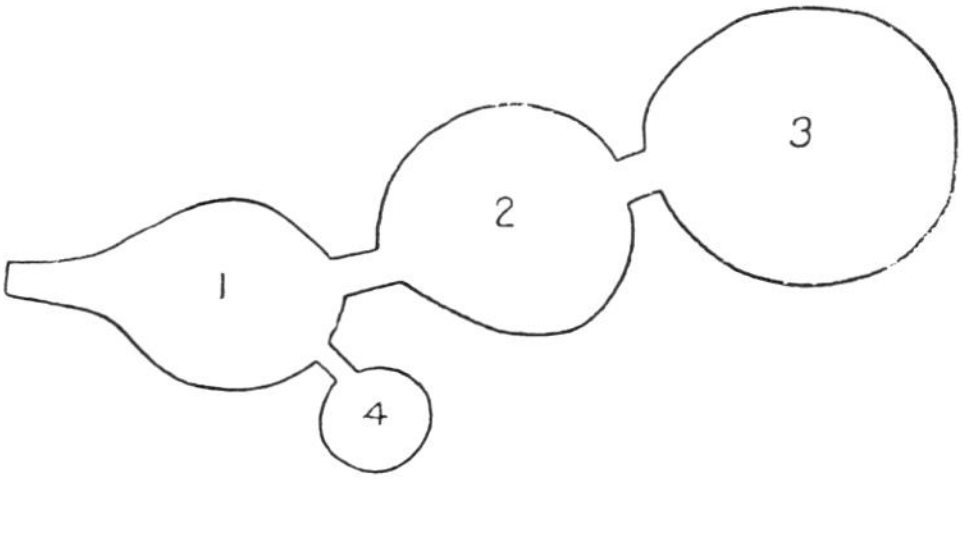

図 2—2　千島列島民の小屋の図面

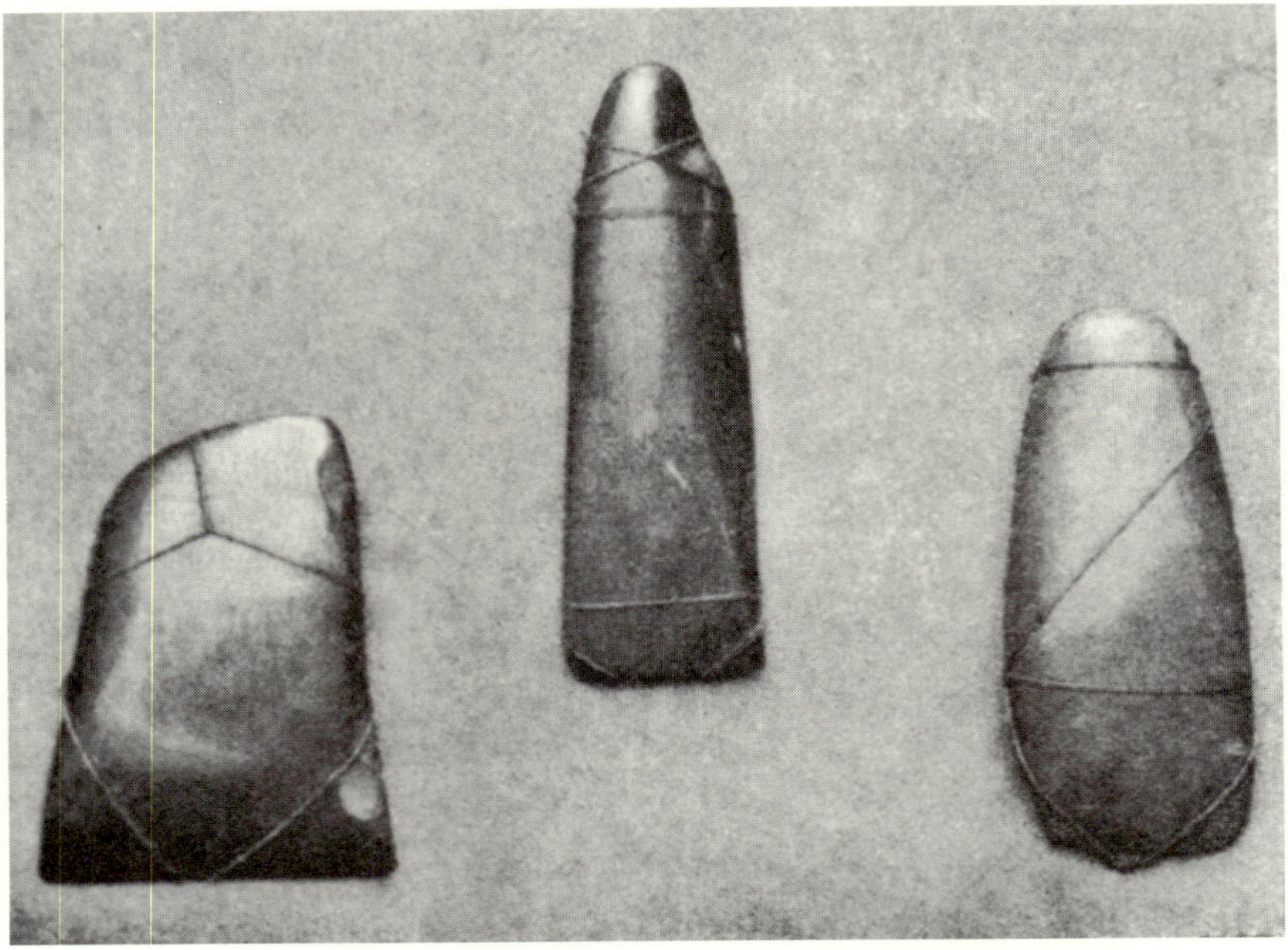

図 2—4　石の手斧

図 2－5　先史時代の土器

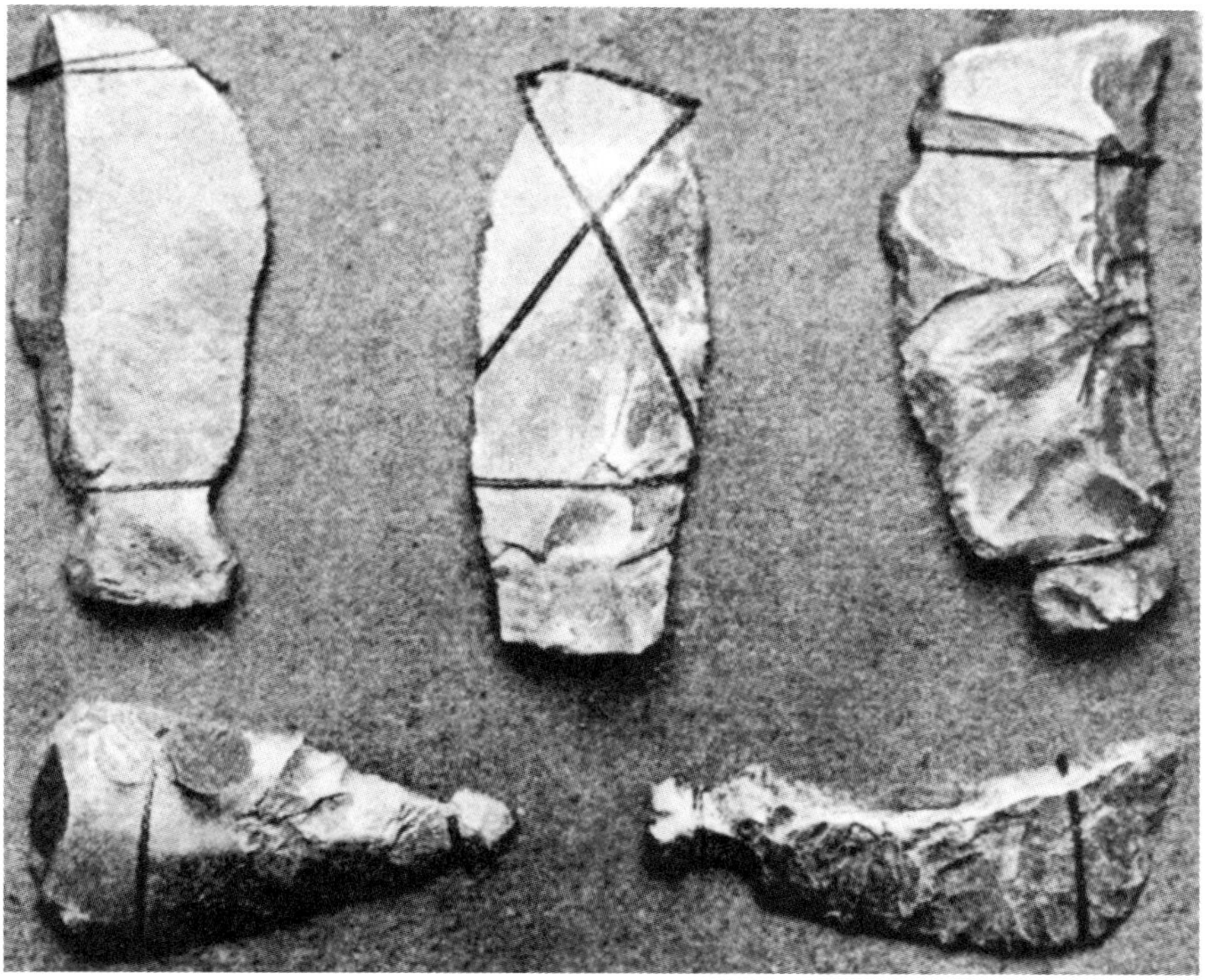

図 2—6　火打ち石で作った小刀

図 2—7　石の剣

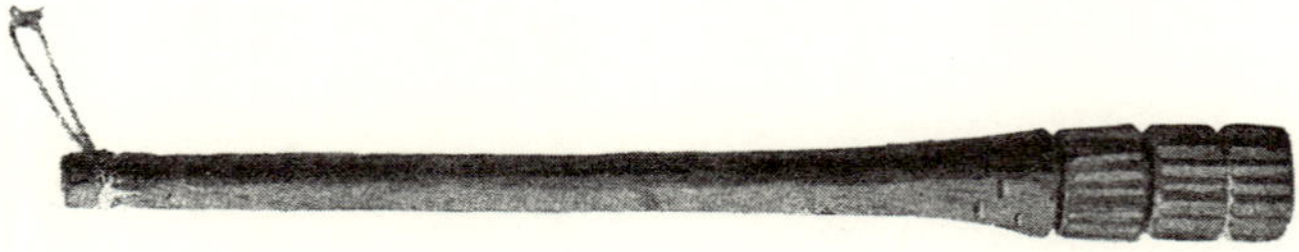

図 2—8　戦闘用棍棒

図 2—9　戦闘用棍棒

図 2—10　戦闘用棍棒

らの一〇人がゴボウの葉［フキの間違いか］（図2―3）の下で容易に雨をしのぐことができた。彼らがニシンを取りに行くときには、彼らはササ bamboo grass（arundinaria）［クマザサ］を編んで小舟を作り、釣り針で魚をとった。一匹のニシンが釣れると、それをつかまえ、岸に引っ張るのに、五艘の舟、ときには一〇艘の舟の人々の力が要った。一方棒やもりでそれを殺すには多数の人が必要だった。しかし奇妙なことだが、これらの神聖な小人は、大きなクジラさえも殺した。たしかに、穴に住んでいるこれらの人々は、神々であった」。

この神話には、もちろん大きな誇張がある。だから、かなり多くのことを剝ぎ取らねばならない。他の伝説は穴居民の背丈を一、二フィート［三〇―六〇センチ］としている。しかしそれと同時に、彼らの多数（たとえば、五人ないし一〇人）が、もしにわか雨にあうと、一枚のゴボウの葉の下で雨をしのぐことができたと伝説は伝えている。私がこの島で見たことがあるいちばん大きな葉は、広げると、四フィート一インチ［一二二センチ］の長さがあった。一方茎の長さは五フィート［一・五メートル］以上あった。だから、全集団の人々が、一、二エイカー［四一〇〇―八二〇〇平方メートル］の土地にかなり多数住んでいたのかもしれない。すべてのことから考えると、エゾの古代の小人は、スタンレイやロイドがアフリカで再発見した小人のような人とみなしてはならない。

現在ではアイヌは日本の本土にはまったく住んでいないし、実際多年の間そこに住んでいなかったが、アイヌの人口はかつては多かったことはかなり確実である。エゾのアイヌさえもその総数は一万六千人にすぎない（訳注1）。そして毎年毎年減少している。ごく最近までアイヌはエゾでいくつかの首都をもち、それらが種々の氏族の中心をなしていたらしい。私は、この問題をこれらの人々と慎重に語ったのち、前章で述べた古代日本人との戦いだけでなく、氏族間の戦いが他のことと同じく人種減少と大きな関係があるという結論に達した。種々の党派がお互いに夜襲をし、できるだけ多数の成人男性を切り殺し、一方女と子供を略奪し、奴隷にしたといわれる。氏族間のこの憎しみはまだ完全に消えていない。というのは、私自身が一度ならずそれに出会ったからであるし、私がこの事実に注意を払わないために、人々からねたまれたからである。実際私は、一つの地域で手厚いもてなしを拒否された。というのは、私が他の中心地の住民とともに住み続け、その住民を友人にしていたからである。

近年エゾに日本人の大きな流入があった。いちばん新しい統計によると、人口は一〇〇万八一五人である。そのうち、五万八六六一人は近年（一九〇〇年）の移住者と分類されている（訳注2）。それゆえ、忘れられた少数のアイヌがもっと企業心のさかんな隣人によって追いつめられているということを聞いても、驚くにはあたらないように思われる。これらの人々は、莫大な年月の間、魚と肉を食べていた。一方現在では、彼らはこれらの食料のどれも手に入れることができない。彼らがシカを殺すことを当局によって禁止され、釣り場は彼らから取り上げられた。彼らはほとんど完全に菜食主義者になった。この突然の変化が、彼らの体質に影響を及ぼしたと思う。彼らのある者は、新鮮な肉への非常に強い欲望をときどき示し、一度ならずそれを味わわせてくれと私に頼みにやって来た。

経験のある医者に、アイヌの人口減少の主要な原因と彼が考えるものについて尋ねたところ、彼は、この人種が疲れきっているというのが自分の意見だと言った。これがこの問題の真の状態である。というのは、活力（バイタリティ）が実際消えたように思われるからである。彼らは多産ではない。サル（沙流）地方は一つの例外であるが、出生は死亡と歩調を合わせていない。またある土地で、男に妻を供給するほど十分な女がいないことを私は知った。昨年になってはじめて、私は、結婚の相手になる少女が村に一人もいなかったから、アイヌの男のために、日本人の花嫁を見つけてくれと頼まれた。この結婚が幸福な結婚であると言えるのは、私には嬉しい。

ここで特別に言及しない他の原因がある。それは、たとえば、衛生知識の欠如、強い酒に対するはげしい欲望に屈すること、彼らの間に起こった血族結婚などである。

アイヌのなかには、まるで日本人のように見える子供が多いことが、複数の人々によって指摘されてきた。この理由は二つある。まず第一に、日本人の男の多くがアイヌを妻にしたことである。その子孫は当然父親の形質をいくつかもつ。第二に、自分の子供がいない多くの女たちが、日本人の少年や少女を養子にしたことである。これは、人種を維持する、アイヌの卓越した一つの方法である。それゆえ、現在の世代がおそらく［混血していないアイヌの］最後の世代であろう。

（訳注1）この数字はヒッチコック『アイヌ人とその文化』（原著は一八九二年）北構保男訳、六興出版、一九八五年、五五ページ以下に載っている数字とほぼ同じである。「一八八八年（明治二一年）一月二〇日日本で出版された『メイル誌』の記事の中で、ジョン・バチラー氏は連続した四年間にわたるエゾ地のアイノ人の人口について、統計を載せている」と述べ、一八八二年（明治一五年）一七一九八人（男八五四六人、女八六五二人）、一八八五年（同一八年）一五九六三人（男七九〇〇人、女八〇六三人）などの数字を挙げている。なお、「アイヌ」ということばは、バチラーの著書『日本のアイヌ』（一八九二年）から来ていて、それ以前の本では「アイノ」になっている。

（訳注2）『帝国統計年鑑』によると、北海道の人口は、一八八五年（明治一八年）二七万人、一八八八年（同二一年）三四万人、一八九三年（同二六年）五三万人、一八九八年（同三一年）七六万人、一九〇三年（同三六年）九九万人、一九〇八年（同四一年）一三三万人と急激に増加したが、これは他の地方からの人口の流入によるところが大きかった。この時期の日本の総人口は三八〇〇万人から四六〇〇万人の間にあった。なお一九九三年の札幌市の人口は一六九万人。

3 入れ墨

どうして入れ墨をするのか／その起源の伝説／入れ墨の理由／なぜこの慣習は消滅しにくいのか／この慣習の真の意味／カエルと入れ墨／女はカエルに変身した／カエルという名前／スズメの入れ墨／スズメの祝宴

アイヌの女たちが唇や腕に——ある地方では額にも——入れ墨をすることは、しばしば報告された。しかし男たちは決して入れ墨をしない。それは不合理な習慣だ！　またそれは、人々の美になにもつけ加えない。どうしてこの習慣が生まれたのか、それはなぜ続いているのかについて、私は簡単で、直接的で、分別のある理由を手に入れることができなかった。入れ墨は青みを帯びた黒色である。色を入れる過程は簡単であり、痛い。それはつぎのように行われる。カバ（樺）の樹皮を取り、平なべに入れて浸す。つぎに火を起こし、鉄の壺をその上に吊るす。それからもっと多くのカバの樹皮をもって来て、壺の底が黒くなるまで、壺の下で燃やす。これが徹底的になされたとき、一人の女が鋭利なナイフをとり、入れ墨をする部位に二、三の切り傷を作る。それから、壺から彼女の指の上に、煤をとり、それをよく塗りつける。つぎに彼女は一枚の布をとり、それを壺のなかで煮だした汁に浸ける。それで手術をされた部位を洗う。子供では、最初は上唇の中央、つぎは下唇と交互に切り傷を作り、ついに入れ墨は一方の耳から他方の耳に達する。

ある人の言うところによると、アイヌは、前の章で述べた古代の穴居民の女たちが入れ墨をしているのを見て、自分たち自身に入れ墨をすることを知った。アイヌはそれを非常に美しいと思い、装飾のためにこれをまねしたという。

しかしこの説明は、一般には受け入れられていない。実際私は、この点に関係のあるつぎの伝説を聞いたが、それはこの説に反対している。

「穴居民たちは非常に小さい人だったし、入れ墨をしていなかった。アイヌは、彼らと戦をし、彼らの女の多くを捕虜にした。アイヌが彼女たちを家に連れて来たとき、アイヌは自分たち自身の妻が入れ墨をされていたのと同じように、彼女たちにも入れ墨をして、彼女たちをその人種の他の者たちから区別した。より小さいアイヌはみな、これらの女の子孫である」。

図 3—1 手と口に入れ墨をしたアイヌの女

この慣習の起源に関するよりよい伝説は、こうである。「神聖なアイオイナと彼の妹が天から降りて来たとき、彼女は入れ墨をされていた。彼女は立ち去る前に、アイヌの女たちにこの慣習を紹介した」。これはたしかに短い伝説である。それは、われわれにとっては論点を回避しているが、アイヌを満足させるにはまったく十分である。

入れ墨についてある人が述べた理由は、つぎの言い伝えのなかに含まれている。「女たちには、抜き取らねばならない悪い血がたくさんある。だから、入れ墨が導入されたのである。入れ墨は、この血を出し、体を強くするための一手段として今なお続いている」。

なぜ入れ墨が他の部位よりむしろ口や腕にされるのかと質問したところ、私はつぎの話を聞いた。この点と関係のある伝説を引用すると、こうである。「入れ墨は、とくに唇と腕にされる。というのは、そこが、体でもっとも目につく場所だからである。病気の悪魔をおどかして退散させるために、入れ墨はそこにされる。さて、天の神々の妻たちは、このように入れ墨をされている。そこで、悪魔が来て、アイヌの女たちが同じように印がつけられているのを発見すると、悪魔は彼女たちを女神と間違えて、すぐさま逃げて行く」。

入れ墨は病気を追い払い、悪い血を出し体を強くすると、人々が実際に思っていることは、つぎの言い伝えからあきらかである。

「老女の目がかすみだし、盲目になりつつあるとき、よりよく見えるように、口と手にもう一度入れ墨をすべきだ。この習慣はパシカオインガラ pashka-oingara ――つまり、『入れ墨をじろじろ見る』［パシ＝入れ墨、カ＝の上、オインガラ、オインカル＝覗く］――とよばれる」。私は一老婦人をよく知っているが、この人は、視力をよくするために、実際しばしば自分で入れ墨をした。

別の言い伝えはこうである。「もし伝染病が一村をおそうなら、女たちはみな悪魔を追い払うために、お互いに入れ墨をし合うべきだ。この慣習はウパシフラッカレ upash-hura-rakkare ――つまり、『お互いに入れ墨の匂いをさせる』［ウ＝互いに、パシ＝入れ墨、フラ＝匂い、ラク＝臭い、カレ＝作らせる、させる］――とよばれている」。

私はこの恐ろしい慣習を廃止させようとしばしば試みた。しかし人々は、入れ墨と結びついた迷信に夢中になり過ぎているので、たいしたことができないのに気づいた。それにもかかわらず、なにかがなされてきた。人々はそれが野蛮であるだけでなく、無益なものであることを知り始めている。一般に女たちは、この慣習がとぎれるのを憂うべきだと娘たちに教育をすることには、一般に非常に慎重である。女たちの脅迫の仕方は、つぎの伝説の形をとる。「神聖な妹、アイオイナの妹さんは、私たちにこう教えました。『もし女が最初に正式の仕方で入れ墨をしないで男と結婚するなら、その女は大きな罪を犯しているのです。そしてその女は死ぬと、真直ぐに地獄（ゲヘナ）に行くでしょう。そこに着くと、悪魔は非常に大きなナイフをとって、一気に全身に入れ墨をするでしょう』と」。これは実際、娘たちをたいへんこわがらせる。というのは、入れ墨をされるときは痛いからである。

娘たちに入れ墨をするように強要するのは、女たちだけではない。男たちもこの陰謀に加担した。これらの賢人ぶった人々の意見はこうである。「入れ墨をしていない既婚者はどんな祝宴にも参加してはならない。というのは、そうすると、神々と人々の名誉が汚されるからである。実際それは、神々と集まったすべての客に天の怒りをもたらすだろう」。

それでは、この慣習の意義はなんなのかという質問が出るかもしれない。それは、タブー、すなわち禁忌以上でも、以下でもないと、私は心のなかではかたく信じている。しかしアイヌは、今ではタブーという観念を失ったように思われる。私はさまざまな機会に、人々のために結婚をとりまとめることを依頼された。物事がきちんと決まったときはいつも、花嫁は進んで口のまわりに入れ墨を始め、それを完成させることに私は注目した。実際に婚約しないうちは、この入れ墨は決して完成しない。入れ墨が完成すると、すべての男は、彼女が婚約した女か、あるいは既婚の女だということを知る。彼女は実際、だれか特定の男のために「別にとっておかれる」。彼女は婚約している。いや、実際に結婚している。彼女の入れ墨をした口は、今や彼女の夫のためだけにしゃべらなければならない。また入れ墨をされた彼女の手と腕は、これ以後は彼のためだけに働かねばならない。

カエルと入れ墨

入れ墨と結びつけて、アイヌがカエルの体の模様は、女たちにされた入れ墨に似ているように見えると思っていると言えば、妙な話だろう。この動物の由来に関するつぎの伝説は、控え目に言っても、独特である。というのは、この動物の最初の両親は、一大悪事のために天帝によって呪われ、肉体の形が変わった一人の女にほかならないことを、伝説はわれわれに告げているからである。

天帝は罰として、彼女を変身させた。そして彼女の人間の心は悪魔の心に変えられた。それがかつて一人の女性であったことを示すために残されたものは、入れ墨の模様のごくわずかの痕跡であった。もしカエルの足（手）を注意深く見る労をとるなら、この痕跡は今なお見られるかもしれない。

カエルの伝説

「昔一人の男と一人の女がいて、二人は夫婦になった。最初の二、三か月ののち、二人はうまくいかなくなった。というのは、女の性質が悪く、女は夫に忠実でないことがわかったからである。彼女はまた自分の両親に従順でなかった。結局女は両親に魔法をかけ、そのため両親は死んでしまった。時の流れのうちに、彼女は六人を下らない夫と結婚し、彼らのだれをもまもなく殺した。天帝はこれらのことを全部見ていた。そして彼女にたいへん立腹した。それで彼は彼女をカエルに変えて処罰し、彼女を沼の遠くに投げ捨てた。それと同時に、天帝は彼女に言った。『なんじ、悪い女よ。私ははじめは実際なんじを善良に作った。しかしなんじは、いまわしく、非道な生活を送った。なんじは、なんじの父と母と夫を殺害しただけでなく、その他の人たちも殺害した。それゆえ、私は今なんじをカエルに変えるつもりだ。これ以後はなんじは沼や湖や池で生きるだろう。そしてなんじは悪魔になるだろう。なんじは若いカエルを生むだろう。そしてもっとも不潔なヘドロのなかを跳びまわるだろう。そしてもしなんじが人間の住まいに危険をおかして入るならば、たいして騒ぎたてられることなく、頭をなぐられ、死骸を投げ捨てられるだろう』。

そう天帝は言った。そしてこれが、カエルの起源の真の説明である。もし人がカエルをよく調べるなら、どんな人も、その足が女の指のようにわずかに入れ墨がなされているのを発見するだろう。カエルに入れ墨のあとが残されているのは、一人の女がこれらの動物の祖先だからである。さて、純然たる同情心から、カエルは神聖だと、多くのこ

図 3—2 アイヌの男女（キリスト教徒）

とばを費やして言う人がいる。しかしカエルは実際にはそうではない。というのは、カエルは悪魔だからだし、また幽霊に近いものだからである。けれども、カエルはかつては人間であり、男と女の慣習に従っていたから、彼らは毎冬、本州の日本人のところに依然として行き、商取引をするのである。そして戻って来ると、彼らの住まいで、食べ、飲み、騒ぐ。これが、人々が春に聞く騒音である。そのとき、カエルはオーアッ、オーアッ Ooat と鳴いている」。

カエルに関連して、もう一つ奇妙なことがある。この問題についてここで述べるのは不適切ではないだろう。それは、その名前とその由来に関係がある。その伝説はつぎの通りである。

「カエルは三つの名前でよばれる。すなわち、トオルンベ、オキオルンベ、そしてウイマム・ヤプテ・ウタラ to-orunbe, Oki-orunbe, Uimam yapte utara である。しかしその真の名前は、テレケイベ Tereke-ibe である。しかしオテレケイベ Otereke-ibe とよぶ人もいる。それらはまた、オーアッ、オーアッともよばれる。これはカエルが鳴くときの声がオーアッ、オーアッと言っているように聞こえるからである。トオルンベ、すなわち『湖の生き物』［ト＝沼、オル＝なか、ウン＝いる、べ、またペ＝物］という名前が彼らに与えられるのは、それらはまた、湖と池に住んでいるからである。オキオルンベ、すなわち『葦の生き物』［キ＝葦、または節のある中空の茎］とよばれるのは、それらが、葦の間の沼地に生きているのが発見されるからである。それらがウイマム・ヤプテ・ウタラ、すなわち『商取引のためにやって来る人たち』［ウイマム＝商売、ヤプテ＝陸に揚げる、ウタラ、ウタル＝人々］とよばれるのは、それらはみな、冬の寒さのために日本に移住し、雪が消えて、春たけなわになるまで、それらの生地であるアイヌの国に戻って来ないからである。しかしそれらが戻って来るときには、酒と米の補給品をもって戻って来るように注意する。そしてそれらが食べ、飲み、浮かれて騒ぐときには、いちばんよく鳴く。彼らがテレケイベ［テレケ＝跳ぶ、はねる、イベ、イペ＝食べる］とオテレケイベ［オ＝そこに、そこへ］とよばれるのは、彼らは跳ぶときに食べるからである。というのは、これらの単語は、『跳んで、食べる』という意味だからである」。

疑いなく上述の民間伝承は、すべてのお伽ぎ話や神話のように、奇妙で、空想的である。しかしエゾのような寒い気候では、カエルの鳴き声は冬には聞かれない。だから、雪のある寒い季節には、カエルはより温かい気候の土地に逃げ去るとアイヌは、考え易いし、またそれはアイヌにとっては、カエルの鳴き声がないことを説明する完全に満足のいく方法である。もちろんカエルは乾いた場所と湿った場所の双方で生きることができるから、移住の点では、海は障害物にはならない。カエルは跳んで、食べ物としてハエや昆虫をつかまえることを見ると、カエルに与えられた「跳んで食べる」という名前は、また非常に合理的である。カエルは交易をし、米を食べ、酒を飲む慣習があるということは、たしかに純然たる空想と愚かさに帰着できる。しかしそれにもかかわらず、それは興味深い。

普通のイエスズメも入れ墨に関するアイヌの民間伝承と関係がある。だからこの鳥は、「粟を食べる小さな鳥」とよばれる。また後で述べる話は、これがそうであることを説明している。というのは、スズメは、台所で使うために搗くときにはねかえる粟を主として食べるからである。上のくちばしのつけ根の暗褐色の小さな点は、入れ墨と考えられている。そしてそれが小さいのは、創造の仕事を終えてこの世界を立ち去り、天上の自分の家に今まさに戻ろうとしていた造物主に、最初の鳥たちが別れを告げに行くまえに、それらの鳥たちが化粧を終えるだけの十分な時間がなかったからである。スズメは殺されると、その頭は羽とともに礼拝され、イナオ［木の幣］がそれに捧げられるとはいえ、それはお守りとしては扱われない。その肉も食用に供されるが、宗教的な動機からではなく、味がいいと言われているためにすぎない。

スズメの伝説

「天帝が創造の仕事を終えたとき、彼はスズメを作り、それを地上においた。人々が粟を搗くときはいつも、スズメがやって来て、臼のそばにちらばったものを集めて、食べる。スズメが『粟を食べる小鳥』［ツバメのアイヌ語は、amamechikappo、アマメチカッポ。アマメ＝粟、エ＝食べる、チカッポ＝小鳥］と言われるのは、このためである。さて、神が世界を作る仕事を終え、まさに天に戻ろうとしたとき、すべての鳥たちが神のために別れの祝宴をする決心をした。しかしスズメは、この知らせを受け取らなかった。そして時刻が来たとき、スズメは自分の体に入れ墨をするのに忙しかった。定められた時刻が来たとき、鳥とクマとすべての他の動物は朝早く起きて、別れをまさに告げようとした。スズメは、騒ぎを聞いて、あれは何なのかと尋ねた。そしてその理由を知って、入れ墨が終わるまえに入れ墨をするのをやめ、他の動物たちと一緒に行った。というのは、時間がなかったからである。だから、現在でも見られるように、口の両側は手をつけられず、上のくちばしの小さな部分だけが入れ墨をされた。こう古代人はわれわれに言っているし、またスズメが殺されるときはいつも、その肉を食べなければならないし、その魂はイナオとともに遣わされねばならない［四〇六ページ参照］と言っている」。

　スズメについては、別の民間伝承がある。この鳥は現在人目につくから、ここで述べることにする。だから後で他の鳥を論じるときに、これ以上ふれなくてもすむだろう。それは、スズメの祝宴とカラスの死についてである。

「昔々、小さなスズメが粟を脱穀し、それを六本の管のなかに入れて、発酵させるために、東の窓のそばにおいた。数日後、神々がそれを飲みたいと熱心に所望した。醸造の匂いが家中を満たした。それが濾過されて、酒を飲む祝宴として定められた時刻が来たとき、多くの神々が連れて来られ、祝宴には客たちが参加した。オオワシ eagle、カケス jay、カラス、カワガラス water-ousel、トビ fish-hawk［この英語はミサゴであるが、本書ではトビ］、ワタリガラス raven、その他の種類の鳥がいた。すべての鳥はおいしい酒を楽しんだ。彼らが飲んでいるとき、カケスが立ち上がって、みなのまえで踊った。彼は家から出て行った。彼が戻って来たとき、彼はくちばしにどんぐりをくわえていた。そしてそれを酒の容器のなかに落とした。これは、酒の味を非常によくした。神々は喜んだ。この後で、ワタリガラスが踊りを踊った。彼も外に出て行き、くちばしに一切れのごみをくわえて来て、それを酒の入った容器に落とした。これは酒を台なしにし、大きな叫び声が起こった。かわいそうなワタリガラスは実際ズタズタに裂かれるかのように見えた。そこで客たちは出て行き、キツツキ wood-pecker［ここでは、ヤマゲラか、アカゲラ］をよび、来て仲裁してくれとたのんだ。しかし彼は言った。『おお、スズメさんよ。あなたは酒を作りました。しかしあなたは祝宴に私を招待してくれませんでした。ですから、騒ぎが非常に大きくても、私は助けに行くつもりはありません』。この後で、彼らはタシギ snipe をよびにやった。しかし彼も同じ答をした。だれも仲裁の役をしようとしなかった。それでかわいそうなワタリガラスは殺された」。

4 世界の創造

創造の一般的観念／創造におけるセキレイ／エゾの形成／沼の悪魔はどう作られたか／悪の木／エルムの木

世界の創造についてアイヌが実際に知っていることは非常に多くないことは当然と考えられるかもしれない。しかし、世界の起源、その組織、および政府についてアイヌが推測する量はきわめて多いだけでなく、非常に多くの点で絶対に不合理である。実際本書は、一種族が知的盲目のどのくらいの深さに沈むかというもう一つの実例を与えるだろう。すなわち、心情（ハート）の思考が最初は啓示によって、つぎに、他国の人々との相互のコミュニケーションによって支えられた文学と科学によって指導されないときには、理性はいかにゆがめられ、想像はいかにつまらなくなり、また魂、知性、判断はいかに奔放に振る舞って、あらゆる種類の逸脱の餌食になるかという実例になるだろう。

アイヌが、世界の創造について現実に知っていることはあまり多くないことは、当然だと考えられるかもしれない。しかしアイヌが世界の起源、その構造、および政府について想像している量はきわめて莫大であるだけでなく、非常に多くの点で絶対的に不合理である。

これらの人々は、創造ということを、かつて存在していなかったものから、自然界のいろいろな対象を呼び出すことだと考えていると決して思ってはならない。創造についてのこのような考えは、アイヌの心にはまったく縁がない。縁がないのは、天帝がこのようにして自分たちを生み出すことができなかったからでもないし、天帝がそうするように決めたからでもなく、むしろ天帝がそうすることを選ばなかったからだと、彼らは言うだろう。というのは、「できなかった」ということばは、顕著に人間的であって、創造の仕事における神々の活動にはあてはまらないからである。物質と物体はすべての時間以前からそこにあって、作用を及ぼしたが、変容 transformation は天帝自身の意志に従ってちょうどよいときに起こった。

だからアイヌが、霊と物質は永遠であることを当然だとみなしていることがわかるだろう。根本的な要素を与えられると、アイヌは、さまざまな種類とさまざまな表われをした有機的生命と、無機物の存在を彼ら自身の未熟な rude 方法で説明しようと努める。アイヌは自然の息子なので、自分の目にふれるものについて理論をたてるのが非常に好きである。ときどき彼らは、想像をたくましくして、不合理で、こっけいなくらい判断と理性を捨ててしまう。彼らによると、植物の生活と動物の生活と霊の生活の間――植物の生活とヘビ、人間、悪魔、天使、神の生活の間――にはまったく相違がない。多くのものは――あるものはいろいろな神々によって、あるものは神聖なアイオイナによって、他のものは悪魔によって――発展し、発達したと、彼らはかたく信じている。こうしてたとえば、至高の天帝が世界を創造し、一人の悪魔がネズミを作り、他方アイオイナが、とりわけヘビを作ったといわれている。伝説はこう言っている。あるシカは天国から投げ捨てられたイヌの骨から作られ、別のシカは髪の毛から作られた。ノウサギは天上のシカの皮から引き抜かれた毛から発育したといわれる。リスは、聖なるアイオイナが投げ捨てたサンダルにほかならない。他方、ある魚は鱗から作られたが、別の魚は骨から作られたといわれる。ある花（フクジュソウ Adonis amurensis）は、一人の女神だったといわれているが、この女神は不服従のために、天帝とモグラの呪いによって真の状態と形を変えられた。カエルの起源は、呪われて、不正直のために変身させられた一人の女である。他方、カイツブリ grebe［水鳥の一種］はマスの食用に適さない部分から生じたといわれる。

しかし物の創造と起源を語るにあたっては、世界の創造についてふれ、その後で、世界のなかに含まれた物に向かうべきことはあきらかである。そしてそうするさいに、もしわれわれがアイヌの見地から物事を扱いたいなら、全能の天帝が存在しているというこれらの人々のもっとも合理的で、非常にかたい信仰を当然なものとみなすことから始めなければならない。そしてこの天帝は、地上のもろもろの物と人間の諸事件に現実的な関心をもっているし、また彼自身が行うすべてのことで彼を助けるいろいろな種類といろいろな位階とさまざまな程度の重要性がある天使たちとその使用人たちの無数の群れをもっている。天帝はひとりではなく、「万軍の主」だとアイヌは言い、またそれを信じている。

われわれは土着の伝説からつぎのことを知った。天帝が世界を創造したとき、彼は自分のこの仕事を助けてくれとセキレイにたのんだ。つぎの話は、この問題に関する民間伝承である。

「世界は始め、雪解けの大きな湿地だった。水はそのときには、大地と救いようがなく混じり、またどろんこで、む

図4—1 アイヌの男

きだしの湿地の巨大な海原のほかはなにも見えなかった。すべての土地は、果てしなき海と混じり、また果てしなき海のなかに目的なくただよっていた。まわりのすべては、死と静寂であった。混沌とした塊のなかには、なにも存在しなかったし、なにも動かなかった。というのは、それは生命をまったく維持できなかったからである。上の空間のなかを飛んでいる生きた鳥はいなかった。すべては寒く、寂しく、荒涼としていた。しかし雲は雷の悪魔をもち、上方の空は生き物をもち、造物主は最高の天に、力の強い多数の従者の神々と一緒に住んでいた」。

「まもなく偉大な天帝――真のゴッド――は、この世界を住むことができる世界にしようと決心した。そこで彼はセキレイを作り、大地を作るためにそれを天から下に遣わした。セキレイが下界に下りて来て、その自然はなんと恐ろしく、ショッキングな状態であるか、いかに自然は混乱に巻き込まれているかを見たとき、セキレイは押し付けられた仕事をどう遂行したらいいかわからず、途方に暮れるばかりだった。しかしセキレイは、一つの方法を考えついた。というのは、セキレイは羽で水をはねかえし、肢でどろんこの物質を踏みつけ、尾でそれを押さえつけたからである。ついに非常に長い間のはねかえしと踏み付けと尾で押さえつけることによって、乾いた場所があらわれ、また水の所は大洋になった。このようにして、世界は徐々に隆起し、水から突き出るようになり、水の上に浮くようになった。だからアイヌは、世界をモシリ moshiri、すなわち『浮いている大地』とよんでおり、セキレイを非常に尊敬している。その訳は、セキレイは神の天使だったからである」。

この伝説から、アイヌはこれを作り上げるまえに、『創世記』の第一章についてなにか聞いたことがあるかのように見えるだろう。というのは、われわれは聖書でつぎの文〔旧約聖書の冒頭の文〕を読むからである。「初めに神は天と地を作った。地は形がなく、なにもなかった。闇が大いなる水の上にあり、神の霊は水の上を浮いていた」と。しかしこの伝説はアイヌの思考方法と完全に一致しているし、また彼らの民間伝承の一般的な傾向とよく一致しているので、もし私が引用した聖書の知識を彼らがかつてもっており、またそれを伝説の土台として用いたとすれば、それは、われわれの判断によると、非常に遠い昔であったに違いないと言わざるをえない。

創造におけるセキレイの働きについてのその他の神話

セキレイが天地創造をしたことを扱った別の伝説がある。それはつぎの通りである。

「実際非常に古い時代に、天帝が世界を創造しようと決心したとき、彼はセキレイを天から下して、自分の手助けをさせた。セキレイの手助けの仕方はつぎの通りだった。天帝はセキレイを天から飛んで下ろさせて、でこぼこの土地に住まわせた。天帝自身は、くわ（つるはし）と斧で土を盛り上げた。また土地を平らにするために、セキレイに、その上で跳び上がり、片足でピョンピョンと跳びはね、爪で引っ掻き、羽をバタバタさせ、尾を上下に揺り動かすことを命じた。だから現在でさえも、この鳥が見られるときにはいつもきっと、尾で地面を打っている姿が見られるのである」。

この伝説の一般的傾向を理解するためには、多くのアイヌが、造物主は石器――大きなハンマー、斧、くわなど――で世界を作ったと信じていることを忘れてはならない。というのは、天帝は手段なしで働くとは考えられないからである。彼らがは乱暴（がさつ）に掘り、切り拓き、ハンマーで強く打ったといわれているが、他方セキレイは、ピョンピョンと跳びはね、平らな場所を作った。

しかしエゾ島に関する限りでは（私はこの島の住民について語っているのであるが）、造物主は自分だけでそれを即座に生んだのではなく、彼の副官として振る舞ったある他の従者の神々を通じて生んだのだと、アイヌは信じている。だから私がある日、アイヌの友人と一緒に内陸から海岸のほうに歩いていて、エゾの西海岸は非常に荒涼とし、岩だらけだと語り、海岸が平坦だったら、はるかにもっとよかったろうと言ったとき、彼は私をいましめて、こう言った。「そんなことをつぶやいてはいけません。それによって、あなたは天帝のよい仕事にけちをつけたからです」と。この会話の過程で、彼は今問題にしていることと関係のある一つの民間伝承を語った。

「エゾ島は、造物主の副官であった二人の神々、男神と女神によって作られたといわれている。女神は彼女の仕事の分担として、西海岸を割り当てられ、男神は南と東の部分を割り当てられた。二人は自分たちの仕事でお互いに争い、どちらが最初になし遂げるかを知ろうとした。しかし女神が仕事を続けていたとき、彼女はたまたまアイオイナの妹に出会った。そして自分の義務に精を出す代わりに、仕事を止めてその妹とおしゃべりをした。それは、女たちが出会ったときの彼女たちの一般的な慣習だからである。彼女たちがこのように話をしている間に時間が流れて、ついに男神は仕事をやり続け、彼の持ち分をほとんどやり終えた。これを見て、知って、女神は非常に驚き、事を急いでするために、仕事をあわただしく、ぞんざいにした。だからエゾの西海岸は、そんなにごつごつし、危険なのである。それゆえ、もしだれかが西海岸の非常に荒涼とし、危険な状態について文句を言いたい気がしても、この問題でとがめられるのは、造物主自身ではなく、彼の副官であることを忘れてはならない。女神のおしゃべりな性癖が本当の原因なのである」。

この伝説が、あまりおしゃべりにふける女たちをときどき引き合いに出していることは、言うまでもない。それから引き出される教訓は、こうである。「あなたの口に注意しなさい。そしてあなたの義務に精を出しなさい。エゾの西海岸がどんなにでこぼこしているかを見なさい。それはすべて、おしゃべりの女神のせいです」と。

世界の創造についての別の伝説は、こうである。「神がアイオイナとその妹、トゥレシマッ Tureshmat に世界を創造するように命令したとき、神は彼女の仕事として、西の部分を与えた。その仕事は彼女にとっては非常に困難であることがわかったので、彼女は自分に割り当てられたものを聞いたとき、泣き出した。さよう。彼女の目から多くの水が流れた。これが、ヌペ nupe、すなわち『涙』の語源である」。

ヌペということばは、ことば遊びである。ヌは「聞く」、ペは「水」という意味である。「聞いて、目から水を流す」と推論できる。野生のニンニク［ギョウジャ（行者）ニンニク］もヌペとよばれる。これは、ニンニクの皮をむくか、あるいは鍋でそれを調理するときに、涙が流れるためである［ヌペはシュロソウだともいう］。

エゾを作るさいに用いられた道具に関しては、モルラン（室蘭）の近くの海岸にムカラソ mukara-so、すなわち「斧の岩」［ムカル＝まさかり、ソ＝島］とよばれた一つの岩があるといわれている。それは、神々の一人がこの島を作るのに用いた斧だと考えられている。どんな男もこの大きな道具を動かすことができないから、それは投げ落とされた場所に残っている。たしかにその岩は、想像をたくましくすると斧のようなものに見えるといわれている。このために、それがどのようにしてそこに来たのかという考えが生まれるのだと思う。それにしても現在、人は、岩の厳密

図 4—2 アイヌの男

な形について悩む必要はない。そのわけは、当時の斧が現在とまったく同じ形ではなかったかもしれないからである。

どのようにしてくわが悪魔になったか

この世界を作りあげる仕事で、造物主は、六〇を下らないくわを使ったと考えられるという話をわれわれは聞いた。アイヌの語るところによると、仕事がすんだとき、これらの道具はみな投げ捨てられたし、またそれらが置かれた場所でだんだんと分解した。分解がさらに進んだとき、ある成分は悪魔に、他の成分は悪い水になったが、他方それらのうちのある成分は木になり、この木はある種の病気を発生させた。そのようにして生まれた悪魔の長は、ニタッ・ウナラベ nitat unarabe、すなわち「湿地、あるいは沼地のおば」［ニタッ＝湿地、ウナラベ、ウナルペ＝おば］とよばれた。彼女はその名が意味するように、低い沼の地域に家をもっていると考えられている。全部ではないが、非常に多くの悪い性質をもった幽霊と悪鬼は、彼女の子孫と考えられている。直接の子孫という道を通って実際に彼女にその起源がある悪魔や悪鬼は、トイヘクンラ Toihekunra という一般的な名前でよばれている。つぎの伝説は、人々が彼女たちをどのように考えているかに関して公正な観念を与えてくれる。

トイヘクンラ、すなわち沼の悪魔

「すべての幽霊は、沼の悪魔と密接な関係がある。それらは非常に大きな体と異常に大きな頭をもっているが、他方その毛はいつもぼさぼさで、完全に真直ぐに立っている。しかしそれらは暗くなってからだけあらわれ、かすかにしか見えないから、それらがだれに似ているかを厳密に言うことはできない。それらがあらわれるときはいつも、人間に魔法をかけ、害を与えるだけである。それらは恐ろしい生き物で、真の悪魔だから大いに恐れられるべきだ。それらの生まれはつぎの通りである。天帝が世界を作り終えたのち、天帝はくわを山の間に投げ捨てた。それらはそこで腐るがままにされた。しかしそれらが分解するにつれて、それらは悪魔と悪鬼に変わった。それらは注意して避けなければならない。というのは、もし人がそれらをちらと見るだけでも、その後すぐに、悪魔にとりつかれるからである。たとえ悪魔自身が自分たちを見た人間を見なくても、とりつく。これらの幽霊は夜だけ歩く。だからすべての人は暗くなってから、戸外に出ないのがいちばんいい。実際、このようなことが古代人の命令である。さて、もし人がこれらの生き物の一人に出会うという大きな不幸に見舞われたなら、その人は急いでつぎのことばを言うべきだ。『おお、なんじ悪魔よ。私はずっと前からなんじに会って、しゃべりたいと思っていた。今ついに、私たちは幸運にも出会った。私がとくにあなたに告げたいことは、こういうことだ。世界の他の隅に、非常に非常に遠く離れた所に、

図 4—3　札幌の「アイヌの休養室」における病めるアイヌ

モシリシンナイサム Mosiri-Shinnaisam という悪魔がいる。それはもっともひどいあなたの悪口を言っている。彼はこう言っている。〝我慢できないくらい高慢で、生意気な悪魔が沼に住んでいる。彼女は注意したほうがいい。というのは、おれが思いがけなく彼女に出会ったならば、おれは、彼女が決して忘れないような鞭打ちを彼女に与えようと思っているからだ〟と。だから、さあ、急ぎなさい。というのは、もし彼があなたをつかまえるなら、あなたは鞭で打たれるだろうからだ。それは、あなたには痛いだろう。というのは、彼は力が強いからだ』。もし人がこのように沼の悪魔に話しかけるなら、彼女はそれを信じるだろう。そしてすぐに怒りで一杯になって、仕返しをするだろう。沼の悪魔をだますために、これらのことばを彼女に言う。それは彼女の悪い計画を挫折させる。もしそれらのことを聞こえよがしに言わないなら、彼女に会った人は即刻倒れて、死ぬだろう。そう古代人は言っている」。

アイヌが自分たちの間で喧嘩をしているとき、彼らがお互いをトイヘクンラとよんでいるのをときどき聞くかもしれない。私はこの伝説が朗唱されるのを聞くまで、このことばの辛辣さがどこにあるのかがわからなかった。しかし今私は、アイヌがトイヘクンラとよぶのは、イギリス人が「デーモン」とか「デヴィル」と言い、日本人が「バカ」とか「チクショウ」と言うのと同じであることがわかった。

同じテーマについての別の伝説は、つぎの通りである。それは、すべての悪魔、小妖精、人魚などの起源を説明していると公言している。「天帝が、われわれの住む世界を創造したとき、彼は仕事で六〇個の黒曜石のくわを使った。彼は仕事をし終えるのに、長い期間がかかった。しかしついにそれは終わった。すべてのことがなされたとき、彼はくわをもはや必要としなかったので、それを山々の間の谷に投げ捨てて、天に戻った。それらは、長年の間、この谷に横たわっていた。ついにそれらは完全に腐り、流れる水で摩滅した。この水は黒曜石で汚染され、腐敗したので、あらゆる種類の病気、とくに風邪と消耗性の病気がこの石から発生した。なおまた、大地と淡水の悪魔と小妖精は、この水にその起源がある。汚染された水の一部はまた海に流れて、海の塩水と混じり、ここで、水のなかに棲むすべての人魚と小妖精の起源になった。それだけでなく、その水のうちのいくらかは、大地を通じてだんだんとハデス（黄泉の国）のほうに下って行き、そこで沼地と湿地が一杯ある大きな川になった。この川の名前はクンネペッKunne-pet、すなわち『黒い川』［クンネ＝黒い、ペッ＝川］である。低地のすべての小妖精は、この川に由来する。

その川のなかの大きな沼地の真中に、ハデスの頭目の悪魔が家をもっている。そして彼自身は、黒曜石の大きな体をしている」。

沼の悪魔の別の伝説

沼の悪魔の別の伝説はこうである。

「天帝が世界を創造したとき、彼自身は六〇本の斧を作り、それで労働した。彼がするつもりだったすべての仕事をし終えたのち、彼は山々の間の谷にそれをすぐに投げ捨てた。それらはそこでだんだんと腐った。しかしそれらはまったく存在しなくはならなかったから、それら自体は沼地に変わった。沼地は今度は『母親の沼地』と『おばの湿地』になった。これら二つの悪魔は、沼地、湿地および低地の木の平原を住まいにしていた。彼女たちとその子孫は、本質的に邪悪で、人間を悪人にしたり、病気にしたりして、彼女たちが人間にすることができるあらゆる危害を加える。それだけでなく、彼女はまたクマを所有し、それによってウマや、ときには人間を殺させる。しかしこれが全部ではない。というのは、彼女たちは人間のなかに入って、てんかんの発作を起こす。それゆえ、彼女たちは非常に恐れられるべきだし、注意して避けるべきだ。これらの悪魔は、夜だけ歩き、さまようときには、あたかもだれかがカバノキの樹皮の断片をこすっているかのような音をたてる」。

人々が湿地のある地域をこのようにこわがるのは、奇妙に思われるかもしれない。しかし実際、人々がこのような地域を恐れるのは当然である。私はこのような場所の、いわゆる悪魔は、人格化されたマラリアに他ならないと信じているし、とくにそうだと信じている。というのは、アイヌはあらゆる病気を悪魔とみなしているし、またあらゆる病人をこれらの存在の一つにとりつかれた人とみなしているからである。

しかしすでにほのめかしたように、創造のさいに用いられた斧とくわの全部が悪魔になったのではない。さきに述べたように、それらのうちのあるものは、悪を生む木に変わったと考えられている。この種の悪の起源について、私は二つの説明を聞いた。ある人によると、それらを引き起こす木は直接天から下りて来たという。他の人によると、それはさきに述べた道具から生まれたという。この後者が正統的なもので、彼らの民間伝承に精通している人々によって受け入れられている。

悪の木

アイヌがニタツ・ケネニ nitat kene-ni［ニタツ＝湿地、ケネ＝ハンノキ、ニ＝木］とよんでいるハンノキ（榛の木、Alnus japonica）は、最初に創造された木だという言い伝えがあることを、私は人々から聞いた。ある人が、それは「善と悪の知識の木」と同じであるに違いないと思うと、私に言った。しかしこの木が生長するようにされたとか、われわれのことばの意味で創造されたとは考えられない。けれども、それは天ですでに生長していて、天から直接送られて、ウェンピポク Wenpipok ——それがどこであろうともかまわない——とよばれた土地に植えられたといわれている。

この木は、悪の起源であったか、あるいはむしろ悪を世界にもたらす手段であったらしい。私は今道徳的な悪について言っているのではなく、物質的な悪について言っているのだ。肉体的な痛みと苦痛を引き起こす意味での悪である。しかし世界に罪をもたらした意味での悪ではない。その果実ではなくその皮が、悪を引き起こすものだと考えられている。現在でさえも、あるアイヌは、それがシハパプ shihapapu とよばれるある病気の直接の原因だと考えている。この病気は、主にはげしい肉体的な痛みがあるといわれ、しばしば死に終わる。

しばらくたってから、木が年を取るにつれて、樹皮は落ち、現在でも実際そうであるように、地上で腐ったといわれる。しかしそれが分解し、細かい粉か塵になったとき、それは風によって地表に吹かれ、ある神秘的な仕方で、胃痛だけでなく、多くの種類の肉体的な病気の原因になった。しかし奇妙に思われるかもしれないが、この木の樹皮は病気の原因とみなされるだけでなく、その治療の手段としてときどき用いられる。木から新しく取られた樹皮と、それを熱湯に漬けて作られた煎じ薬は、驚くべき作用があるといわれている。それゆえ、この薬が特に推奨される特殊な病気があるだけではなく、予想されるように、この薬は、ほとんどあらゆる種類の病気にきくと思われている。

この木は天ですでに生長していて、天から下りて来たのだと言う代わりに、それはさきに述べた斧とくわから生まれたのだと言うなら、われわれは第二の伝説をもつことになる。それゆえ、ここで繰り返すには及ばないだろう。

エルムの木

どの木が実際に最初に創造されたかといったアイヌにとって重要な問題について、彼らがみな心を一つにしていると考えないようにしよう。というのは、われわれは、このような問題について意見の一致が見られると期待してはならないからである。したがって、ある人はハンノキが最初に生まれたと主張するが、他の人はエルム elm〔ハルニレ、アイヌ語で、チキサニ、またはカラニ、およびオヒョウ、アイヌ語で、アッニ〕をひいきし、論証によって自分たちの信念を頑固に主張するという話を聞く。ハンノキに反対し、エルムを挙げる理由は、つぎのようなことである。

(1) 病気になるまえから、人間は存在していた。というのは、病気になる人がいないなら、病気は居場所がないからである。これは真実である。

(2) 健康は当然病気よりもまえからある。また健康は人間の好ましい条件である。これもまた真実である。

(3) 食べ物と衣服は健康に必要であり、料理法は食べ物を調理するために同じく必要である。これも真実である。

(4) しかし火は食べ物を料理するために必要である。また火を作る手段は、火が作られるまえに必要である。これももちろん正しい。

(5) しかしマッチが外国人によって、火打ち石と鋼鉄が日本人によってもたらされるまえに、われわれの祖先は木の根を摩擦するか、火打ち石をお互いに打って火を作っていた。また衣服の材料が満州 Manchuria からわれわれの間に入るまえ、あるいは日本人によって入るまえには、樹皮が衣服を作るために用いられていた。これは真実である。

(6) さて、火が作られる根と衣服が作られる樹皮はエルムの木から来た。これも真実である。

そこで、このソクラテスの結論に注目しよう。エルムの根はもともと衣服を作る上に必要だった。火は料理に必要だった。料理は食べ物に必要だった。食べ物と衣服は健康に必要だった。健康は人間の本来の状態であるから、病気以前から存在していた。それゆえ、料理するための火と着るための衣服があったに違いないし、またそれらを作るためのエルムの木と樹皮があったに違いない。それゆえ、エルムの木と火は、天帝によって作られたもっとも古い神であった。それゆえ、エルムはハンノキよりもまえからに存在していた。「これはジャックが建てた家だ」というこの種の論証は、得心が行くように思われる。これに反論すべきことはあまりない。

しかしエルムに反対し、ハンノキに賛成するアイヌは、自分たちの主な論拠を火は天から下りて来たのだという信念に置いている。けれども、生きている人はだれも、稲妻を除いて、火が天から下りて来たのを見たことがないから、また稲妻はあまり好ましいものでないから、この論拠は他の論拠ほど強力なものと見られていない。そして懐疑論者たちは、かなり確実な論拠をもっている。このような点で、アイヌのなかにはかなり多数の懐疑論者がいることを私はついでながら、言っておこう。しかし私は、アイヌの間に、無神論者がいたという話を聞いたことがないと言わなければならないと思う。無神論は彼らの考えや語彙のまったく外にある一つのことばである。

上述の話には、見落としてはならないと思う一つの興味ある点がある。それは、アイヌは自分たちの祖先が、火なしでいたとか、火を作る道具——すなわち、木の根と火打ち石——なしでいたと想像できないことである。この点で、彼らはあらゆる他の未開人種と同じである。というのは、人間の遺跡の遺物がどんなに巨大であっても、その遺跡は、火を作る技術を知らなかった時代にわれわれを連れ戻さないからである。この世界に関するかぎり、ニレの木と火は、天帝によって作られたもっとも古い神だとアイヌは言っている。トーテミズムが、このなかに見られるかどうかは、われわれが先に進めば明らかになるだろう。

5 宇宙論的な事柄 (a) 大地と深淵

世界の形／魚の上に築かれた世界／潮の干満の原因／高波／地震／タルタルス／地下の天／ハデスの夢

世界の形に関するアイヌの考えが、古代日本人の考えと違うことはおそらく奇妙なことだろう。というのは、古代日本人は、それを平らだと考えているが、あるアイヌはそれをボールのように丸いものとみなしているからである。彼らによると、世界はこの上なく丸い大洋で、その真中に非常に多数の島があり、それぞれはそれ自体の特殊な位階の神々によって支配されている。実際アイヌは、世界全体、あるいは宇宙にあたる単語をもっていない。川や湖のなかの島、海のなかの島、および巨大な大陸は、すべて同じ名前、モシリ moshiri、すなわち「浮いている大地」［モシリ、モシル＝大地、土地、国］ということばでよばれている。しかしそれが小島を指しているか、島を指しているか、あるいは国を指しているかは、形容詞によって示される。だからレプンモシリ Rep-un-moshiri は「海のなかの土地」［レプ＝沖、ウン＝ある］、つまり島である。サモロ・モシリ Samoro moshiri は「われわれの隣の島」［サム＝そば、オロ、オル＝内、そこにある］で、日本である。全体として見た世界がなぜ丸いと思われるのかとアイヌに尋ねたところ、彼らの多くはこう答えた。「太陽は東から昇り、西に沈み、翌朝再び東から昇るからです」と。

日本人のように、これらの人々はもまた、世界は大きな魚の背中に載っていると想像しているらしい。この魚に対するアイヌ語の名前は、モシリ・イッケウェ・チェプ moshiri ikkewe chep、すなわち「世界の背骨の魚」［イッケウェ＝せすじ、腰、チェプ＝魚〕である。この動物が動くときはいつも、地面を揺るがせるといわれる。それはまた、潮の干満の直接の原因だとある人は考えている。エゾの各地の海岸では大きなカメがときどき見られるとはいえ、私は、これらの動物の一匹が、古いインドの神話で挙げられ、サンスクリットでクールマラーヤ、つまり「カメの王」〔クールはカメ、ラーヤは王〕とよばれた世界を支えるカメの地位を占めているという話を聞いたことがない。またアイヌの心では、ヘビか他の動物が、つぎに挙げるマスとともに、世界を支える栄誉をになっているとは、まったく考えられていない。

つぎは潮の干満に関する神話である。

「天帝が世界を作るまえに、沼地のほかはなにも見えなかった。しかしその沼地には、非常に大きなマスが住んでいた。このマスは巨大な魚だった。というのは、その体は沼地の一方の端から他方の端まで達したからである。さて造物主が大地を作ったとき、彼はその動物が大地の土台になるようにした。世界の下には、生きたマスが横たわっていて、その口を通して海水を取り入れたり、出したりした。マスが水を吸い込むと、引き潮が起こり、マスが水を吐き出すと、潮が満ちた」。この伝説が私に告げられたとき、以前あるとき私の聞こえる所で語られた、つぎの神話が私の心に浮かんだ。この神話の原本は今でも、私の手書きの文書のなかにある。

「サル（沙流）川の源に大きな湖がある。そこに昔、怪物のマスが住んでいた。それは非常に大きかったので、湖の一方の端でその（胸）ひれをつねにひらひらさせ、他方の端でその尾を揺り動かした。

さて昔々、尊敬すべき祖先たちが落ち合って、この魚を殺しに行った。彼らは何日もかかってこの目的を達成しようと努めたが、その目的を達成できないことがわかった。

彼らはこの魚を殺すことを切望していたので、アイヌの土地に特別の関心をもっていた神々が、天上から援助をした。

そこで天の神々が降りて来て、その手（手の指）で大きなマスをつかんだ。

そのときに、マスは勢いよく飛び込み、大きな力を出して湖の底にもぐった。

そこで神々はその力をふりしぼって、その大きな生き物を水の表面に引っ張って来て、岸に上げた。

図 5—1 アイヌの一集団（ピラトリにて撮影）

このとき尊敬すべき祖先たちはみな、剣を抜き、それをたたき切って、ついに殺した」。

この巨大なマスは、湖の岸辺に水を飲みにやって来るシカやクマのような動物を飲み込むだけでなく、ときには男や女や子供を飲み込む習性があったといわれている。いや、それだけでなく、人が大勢乗った舟さえも飲み込んだのだ！　さよう、舟とすべての人を！　古代人たちが、この怪物を殺したがったのはこのためである。

今でさえアイヌは大きな湖をとくに恐れているように見える。というのは、これらの怪物の魚の一匹がときどき突然あらわれて、動物や人間を飲み込むといった破壊的な所業を始めると彼らが言っているからである。ほんの二、三百年まえ、これらの恐ろしい生き物の一匹がシコツ・トShikot to（支笏湖）［シ＝大きな、コッ＝窪み、ト＝湖］の岸辺で死んでいるのが見つかったという話である。この怪物は、大きなシカや角やすべてのものを飲み込んだ。しかし角ははげしい消化不良の発作を起こした。その魚はこの発作に打ち勝つことができなかった。角は非常に長かったので、それは胃から突き出て、魚は死んだ。

高波と地震は、このマスが原因だと考えられていることは、つぎの伝説からあきらかである。

「世界をその背中に載せていたマスが、高波の原因である。

ときどきそれは、莫大な量の水を取り入れ、それから異常な努力をして、一吹きの力強い息で口から水を吐き出す。これが高波を起こす。

またそれが自分の体を揺り動かすとき、その結果は地震である。それが静かに動くとき、地震は小さい。しかしそれが立腹し、たけり狂って動くとき、地震は大きい。これは非常に危険な魚だから、造物主は二人の神々を送り、マスの両側にそれぞれ立たせ、魚を静かにさせた。これらの神々はそれぞれいつも片手を魚の上において押さえ、どんなはげしい運動も起きないようにした。神々は食べようが、飲もうが、それぞれが片手を間違いなく、魚の上におかねばならない。彼らは決して手をはずしてはならない」。

これがこれらの事柄の真の原因であるから、子供が片方の手だけで食べている――それは非常に悪い行為であるが――のを見ると、老人たちはこう言う。「片方の手で食べるのを許されているのは、世界の背骨の魚のそばに立っている神さまたちだけですよ。おまえはこれらの神さまなのですか」。こう、老人たちは子供たちをいましめる。

宇宙論について論じるとき、アイヌはタルタルス Tartarus の問題を持ち出すのを決して忘れない。それで、この問題は彼らの神話では異彩を放っているのはあきらかだ。しかしアイヌのタルタルスはホメロスの「タルタロス」Tartaros とまったく同じではない。『イリアス』に書かれたようなタルタルス［タルタロス］は、天が地の上であるのと同じように、ハデス（冥府、黄泉の国）のはるか下にある日の射さない深い深淵である。それは鉄の門で閉じられていて、ゼウスは彼の権威に反抗した人々をこの場所に投げ込んだ。後の作家たちはそこを、悪者の魂を罰する場所とみなしていることは疑いない。しかし後の詩人たちは、その名前をハデスと同義と考えた。私が、古代のアイヌの伝統と今日生きている人々が与えている解釈で判断するかぎり、アイヌがその場所について語るとき、それはすべての人が死んでから行く場所である冥府か、あるいはあの世を意味していない。アイヌのことばでは、あの世はポクナモシリ Pokna-moshiri、つまり「地下の世界」［ポク＝下、ナ＝方へ］とよばれている。また彼らはゲヘナ（地獄）、つまり悪人が罰せられる場所のことを言っているのではない。というのは、そこはニトネカムイモシリ Nitone-Kamui-moshiri、つまり「悪魔の世界」［ニトネ、またはニッネ・カムイ＝悪魔、鬼］、またテイネポクナモシリ Teine-pokna-moshiri、つまり「濡れた地下の世界」［テイネ＝濡れた］とよばれているからである。タルタルスということばは、アイヌの考えでは、どんなことがあっても人間の住む場所ではない。彼らはそれを、この物質的創造の限界とみなしている。タルタレオ Tartaröo、つまり「タルタルスに投げ込む」という単語は、聖書に一度だけ見られる。天使たちが罪を犯したとき、天使たちは容赦されずに、タルタルスに投げ落とされ、暗黒の奈落に送られたと述べてある箇所である［「ペテロの手紙、第二」二章の四］。それゆえ、タルタルスの聖書の意味は、『イリアス』から知られるような場所の考えに非常に緊密に結びついているが、それについてのアイヌの観念とは違う。

タルタルスについてのアイヌの概念は、ギリシアやキリスト教の表象とはある点では違うように見えるが、他の点ではそれぞれと一致していることがわかる。場所に関しては、創造された世界のほかならぬ境界に位置していると、アイヌは考えている。われわれが住んでいるこの世界の下には、六つの世界があると仮定しているアイヌもいる。これらのうちでいちばん下の世界は、チラマ・モシリ Chirama moshiri、つまり「いちばん低い世界」［チラマ＝いちばん低い、ラム＝低い］とよばれる。私は、ホメロスの「タルタロス」ほど、この場所を指す上にふさわしいことばを知らない。しかしこの土地の性質に関しては、アイヌはそこが暗黒の場所とは考えていない。それは非常に美しい国だし、この世界と同じく光にあふれているといわれている。またそれは、落ちた天使か、他の生き物——神であろうと、人であろうと、悪魔であろうと——の牢獄か住まいとは思われていない。雷の神、もっと正確に言うと、雷の悪魔は、この地上でかつて戦争をしたのちに、天上でもそうし続けたといわれている。天上でし続けたのは、この世界は、このような悲しむべき戦争を容認できなかったからである。天上に住んでいる造物主は、これに非常に困り、悪魔を遣わして、チラマ・モシリ、つまりタルタルスで戦わせた。雷の悪魔はここで殺された。神も悪魔も実際には死なないから、彼の霊はそのもとの家、つまり下の天、あるいは雲に昇った。これが、タルタルスに関するアイヌの一つの言い伝えである。それはあいまいであるように思われるが、それはやはり一つの言い伝えである。

しかし別の伝説がある。それは、われわれの下には六つの世界があるという、上述の教義に反しているように思われる。人々がこの二つをどのように和解させるかについての説明は、おそらくどこかにあるのだろうが、私はまだ満足のいくような説明を聞いたことがない。しかし人はそれを見つけることができるだろう。この言い伝えはこうである。

「われわれが住んでいる場所は二つの名前でよばれている。第一はカンナ・モシリ Kanna moshiri、つまり『上の世界』［カンナ＝上］、第二はウェカリ・ウォテレケ・モシリ Uwekari uotereke moshiri、つまり『多数の人々がお互いの足を踏みつけている世界』［ウェカリ＝集まる、集会、オテレケ、オテルケ＝踏む］である。後者はまた、ウアレ・モシリ Uare moshiri、つまり『お互いに増殖する場所』［ウアレ＝増える］ともいわれる。それは上の世界である。というのは、足の下には別の世界があるからである。その世界は、非常にじめじめし、濡れている。悪人が死ぬと、彼らはそこに行き、罰せられる。しかしその場所のそばには、別の場所がある。それはカムイ・モシリ kamui moshiri、つまり『神々の国』［カムイ＝神］、すなわち『天上』とよばれる。善人が死んでから行くのは、この場所である。彼らはそこに神々とともに住み、ハエのやり方にならって逆さに歩き廻る。それで、彼らの脚はわれわれの脚に出会う。

この地上が昼のとき、天は夜である。天が昼のとき、地上は暗い。さて、この世界が暗いとき、人々はどんな仕事もすべきでないし、お互いの髪の毛を刈るべきでないし、ひげを剃るべきでない。というのは、そのときには、神々と人々の幽霊が、自分たち自身の活動分野で忙しくしているからである。それゆえ、もしこの世の住民が暗い時間に働くなら、彼らは病気で罰せられ、若死するだろう」。

この神話は、死後に魂は肉体から離れて存在するとアイヌが信じていることをかなりはっきり示している。魂はあの世に行く。その場所には天国と地獄がある。一人の人がかつて私に一つの夢を告げた。その夢のなかに、死んだ村長（チーフ）の魂が彼にあらわれて言った。

「私の言うことを聞きなさい。私はこれこれの村長で、今あの世に住んでいます。私は、おまえたちの間から立ち去って、地下の世界に行きました。私はそこで、今罰を受けています。しかし、ああ、罰を受けているのは私が自分自身したことのためではなく、私が統治していたときに私の監督下にあった人たちがたいへん邪悪だったためです。私は彼らをよりよく監督すべきだったのです。彼らが私と一緒になるときに、彼らも罰せられないように、みんな一緒に悪行をざんげしましょう」と。

私に上述の民間伝承を話してくれた人も、夢——とくに悪夢——について語ったときに、夢は人々によって非常に恐れられていると言って、こうつけ加えた。「人は悪夢を見ると、村の年長者たちを一緒によんで、それらの人たちに夢についてすべてを語り、イナオを作るようにたのみ、また夢が指し示した悪が過ぎ去るようにお祈りしなければなりません」と。

6 宇宙論的な事柄

天の境界／天に適用された唯物論的表現／太陽と月／太陽と月の伝説／ワタリガラスと太陽／星と天の川／生き物が天から降りて来た／一つ目小僧

(b) 上の高い所

アイヌはタルタルスが大地の下の境界に位置していると考えているように、それに対応する天のより低い領域があると考えている。前の章で、雷の悪魔が非常に大きな戦争をしたこと、彼がチラマ・モシリ（いちばん下の世界）で敗北したとき、より低い空にある、彼のもとの家に降りて来たことを述べた。その家は、空の遠い果てにあると考えられている。あるアイヌは、われわれの上には六つの空があると言っているが、私は五つの名前しか知ることができなかった。より低い天は、ウララカンド urara-kando、つまり「霧の空」［雲居の天。ウララ、ウラル＝雲、霧、カント、カンド＝空、天］、つぎはランゲカンド range-kando、つまり「ぶらさがっている空」［下天。ランゲ、ランケ＝降ろす、落ちる］、そのつぎはノチュウォカンド nochiu-o-kando、つまり「星をもつ空」［星居の天。ノチュウ＝星、オ＝入る、持つ］、そのつぎはシニシカンド shinish-kando、つまり「高い雲の空」［至上の天。シ＝真の、ニシ＝空］、最後はシリクンカンド shirik-un-kando、つまり「最高の天」［上天。リク＝上方、ウン＝の、にいる］とよばれる。最高の天は、強力な金属の壁、あるいは柵で囲まれ、防護されていると考えられている。それらの天への入口は、大きな鉄の門である。私は、天のこの鉄の門が開いたり、閉じたりするとアイヌが語っているのをしばしば聞いた。最高の天は、造物主ともっと重要な地位の天使たちの特別な家だといわれている。第二の天、あるいは「星をもつ空」は、

図 6—1 わが家のアイヌのメイドたち

第二の地位の神々と天使たちの住まいである。悪魔は、われわれの大地を直接取り巻く雲と空気のなかに住んでいると考えられている。

アイヌは非物質的な霊を唯物論的に表現することがきわめて多いが、これと同じように、天についての構想にきわめて唯物論的な観念をしばしば持ち込むということを述べるのは、非常に興味深い。けれども、すべてのことを考察すると、彼らがそうするのはきわめて自然なことなので、われわれがそれについて彼らを不思議に思ったり、不合理だと言うことはできない。アイヌは、天の性質に関して彼らに知識を与えてくれるキリスト教徒的な啓示をなんらもたなかった。またアイヌか、だれか他の人は、それについての先天的、直観的なんらかの知識をもつべきだということは、まったく問題外だと思う。アイヌの観念によると、天が金属の壁に取り囲まれ、鉄の門をもっているように、造物主は鉄の家に住んでいると考えられている。アイヌがこれによって伝えようと思っていることは、永続性、安全性、豊かさ、および美である。あらゆる時代と国の多数のキリスト教徒さえも、天国とよばれる霊的な場所と国についての考えでは、唯物論的思想を伝えることが知られている。現在では物事はそのように構成されており、またそのように考えられているので、そうしないのは不可能であるように思われる。「黄金のエルサレム」のように、「天国の門」、「輝く門」、「真珠の門」はすべてのキリスト教徒の表現である。それらは実際、詩的で、美しい思考の表現方法である。それらは厳密でないと、われわれは言うかもしれないが、たしかにそれらは、悪い表現方法でも、非合理的な表現方法でもない。それらは、天国の美しさと豊かさを高度に象徴している。私は、「天国の鉄の門」というアイヌの表現に読者の注意を喚起した。というのは、霊的なものについての人間のすべての観念は一般に物質的なものから引き出された表現によってイメージされるに違いないことと、人間が天国の美しさ、天帝の属性、および数字、空間、および時間の無限性という観念を表現しようとどんなに努力しても、人間は一般に自分の理想に決して到達しないに違いないことを、この表現は立証しているからである。アイヌの信仰の特殊性の多くを理解するには、この原則からたえず目を離さないことが必要だろう。

偉大な造物主のつぎにもっとも重要な職務についていると考えられている神は、日の女神だといわれるかもしれない。というのは、彼女は、天帝が作って、宇宙に据えたよい物の特殊な支配者だと考えられているからである。予想されるように、アイヌも月の神の信者である。アイヌのなかには、月を女性原理、太陽を男性原理とみなしている人もいれば、逆に月を男性原理、太陽を女性原理と考えている人もいる。しかし大多数の人は、太陽が女性であるかのように語る。太陽も月も、アイヌからはげしく崇拝されていない。もっとも、創造のこれらの有益な仕事に尊敬を払っている人に出会うことがあるが、その数はおそらく少数だろう。

太陽は実際には、女神自身よりもむしろ、太陽の支配者である一人の女神の乗り物と考えられている。それゆえ、アイヌが崇拝しているのは、太陽ではなく、太陽のなかに住んでいる女神である。そして女神の明るさが、太陽を通して輝く。太陽のなかに住んでいる女神と月のなかに住んでいる神が、これらの有益な物体の他ならぬ生命であり、魂であることを知るのは、きわめて興味があるし、また奇妙である。太陽から女神を取れ。すると即座にすべてのものは日中でも暗く、黒くなる。月の神を廃止せよ。すると、夜中に一条の光もなくなるだろう。それゆえ、アイヌは、多くの非文明人のように、太陽か月の部分食か皆既食を恐れている。

一八八七年［明治二〇年］に日食が起こった。私は、食が起こるときに、一人のアイヌがそれを見ることができるように、ガラスを黒くした。正確な時刻に彼に太陽を見るように言った。すぐに叫び声が起こった。「チュプ・ライ、チュプ・ライ」Chup rai, chup rai"、つまり「太陽が死にかけている。太陽が死にかけている」〔チュプ＝太陽、ライ＝死ぬ〕と。別の人は叫んだ。「チュプ・チカイアヌ」Chup chikai-anu、すなわち、「太陽はかすかになっている」、あるいは「発光体は突然死にかけている」〔チカイアヌ＝死ぬ〕と。以上は口に出されたことばのすべてである。それから、沈黙が続いた。ときどき驚きと恐れの叫びが聞かれた。しかし皆既食になるのを人々が恐れていたのは、かなりあきらかである。皆既食だと、太陽は完全に死に、よみがえらないかもしれない。だからすべての生きものは滅び

図 6—2　アイヌの男

るかもしれない。アイヌはこの特別なときに、太陽を崇拝していると予想されるかもしれない。しかしそういうことはない。彼らは首尾一貫しており、死にそうか、気絶している人にするように、太陽を扱う。一人の人が死にそうになると、仲間の一人は口に真水を一杯含み、それを苦しんでいる人の顔と胸に吹きかけるか、あるいはある種の容器に水を入れて持って来て、苦しんでいる人に手でかける。それによって、その人をよみがえらせようとする。これと同じように、食があると、とくに皆既食のときには、人々は水を運んで来て太陽を目指して上方に向けてかける。そうすると、太陽がよみがえると考えている。それと同時に、叫ぶ。「カムイアテムカ」Kamui-atemka, Kamui-atemka、すなわち、「おお、神よ、われらはなんじをよみがえらす。おお、神よ、われらはなんじをよみがえらす」「アテムカ＝水をかけて息を吹きかえらす」と。もしヤナギの枝で水をかけるなら、太陽をよみがえらす上に特別の効力と力があると考えられている。

太陽は輝きと栄光の正常な状態に戻ったので、狡猾な酒飲みの老人は酔っぱらう立派な口実をもつ。もちろん太陽が失神から回復し、よみがえったことに敬意を払って、神酒が供えられねばならないし、この問題が十分に論じられねばならない。また同じような事象が昔あったことが物語られる。しかし二、三杯の酒を飲むと、まもなく語り手は本当でないか、信頼できないことを語り出す。そしてあまり時間がたたないうちに、いくらか涙もろい状態にあるという徴候を示し始める。

食について、しらふのアイヌが言ったことには、一つの特徴がある。「私の父が子供のとき、父の年とった祖父が皆既日食を見たと言っているのを父が聞きました。大地はまったく暗くなり、影を見ることができませんでした。鳥はねぐらに行き、イヌは吠え始めました。黒く死んだ太陽が、その両側から火の舌と稲妻を突き出し、星は明るく輝きました。それから太陽がよみがえり始めました。人々の顔は死の様相を呈しました。太陽がだんだんとよみがえったとき、人々は再び生き始めました」。

食はアイヌにはまったく不可解である。その原因に関して、提出されたたった一つの理論も私は聞いたことがない。私がさきに述べた話を書いた後に、別のアイヌが、太陽と月に関してつぎの民間伝承を私に話してくれた。このアイヌの話では、太陽は男性原理、月は女性原理だといわれている。

太陽と月の伝説

「太陽と月は夫婦である。それらは神聖なものであり、天と地を支配するのが、その職務である。男は日中だけ、女は夜だけ、その仕事をするように定められている。しかしときどき、二人は天を一緒に旅行するのが見られるかもしれない。神聖な太陽はもっとも明るく、いちばんいい衣服を着ている。太陽がそんなに明るく輝くのは、そのためである。彼の衣服には白い刺繍がしてあり、妻よりも大きな体つきをしている。月は、粟でできた丸いだんごのようである。それは、黒と白の衣服を重ねて着ている。そうであることは、注意して月を見れば、わかるかもしれない。さて、月はときどき見ることができない。こうなるのは、彼女が夫を訪問したからである。そう古老たちは言っている」。

月のなかの人に関する神話は奇妙だが、非常に特徴的である。それはつぎの通りである。

月のなかの人

「古代に父にも母にも服従しようとしないし、水を汲みに行くのを嫌いさえした若者がいた。それで、神々は立腹し、すべての人に対する警告として、彼を月のそばにおいた。これが月のなかの人である。この理由から、両親のことばは正しくても、間違っていても、それに従わねばならないことを、世界中の人々にさとらせよう」。

アイヌはこの言い伝えについて、つぎのように奇妙な説明をしている。

「若者が水を汲みに行くように命じられたが、彼は怠けていて、炉端で刃のある道具で物を切り刻みながら、坐っていた。彼は外に出るとき、戸口の柱を叩いて言った。『ああ。おまえは戸口の柱だから、水を汲む必要がない』。それから、柄杓とバケツを取って彼は川に下りて行った。彼が川に来たとき、小さな魚が流れを上って行くのが見えた。それに向かって彼は言った。「おお、すごく骨の多い生き物よ。おまえは魚だから、水を汲む必要がない」。つぎに、そこから下って行くと、秋鮭が見えた。それに彼は言った。「はじめまして、鮭君」。すぐに彼は、鮭につかまえられ、すべての人々に対する教訓として、月のなかに置かれた。水を汲むのを嫌った彼に、立腹した神々はこのような仕打ちをしたのである」。

エゾのすべての種類の鳥のなかで、カラスほどずうずうしく、大胆な鳥はいない。それはアイヌの小屋に飛んで入って、人々の食器から食べ物を取ったり、男や女が背中に背負おうとしている魚の束にとまることが昔から知られている。アイヌとこの問題について話したとき、彼らは、カラスがずうずうしくなる理由があると私に語った。カラスはかつて人間に対していいことをしたのだから、われわれはカラスに文句を言ってはならないのだ。実際カラスは、人間が生存し続けるために、作られたのである。カラスについての彼の話はこうである。

太陽を飲み込もうとしている悪魔の伝説

「天帝が世界を創造したとき、悪魔は、天帝の計画、とくに人間に関する計画を挫折させるために、あらんかぎりのことをした。さて、すべてのことがなされてから、悪魔は、光と暖かさを与える太陽がないと人間は生きられないことに気づいた。そこで悪魔は、この美しく有益な創造の仕事を打ちこわす決心をした。そこで悪魔は太陽を飲み込むつもりで、ある朝太陽が昇るずっと前に起きた。しかし天帝は悪魔の計画を知って、カラスにこの計画の裏をかかせた。太陽が昇りつつあったとき、悪魔は口を開いて、それを飲み込もうとした。しかし待ち伏せしていたカラスは、悪魔の喉に飛び降りて、太陽を助けた。それで、カラスは、自分たちがかつて人類に与えた恩恵を思い出し、人間に対して好きなようにしてもいいと思っているし、また自分たち自身と家族が生きるために、人間が提供する食べ物を食べてもいいと思っているのである。だから、カラスが大胆で、ずうずうしいのは、十分な理由があるし、またカラスを無用な生き物だと人間は言うべきでない」。

この問題についての他の伝説はこうである。

「非常に遠い昔、太陽がまさにはじめて昇ろうとしたとき、悪魔が口を開いて、それを飲み込もうとした。ここで多数のカラス――彼らは世界ではいちばんたくさんいる鳥である――が、悪魔の喉に飛び降りた。これは悪魔を非常に狼狽させた。そこで、悪魔はせっせと口から羽を取り除いた。その間に、太陽が昇って、夜が明けた。それでアイヌはみな猟をしたり、魚を取ることができた。悪魔が望んでいるようなことはなにも起きなかった。だから、たとえカラスが大胆で、ずうずうしくなり、人間から食べ物を取っても、カラスには我慢しなければならないし、文句を言ってはならない。またカラスにはお祈りがなされなくても、カラスにはイナオ［正しくはイナウで、木の幣］（原注1）が供えられるかもしれない」。

図 6―3 アイヌの母親と子供

この神話の後の部分は、いくらか理解しがたい。カラスにイナオが供えられるとはいえ、カラスにお祈りしてはならないといわれている。しかしイナオを供えるという行為は、本来礼拝ではない。そして実際、私は遠く離れている地方に住んでいる人々が、カラスとワタリガラスにお祈りし、またそれらが実際に籠のなかで育てられ、いけにえとして殺されていることを発見した。

この外見上の不一致は、カラスがかつてある地方の住民のトーテム鳥であり、またこの氏族の人々は他の氏族のメンバーの不興をいくらか買ったことを考えれば、説明がつくかもしれない。しかしこの点について今われわれは、確信をもって言うことはできない。それは、難問の有望な解答でないにしても、可能性のある解答として挙げられるだけである。

星は崇拝されていないということを除いて、星について言うことはあまりない。もっとも、「神」にあたることばがときに——しかし一般にではないが——星に用いられた。自然界では星が有用であるために、とくに光を与えるという点で有用であるために、神ということばが星に用いられた。彗星は「ほうき星」［アイヌ語、ムンヌウエ・ノチュウ mumuye nochiu、掃く星］という名前で知られ、天の川は「曲がった川の絵」［アイヌ語、ペツノカ petnoka、ペツ＝川、ノカ＝絵］とよばれる。この曲がった川、すなわち天の川は、ときどき「神々の川」とよばれ、いろいろな神がこの川で魚を捕まえるのに多くの時間を費やすといわれている。彗星の出現は、恐れと驚きでもって見られる。というのは、それは、恐ろしい災難、たとえば、戦争、病気、飢饉、あるいは死などの確実な前ぶれと考えられているからである。アイヌは天には、この世と同じく、鳥、獣、および魚がいると空想しているのは非常に奇妙なことであるが、やはり事実である。実際、この大地は、一部は最初天から生き物を与えられたという話をわれわれは聞く。たとえば、ある伝説はこうである。

「この世界が作られるずっとまえ、天自体にはあらゆる種類の鳥、獣、魚が住んでいた。これらの生き物が、この大地はなんと美しくなったか、川と山はなんとみずみずしくなったかを知ったとき、彼らの多くは下界に降りて、そこに住みたいという熱烈な欲望をもった。そこで天帝に降りる許可を求めたとき、天帝は彼らの要求を認めて、こう言った。『おまえたちは人間が住んでいる世界に行ってよい。しかしアイヌが事故にあったり、病気になったり、飢えたりしているのを見たらいつも、彼らの窮乏に注意を払い、彼らの病気を治さなければならない』。この許可を得てから、彼らは下界に降り、そこに住み、そこで繁殖した。鳥や獣はこのような良い目的のために下界に降りたのだから、彼らは間違いなく礼拝されるだろう。というのは、彼らにお祈りする人々は、必要なときに彼らの特別の助けを受けるだろうからである。これが、このような生き物が愛され、神として崇められ、扱われる理由である」。

しかしすべての動物が、完全に全体として、つまり完全に出来上がった生き物として、始めから天から降りて来たと考えてはならない。というのは、伝説によると、彼らのうちのあるものは、天国で神々が楽しんだ宴会の残り物から生まれたからである。その伝説はこうである。

「非常に古い時代、造物主が川と海を作り、また土地を作ってから、彼は天のわが家に戻った。彼はそこに到着し、家に入り、一つの隅から二つの包みを取り出した。一つには魚の骨、もう一つにはシカの骨が入っていた。これらは大宴会の残り物だった。彼は山の上でシカの骨の入った包みを開いた。山の上でシカの骨は直ちに、見目うるわしい生きているシカになった。彼は、魚の骨の入った包みを川と海に投げた。それらは川と海でいろいろな種類の魚になった。これらの生き物は、このようなやり方でこの世にやって来たので、シカと魚が乏しくなると、人々は、もっと多くを下界に送ってくださいと天帝にお祈りするのである。というのは、天帝は始めにこのようなやり方でそれらを作ったので、彼は今でもそうできるからである」。

しかしすべての生き物がはじめにこのような仕方で天から降りて来たと結論しないように、つぎの話が語られている。それは、すべての生き物がそうではなかったということを示している。あるものは一つ目小僧から来たという話を聞く。

「昔々、何年も何年もの前、大きな一つ目小僧がいた。それはアイヌの国の山なみのなかのはるか遠くに家をもっていた。彼の体型は、人間のようだった。彼の死体は非常に大きく、毛で密におおわれていた。実際、彼の皮膚はクマのようであり、それほどに毛深かった。しかし彼は目が一つしかなく、それは額の真中についていて、普通の壺のふたほど大きかった。この生き物はアイヌには非常に迷惑だった。というのは、この生き物は食欲がたいへん旺盛だったので、途中で会うあらゆるもの、あらゆる人を捕えて、殺して食べる習性があったからである。このため、人々は山へ猟に行くのを恐れた。というのは、一つ目の怪物は何度矢を射られても、矢は効果がなかったからである。さて、ある日、弓がうまい勇敢な猟師が人食いのこの生き物がよく出没するところに、何げなく近づいた。彼が獲物を追っているときに、森の下ばえを通して自分をらんらんとした目で見ているものを見つけて驚いた。それがなんであるかを見るために、近づいたとき、猟師は、それが大きな体の毛深い、どうもうな顔つきの一つ目小僧であることを発見した。

それがなにかがわかったとき、猟師はなにをしたらいいかわからないほど驚いた。しかし彼はまもなく、えびらから矢を引き抜く十分な勇気を奮い起こした。彼は弓に矢をあて、守りの姿勢をとった。その生き物が近くにやって来たとき、そのアイヌはその生き物の一つの目に、落ち着いて、正確にねらいをつけた。よくねらったので、その中央にまともにあたった。一つ目小僧はすぐに倒れて死んだ。というのは、目は体のなかで致命的――唯一の致命的――な部位だからである。この勇敢な猟師は、それほど憎むべき生き物であり、またそれほど恐ろしい敵が完全に殺され、再び生き返って、人々を悩ませることがないことを確かめると、その生き物の体の上で大きな焚き火をし、その骨とすべてのものをすっかり焼いた。そうしてから、彼は、手を灰のなかに入れて、それを空中に撒いて、怪物が徹底的に破壊されたことを二重に確認した。しかし、ああ、灰を上に投げたとき、それは、ブヨ、カ、アブになった。しかしわれわれは、これらのことに文句を言ってはならない。というのは、ハエというより小さい悪は、人間を食べる一つ目の怪物がわれわれの近くにいるという、より大きな悪ほど悪くないからである」。

（原注1）　イナオは、削った棒でできた宗教的な象徴であり、呪物である。これについては後の章でくわしく述べる。

7 キューピッドと英雄オキクルミ

キューピッドとしてのセキレイ／彼は夫と妻に夫婦の義務を教えた／愛についてのオキクルミの伝説／義経は崇拝されなかった／ピラトリの社

古代ギリシア人とローマ人がキューピッド［翼があり弓矢をもった愛の神］をもっているなら、アイヌもまた彼らのキューピッドをもっているほど人間的である。しかしそれは翼があり、生意気で、丸ぽちゃの子供である代わりに、アイヌの場合には、実際に翼、鳥の翼をもってあらわれる。それは実際にセキレイに他ならない。

先に述べたように、ある説明によると、この鳥は、混沌のなかから地球を生み出したといわれているが、他の説明では、でこぼこの場所を平らにし、水平にしただけだといわれている。われわれが今まさに学ぼうとしていることは、この鳥は最初、アイヌ族の祖先たちに夫として、妻としてお互いに自分たちの義務を果たすことを教えたこととと、この鳥は愛に傷ついた人々を守って、キューピッドの役をすることが知られていたことである。アイヌの若者たちのなかには、これらの鳥の皮膚や骨を箱に入れ、イナオの削り掛けで注意深く包んで、愛のお守りとしてもっている者を私は見た。とくに、それを所持している人が、恋愛しているか、妻をもちたがっているなら、彼らはときどきそれに礼拝する。これを物語る伝説はつぎの通りである。

「セキレイをある人はオチウチリ ochiu-chiri とよぶ。これは『情熱、あるいは欲望の鳥』［オチウ＝性交する、チリ＝鳥］という意味である。それがこう名づけられたのは、この鳥が強い官能的欲望をもっているからである。天帝が人間を創造し、それを世界のなかに置いたとき、セキレイが人間のところにやって来て、まず最初に夫として妻としてお互いの義務を果たすことを教えた。人間がこの世で増加し、増殖したのは、セキレイが親切に教えるという役目を果たしたからである。セキレイは、よいお守り（魔よけ）であることが知られている。だからセキレイは、非常に大事にされなければならない。昔一人の男がこれらの鳥の一羽を殺し、その体をお守りに使った。その持主が非常に貪欲になって、あらゆる種類のトラブルをたえず起こすことがまもなくわかった。彼は自分の非行に対して多くの罰金を払わなければならなかった。この種のことはちょうど六年間続いた。その期間が経過したのち、彼は後悔し、心を入れかえて、まったく新しくやり直し、実際非常に金持になった。これはすべて、お守りとしてセキレイをもっていたからだった。だから、この種の呪物をもっている人はだれも、六年間は非常に邪悪だと予想されるに違いない。しかしその後は、その人は用心し、後悔して、金持になるかもしれない」。

アイヌの起源の問題を論じた本書の第1章で、われわれはオキクルミという名前の古代の英雄について論じる機会があった。その箇所で、この人はおそらく日本人の義経に他ならないだろうということを述べた。彼はエゾにやって来て、アイヌの娘と結婚したといわれている。つぎの伝説は、彼が実際花嫁と恋におちたことを示している。そしてこの伝説の目的は、若い恋人たちに、たとえ彼らが愛の対象を必ずしも手に入れられなくても、決して絶望しないようにということを教えることと、若い男たちに、女性にあまり奉仕すべきでないということを教えることであるらしい。この伝説はまた、セキレイがキューピッドの能力でもって行動していることを示している。

「偉大なオキクルミは深い愛におちた。彼はおもい病、いや、ひどい恋い病みになった。彼は食欲と肉体の強さを失った。彼は陰鬱に絶望して小屋のなかで横になっていた。おいしい食べ物も、まずい食べ物も食べようとしなかった。要するに彼は、恋い病みで死にそうになった。すべてのことは、美しい一人の女を一目見て起こったことに注目しよう」。伝説は言う。「おやまあ。彼はなんと気の毒なことか」と。そこでこの若者に注目しよう。

「しかしオキクルミのおそろしい病気は治った。小さな鳥、セキレイが、この苦悩の原因——彼の愛情の対象——のところに飛んで行き、彼の深い愛と危機的な状態について彼女に語った。美しい小鳥は尾を振って、そのレディーの耳もとでささやいた。もしオキクルミが死ねば、アイヌの国の魂もまた死ぬでしょうと。そこで鳥は、アイヌの国のために、あわれなオキクルミに情けをかけてくれと、彼女にたのんだ。とりなしは成功した。オキクルミが魅せられた美人に似せて、実在しておらず、実体のない女が作られた。彼女が彼の小屋に連れて来られ、すぐさま布団、家具、装身具が整えられた。オキクルミは、自分のたもとを通して彼女をこっそりと見た。彼は勇気づけられ、起き上がり、喜び、食べ物を食べ、回復し、再び強くなったように感じた。そのあとに、このレディーは立ち去り、いなくなった。そのとき、オキクルミはなにをしたか。彼はその女にだまされたことを知った。しかしなすべきことも、言うべきこともなかったので、彼は分別のある人のように再び強くなった」。

図 7—1 酒を飲もうとしているアイヌの男

つぎはこの伝説の説明である。

「女神（すなわち、美しい娘）は孤独に感じ、小屋のなかを見つめ、それから小屋の外を見廻した。彼女は外に行って、そして見た。雲はアイヌの国の地平線上に美しい台地をなして浮かび、うねっていた。さよう。それが、彼女が見たものである。それで彼女は、小屋に戻り、針仕事をした。

（これから、オキクルミが最初この美しい女をちらと見て、彼女を恋するということがどうして起こったのかということがわかる。彼女は小屋に坐っていて、今、少し孤独で、落ち着かず、疲れたと感じた。彼女の目は一つの対象へと心配そうにさまよった。彼女は起き上がって、目的のない足どりで外に行き、地平線をじっと見つめた。彼女が見ている地平線は、雄大で、非常に美しかった。雲は台地のような塊をなして、積み重なっていた。彼女は元気が出て、小屋に戻った。しかしわれわれは、彼女が後ろ向きに戻ったと告げられる。これは、彼女が外部のだれか、あるいはなにかに大きな尊敬を払っていることを示す一つの兆候である。アイヌの言うところによると、彼女は天に描写された自然のすばらしい美しさに尊敬を払っていたという。それゆえ、彼女は敬虔に後ろ向きに歩いて小屋に戻った。さて、女たちは決して天にお祈りしない。実際、彼女たちは、どんな神々も礼拝しない。だから彼女は、外で見たオキクルミに敬意を払っていたのだと、私はあえて考える）。

「再び、彼女は針の先を見て、それから針の穴に視線を固定した」。

（すなわち、彼女は自分の仕事に大きな注意を払った）。

「そのとき、セキレイという小さな鳥がやって来て、窓の鎧戸にとまった。鳥はその尾を上下に振り、それから左右に振った」。

「そのとき、鳥の二鳴き、三鳴きが彼女に聞こえた。彼女が聞いたことは、こうだった。『アイヌの国全体の支配者である力強いオキクルミさんがしばらくの間戸外に出て、あなたを見、あなたのために恋い病みになりました。二匹の悪い魚と二匹の良い魚を食べ物として彼のまえにおいても、彼は食べるのを拒んでいます』と」。

（二匹の悪い魚と二匹の良い魚というのは、どんな食べ物をオキクルミのまえにおいても、彼はそれにふれることができないほど、恋い病みになったという意味にすぎない）。

「『今もしオキクルミさんが死ねば、アイヌの国の魂は死んでしまうでしょう』。そのとき、セキレイという小さな鳥

図 7—2 アイヌの長老

が尾を振りながら彼女に二言しゃべって、言った。『オキクルミさんが生きられるように、私たちにあわれみをかけてください』と」。

「こうして、世間を見ただけで、オキクルミはひどい恋い病みになったので、二匹の悪い魚と二匹の良い魚を彼のまえにおいても、彼は食べることができなかった」。

「おやまあ、彼はなんと気分が悪くなったことか！　そこで、女神に似た一人の女の形が作られ、オキクルミに送られた。家はきちんとしていた。送られた女は整頓した」。

「そのとき、オキクルミは袖を通して見て、美しい女を見つけた。彼はたいへん喜んで起き上がり、食べ物を食べた。力が彼の体に戻ってきた。そして女は行ってしまった！　オキクルミはだまされたことに気づいた。しかし彼はなすべきことも、言うべきこともなかった。それで彼はよくなった」。

　オキクルミ、あるいは義経は、アイヌによって崇拝されてきたし、今なお崇拝されていると考えられてきた。ピラトリ（平取）で彼のために一つの社が建てられたという事実は、この考えをもっともらしく見せる。しかしこの社は、純粋に日本人が作ったものであり、そのなかの偶像も日本人の製作であり、一一〇年まえにさかのぼるにすぎない。これより前には、それについての遺跡はない。実際、どんなアイヌもこの社にお祈りをしようとは思わないだろう。このような考えは二〇年まえには人々から笑われたろう。私がピラトリにはじめて来たとき［一八七九年、明治一二年］、義経のことはアイヌの間ではちっとも話されていなかった。なるほど、彼はある物を創造した人と考えられている。しかし、それはどんな種類の物なのか。たとえば、不吉な兆候の鳥と見られているカッコウ、または決して愉快な生き物ではないヘビなどである。

　私は上述の社にイナオが捧げられているのをときどき見たし、またあるときつぎの半《セミ》祈願文が唱えられたのを聞いた。

「おお、私の神聖な義経よ。なんじの神聖な恩恵によって私はしばしば酒を手に入れている。私はなんじにおじぎをする。私はなんじに感謝する」と。これは、正式の祈願文と言うことはできない。これを唱えたのは、老ペンリだった。この年取った紳士は別の章で述べるように、非常な酒好きだった。そしてこの社はしばしば、彼が酒を手に入れる手段だった。実際二、三年まえに、その社につけられたあだ名は「ペンリの酒のわな」だった。

ある日本人が彼をその社の番人に任命したとき、彼はそれを大きな冗談と考え、大いに喜び、感謝した。

8 ヤナギのトーテム

トーテミズムの定義／背骨のなかの生命の座／出生時に作られたヤナギのトーテム／ヤナギのトーテムに結びつけられた生命

すべての他の非文明的な人種――それについては明確なことが知られてきたが――のように、アイヌもまた彼らの宗教的見解では、トーテム的であることを発見しても驚くにあたらない。実際、もし彼らがそうでないなら、それは不思議なことだろう。というのは、この崇拝はきわめて普遍的なので、太陽のもとにいるあらゆる人種はこの崇拝のなかに自分たちの中心があるとみなす思想をかつて吹き込まれたと、非常に真剣に主張する人々がいるほどだからである。また彼らは、ヨーロッパの種々の氏族や家の紋章や記章は、その名残にすぎないと主張する覚悟さえしている。

過去の――現在のでさえも――トーテミズムのもっとも素朴な実例は疑いなく、アメリカ・インディアンで見られる。そこでは、オオカミ、クマ、ビーバー、カメ、シカ、シギ、アオサギ、タカ、ツル、アヒルはとくに、個人的なトーテムであるだけでなく、種族のトーテムと見られている。トーテム崇拝はアイヌの間で今なお行われているが、私が知っているかぎりでは、そのようなものとしておおっぴらに注目されたことはなかったし、これまで発見されなかった。それにもかかわらず、アイヌは、アメリカ・インディアンと同じく、信仰でも、慣習でも、きわめてトーテム的であるし、また彼らの現在の隣人である日本人よりもはるかにトーテム的である。この問題についてのアイヌの考え方は、おそらくアメリカ・インディアンの考え方ほどはっきりしたものでないかもしれないし、またそんなに力をこめて始終表明されていないかもしれない。しかしそれにもかかわらず、彼らの現実の私的な日常の諸儀式のあるものが、彼らの古代の伝統——その伝統は、非常に慎重に父親から息子に伝えられ、外部の人にはいつも、また熱狂的に秘密にされているが——から説明されるとき、それが存在していることを決して疑うことができないほど、それ自体がくっきりと浮き上がって見える。

アメリカ・インディアンのトーテムは、彼らの夜営地の主なテント小屋に立てられ、ある場合に偶像として用いられ、崇拝された彫刻を施した棒［トーテム・ポール］にほかならないと、この問題をたいして深く研究したことがない人は考えているらしい。「トーテム」ということばのウェブスターの辞書による定義は、こうである。「鳥、野獣などの素朴な絵で、一家族などの象徴的な名前、あるいは命名として、北アメリカのインディアンによって用いられた」。ウェブスターはそれに続けて、ロングフェローの詩を引用している。

そして彼らは、まだ忘れていなかった
墓の柱に自分たち自身の祖先の
それぞれのトーテムを描いた。
自分の家のそれぞれの象徴を、
クマやトナカイの絵を、
カメ、ツル、そしてビーバーの絵を。

この定義が不十分なことは、このような問題を研究してきたすべての人々や、トーテミズムが行われている人々の間で生活していた人々にはたやすくわかるだろう。というのは、この定義は、この崇拝のなかにあるすべてを決して網羅していないからである。トーテムはある対象の単なる「絵」ではないし、単なる「象徴的な名前」ではなく、それは実際には、その絵によって示された動物、魚、鳥、爬虫類、あるいは木である。また人々は、それらのものと近親関係、多くの場合には血縁関係、他の場合には友情関係があると空想している。ヤナギ［アイヌ語、susu、スス］

の木によって示された神は、アイヌ族に生まれついたあらゆる個人と非常に緊密に結びついている――近親関係がある――と考えられている。実際、もしこの木が動物にすぎなかったなら、二つのもの、人間とこの木が血縁関係にあると言っても不適切ではないだろう。第1章で述べたように、これらの人々の原初の祖先の背骨は、木――実際にはヤナギの木――から作られていたと信じられていた。人間の背骨が非常に柔らかで、弾力性があるのは、このためだといわれている。弾力性の点で二つが互いに似ていること自体は、たいしたことでないように思えるが、この問題を考えるときに見逃してはならない一つの点であるように思われる。というのは、それは、アイヌが著しく異なる物体――まったく異なり、著しくかけ離れた分野に属している物体――のなかに存在している生命の性質を、彼らが現在区別しているほどには区別していなかった時代に直接われわれを連れ戻すからである。

それゆえ、ヤナギの木からとくに取られた背骨は、人体の主要な部分をなしている。多くの他の人種が信じているように、彼らは、人間の生命は血液のなかに座を占めていると考えず、背骨のなかに座を占めていると考えている。だから、ヤナギと人間の生命との間のつながりは、もっとも緊密で、重要だと思われている。それゆえ、この木が重視されているのは不思議でない。最古の時代には、生命のほかならぬ座、背骨が切られないなら、どんな戦士も戦闘で死ぬことはありえないと考えられていた。戦士は肉と骨のあらゆる小片をもぎ取られるかもしれない。しかしもし背骨自体がひどく傷害されていないなら、彼の魂が他の国――神々の国――に立ち去ることはないだろう。

さて、子供がこの世に生まれると、あるいはときには生まれるまえでさえ、祖父は川の土手に行き、ヤナギのいい緑の小枝を切り取る。彼はそれを家にもってき、イナオをこしらえる。出来上がると、彼はそれに礼拝し続けるだろう。それから、それをうやうやしく手に取り、寝台のそばにもって行き、それを子供の守護神として、そこに立てる。図8―1はこのようなものを示している。図で1［左図］の記号がついているのは、ヤナギの小枝自体である。それは、シュトゥ shutu、すなわち「棍棒」とよばれる。2［右図］の記号がついているのは、イナオキケ inao-kike、すなわち「呪物的な（フェティシュの）削り掛け」［イナオは正しくはイナウ、キケ＝かんな屑］とよばれる神聖な削り屑がまわりにゆわえつけられた棍棒である。3の記号のついた枕は、カムイ・セツ kamui set、つまり「神の椅子」、あるいは「玉座」［セツ＝寝台、椅子、巣］、とよばれ、丈夫な葦で作られている。棍棒の端は、乾いた状態にしておくためにこの葦に挿される。だから、それは腐敗しない。このトーテムは正しくは、子供の成長の天使とよばれてもよいことは、つぎの民間伝承からあきらかである。

守護神、あるいはヤナギのトーテム

「人間の背骨がヤナギの木から作られているように、子供が生まれたらすぐ、この木で急いでイナオを作るべきだ。それがちゃんと削られてから、人々はそれにこう呼びかけるべきだ。『おお、イナオよ。なんじは神さまです。それゆえ、われわれはなんじのまえで礼拝します。神が始めに人間を作ったとき、神はヤナギの木から人間の背骨を作り

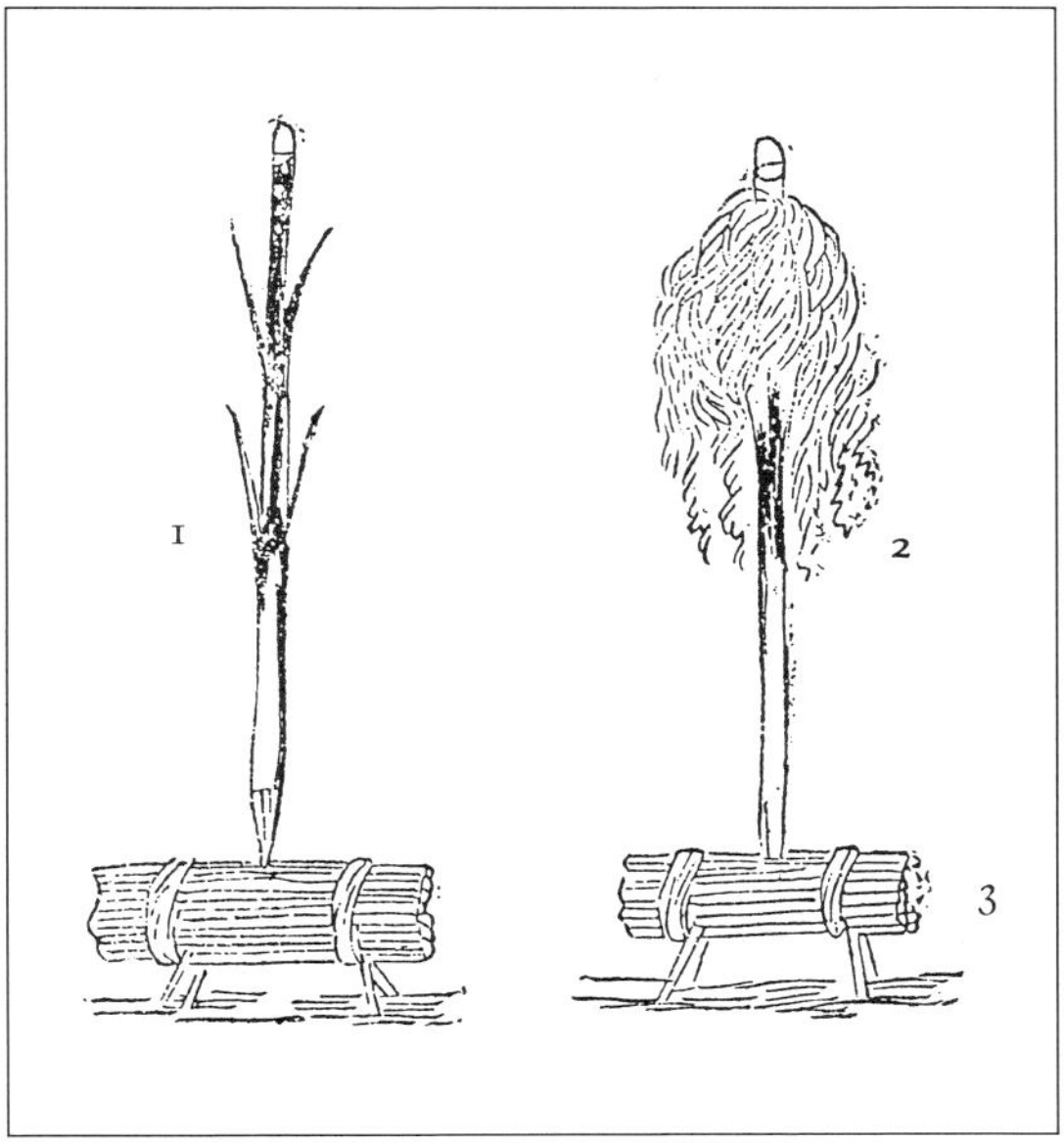

図 8―1　ヤナギのトーテム

ました。だから、ヤナギのイナオよ。われわれはなんじに、この子が成長している間、この子を守ってくださるようにお願いします。この子を守ってください。そしてこの子に長寿とともに、力をお与えください』と。このお祈りがなされてから、イナオはうやうやしくその枕、あるいは『座』に挿され、寝台のそばに置かれるべきだ。この子が成長したあかつきに、彼はしばしば酒 sake 、あるいは粟のビールを手に入れ、これに、つまり守護する呪物に礼拝すべきだ」。これが民間伝承である。これからわれわれは、ヤナギはエゾで生まれたあらゆるアイヌの特別の個人的な木のトーテムだと結論する。予想されるように、このイナオは、それが役立っている個人によって、病気のときにとくに礼拝される。つぎは、このような場合に使うために、子供たちに教えられた一つのお祈りのことばである。「おお、なんじ、ヤナギの神よ。なんじは私の脊柱で、背骨ですから、急いで私を治し、私を強くしてください。おお、親愛なる神よ。私は病気です。私の体は弱いです。私をすぐに治してくださるようにお願いします」。もしこのお祈りが敬虔になされるなら、苦しんでいる人はまもなく病気から回復すると考えられている。

また、老人が病気になると、年配者たちはしばしば会って、この木からイナオを作る。これに礼拝してから、それを神聖な場所にもって行き、ヌサ（この意味については次章を見よ）にされる。それが挿されて、根づいて生長し、茂るなら、それは非常によい徴候と考えられる。すなわち、その人――その人のために、ヌサが作られたのであるが――は回復し、長寿を保つことを示す。さきに述べたように赤ん坊のために作られたイナオがたまたま生長するなら（乾いた葦に挿されているかぎりは、これはきわめてめずらしいことであるが）、それは大きな喜びを与える。というのは、それは健康と力、あるいは長寿を意味するか、あるいはその子が人々の偉大なリーダーになることを意味するからである。これは、アーリア民族、ローマ人、およびチュートン人の古い信仰に非常に似ている。彼らが主張するところによると、一個人の運命と生命は、「誕生の木」、つまり誕生のときに植えられた木と神秘的な関係がある。われわれが「家のイナオ」という問題を扱うようになるとき、これと同じ考えをいくらか見るだろう。この問題を論じるときに、一人の人の生命は、その人のイナオ呪物の腐敗によって影響されると考えられていたことが発見されるだろう。

9 ヌサとイナオについての総論

ヌサの定義／イナオはいつ作られるか／どこに立てられるか／イナオの定義／呪物崇拝／偶像崇拝者としてのアイヌ

数十年昔、日本人が内陸のアイヌと大規模に混血するまえ、純粋に土着の人々のいる村に来た訪問者に強い印象を与えた最初のものは、各小屋の東の端の外側に、いろいろな動物の頭骨とともに立てられた、削った細い枝と皮をはいだ小枝の大きな集まりだったことは疑いないだろう（図9—1）。とくに早春頃に訪れると、こういう光景がよく見られたろう。というのは、これらはこのときに主に作られるので、訪問者は、そのとき新しく、白いそれらが、冬の太陽に照らされて、雪の上に明るく輝いているのを見たであろうからである。この大きな集まりには、多数の種類のこれらの小枝が含まれている。あるものは長く、あるものは短く、あるものは上の方向に削ってあり、あるものは下の方向に削ってある。他方あるものは、ちっとも削ってない。一つずつ考えるときには、それぞれはイナオ inao（木の幣）（訳注1）という名前でよばれる。今述べたように、また挿絵に示すように、一まとめにして考えるときには、それらは集合的にヌサ nusa とよばれる（図9—2）。これはそうなのであるが、もっと先でスペースを節約するために、われわれはヌサを、宗教的、儀式的な目的のために用いられたイナオ、あるいは木の小枝の集まりと、ここではきっぱり定義してよい。

こう述べたからとて、イナオは早春だけにヌサの形になると言っているのではない。それらが作られて、立てられる別の場合がある。たとえば、新しい小屋を建てるとき、死者がいるとき、クマ祭か、他の大きな儀式か、神聖な儀式、あるいは式典が進行しているときなどである。しかしこれらは、単に個人的な場合か、臨時の場合だと言う人がいるかもしれない。これはまったく正しい。他方、早春にそれらを作るのは、日本人の慣習に染まっていないアイヌか、キリスト教の第一の原則を教えられていないアイヌの一般的な慣習である。

しかしこれらのヌサは、人々が住んでいる小屋の近くで見られるだけでなく、漁師が釣りに行くとき舟を出す海辺でも見られる。これらは海の神々のために立てられる。そしてこれらは、ケマウシ・イナオ kema-usi inao、つまり「脚をもった呪物」［ケマ＝脚、ウシはウン、ついているの複数］とよばれる。それらがそうよばれるのは、ケマ、つまり「脚」という名前で通用している地面の杭にイナオが結びつけられているからである。

アイヌについて書いたものをどこかで読んだことがある人々は、イナオが「削られたヤナギの削り掛け」とか、「突き出ている削り掛けをもったヤナギの枝」と定義されてきたことには、気づいていたであろう。しかしこのような記述は、これから述べることに比べると、一部分だけ真実であることがわかるだろう。というのは、ヤナギの他に多くの種類の木が用いられるだけでなく、それを作るにあたっては、使う木切れのすべてを男たちはそがないし、削らないからである。私は講演でも著書でも、アイヌはイナオを崇拝せず、それを神々に対する供え物にしているし、またそれを神々に対する尊敬を示すしるしとして立てると、しばしば主張した。これは真実だが、一部分だけ真実だと、今述べなければならない。というのは、普通の種類か、重要でない種類のものは礼拝されないが、他のいくつかのものは礼拝されているからである。礼拝されていないものはほとんどつねに、純粋に、単純に供え物とお守り（魔よけ）とみなされるかもしれない。他方、礼拝されているものは一般に、より高位の神々に送られた使者とみなさなければならない。われわれが現在この問題についてもっている見地をそれ相応に考慮し、さまざまな他の問題と一緒に考えると、イナオは、大部分は呪物（フェティッシュ）とみなさなければならないというのが、真相である。その呪物のうちのあるものは、今の場合のように、より高いか、より低い程度と性質の生命を授けられ、他方他のものは、はっきり目に見える生命をどんな点からももっていないとみなすことができる（もっとも、本当のことを言うと、生命の神髄はすべてのなかに潜在していることがわかるが）。実にこのために、これらの宗教的象徴と礼拝の道具は、さまざ

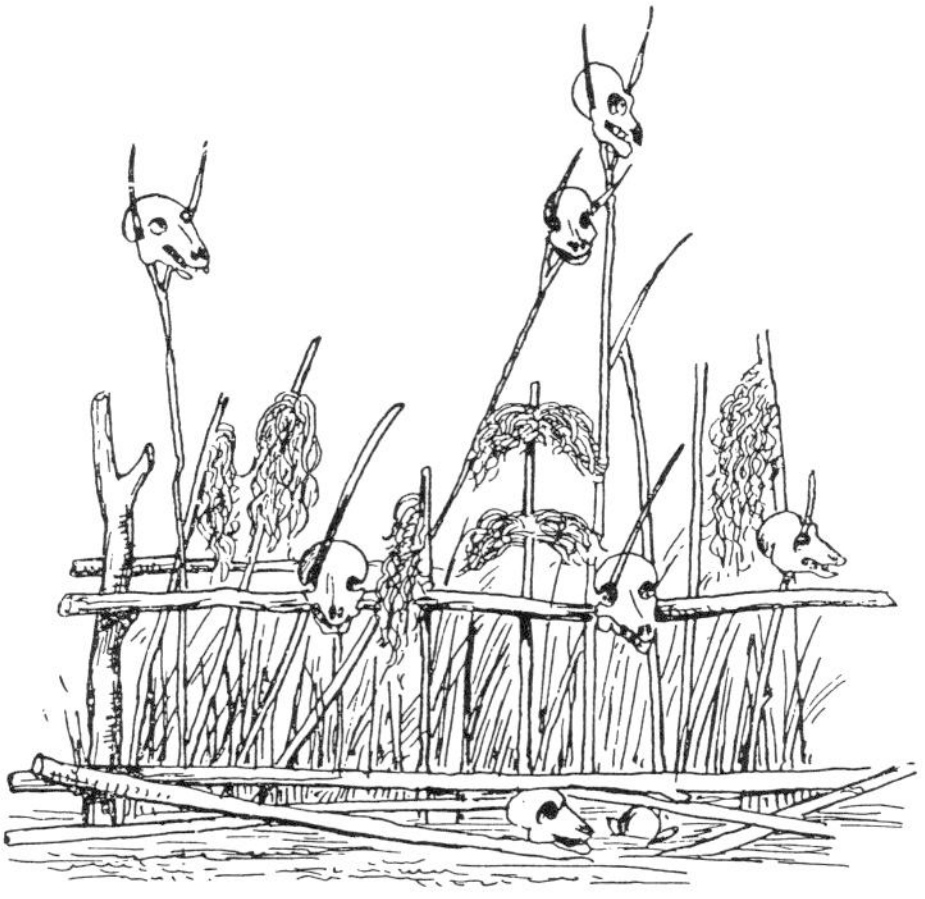

図 9—1 小屋の東の端のヌサと頭骨

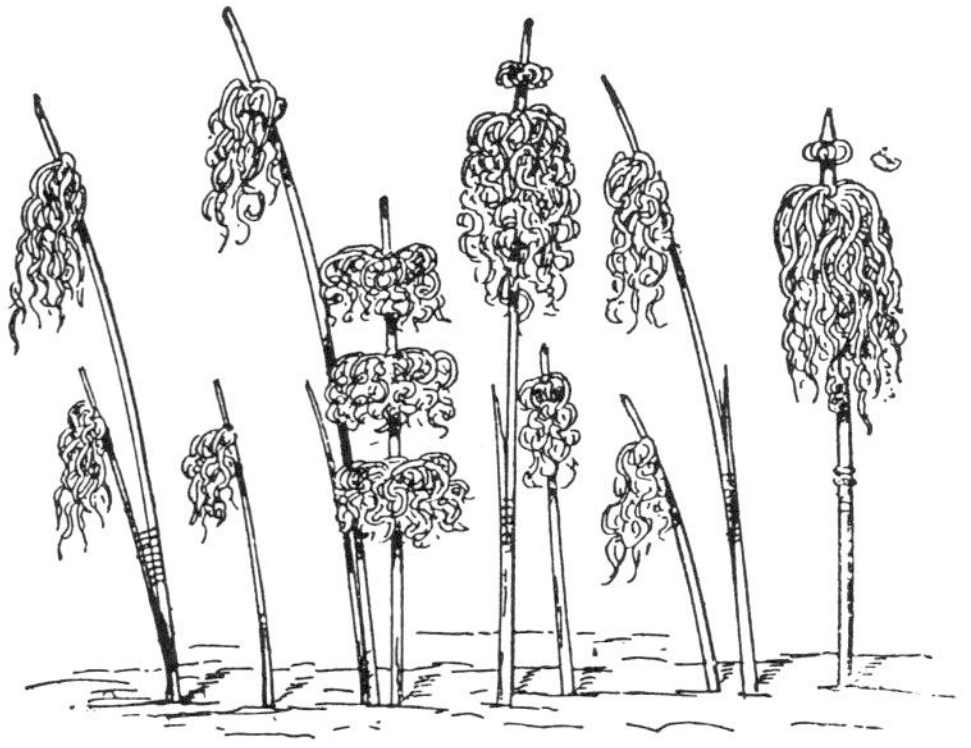

図 9—2 ヌサ、すなわちイナオの束

まの見地から見られるし、またさまざまの機会にさまざまな仕方で人々に扱われるのである。これらのものが、離れた地域の住民からは、また違った時には、またある状況下では、違ったふうに扱われ、見られることは、疑問の余地がない。

アイヌが信仰し、また現実に行っている呪物崇拝の簡潔な定義のようなものを述べるのは、実際非常にむずかしい仕事である。そうするには、二、三行どころか、むしろ数章を要するだろう。つぎの数ページは、私がこれらの人々の間で見つけたことを、個人的な観察から得た挿絵によって説明する一つの試みである。私のこの説明が成功するかどうかは、まだわからない。しかし広く言うと、アイヌの呪物崇拝は、一つの物を所有すると、そのなかに実際住んでいると考えられているか、あるいはある他の神秘的な仕方でそれと非常に緊密に結びつき、提携していると考えられている一つの霊の奉仕を受けることができるという信仰だと、言えるかもしれない。呪物は、それがよい条件に保たれ、それ相応に尊敬されるかぎり、自然からの危害、病気、および悪霊を防ぐ間断のない守護者と一般に見られている。しかし呪物が衰退すると、その影響力がなくなるということは、この呪物をもっている人が決して忘れてはならない一つの教義である。いや本当のところを言うと、呪物が衰退すると、それを持っている人の生命もある場合にはなくなってしまうと考えられている。

もっとも主要な chief イナオは、その幹に関するかぎり、ハシドイ lilac［ここでは、白い花をつけ、アイヌ語で punkau、プンカウ、またはプンガウ、学名 Syringa japonica を指す。紫の花をつけ普通リラとか、ライラックといわれるものは、和名ムラサキハシドイ、学名 Syringa vulgaris である］で作るべきだ。というのは、これは堅い種類の木と言われ、たとえ戸外の湿った土地に挿されても、すぐには腐らないからである。このことについて、あるアイヌに質問したところ、こう言った。「この種の呪物の幹を作るのに、ハシドイとは違う木を使うのは賢明だとみられていません。そのわけは、古代に、ある人がカツラ cercidiphyllum［アイヌ語、ranko、ランコ］でそれを作りましたが、その端はしばらくして腐り、倒れたからです。何か月もたたないうちに、その持ち主自身も弱って死にました。これは、呪物の影響力がなくなったためでした。この理由から、幹はハシドイ以外では作ってはならないということが、今では知られています。それはすべての木のなかで、いちばん耐久性のある木だからです。しかしハシドイが手に入らない所にたまたまいるなら、ヤナギかカツラを用いてもかまいません。しかしこれらは腐るおそれがありますから、長い間もちません。それらが少し古くなったら、腐る恐れが来ないうちに、森に投げ捨てるか、それとも炉でうやうやしく燃すべきです。それから、その場所には別のイナオを立てるべきです」と。それゆえ、慣習的なこの法律の条文から、イナオ呪物を所有したら、なにを実行しなければならないかがわかるだろう。しかしハシドイが手に入らない人には他の木を使うことを許して、許容範囲が寛大に認められている。

もし偶像崇拝を、超人間 superhuman 的人格か、あるいは（こう言うべきだろうが）人間とは違う人格（パーソナリティー）の普通の住まいか、あるいは一時的な住まいと考えられる一つの像に払われた崇拝と定義するなら、あるいはもしそれを、より低い意味で、目や心を興奮させるために用いられた像や呪物（その像自体が生物であろうと、無生物であろうと、またそれがどんな方法で見られようとかまわない）に単におじぎをすることと考えるなら、アイヌはたしかに偶像崇拝者のなかに分類されねばならないだろうし、また彼らのイナオ呪物のあるものは事実、偶像とよばれるかもしれない。この結論からの逃げ道はない。私は昔はこの点について多くの疑問をもったが、つぎの章に掲載するイナオの挿絵からはっきりわかるように、そのことについては決して異議をさしはさんではならないことに、ずっとまえに気づいた。これらのイナオ――そのうちの一つはどの小屋でも確実に見出される――は、最高に重要だから、この種の呪物の長、あるいは主要なもの（チーフ）といわれている。その訳は、それらは、この人間世界に関するかぎりは、位階では至高神、あるいは造物主のつぎに位すると考えられている一人の神をあらわすようにとくに作られているからである。神々の間には多数の位階がある。これは、アイヌの間では疑問の余地がない信仰の一条項である。「遠い神々」に供えられるある種のイナオと、「近い神々」に供えられる別の種類のイナオがある。「遠い神々」とは、人間から遠くに離れている神々を意味し、「近い神々」とは、この世と直接関係があるといわれている、より重要でない神々をさす。というのは、神が偉大で、高位で、高貴であればあるほど、この神の住まいはそれだけ遠くに離れているし、またその神が作用を及ぼす上に仲立ちすると考えられている、より小さい仲介者の数はそれだけ多いと思われるからである。それゆえ、世界と人間の神聖な政府についてのアイヌの考えは、王と官吏をもった人間の政府のモデルに大いにならって作られていることがわかるだろう。

（訳注1）　イナウ inau（inaw）が正しい。しかし本書より約一〇年まえ（一八九一年）に出たヒッチコックの論文（『アイヌ人とその文化』北構保男訳、六興出版、一九八五年）でもイナオになっている。これはアイヌ語のuがoに聞こえるためという。古く英語では、ainu を aino と言ったのもこれと同じ理由からである。本訳書では、原著を重んじ「イナオ」と表記する。

10 イナオ呪物の主要なもの

家の呪物／作り方／供え物／女神の夫／撚った削り掛けのある呪物／広がった削り掛けをもった呪物／後方に削られた呪物

アイヌが所有しているもっとも重要で、比較的高い地位にあるイナオ呪物（どの家族もこれをもたねばならない）は、チセイ・コロ・イナオ Chisei koro inao、すなわち「家を守るイナオ」［正しくはチセ・コル・イナウ。チセ＝家、コル＝所有する、イナウ＝幣］、チセイ・コロ・カムイ Chisei koro Kamui、すなわち「家の神聖な番人」［家の守り神］（図10—2）、およびチセイ・エプンギネ・エカシ Chisei epungine ekashi、すなわち「家の祖先の統治者」［エプンギネ、エプンキネ＝治める、守る、エカシ＝祖先、祖父、長老］とよばれる。

この呪物は生命を与えられていて、家族の健康とその全般的な幸福をたえず守るのが、その職務である。その特別な住まいは、家宝を背にした小屋の北東の隅である。それはそれが立っている場所で礼拝されるだけでなく、ときにはその隅から持ち出され、炉に挿され、そこで家族の長によって祈られる。しかしこういうことが行われるのは、まったくときどきであるし、また例外的な困ったことが起きたときである。この種のイナオはそれに与えられた名前が示すように、男性である。彼の配偶者の名前はアベ・カムイ Abe Kamui、つまり「神聖な火」［アベ、アペ＝火、カムイ＝神。つまり火の神］である。これについては、他の章で説明しよう。この問題について質問したとき、ある男たちは私にこう言った。この呪物のもとの型は、世界が最初に作られたときに、造物主自身によって天から遣わされたと自分たちは信じていると。それに関して私に語られた言い伝えは、こうである。「家を守る神はもとは、真の天帝によって作られた。彼が『家の祖先の統治者』とよばれるのは、彼が火の女神の夫になって、彼女を助け、人々の困窮の世話をするように天から遣わされたからである」。

この種の呪物の作り方はこうである。直径が一インチ［二・五センチ］かそこらの木切れを、緑のハシドイの木から取る。これが幹になる。普通その長さは約二フィート［六〇センチ］である。偶像の顔つきをあらわすように、その一部をてっぺんから底部まで鋭いナイフで削る。てっぺんの近くに口をまねて、裂け目を入れる。この少し下にいわゆる心臓を慎重に結びつける。この心臓は、炉から新しく取ってきた暖かい消し炭からなり、撚ったヤナギの削り掛けから作った紐で幹にしっかりと結びつけられる。アイヌはこの幹をネトバ netoba、すなわち「身体」［ネトバ、ネトパ＝からだ］とよぶ。私は以前、このことばを呪物全体を指すものと思った。しかし残念ながら、これは私の間違いだった。ネトバは幹にすぎない。その物全体は、さきに挙げた名前でよばれている。

心臓をうまく結びつけたのち、ヤナギの木から取った多数の削り掛けを図10―1と図10―2に示すように、まわりに全部結びつける。こうすると、口と心臓はまったく隠れて見えなくなる。これをおごそかに行ってから、火のそばの地面にうやうやしく挿す。そしてつぎの奉納の祈願文をうやうやしく唱える。「おお、呪物よ。あなたはこれからは、火の女神とともにこの家に住むべきです。あなたは女神の夫であるべきです。あなたの場所は財宝のある隅でしょう。どうか、女神が私たちを守り、祝福するのを手助けしてください」と。この祈願文を唱えてから、酒を飲む。この呪物は「家の神聖な所有者」、および「神聖な祖先」とよばれる。

さきの説明には、とくに興味があることが二つある。これは、アイヌを理解しようとするときに、心の目から離さないようにする価値があるものである。第一はさきの章で述べた。それは、イナオの幹をカツラの木で作った人の生命は、その呪物にかたく結びつけられていると信じられているので、その端が腐ったときに、その人自身も死ぬと信じられていることである。「共感呪術」sympathetic magic［第30章］という非常にあいまいなことばでよばれていることが、この観念の土台にある大きな原理だと、私は考えたい。非常に多くの場合に、現在のアイヌが、自分たちの呪物が自分たちの生命と個人の安心感に強い影響力を及ぼしていると実際に信じていることは、たしかに注目に値

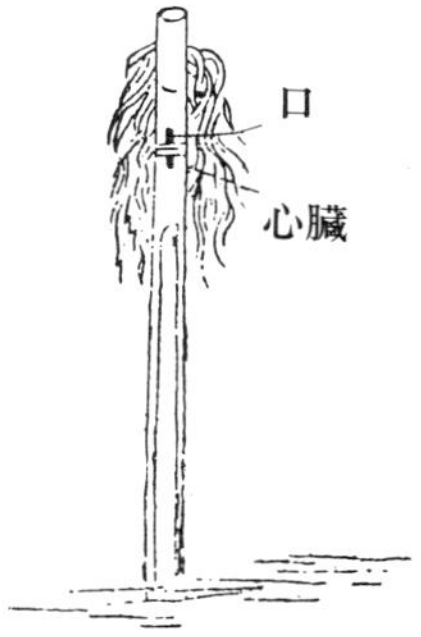

図10—1
イナオ・ネトパ（家のイナオの幹）

図10—2
チセイ・コロ・イナオ（家のイナオ）

図10—3
キケチノエイオナ

図10—4
キケパラセイナオ
（ばらばらに広がった削り掛けのある呪物）

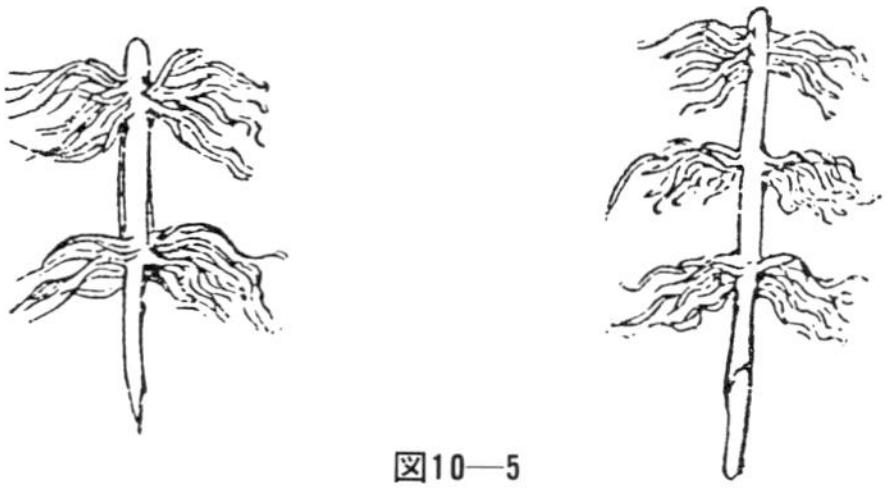

図10—5
チエホロカケプ（後方に削られた呪物）

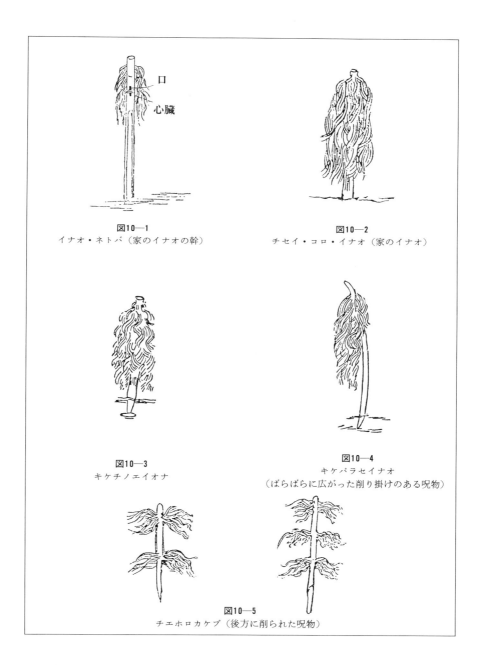

する。いくらか同じ種類の事柄が存在することは、第8章でも述べた。そこでは、背骨とヤナギの木の間の結びつきを見た。

特別に書き留めておく価値がある第二のことは、主要な（チーフ）イナオと火との結びつきである。火の女神は、彼の妻と言われている。消し炭は彼の心臓として、彼の胸におかれる。これは実際奇妙である。しかしアイヌが熱烈な火の崇拝者であるほど、火を重視していることを思い出すとき、これは決して不思議なことではない。

われわれがつぎに考察するのは、特別に撚った削り掛けをもった呪物である（図10—3）。「家のイナオ」（図10—2）は、純粋で、単純な偶像であることがわかった。そしてそれは、このようなものとして、たえず礼拝されている。位階ではそのつぎにある呪物は、キケチノエ・イナオ Kike-chinoye inao とよばれる。これは、「撚った削り掛けのある呪物」［キケ＝かんな屑、チ＝われわれが、ノエ＝ねじる、撚る］という意味である。これは長い幹をもち、ヌサの群れのなかでは他のものよりしばしば高く見える。それは、高く飛ばすために、長い棒にゆわえつけられる。この棒は「家のイナオ」の幹のように、そのネトバ、つまり「身体」とよばれる。この種のものは、ときどき礼拝され、お守りとして手元におかれるが、普通はアイヌのパンテオン（万神殿）の多くの神々への供え物として供えられるらしい。私が調べるために手元にもっていたものは、必ずヤナギかミズキ［アイヌ語、utukani ウトゥカニ］で作られていた。後者の木は、それを作るさいには、必ず使わなければならないとアイヌが私に言った素材である。

私は、これらの呪物が供えられるのを数回見た。あるとき、それがわずかの酒とともに、火の女神に供えられた。その場合には、つぎの祈願文が唱えられた。「おお、神聖な火の女神よ。私たちに情けをおかけください。どうかこの家の面倒をみてください。私は今なんじに酒とイナオを贈ります」と。呪物は尊敬のしるしとみなされるだけでなく、贈り物とみなされる。そしてそのお返しとして、悪から身を守ってもらうという大きな祝福が礼拝者に与えられることになっていた。

他のときに、私は万物の造物主にそれが供えられるのを見た。そのときには、つぎの祈願文が唱えられた。「おお、なんじ、最高の天にいます神よ。もっとも高く、もっとも栄光に満ちた天にいます神よ。おお、世界の造物主よ。おたかくとまらないで、この酒とイナオを受け取ってください。それらのお返しとして、慈悲深く、私たちにお恵みをお与えください」と。

考察すべきつぎの呪物は、その用い方と性質では、今述べたものによく似ている。それはキケパラセ・イナオ Kike-parase inao、つまり「広がった削り掛けのある呪物」［パル＝飛ぶ、たれる、セ＝擬音を示す語尾、ここではひらひら、ばらばら］とよばれる（図10―4）。それは他のものより幹が短い。その名前が示すように、その削り掛けは、もっと波打ち、長く伸びている。それはヤナギか、ミズキでできている。それが必要になるときには、なんであろうと、たまたま手元にいちばん近くあるもので作られる。

この種のものは、山、川、海に住んでいると思われているような神々への供え物として、実際非常にしばしば用いられる。それらはときに一つ、ときには、二つから、五つか六つの塊をなして立てられる。それが供えられるときに用いられる祈願文はみな、一つの特徴がある。つぎに述べるものは、山の神になされたものであるが、よい代表例とみなされるかもしれない。「おお、山の神よ。なんじは、万一、人が病気になれば、どんなときでも、へりくだってその人を治してください。万一、食べ物が乏しくなれば、たくさんもって来て、私たちに好意を見せてください。なんじは力強い神さまです。ですから、祖先が作るようにと私たちに教えたこれらの美しいイナオをなんじにお供えします。どうかそれを好意をもって受け入れ、それを喜んでください」。これが祈願文である。われわれがこれから知ることは、これらの特殊な呪物が純粋に、単純に供え物であって、それ以上のものでないとみなされていることと、神々は自分たちにそれらが供えられたことを喜んでいるとみなされていることである。

非常に広く用いられているもう一つの種類は、チエホロカケプ Chiehorokakep、すなわち「後方に削られたもの」［チ＝われわれが、エホロカ、エホルカ＝反対、さかさま、ケ＝削る、プ＝もの］とよばれている（図10―5）。これらはその名前が示すように、上から下に向かって削って作られている。それらのうちのあるものには、三組の削り掛けがそれにくっついて残っている。他方、別のものは、二組にすぎない。私は、ある場合に残さなければならない削り掛けの組の厳密な数を支配している法則を知ることができなかった。アイヌ自身もこの点について、まったく確信があるようには見えない。というのは、なにが歓迎されるかについて彼らは各自自分自身の不確かな考えに従って、それらを作っているように思われるからである。しかし彼らは棒に残す削り掛けの房の数に関しては几帳面でないかもしれないが、彼らの多くは、幹のどちらかの側の各房に六つの独特の削り掛けをもっているものについては、非常に大事にしている。というのは、六は彼らにとって、神聖で、完全な数だからである。

これらのチエホロカケプの象徴は、エハンゲ・カムイ Ehange Kamui、すなわち「手近かにある神々」［エハンゲ、エハンケ＝近い］への供え物として作られる。アイヌによると、このことばは、自分たちとより高位の神々（自分たち自身で即刻活動するにはあまりにも高貴だと思われている神々）との間にあると考えられている神々を指す。だから、たとえば、この種のイナオは、しばしば水源のそばや断崖の近くで見られ、より重要でない神々に祈願するときには、ときどき炉端で見られる。だからこの特別の種類の供え物は、地域の神、守護神、あるいは人々と直接接触していると考えられている神々に供えられる。

11 「彫刻された小鳥」とよばれるイナオ呪物

これらの呪物の使用／それらの形／それらを作るさいに用いる材木／それらの上に置かれる食べ物／病気の本質

悪を防ぐということと礼拝という目的で、アイヌは、ワシとシマフクロウ eagle-owl［この英語は正しくはワシミミズク］を示すと思われている呪物を使う。『日本アジア協会会報』の第二四巻の六一ページで、私は、「彫刻された小鳥」という題名でこの呪物について書いた。私はそこで述べたことを今ここで再録する。ただし、一そう研究したところ、訂正する必要があることがわかったので、わずかに訂正した。

チカッポチコメスプ（彫刻された小鳥）

村がなんらかの種類の伝染病に襲われたときには、伝染した村のすぐ近くの村のアイヌは長さ約四フィート（一・二メートル）のエゾニワトコ elder か、エンジュ cladrastis の棒を手に入れる（その病気が激しく、おもい性質のものなら、この棒を確実に、また特別に手に入れる）。これらの棒を、チカッポチコメスプ chikappo-chikomesup、つまり「彫刻した小鳥」［チカップ＝鳥、ポ＝小さい、チ＝われわれが、コメス＝切り落とす、プ＝もの］とよぶ人もいれば、ルイシトゥ・イナオ Rui-shitu inao、すなわち「大きな、あるいは太い戦闘用棍棒」［ルイ＝大きい、シトゥ＝棍棒］

とよぶ人もいる。作られるとすぐに（これは、綿密な注意でなされるが）、それらは村長（チーフ）と年配者たちによって厳粛な尊敬としかるべき儀式をして、もちろんできれば大量の酒とともに、病気におそわれた村にいちばん近い村の端におかれる。それらをその場所に正しくおいてから、それらにうやうやしく礼拝し、人々の間に病気が入らないように、守ってくださいとお願いする。これらの呪物はもっとも強力なお守りとみられているし、また人々がそれらを大いに信仰していることは、ここで私がわざわざ言うには及ばない。というのは、アイヌの信仰が誠実で、敬虔であり、またその崇拝が信用できるものであることが、アイヌのなによりの長所だからである。というのは、彼らは、これらの「彫刻した小鳥」をたいへん重視し、崇敬しているし、またそれらに対する彼らの信仰は非常に大きいので、彼らはそれにコタン・キッカラ・イナオ Kotan kikkara inao、すなわち「村の防衛者であるイナオ」［コタン＝村、キク＝身代わりになって危険を防ぐ者、カル＝なる、作る］という名前をつけたほどである［知里真志保によると、エゾニワトコには特有の臭気があり、これによって病魔を追い払うという］。

棒は下向きに削られ、削り掛けは付着したままで、上向きに立っており、他方切り込みは棒のてっぺんになされていることが、挿絵（図11―1）からわかるだろう。イナオがワシかシマフクロウをあらわすことを意図したものであることがわかると、この切り込みの理由が理解できるだろう。これらの鳥は、この像か、呪物が立てられている村の個人に危害が及ぶのを防ぐことができると考えられている。

棒の両側に残された削り掛けは羽か翼（後者は前者よりも大いにあり得ることであるが）を示し、てっぺんの切れ込みは鳥の口を示すことを意図している。私は一人前の食事か、ハーブ（薬草）が口におかれているのを二、三回見たが、これは呪物をもっと強力にし、その働きを確実にし、病気にもっと嫌われるようにするためである。それだけでなく、私は、村のほとんどあらゆるアイヌの小屋の窓枠や戸口の柱に打ちつけられるくらい、それが広く使われているのをしばしば見た。その特別な目的は、病気をよせつけないことであることが知られている。しかし小さなものは、礼拝されていない。これらの存在理由と、イギリスの田舎でドア、門、棒にときどき打ちつけられているのが見られる馬蹄の存在理由との間に見出すことができる唯一の違いは、前者は不幸と病気をよせつけないことを意図したものであるが、後者は幸運と繁栄をもたらすことを意図したものであることである。

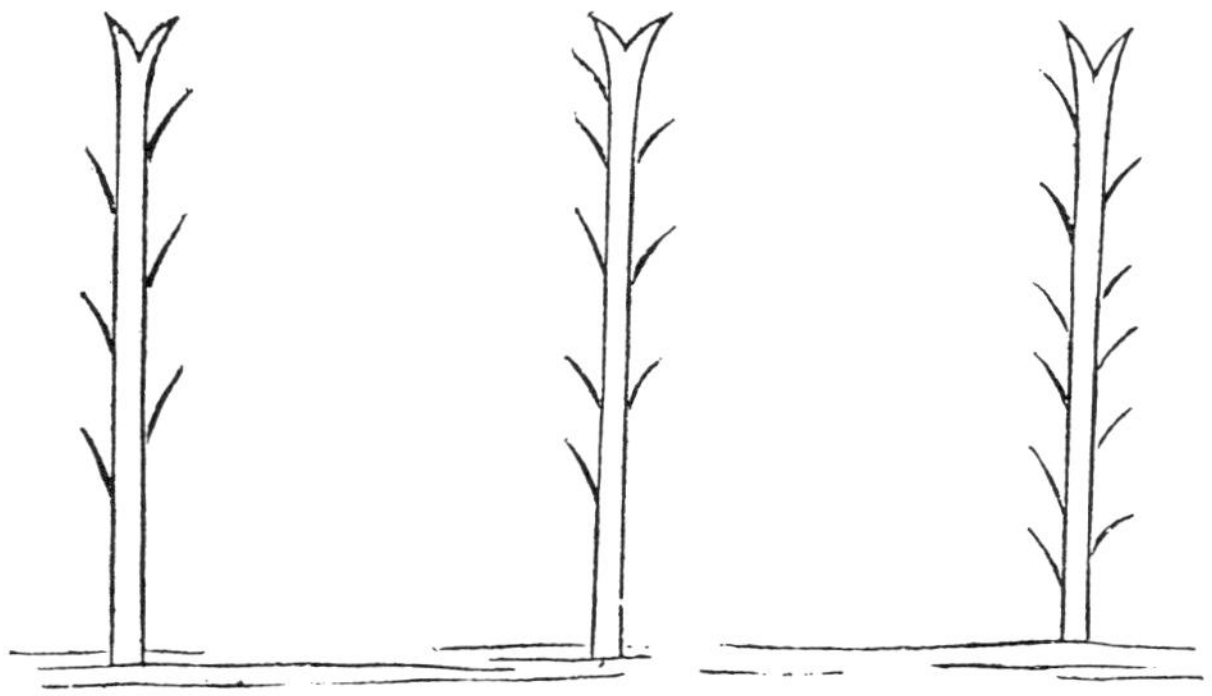

図11—1 チカッポチコメスプ、すなわち彫刻した小鳥

棒に残される削り掛けの特別な数は、個人の宗教的な好みと神学的な観念に委ねられている。棒に六つ削り掛けが残っているものもある。それは、イワン・ラプシベ・イナオ iwan rapushbe inao、すなわち「六つの翼のあるイナオ」［イワン＝六、ラプ＝羽、ウシ＝ついている、ベ＝もの］とよばれる。七つ残っているものもある。それは、アラワン・ラプシュベ・イナオ arawan rapushbe inao、すなわち「七つの翼のあるイナオ」［アラワン、アルワン＝七］とよばれる。というのは、ある人にとって、七は完全な数と考えられているらしいからである。また棒に一二残っていることもある。それは、トゥプ・イカシマ・ワン・ラプシュベ・イナオ tup ikashima wan rapushbe inao、すなわち「一二の翼のあるイナオ」［トゥプ・イカシマ・ワンペ＝一二］とよばれている。

アイヌの神学的および神話的見解を手ほどきされてない人には少し神秘的で、混乱させるかもしれないことが、ここに一つある。私が言っているのは、フクロウの翼と考えられているものが、逆立ったままであり、それゆえ人が鳥の呪物で当然予想するように、後ろを向いているよりもむしろ、前を向いていることである。しかしアイヌにとっては、現在の状況下では、正しい翼がついてい

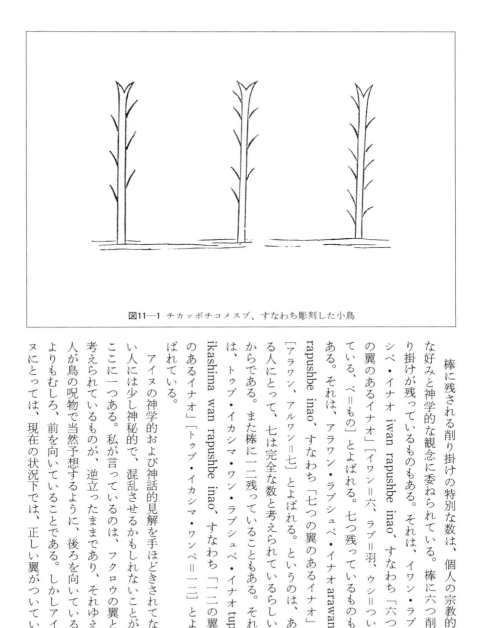

ることは、もっとも不自然なことだろう。というのは、死が広がっているので、呪物は立腹しているからである。病気の悪魔は手近かにおり、人々の間には会葬者がいる。あらゆることは、あるべきこととは逆である。病気と死は自然でない。しかしそれらは、悪意のある悪魔の意地悪な仕事である。だから死体について墓場に行くとき、会葬者は、衣服を裏返しに、また上下を逆さまにして着る。そして彼らが葬式から帰って来ると、その衣服を戸外に掲げ、裏返しにし、上下を逆さまにする。それと同じように、人々はフクロウの呪物の翼をその本来の生え方とは逆にする。

　この呪物の材料になるエゾニワトコの木自体――その正式の名前は、オシパラニ Oshpara-ni、すなわち「広い芯をもった木」［オシ＝木の芯。しかし知里真志保によると、オ＝肛門、シ＝糞、パラ＝広がっている、ニ＝木。この木に臭気があるためという］であるが――は、ときどきカシカムイエウェン・チクニ Kashkamui-yewen chikuni、「不幸を与える木」、あるいは「不幸な木」［カシカムイ＝つき神、エウェン＝失う、チクニ＝木、薪］とよばれる。なぜこれがそうなのかは、現在だれも知らないらしい。この木の棒は、ある場所では子供の墓の目印のために使われる。というのは、エゾニワトコは折れやすいので、ひ弱で、ポキンと折れた生命の適切な象徴であるように思われるからである。より強い枝は、子供の死体を墓場までもって行くマット（むしろ、ござ）を運ぶために使われる。これらの枝はまた埋葬の場所、一般には墓自体の上に残される。エンジュは、毒性があると信じられているので、つまり追い払おうと思っている病気にきらわれていると信じられているので、使われるらしい。実際、病気がそれに近づきすぎると、病気が害を受けて消滅すると考えている人がいる。

　私がチカッポチコメスプの口で「供えられているのを」見た食べ物とハーブは、ある場合には、硫黄と混ぜられた、非常に腐敗した魚であり（その臭いは、ほとんど我慢できないくらいだった）、また別の場合には、イケマ ikema（訳注1）、つまりキナンクゥム・カウダートゥム Cynanchum caudatum だった。これらの物の匂いは強力であり、またあらゆる種類の病気はそれらを強く嫌うので、もしある村の人々がとくに非常に罪深い者でないなら、また病気の悪魔が異常に悪意があり、邪悪でないなら、悪魔がその鼻をこれらの物に近づけることはないだろう。いや実際、悪魔たちはもっと純粋で、もっと快適な環境の方に大急ぎで逃げ去るだろう。硫黄は病気を窒息させる力をもっていると考えられている。私がわが家で消毒剤として石炭酸と石灰を使ったさいに、アイヌは、彼らの病理的、衛生的な予防手段を講じるときに彼ら自身の正統的な材料を使うのとまったく同じ見地から、それを見ていることに気づいた。もし私がアイヌのように呪物を作ることができて、第一級のゴルゴンゾラ・チーズか、グルイエール・チーズの一片をその口に挿すなら、とくにそのチーズがいい［悪臭がある］ものなら、アイヌはそれをかなり強力な予防効果があるとみなし、悪魔を十分に殺すことができると思うだろう。

われわれが、生きている微生物、あるいは病原菌とよんでいるものを、アイヌは悪魔とよんでいる。この事実から、病気がなんであるかについての考え方で、彼らとわれわれの間にはほとんど違いがないことが一目でわかるだろう。われわれは、生きている病原菌が人を攻撃するのに好都合な機会と条件を待っていると言う。アイヌは、これと同じことばで、生きている病気の悪魔について語る。しかしそれにもかかわらず、彼らとわれわれの相違は本物であり、重要である。実際われわれの場合、微生物は、私の考えによると、萌芽の状態にある病気自体 disease itself in embryo である。ところが、アイヌの場合、悪魔は病気自体ではなく、それの直接の原因であり、その親である。それゆえ、われわれと彼らの間の考え方の違いは、原因とその結果の間の違いと同じくらい大きい。アイヌの場合、この生きている微生物、あるいは原因、あるいは悪魔は、本質的に、霊的、個性的な存在であり、考え、欲し、行動することができる。他方、われわれの場合、生きている微生物は単に、偶発的、盲目的、非合理的な力で、その生命は霊的なものよりむしろ、植物的、動物的なものである。単なる偶然の表現では、両者は同じように見えるかもしれないが、本質と考え方では、両者はお互いに正反対である。

ルイシトゥ、すなわち「大きな戦闘用棍棒」と、コタン・キッカラ・イナオ、すなわち「村の防衛者のイナオ」ということば――これらの「彫刻された小鳥」はこうよばれているが――は、この大きな二元的 dualistic な戦争［二八七ページ］における作用様式を指している。戦闘用棍棒は、遊ぶために作られるのではないし、眺めるためだけに作られるのではないことはたしかである。それらは殺すために用いられる。だから、ちょうどそのように、戦闘用棍棒は、頭を叩いて殺すことの象徴である。そしてこれが、フクロウの呪物が病気の悪魔に対して行うと考えられていることである。

（訳注1）日本語でもイケマといい、漢字では生馬か、牛皮消と書く。トウワタ科の植物で、山地に自生する蔓性植物である。牧野富太郎は、「イケマはアイヌ語で巨大な根の意味だろう」と言っているが、知里真志保によると、この語は、イ（それ）、ケマ（足）の意味だという。

バチラーは、『アイヌ・英・和辞典』第三版、一九二六年で、アイヌにおけるこの植物の使用についてこう言っている。食料と医療に用いられる薬草の一種で、どんな愁訴にもいいといわれている。しかしとくに天然痘の特別の治療薬である。あらゆる種類の傷に対して、濃い煎じ薬にして飲ませると、化膿を防ぐといわれる。半煮えの根は中毒作用があって、四肢の運動を失わせ、また皮膚感覚を消失させるといわれている。根は乾燥され、将来使うために貯蔵される。しかしときどき新鮮なものをとり、火でほうじるか、煮る。それは非常に甘い匂いがする。伝染病のときには、根を生のまま嚙み、その液を口から、ときには病人の上に、ときには小屋のなか全体に、ときには戸口や窓を通して小屋中に、また家のまわりや村全体にさえも、吹きかける。そのように用いるときには、イケマは病気の悪魔を追い払う一種の魔よけの役をしていると思われる。この植物をこのように使う人々は、一般にそれによって中毒する。

知里真志保『分類アイヌ語辞典』植物編、一九五三年（また『知里真志保著作集』別巻1、平凡社、一九七六年）によると、イケマはアイヌの生活では重要な意味をもち、根を炉の熱い灰のなかに入れて焼くか、鍋に入れて煮て、食べた。しかし親指大の太さで、長さが九～一二センチのもの二本食べると中毒を起こす。中毒を起こした人を眠らせると死んでしまうので、つねったり、叩いたりした。悪疫流行のさいには、イケマを丸く玉にし、真中に穴をあけ糸を通して、首からさげたり、これを嚙んで、それを病人、家の内外、周囲に吹きかけたりした。また山や沖に行くときには、これを乾燥したものを持って行くか、それを嚙んで頭や胸につけると、悪魔が近づかないといわれた。しかし一方、イケマは腹痛、下痢のさいに薬として使われた。この場合には、その少量を生のまま嚙んで飲んだ。

イケマの学名キナンクゥム・カウダートゥムのキナンクゥムは「イヌ殺し」、カウダートゥムは「尾のある」の意味である。

12 生きている仲介者としてのイナオ

天使としてのイナオ／醸造で用いられるイナオ／地獄に送られたイナオ／悪魔崇拝／病人に対するイナオ／潅木のイナオ／呪物の削り掛け

ある場合には、イナオ呪物は、あきらかに、また明確に、生きている天使、仲介者、あるいは使者と考えられ、それらの霊は人間と種々の神々の間を動いている。いや、それらの霊のうちには、地獄自体に送られさえして、人間のために悪魔の機嫌をとるものもある。この事実の明白な証拠は、これから述べる二つの呪物で観察されるかもしれない。

アイヌがビール――それは、早春にと、豊作後に、粟からしばしば作られるが――を醸造するときはいつも、彼らはイヌンバ・シュトゥ・イナオ Inumba shutu-inao、すなわち「精製する（漉す）棒の呪物」［イヌンバ＝こす、シュトゥ＝棒］として知られるある種の呪物をつねに作る。これは火の女神への使者として用いられるし、またそれは、精製時にいくらかの酒粕と一緒に女神に届けられる。挿絵（図12―1）からわかるように、呪物のてっぺんに中空の場所が残されている。これは「座」、または「巣」とよばれ、供えられる酒粕をのせるように作られている。酒粕が座の上におかれると、何滴かのビールがいろいろな神に供えられ、つぎのように火に礼拝する。「おお、神聖な祖母よ。私たちはなんじのために乾杯します。私たちはなんじにイナオを供えます。この家庭を祝福してください。そして悪を遠くに追い払ってください。おお、私たちにあらゆる危害が加わらないようにしてください」。この後で、呪物自体に祈願文が捧げられる。すなわち、「おお、精製する棒の呪物よ。なんじの上に今のせた酒粕を火の女神にもって行ってください。女神が私たちにお与えになったすべての祝福に対して、私たちに代わって、女神にお礼を言ってください。また女神に、私たちの財産と幸福を知らせてください。そして女神が、ずっと援助と恩寵を与えてくださるようにお願いしてください」。このようにお供えをし、話しかけた後に、呪物はときどき、祈願文を唱えている間に、うやうやしく炉の上で燃やされる。それで、どうにか霊は霊界に送られる。しかしときどき呪物は燃やされず、戸口の神々に対する供え物として戸口のそばに立てられる。火の女神の夫、すなわち「家のイナオ」[図10—2]も、このような場合祈願文のなかでは彼の配偶者と結びつけて考えられる。

図12—2は、ニッネ・イナオ Nitne inao、あるいはニッネ・ハッシ・イナオ Nitne hash inao の名でよばれる呪物を示す。前者の名前は「悪の呪物」という意味であり、後者の名前は「悪い潅木の呪物」という意味である［ニッネ=固い、悪い、ハッシ=潅木］。この種のものはとくに病気のとき、すなわち人が病気の悪魔に特別にとりつかれているときに使われる。それ自体が悪い性質であるとみなされるから「悪の呪物」とよばれるのではなく、むしろそれが用いられるときが悪い場合だからである。それは病気の邪悪な悪魔に送られる。これが、「悪の呪物」とよばれる理由である。それが作られるとき、ニッネ・ハル Nitne haru、すなわち「悪のシチュー」［ハル=食べ物］とよばれる一種のシチューもまた準備され、それとともに供えられる。これは、魚の骨、野菜および一緒に混ぜて、よく煮たなんらかの種類の食べ物の残り物からなる。すべてが準備されたとき、イナオが炉の上の地面に挿される。そして食欲をそそるような匂いがしないこのシチューが、そのまえに置かれる。それから、いわゆる祈願文が唱えられる。すなわち、「おお、悪の呪物よ。この悪の食物を、この病人の病気と一緒にもって行ってください。また病人にとりついている悪魔ももって行ってください。それらと一緒に地獄まで行ってください。あなたがそこに到着したときに、どうか悪魔が再びこの地上に戻って来ないようにしてください。私はあなたに食べ物を差し上げました。それを悪魔にもって行き、悪魔のご機嫌をとってください。どうかそれを悪魔の食料にしてください」。この後で、病人は一束の草——タクサ takusa［手草。悪魔ばらいにヨモギの茎を使う。また知里真志保によるとトドマツやササも使う」とよばれた——で打たれる。もし呪物が好結果をもたらすなら、そのあとすぐに確実に病気が治るだろう。

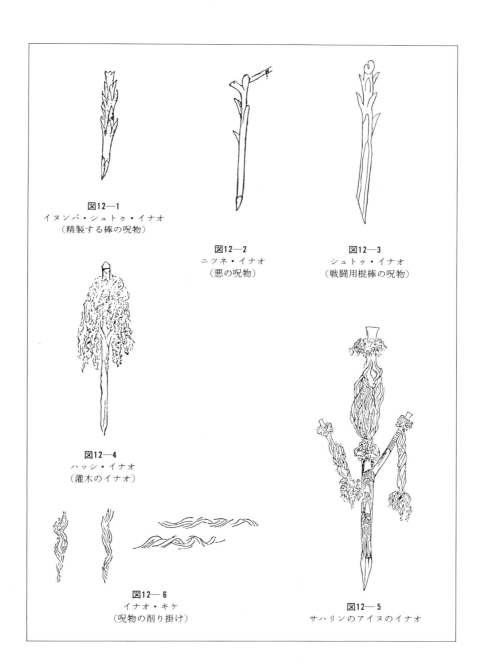

図12—1
イヌンバ・シュトゥ・イナオ
（精製する棒の呪物）

図12—2
ニツネ・イナオ
（悪の呪物）

図12—3
シュトゥ・イナオ
（戦闘用棍棒の呪物）

図12—4
ハッシ・イナオ
（灌木のイナオ）

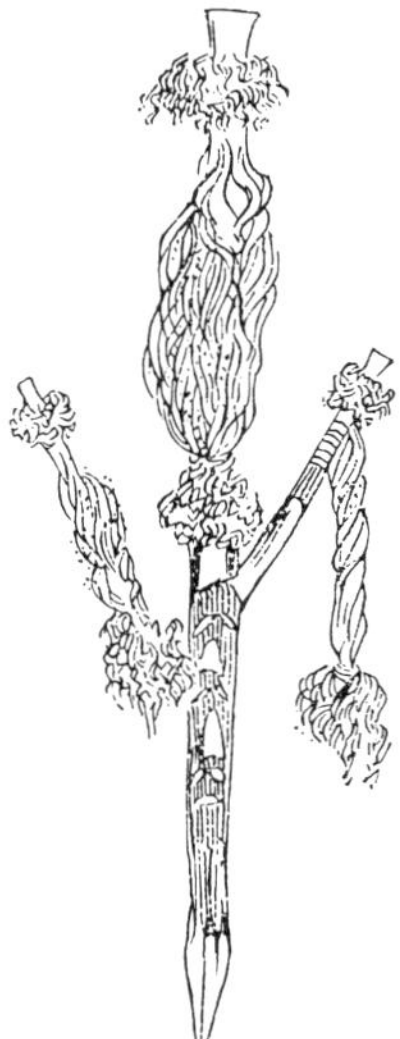

図12— 5
サハリンのアイヌのイナオ

図12— 6
イナオ・キケ
（呪物の削り掛け）

これは真の悪魔崇拝とよばれるかもしれない。これは本書で徐々に説明する大きな体系の一小部分である。礼拝が炉端で行われた後に、呪物はヌサの束にされて立てられ、その前にシチューが置かれる。それから、つぎの祈願文が、がらくた山 rubbish heap の悪魔に唱えられる。「おお、怒れる悪魔よ。がらくた山の悪魔よ。この呪物と食べ物を受け取ってくれ。そして急いでこの病人を治してくれ」と。この儀式をとりしきっているアイヌは、それから小屋に戻り、さきに挙げたタクサで患者をこすり、悪魔を再び追い払う。

あるとき私は、形が図12—3に示すような、「戦闘用棍棒のイナオ」［シュトゥ・イナオ］を見たことを思い出す。それは、病人のいる小屋に立てられ、熱心に礼拝された。しかし私は、その場合に唱えられた祈願文をノートのなかに見つけることができなかった。しかし私は、この事件の多くをはっきりと思い出す。祈願の後で、呪物の霊が大地を歩きまわり、祈願者のためにいろいろな悪魔を訪問すると信じられている。そしてその霊は悪魔を見つけてから、患者のためになにをするのがいちばんいいかについて、悪魔と相談するといわれた。

今述べたような場合には、病人を攻撃し、病人にとりついた悪魔が見つかるまで呪物は、悪魔たちの間をさまよい、その悪魔を見つけたら、その悪魔が病人にかけた呪いを取り除くように懇願し続けてくれとたのまれる。もしこれが正しい意図で、また機知に富んだ判断でなされるならば、確実に、要求するような結果になる。しかしそうでないなら、病人は確実に死ぬに違いない。

アイヌは、ハッシ・イナオ、すなわち「潅木の呪物」とよばれる別の種類の呪物を作るのに慣れている。これらは、図12—4に示すように、短い棒を切り、一端を裂き、こうして出来た裂け目に一、二本の削り掛けを挿すか、あるいは上か下の方向に棒に二、三の割れ目を入れることによって作られる。てっぺんを横切って切られた割れ目は、その呪物の口を示すといわれる。

この種のイナオはいくらか重要であるらしい。それはヤナギ、ミズキ、ハシドイ、カツラ、ヤチダモ ash ［英語はトネリコだが、ここでは同じヒイラギ科のヤチダモを指す。アイヌ語、pin-ni、ピンニ］、モクレン科の木 magnolia ［コブシ、ホオノキ、モクレンなど］、あるいはカシワ oak など、必要なときにたまたま手元にいちばん近くにあるどんな種類の木によっても作られる［イナウ（イナオ）は、金田一京助によると、ヤナギ、エンジュ、ミズキ、ハシドイ、カシワ、ナラ、キワダ（オウバク）の七本の木を選んで作る」。それらは、ほとんどすべての神に供え物として立てられる。漁師や猟師はそれらを非常にしばしば作る。これらのすべての種類の木が一つの地域に生育しているとは思えないから、この種のイナオを作るのに、こんなに多様な木材が許されるのは、それがしばしば、またそんなに多くの異なった場所で必要とされるからだと思う。漁師は魚を取りに行くときに、舟を出す場所にこの種のイナオを立てる。そしてそれらを整然と立ててから、彼らは祈り、こう言う。「おお、なんじ、水域を支配している偉大な神よ。なんじ、水の神よ。私たちは今魚を取りに行きます。どうか、これらの『滝木のイナオ』を受け取り、私たちを守ってください。どうか、私たちが魚を取ることを許してください。私たちが、今日多くの魚を殺すかもしれないことを許してください」と。

今述べたすべてのイナオの他に、サハリン（カラフト）のアイヌによって作られた、形がまったく違ったものに、私は偶然出会った。図12―5は、その模写である。それは海の神々に対する供え物として釣り場で用いるためにとくに作られるといわれる。その職務は、魚を増加させ、来させ、捕まえることである。

さきの章では、イナオ・キケ inao kike（図12―6）、すなわち「呪物の削り掛け」についてしばしば述べる必要があった。これらのものは、その名前が意味するように、まさしく木の削り掛けであって、それ以外ではない。別のどんな種類の呪物（アイヌはそれらを非常にたくさんもっている）も、さきに述べたように、これらの削り掛けで包まれる（ラップされる）。世襲の財産や宝物はそれで飾られ、また成功した猟師は、戦利品を美しくするためにそれを用いる。魚を取る舟は、そのまわりにそれを挿している。水上では、川でも、海でも、男たちはこれらの領域に住んでいる神々と悪魔たちにいつもそれを投げる。トゥス・グル Tusu guru、すなわち「呪医」medicine man［シャマン］は、いつもそれをふところに入れて持ち歩く。シカの肉、クマの肉、あるいは他のものがプレゼントとして、私にもって来られたとき、一般にこれらの肉のまわりにはそれが置かれていた。これらの些細なものはみな、これらの呪物が人々によってどんなに高く尊敬されているかをよく示している。それらはおそらく見栄えがしないだろう。しかしそれらは宗教自体でないにしても、エチケットであり、それらを作って、非常に広範囲にわたって使うように要望されているのは確かである。それらはおそらく神聖化 consecration のしるしとして用いられるか、あるいはあるものは、ある特別の目的のために別にとっておかれたことを示すのに用いられるのだろう。

今述べた記述から、イナオ呪物がアイヌの宗教行為では非常に重要な品物であることがわかるだろう。またそれはほとんどあらゆる祈願と礼拝の場合に作られることがわかるし、また日常使われているといえるかもしれない。だから、人が病気になると、その人の友人や親類はすぐに森に行って、みずみずしい一本の緑の木を手に入れ、火のまわりに坐り、外側の皮をむき、棒を削って、イナオにする。それが終わると、彼は炉の隅にイナオを置き、神々と悪魔たちに病人にやさしくしてくれとたのむ。

男たちが狩猟に行くときも、寝るための小屋を建てるときも、たいていの人は敬虔にイナオを作り、それを火のまえと建物のまわりに立てる。この特別なときに彼らは礼拝し、もっとも熱心な祈りを捧げる。そして言う。「おお、火の女神よ。私たちは、このイナオをなんじに差し上げます。どうか今晩、私たちをお守りください。私たちが目をさますときに、私たちに成功を与えてくださるように神々にお願いします」。彼らは、飲み水を手に入れる泉にも、別のイナオを立てるだろう。そして言う。「おお、水の女神よ。私たちはなんじのこの泉に水を飲むためにやって来ます。どうか、この供え物を見てください。私たちに親切にし、私たちを守ってください」。朝、猟に行くまえに、彼らは再びイナオを作り、それらを万物の偉大な天帝に供える。そして火の女神を仲介者にして、この偉大な天帝に自分たちを成功させてくださいとお願いする。

13 小屋について

小屋は生き物／その心臓／どのようにして小屋を建てるか／小屋への祈り／神聖な東の隅／倉庫／火事の恐れ／幌別の小屋／新築祝い／小屋を燃やす

前の章の終わりで、私は呪物の削り掛けの型とその使用について述べようと努めた。しかしまだ述べなかった別の重要な種類がある。それは、チセイ・サムベ chisei sambe、すなわち「家の心臓」、あるいは「家の脈拍」［正しくは、チセ＝家、サムベ、サンペ＝心臓］よばれるものである（図13―1）。これらの多くは、ときどき窓からぶら下がっているのが見られるし、また小屋の外側の壁を飾る真直ぐの棒や梁からぶら下がっているのが見られる。それらはいろいろな種類の木から取られる。そのなかには、ヤナギ、モクレン科の木、カツラ、ミズキなどが挙げられるかもしれない。これらのイナオがなんらかの点で、建物のあらゆる部分の生命を守ると考えられている。というのは、どの家も、まただの家の部分も、別々の個々の生命をもっているとみなされているからである。この生命がこの世で存在するのを止めると、それはカムイ・モシリ Kamui moshiri、すなわち「神の国」kingdom、あるいは「天上界」とよばれるつぎの世界で生き、そこで生命をもっている人たちの使用に供せられると信じられている。

住む上には、小屋はもっとも快適な場所ではない。というのは、われわれの考えによると、この人種では、家の快適さは、まったく二次的に考慮すべき事柄だからである。もし人々が辛うじて生きられ、動物性の栄養物を手に入れることができるならば、彼らは満足である。彼らの村は遠方から見ると、実際まったく絵のように美しい。村は一般に川の土手に沿って存在している。そしてある地域では、個々の小屋はこぎれいで、美しく見える建物である。というのは、自分たちの家の屋根を葺くことに誇りをもっている人もいるからである。しかし絵のような光景と美しさは、近づいてよく見ると、消え去る。二、三週か、二、三か月——二、三日か、二、三分でも十分だと言う人もいる——それらの小屋の一つで過ごすと、日本の宿屋もそれに比べると、快適さの点では、天国のように思える。

小屋は頑丈に作られていないので、小屋を吹き抜ける風は、ときにランプかロウソクの光をともし続けることができないくらいの速さである。あるとき、私はロウソクを消さないようにしようとして、四方にむしろ（マット）をぶら下げた。しかし私の努力はすべてむだだった。早く寝る以外、それに対してなすすべがなかった。私の寝台はいくらか堅かった。というのは、それはただの板でできていたからである。板の寝台の主な難点は、冬にはその板がなんら熱を出さないように思えることである。そこで、私は動物のなめしてない堅く乾いた毛皮と湯タンポで体を温め続けねばならなかった。というのは、アイヌの小屋は、冬には非常に寒いからである。さらに干物の魚——そのなかには腐って屋根からぶら下がっていたものもあった——は、おいしそうな匂いを出すどころでなかった。煙もまた非常に迷惑なもので、目を刺激して、涙を流させた。ある地方の小屋は、夏には、カブト虫、ハサミ虫、およびその他いやな昆虫で一杯である。ヘビは、ネズミやツバメの巣を求めて、わら葺き屋根を訪れる。ノミは昆虫のなかでもっとも厄介なもので、白人の血を特に好むらしい。あるとき、私は朝起きたとき、私の体が刺し傷で一面に覆われているのを発見した。しかし奇妙なことをいうが、その晩以降、ノミは私になんら跡を残すことができなかった。アイヌの国を旅しようと思う人は、大量の殺虫剤をもって行くべきだ。

アイヌは住まいを建てるにあたって、屋根から始める（図13—2）。それは、むきだしのたる木から成る。たる木は、下の端で水平の棒、上の端で長い棟木に結びつけられている。そしてこれらのたる木を横切ってまた小さな木がおかれ、それに屋根を葺く材料が固定される。樹皮の内層、とくにオヒョウ elm の内層、およびつるやつる草の断片が、別々の棒を結びつけるためのロープ、あるいは紐として用いられる。屋根が完成するとすぐに、約五、六フィート［一・五—一・八メートル］の長さの棒——耐久性があるため好んでモクレン科の木［やカツラ、カシワ、ハシドイなど］が用いられる——が、四、五フィート［一・二—一・五メートル］の距離をおいて地上に打ち込まれる。こ

図13—2 小屋の建設

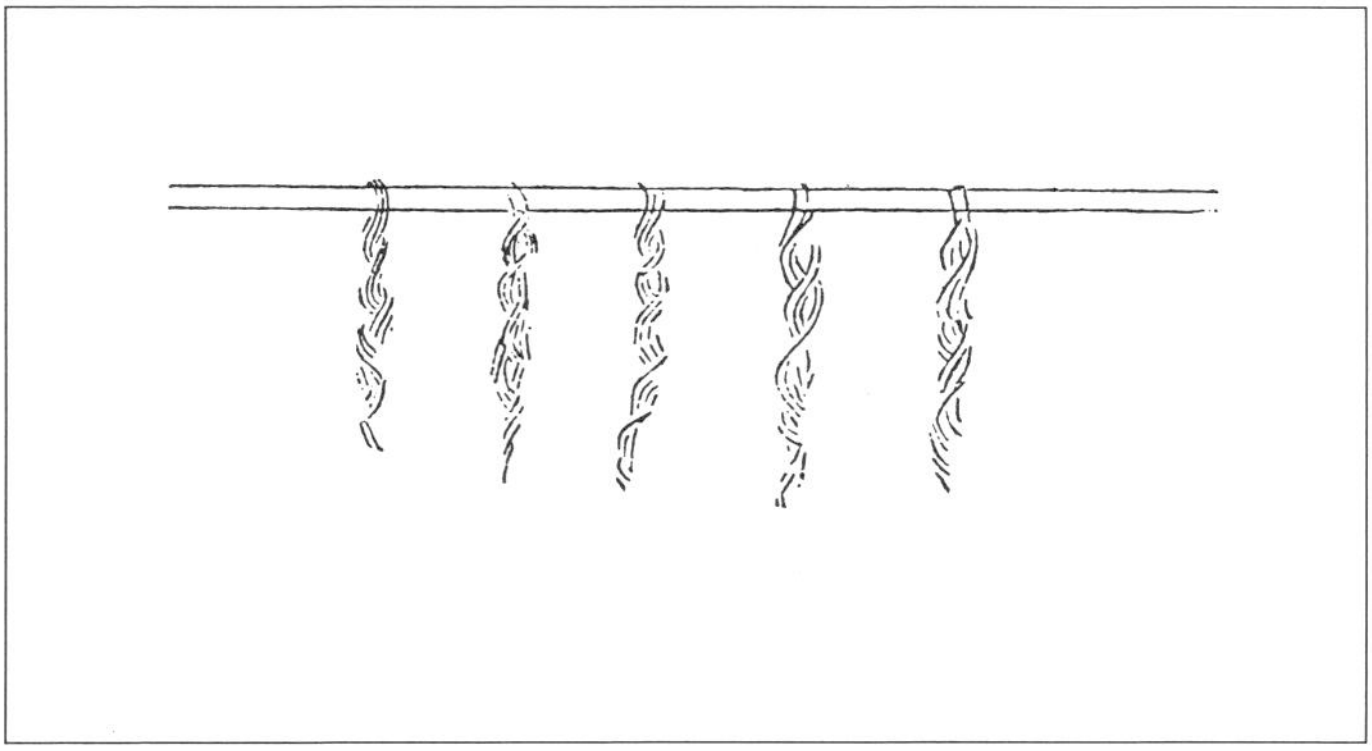

図13—1 チセイ・サンベ（家の脈拍）

れらを横切って木のより小さな断片が結びつけられ、それに藁がゆわえられる。こうして小屋の壁が作られる。これらの棒のてっぺんにはそれぞれ、木のまたか枝がある。これらの棒がすべてしかるべき場所に置かれると、屋根がごっそりと持ち上げられ、底の水平の棒が直立木材のてっぺんの木のまたに掛けられる。

それから屋根葺きが進行する。これを終えるには数日かかる。というのは、屋根の棟木から地上に打ち込まれた直立木材の下部までほとんど完全に葦で葺かれるからである。男と女は家作りに働く。春と秋はこの仕事にふさわしい季節である。

骨組みが組み立てられると、上述の「家の脈拍」が作られ、つぎのように家自体と家の神にお祈りがなされる。

「おお、家の神さまよ。おお、部屋の守護者よ。われわれはなんじに礼拝します。どうか、われわれの願いを聞いてください。火の女神が天から降りて来られた古い時代、一軒の家が女神と一緒に降りて来ました。その枠組は木ででき、壁は葦で作られていました。『家の脈拍』はそこにもいました。さて、神さまが建物を天から降されたとき、神さまはこう言われました。『この家は、火の女神とともに、人々の世話をすべきです。その家が古くなったときには、別のものをその代わりに建てなければなりません。子供たちはそのなかで生まれ、育てられます』と。それで今、おお、神さまよ、この部屋は完成し、心臓がそれに与えられました。なんじと火の女神は、人々をよい健康状態に保ってあげてください。私たちはなんじにイナオを供えます。どうかこの場所に住む人が病気にならないように気を配ってください」と。

この祈りを家自体と火の女神とその配偶者に唱えてから、「家のイナオ」に礼拝し、酒を飲み、多くの呪物を作る。

アイヌの国にかつて出現した最初の家の起源について私に語られた非常に短い伝説は、つぎの通りである。

「最初の小屋が火の女神とともに天から降りて来たとき、それはイレス・カムイ・アエアヌ・トゥンブ iresu kamui aeanu tumbu、すなわち『神聖な養育者が置かれている部屋』［イ＝私を、われわれを、レス＝育てる、カムイ＝神、アエ＝あなたが～られる、アヌ＝おく、トゥンブ、トゥンプ＝部屋］、またチランゲ・トゥンブ chirange tumbu、すなわち『降りてきた部屋』［チ＝過去分詞を作る、ランゲ、ランケ＝降りる］、またカムイ・カツ・トゥムブ kamui kat tumbu、すなわち『神が作った部屋』［トゥンブがtで始まるので、カル＝作るはカツになった］とよばれた」。

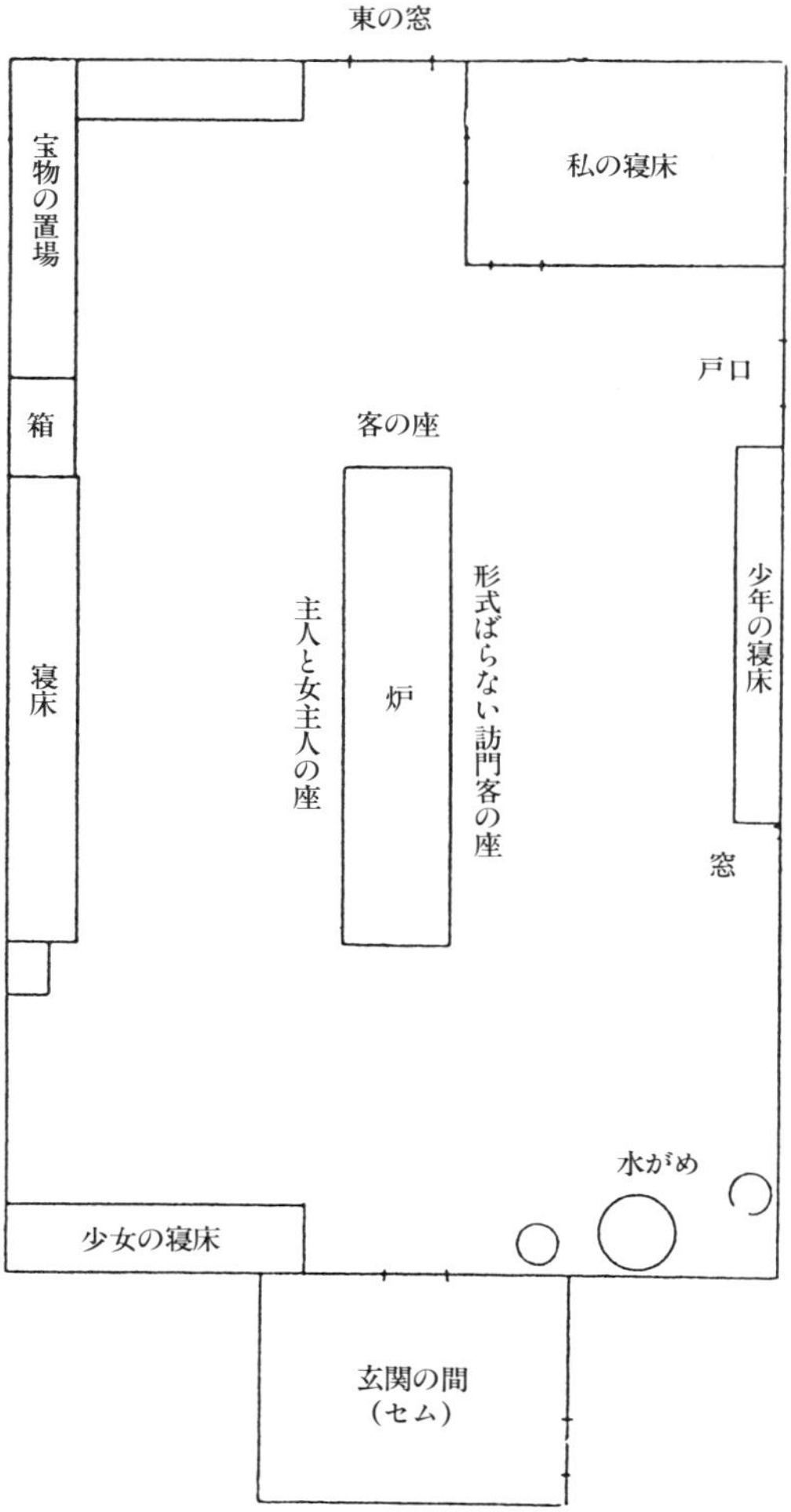

図13—3 アイヌの小屋の内部の図面

ほとんどの小屋にも、穴が二つ備えつけられている。それはひさしのちょうど下に作られ、窓として使われる（図13—4）。一つは東の端にあり、他は南側にある。これらの窓の外側には、オギ rushes［この英語はイグサ、トウシンソウだが、アイヌ語 shiki、つまりオギの英訳か］か、葦（ヨシ）reed［アイヌ語、sarki、サルキ］で作られた幕がぶらさがっている。ある場合には木の雨戸もつけられている。それらはすべて、状況の必要か居住者の要望に応じて、意のままに内側から引き上げたり、引き下げたりできるように取り付けられている。というのは、幕や雨戸についている紐や縄は、軒下で上のほうに行き、水平の屋根の棒を越えて小屋のなかに入っているからである。

煙突はないが、煙を出すために屋根の一つの斜面か、両斜面に一つの穴がわざと残されている。これらは二つの窓とともに、すべての実用的な目的としては完全に十分だとみられている。しかし煙は目と喉をときに非常に刺激する。

西側の端に戸（図13—3の下）があり、それは直接玄関の間、あるいは入り口の間に通じている。この玄関の間をアイヌは、シェム shem［またセム、玄関兼物置］とよんでいる。この南の壁（同図の右下）にもう一つ戸があり、それは外部に通じている。この玄関の間はいろいろな目的に使われる。たとえば、燃料の貯蔵、粟を搗くこと、エンドウ pea と豆 bean の脱穀のさいに使われる。イヌもまた家のこの部分に住むことが許される。

二、三のより大きな小屋では、建物の主要部分、すなわち居住部分の南（図13—3の右側）の壁に戸口が備えつけられている。入口は小屋の東の隅近くに位置し、日本のアマドにいくらか似ている滑る戸がはまっている。玄関の間の外側の戸は、一般にすだれがぶらさがっているだけだが、玄関の間の内側の戸口にはすだれと滑る戸の両方がついている。木の戸は一般に家族が家から外に出るか、寝るときだけ閉められる。

いろりの頭部から東の窓（図13—3の上）に至る部分は、とくに神聖な場所とみなされている。そして特別の客と訪問者、とくに尊敬されている客のためにとっておかれる。右手の隅は、アイヌのすべての宝物が置かれている場所である。家族の非常にたくさんのお守りと呪物もそこにしまわれている。これらのものの上方の梁の上には、呪物でほどよく飾られた世襲の財産、古い刀剣、弓矢、槍、および魚釣りの道具などがしまわれている。これらの宝物の隣の長い箱には、小屋の主人のものである装飾した衣服と特別に重要な物が入っている。

東の端の窓はとくに神聖視され、それに関してはとくに尊重されねばならないタブーがある。それに関連して私に

図13—4 新婚のアイヌの小屋

図13—5 アイヌ風の屋根のある日本人の小屋

述べられた言い伝えの一断片は、つぎの通りである。

「東の窓は非常に祝福されたものであるし、非常に重要なものである。最高の神々に礼拝するとき、あるいは祖先にお祈りをするときには、お祈りはしばしばこの窓を通して述べられるだろう。またイナオが外のヌサの間に置かれるときには、それらは炉端で作られて、神聖にされてから、その窓を通して出さなければならない。それゆえまた、クマやシカや鳥が殺されたときには、それらはいつも東の窓を通して家に入れなければならない。だから、東の窓は、イナオ・クシ・プヤラ inao kush puyara、すなわち『イナオが通る窓』とよばれることもあるし、カムイ・クシ・プヤラ Kamui kush puyara、すなわち「神聖なものが通る窓」〔クシ、クス＝通る、プヤラ、プヤル＝窓〕とよばれることもある。このために、東の端の窓は非常に尊敬され、そこから不注意にどんなものも投げ捨ててはならないし、またどんな人もそれを通して小屋のなかを覗いてはならない」。

建物の西の隅から近い距離に、外部に家の倉庫、あるいは物置がある（図13—6）。この建物は、杭の上に置かれた小さな小屋からなっている。この建物が空間に建っている理由は、ネズミとハツカネズミが、貯蔵物を襲わないようにするためである。各杭のてっぺんおよびそれと倉庫の床の間に、アイヌは一般に四角の木片を置く。この木片のために、ネズミは杭を登って入ることがほとんどできない。エンドウ、豆、粟、カボチャ、その他の庭の栽培物は、これらの場所に貯蔵される。

各小屋には一般に小さな地所がついている。これは、アイヌが非常に恐れている火事を防ぐためのものである。実際、アイヌは、大火や火の女神をたいへん恐れているので、もし家が一たび火事にあうと、彼らはそれを消したり、財産を救おうという努力さえしないと日本人が断言するほどである。アイヌは、火の女神が持ちたがっているものを女神から奪い取るほど、ばかではないだろう。しかしアイヌはこれを否定する。日本人は間違ったのだ。アイヌの小屋は一たび火事にあうと、なにかを救い出す時間がないというのが、事の真相である。というのは、草葺きは当然実際非常に早く燃えるからである。

私は二軒の小屋が火事になるのを見た。それらは、一五分もしないうちに焼け落ちた。ある場合、二、三のものが救われた。しかし他の場合には、家族が自分自身と彼らが着ている衣服をどうにか運び出しただけだった。アイヌは、

図13—6 小屋（左）とクマの檻（中）と倉庫（右）

不可能なこと——すなわち、燃えている小屋の炎を消すこと——を試みるほど無分別ではない。しかし彼らは、自分たちの宝物、とくに世襲の財産を救い、火が広がるのを防ぐために、することができるあらゆることをする。火事のときのアイヌの叫びと警報は、この世のものとも思えないほど、甲高く、異様な音である。それは、金切声をあげるオオコノハズク screech-owl の声にいくらか似ている。そして非常に遠方から聞こえる。女たちは金切声をもっともよくあげ、男たちは一般に「ウーイ」と叫ぶ。

住まいは大きさがほとんど変わらない。村長（チーフ）の家は一般に村の他の家よりも少し大きい。

しかし新婚のカップルが所帯をもち始めるとき、彼らの最初の小屋（図13—4）は非常に小さく、第二の家は少し大きく、第三の家はさらに大きい。そしてついに夫は、さらにもっと堂々とした家を建てる。第一の住まいはほとんどつねに第二の家の玄関になり、第二の家は第三の家の玄関になる等々。こうしてすべての労働はむだにならない。しかし小屋が二つの部分以上からなるのはきわめてまれである。これらの部分は、玄関、あるいは控えの間と主要な居間である。

アイヌはある事柄では、中国人とほとんど同じくらい保守的である。彼らの慣習を変えさせることはきわめてむずかしい。つまり、ごく最近でも、彼らのなかの一人の男がなんらかの改善——小屋に二、三枚の厚板か板をつけ加えるような些細なことでさえも——をしようとしても、彼が神々をなだめないなら、また村のアイヌに強い酒を振舞って喜ばせ、彼らの同意を得ないなら、改善することはできないだろう。アイヌとしては金持だった幌別の一人の男が、新しい家を建てる決心をした。彼はアイヌの建築様式を改善し、日本風の家を建てようと思った。彼は屋根以外のすべてを完成した。そのとき、彼の仲間の代表が彼を訪れて、認められているアイヌ風の様式で葺いた屋根を家の上にのせないなら、お前は仲間はずれにされるだろうと、彼に告げた。彼はこのことばに耳を傾けねばならなかった。というのは、彼は、大きな漁場の部分的な所有者だったからである。言うまでもないが、図13—5に示すように、その家は完全にアイヌ風の屋根をその上にのせている。この保守主義を解く秘密の鍵は、本来の小屋の型がとくに天から降りて来たものであったと人々が信じている事実に見出されるだろう。

小屋の建設の完了は、人々にとっては楽しい時である。というのは、そのとき新築祝いと祖先を礼拝する祝宴が行われるからである。女たちはみな元気を出して、粟を搗き、だんご dumpling を作るのにとりかかる。他方男たちはイナオを削り、酒を準備する。これがすべて終わると、屋外と屋内のいろいろな神が祀られ、死んだ祖先が讃えられ、慰められ、祝宴が催される。

この特別の祝宴のとき、男たちは多数のイナオを作り、あるものは屋内にさげ、あるものは屋外にさげる。またあるものは炉端、つぎに寝る所、宝物のある隅、東の窓、水がめの置かれた隅、また戸口にさす。他のイナオは、庭の泉や納屋にさす。この祝宴は、アイヌの間ではもっとも重要な出来事である。というのは、ふさわしいことばと仕方で、神の恩寵を求めねばならないからである。どんな神も、やきもちを焼いたり、怒ったりしないように、抜かしてはならないし、またどんな神も、病気、死、不幸、飢饉をもたらして、住民に復讐をしないようにしなければならない。たとえば泉の女神を忘れると、彼女は泉を涸らし、水を与えるのを中止して、復讐するかもしれない。もし眠る所を支配している神々を抜かすなら、彼らは家族の人々から眠りをすべて奪い取るかもしれない。

さまざまの神がつぎの通り礼拝される。各人は、飲む容器の外に口ひげを置くために用いる木片［イクパスイ、一三五ページ］を酒に浸して、彼が崇拝したい特別の神、あるいは神々に二、三滴を供える。このようにして、数えき

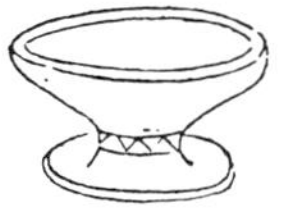

図13—7 茶碗

図13—8 炉の火かき棒

れないほど多数の神々にたくさんの祝福を祈願する。たとえば、一人の男は、火の女神に話しかけ、他の男は眠る場所の神に話しかける。さらに他の男は、宝物と狩猟の道具を支配している神に話しかけ、また他の男は壺、皿、釜、水がめ、その他の家庭の道具を管理していると考えられている神に語りかける。他方、他の男は、窓、戸、および小屋の西の端と東の端を守っている神々を礼拝する。とりわけ、小屋のなかのいろいろな場所や物を支配していると考えられている神々は、大いに崇拝される。人々は小屋の外を歩き廻り、井戸、納屋、庭の小さな地面や道を守っている神々に祈願する。つぎに男たちは小屋にもどり、飲み食いを続ける。彼らは、自分たちの食欲を満たすと、妻と娘に少量の酒を与える。彼女たちは、夫と父の後ろに坐っていて、彼らが与えたがっているものを食べなければならない。男はそれぞれ、できるだけ多くの酒を飲みたがり、できるかぎり酔っ払らうのを喜ぶ。彼らはしばしば、だれかが自分の飲み分以上に飲んだと思って、喧嘩をする。このような祝宴の後には、小屋はあさましい光景を呈し、床は酔っ払って倒れた人々で覆われる。

　あるアイヌの言うところによると、遠い遠い昔には古代人は、家族の最年長の女が死ぬと、その人が住んでいた小屋をすっかり焼くのが普通だった。この奇妙な慣習は守られていたと、何人かの人が言っている。そのわけは、その女の人の魂が死後に戻って来て、ねたみと悪意と憎しみから、彼女の家族全体と、彼女の子孫、息子、息子の妻に魔法をかけ、いろいろの悪い病気や多くの悲しい苦難を彼らにもたらすと恐れられていたからである。彼女は彼らを金持にしないだけでなく、狩猟を不首尾に終わらせるし、すべての新鮮な海水魚を殺すし、人々に大きな苦痛をもたらすし、彼らに子宝を恵ませないだろう。彼女は、家、庭、森での彼らの手仕事を呪うだろう。彼女は彼らのすべての作物をだめにするし、飲み水の水源や泉を止めるし、人生を我慢できない重荷にするだろう。そして最後に、すべての人々と彼らの子供たちを殺すだろう。老女の肉体から離れた霊は非常に悪意があるし、性悪だと考えられているし、またその霊は悪の力をそんなにたくさんもっているといわれている。

このために、古代人たちは、老女が生活し、死んだ小屋を焼くのが普通だった。その主な理由は、その魂が悪魔的な呪文をかけるために墓場から戻って来ても、小屋が焼かれていれば、もとの住まいや彼女の憎悪と悪魔的な意図の対象を見つけることができないであろうからである。このように餌食をごまかされ、悪意のある計画を挫折された魂は、はげしい怒りをいだいて、もとの住まいを捜して、しばらくの間さまようと考えられている。しかしもちろんなんの効果もない。ついに魂はそれが出てきた墓場に、挫折し、がっかりして、戻る。その墓場の近くで危険をおかすほど大胆か不運な人に、禍あれ。

しかしこの慣習は、今ではなくなりつつある。けれども慣習は消滅しにくい。この慣習の一部は、依然として生きているのが見られる。だから一人の女が非常に年を取り、まもなく死にそうになるときはいつも、子供たちは彼女の古い家の近くのどこかに小さな家を建てる。これが完成すると、彼女はそこに移されて住む。彼女は死ぬまで、食料を提供される。しかし彼女が死んで、埋葬されると、この小屋は古い家の代わりに燃やされる。

これらの小屋が燃やされる理由についての上述の説明のなかに、この慣習に対する真の理由が含まれていると思ってはならない。これらの人々や他の人々が自分たちの父親と母親を恐れているとか、両親がこの世やあの世で子孫たちに危害を加えようとしていると考えるのはまったく不自然である。男も女も実際には自分たちの祖先を崇拝し、祖先に神酒を供えることはさきにほのめかしたし、また別の箇所でもっとくわしく述べるつもりである。肉体を離れた霊が天で小屋を使用するために、小屋を天に送り出すという目的で、小屋を燃やすのだと、数人のアイヌが断言した。この考えは天と未来の生活についてのアイヌの考えと完全に一致していると思う。これに関連して、さきに述べたこと――すなわち、小屋は生命を授けられており、今後も生きるように定められていると、アイヌが信じていること――を忘れてはならない。

この問題についてアイオイナによって与えられたという命令はこうである。「ある人の妻が死ぬと、夫は小屋を燃やさなければならない。そしてこのようにして、小屋を彼女とともに天に送る。夫は二度結婚してはならない。だから、彼はこの地上で家を必要としないだろう。しかし彼は、天で妻に再会すれば、天で小屋を必要とするだろう」と。

14 家庭の道具

調理の器具／ペンリとの事件／鍋かけ／樹皮の料理鍋／匙／ひげ揚げべら／茶碗と他の物／赤ん坊の扱い方

アイヌの小屋にはあまりたくさんの家具はない。建物の真中は炉で占められている。炉は長い空間で、木片で周囲を取り囲まれている。この空間には、三、四個の小さな火が、必要ならば、同時に燃え続けている。炉の上には、屋根から、一つの器具、あるいは鍋かけ（自在鉤）pot-hook（図14―1）を含む枠組、およびあらゆる種類の炊事道具がぶらさがっている。この器具は、トゥナ tuna とよばれる。この必要な道具に、（手に入ったときに）魚、クマの肉、シカの肉をぶらさげて、乾燥させる。トゥナは下部に二、三本の棒がついた一種の枠組なので、小麦、大麦、あるいは粟はかます袋に入れて、それに引っかける。それで、それらは、脱穀と粉ひきがいつもできるような状態で保存されることになる。

アイヌはときどき、とくに訪問客を待ちもうけているときには、堅い種類の葦でできたござ（むしろ）を床の上に敷く。またその上に、イグサ（トウシンソウ）rushes や草でできたもう一つの柔らかいござを広げる［知里真志保によると、ござを編む草は種々あるが、ガマ、つまり shi-kina、シキナが好まれた］。これらは、坐るためのストールや椅子の代わりに用いられる。それゆえ、ある人のために、ござを広げることは、彼に椅子を提供することに等しい。私はかつて、まったく故意ではないが、冗談に一人のアイヌに、「あなたをむしろに包みたい」と言ったために、恐ろし

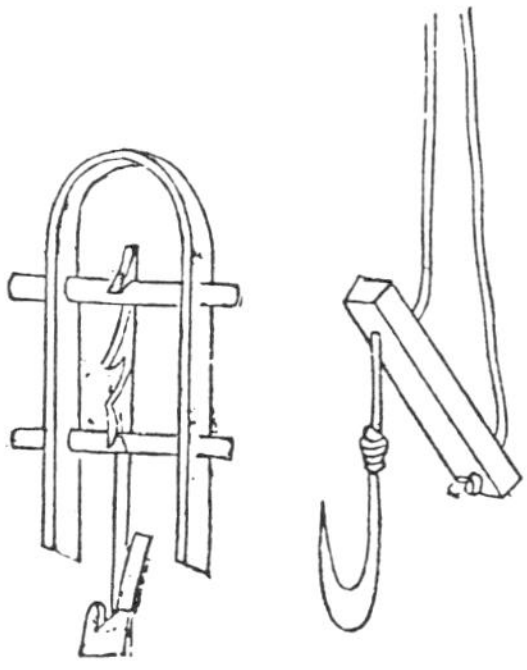

図14—1 自在鉤

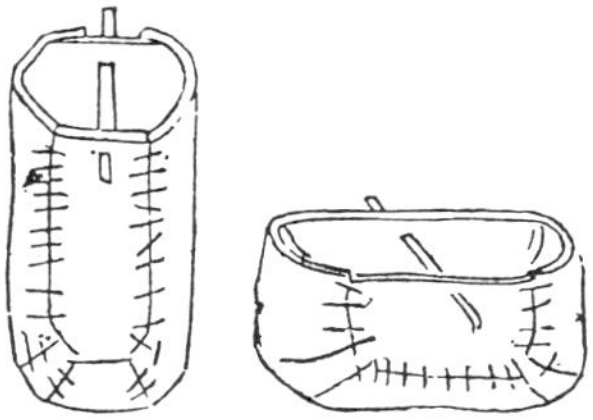

図14—2 水柄杓

図14—3 サクラの樹皮で作った料理用の鍋

1

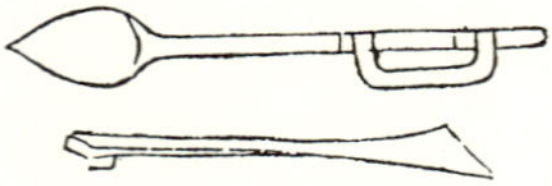

2

図14—4 さじ

図14—5 普通のひげ揚げべら

図14—6 儀式用のひげ揚げべら

図14—7 すりこぎと臼

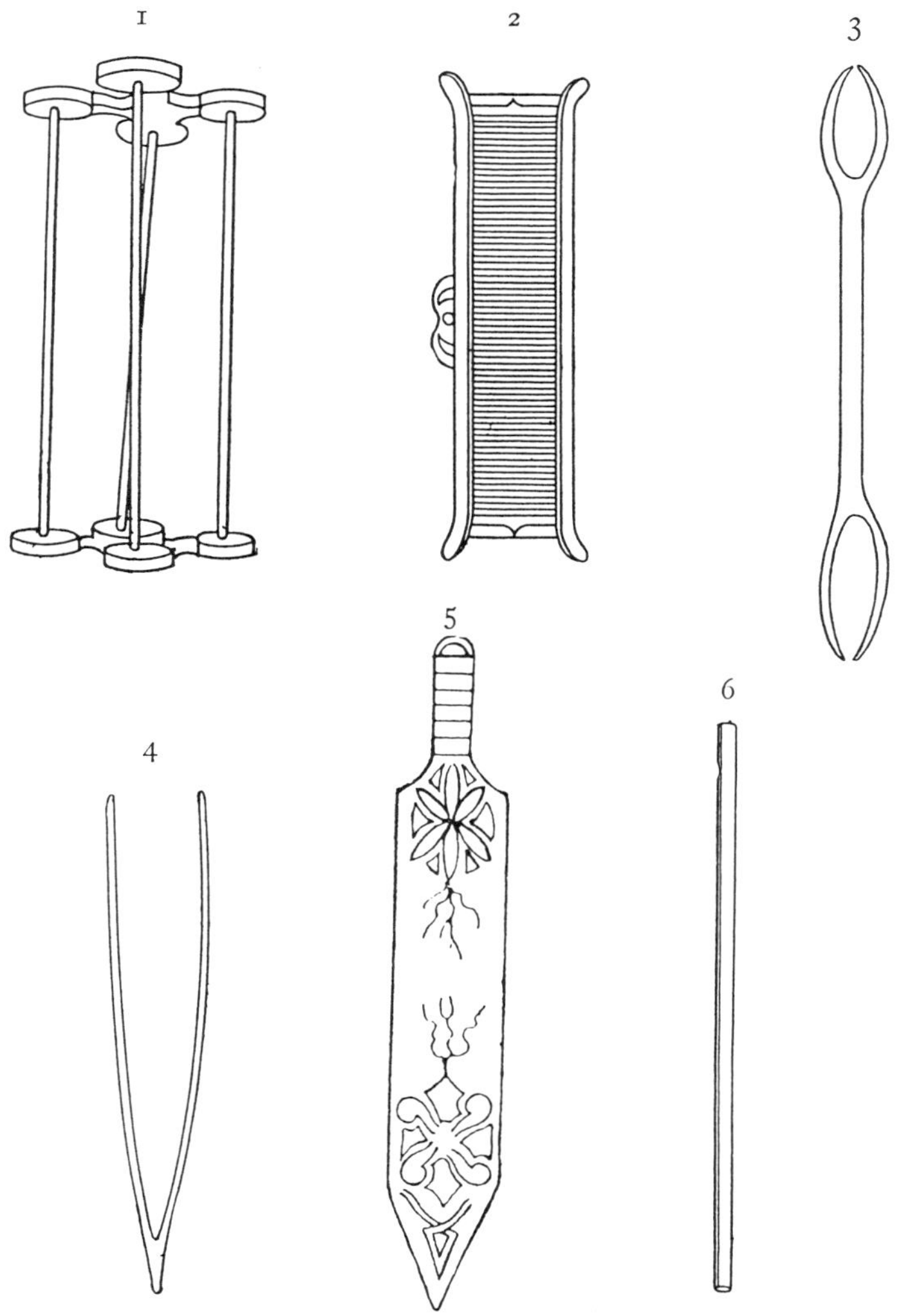

図14—8 織機の部品（説明本文）

い窮地におちいった。このとき、私は他の村を訪問する準備として、私の身の廻り品のいくつかを荷造りしていた。私を非常に熱心に手助けしてくれた一老人（訳注1）が、私がもって行きたくない物を輸送するために、むしろに包む（くるむ）ことを主張した。ついに私は冗談に、「あなたが包むことを止めないなら、私はあなたも包んでしまいますよ」と言った。老人は急にかっとなった。私はなぜ彼がそんなに立腹したのかわからないで、まったく困惑した。それ以来、私は「むしろに包む」とアイヌに言うことは、おまえを埋葬する準備をすると言うのと同じであることを知った。これは、アイヌは死ぬと、通例むしろ［kina、キナ］に包まれて、埋葬されるためである。エゾのアイヌに関するかぎり、彼らは今でも棺に入れない。

アイヌが用いている家庭の道具はあまり多くない。それらのなかには、非常に簡単に作られているものもあるが、非常に入念に彫刻されているものもある。陶器の茶碗、皿、鍋、そして深皿はすべて日本製であるが、木製の盛り皿、匙、ひき臼は彼らの織機とともに、自家製である。アイヌの子供は、銀の匙で与えられた粥で育てられるのではない。アイヌが、金属を作る技術を知っていたとは思えない。粟でできた粥がときどき幼い子供に木の匙か、貝殻で与えられるが、ときには母親が自分自身の口から自分の子供に与える。これは非常に幼い子供に薬を飲ませるお気に入りの方法である。しかしこの方法によって、赤ん坊さえも、なにが起こったか知らないうちに、有毒な薬を飲まされる。それはたしかに清潔な慣習でないが、効果的だし、すぐに役立つ方法である。

山の狩猟で遠くに出掛けたとき、アイヌは食べ物を料理する鉄製の鍋がなに一つなくても、サクラの樹皮で、柄のついた深い鍋を作るの見て、私は驚いた。図14—3は、現在私が所有しているものの写真である。このような鍋を水で満たして、それに料理される魚や野菜を入れ、それからとろ火の上で食べるのに適するまでゆっくりとぐつぐつと煮る。樹皮が燃えきらないのを見て、私は驚いた。しかし注意すれば、このような鍋は三度使えると、私はかたく信じている。とくにアイヌが鉄器時代以前に行ったことの、もっともありそうなもう一つの実例は、こうして手に入る。

料理の目的で使われる匙には、いろいろな形のものがあるが、もっとも普通な形は、図14—4に示した。この図で、（1）は、祭りのためにアイヌが料理をするときに、粟のだんごをかきまわすのに用いるものである。（2）は、鍋から粟、米、あるいはシチューをすくうために用いる。他の形や大きさの匙があるが、それらは特別に述べる必要はない。装飾は単に趣味の問題で、彫刻する人の空想に従って考案される。

図14―5と6は、ひげ揚げべら moustache-lifter［アイヌ語でイクパシュイ、イクパスイ、ikupashui、イ＝それを、ク＝飲む、パスイ＝箸］を示している（訳注2）。それはもちろん男だけが使う。ひげ揚げべらは奇妙な道具で、酒を飲むときだけに用いられる。その目的は二つある。男は礼拝のときに、必ずそれを用いる。というのは、礼拝が終わると、彼は祈っている神々に数滴の酒を供えるからである。第二にそれは、酒を飲むとき、盃の外にひげを出しておくために用いられる。酒を飲んでいるときに、酒のなかに口ひげが入ることは、非常に体裁が悪いし、無作法なことだと見られている。それは居合わせている人々にとって失礼だし、神々に対して不敬だと考えられている。

酒を飲む儀式――すなわち、葬式や新築祝い――のさいに、アイヌは、キケウシバシュイ kike-ush-bashui、すなわち「削り掛けがついたひげ揚げべら」［キケ＝削り掛け、ウシ＝ついている］とよばれるものを使う。それはヤナギでできている。しかしこれらの器具の全部が全部、削り掛けがついているわけではない。というのは、自分たちの狩猟能力を誇っている人たちは、それにクマや他の動物を彫刻するからである。また太陽、月、あるいは他の物体の模写で飾られているものもある。彼らはこれらを非常に自慢し、またそれを非常に大切にする。

臼やすりこぎも、アイヌの小屋では普通使われる（図14―7）。これらの道具は自家製で、それぞれ堅い木でできている。臼は小麦や粟を脱穀し、また粟をねり粉にするために使われる。このねり粉は特別の祭りのためのだんごを作るために用いられる。すりこぎは真中で持つ。それで実際には両端がある。

食べ物を料理するのに用いられる道具のつぎに、織機はもっとも重要な道具である。それは六つの部品から成る簡単なものである。図14―8は、その部品を示す。（1）はカマカップ［中筒］kamakap とよばれる。それは、舟の丸太巻き上げ機によく似ていて、たて糸を別々に離すのに用いられる。（2）はオオサ［筬（おさ）］osa とよばれる。それは櫛のようなもので、たて糸を真直ぐにするのに用いられる。（3）は、たて糸の間で、よこ糸を布の一側から他側に運ぶ［くぐらせる］ために用いられる。それは、アフンカニツ［杼（ひ）］ahunka-nit とよばれる。（4）は、ペカオニツ［綜絖、そうこう］peka-o-nit とよばれ、たて糸を変える［上下させる］目的で用いられる。（5）はアトゥシベラ［緯（よこいと）打ち刀］attush-bera とよばれ、よこ糸をしっかり打ち込むのに用いられる。（6）は小さな木の棒にすぎず、布の始め、あるいは布のための土台として用いられる［布巻き具］。この非常に原始的な織り方は非常に退屈なものであり、それゆえ、多くの忍耐を要することはたやすくわかるだろう。このような機械で一ヤード［九一センチ］の長さの布を織るのには、非常に長い時間がかかる。しかしアイヌは、時間の価値を理解していない。だからそれは問題にならない。

ろうそく立てとランプはあまり精巧なものではない。それは単に一端が割れた一本の棒からできている。この棒は炉に挿される。そして点火された一枚のカバノキの樹皮が、裂かれた端に固定される。実際この種の樹皮は非常によく燃えるが、それが与えるあかりはまぶしく光るような種類のものである。それで、それが大いに役立つとは思えない。またそれは煙がおそろしくたくさん出る。

火は、第4章の終わりに述べたように、非常によく乾燥したハルニレの木の根を摩擦することによって作られるのが普通である。他の木よりもこの種の木で摩擦が早く起こるといわれている。しかしアイヌが日本人と緊密に接触するようになるや、彼らは火打ち石と鋼鉄を買って、それらを使った。これらの物は、火花が火口《ほくち》に落ちるように、摩擦された。そして乾燥しているときには、この火口は容易に、またすぐに火がついた。しかし現在では、日本製のマッチが日常使われている。

人々は魚、木、あるいはその他なんでも、背中に背負うのが好きだ。彼らは手を自由にしておくのを好む。彼らは、荷物を運びやすくするために、頭部を使う。荷物をもってまさに出掛けようとする人は、タラ tara、あるいチアシケタラ chi-ashke-tara（図14—9）とよばれるものを荷物のまわりに結び、それを背中にかけ、タラの頭部を額の上におく。人が期待するほど、頭部がする仕事は多くない。というのは、荷物の重さの主な部分は背中の低い部分にかかるからである。

タバコを吸うことがアイヌの真の習慣でないのと同じく、タバコ自体はエゾの土着のものではない。喫煙はおそらく日本人から学んだものだろう。確かに、用いられているきせる（パイプ）の多くは、日本起源である。しかしあるものは、満州 Manchuria から入ったように思われる。老女は男と同じく、タバコを吸うが、若者は吸わない。図14—10に示したタバコ入れときせる入れは非常に古いものといわれる。それはクルミの木でできている。タバコ箱自

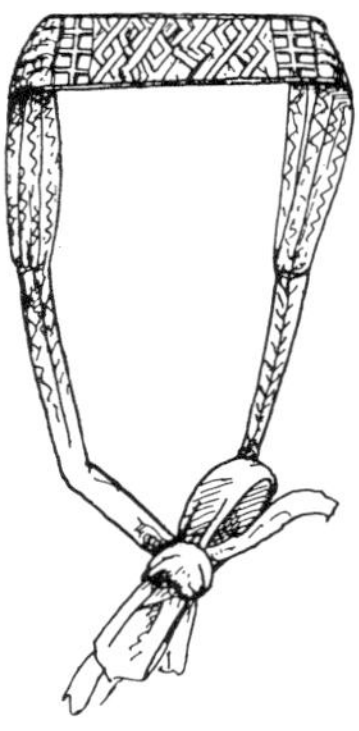

図14—9 タラ

図14—10 煙管とタバコ入れ

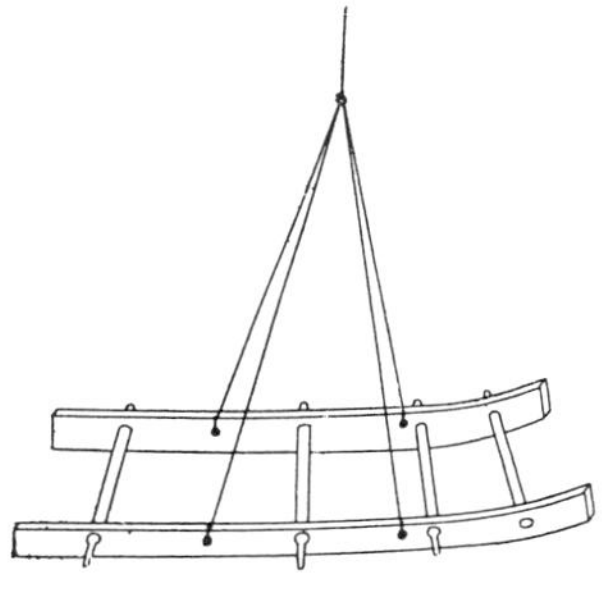

図14—11 アイヌのゆりかご

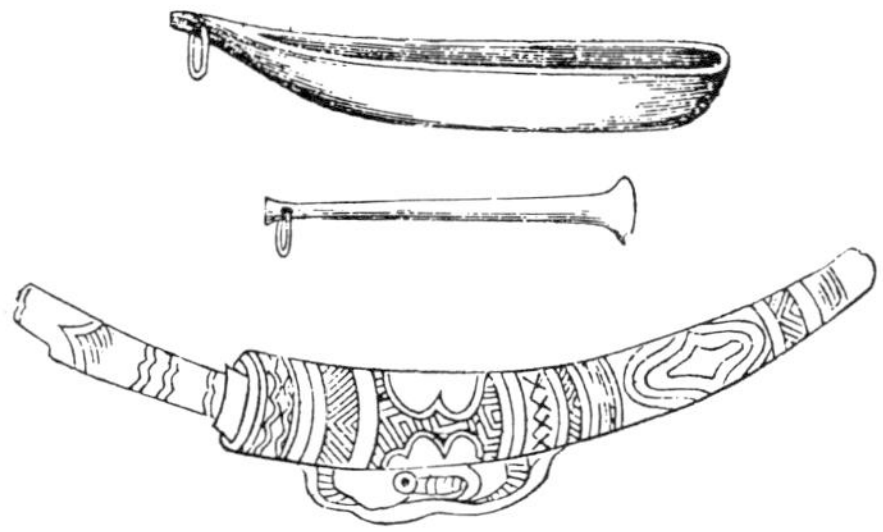

図14—12 サケの卵をマッシュするすりこぎと臼，および小刀のさや

体はシカの骨の小片がはめこまれていて、きせる入れには美しい彫刻が施されている。たいへん良い一組を手に入れるのは非常にむずかしい。というのは、アイヌはそれに非常に高い値段をつけるし、またときどきその所有者と一緒に埋葬するからである。しかしそれは墓場に投げ入れられるまえに、こなごなに壊される。きせる入れのてっぺんについている小さな針金は、きせるの火皿を清掃するために使われる。また底にある丸い穴は終わったときにきせるを通すためである。

アイヌの女たちは自分の子供がたいへん好きだ。しかし小さな子供が約一か月になると、屋根からぶら下げられたゆりかご（図14―11）のなかに、ただ一人で放置される。しかしこれは、愛情がないためではない。というのは、アイヌの女たちはその子を愛しているからである。しかし子供をゆりかごのなかで寝させ、泣かせることは、肺にいいと考えられているだけでなく、教育の一部である。彼女たちはこう言う。「赤ん坊は話好きな男や女のようです。赤ん坊は言いたいことを言わなければなりません」と。だから赤ん坊を静かにさせるもっともよい方法は、子供を泣きたいだけ泣かせることである。子供は泣きわめくと疲れることをまもなく学ぶ。ともかくこのようなことが、アイヌの女たちの信念である。

ゆりかごは木で作られる。そして、炉端の暖かいところにぶら下げるようなやり方で、一般に小屋の梁から吊り下げられる。ゆりかごは長さが約二フィート半から三フィート［七五―九〇センチ］、幅が二〇インチ［五〇センチ］か、そこらである。

さて、女たちは確かに自分の子供に大きな愛情をいだいているが、奇妙な仕方で赤ん坊を扱う人がいる。それは私にはいくらか残酷に思えた。彼女たちは、男の子と女の子の脚の脂肪の部分を、骨盤の近くの関節のところで切り、傷口を菌類の菌糸の皮革のような層――それは、枯れたカシワ、ハルニレ、あるいはヤチダモの木質と樹皮の間で見つかる――で傷口を覆う。

私はときどき、この慣習は割礼に似ている一つの儀式の名残りではないかと思った。しかしそうだと結論する確実な根拠はなに一つないように思われる。子供が脚を動かすときにこすれないようにするためと、赤ん坊が乳を飲むときに、母親をあまりはげしくけとばしたり、母親に迷惑をかけないようにするために、切開がなされるといわれている。私が知ることができたかぎりでは、菌類はトーテミズムとはなんら関係がない。菌類は傷を治すためだけで、傷の上におかれるのだといわれている。しかし割礼という観念が欠けていると私が思う理由は、まず第一に、それは女たちだけによって行われ、祈願がなく、男たちがそれに参加していないからである。第二に、それにはなんら儀式が伴っていないからである。

（訳注1） これは一八八一年（明治一四年）六月の事件らしい。『ジョン・バチラー自叙伝――我が記憶をたどりて』（文録社、一九二八年、一六七ページ）につぎの文がある。「いよいよ函館へ帰る日が近くなりましたので、私は荷造りを始めました。ペンリさんも手伝って下さいましたが、あまりご親切のため、私のもって行きたくない物まで荷物のなかに入れなさるので、閉口いたしました。『さあ、ペンリさん、あなたはあまりご親切すぎて困ります。どうぞ止して下さい。止さないと、むしろに包んで入れてしまいますよ』と冗談を申しましたら、いつになく大変腹立ちなさいました。どうしてそんなに腹が立つのかと驚いて、『ペンリさん。あなたはどうしてそんなにお腹が立ちましたか。私はただ冗談を言っただけですよ』と申しますと、『しかしニシパ［nishpa 旦那さん］、それはあまりひどい冗談です。むしろに包むということは、死んだ人にすることです』と。あとでよく聞くと、アイヌ人は人が死んだら、葬るとき棺に入れないで、キナというむしろに包んで葬るのだそうです」。

（訳注2） イクパスイが出てくる日本側の最古の文献は金田一京助『アイヌの研究』（内外書房、一九二五年、六三ページ）によると、『蒲生氏卿記』だという。天正一〇年（一五八二年）奥羽の九戸政実が反乱を起こした。秀吉は、氏卿、家康、秀次らに討伐を命じた。『氏卿記』につぎの記事があるという（しかし『群書類従』第二一輯、巻三八九、「蒲生氏郷記」にはこの文はない）。「城のやぐらよりさありげなる男歩み出、大音声にて申しけるは、この城に夷人二人籠城いたし候を出したく候が、鉄砲を恐れて出かね候。この口の御鉄砲をやめさせて給はり候へかしと申しければ、その手の鉄砲をやめさせけり。そのとき二人ながら城より出けるに、氏卿の前へ召して酒を給りければ、盃の上に箸を一膳のせて酒を受け、その箸を立て、いろいろの舞いを舞ひ、箸にて鬚をかき上げてぞ呑みける」。

15 衣服

アトゥシ／こった刺繍／男たちの上着／脚絆、頭飾り、エプロン／冬の衣服／樹皮の靴

アイヌが着ている主な衣料品は長い衣服で、アトゥシ attush［厚司］とよばれる。この単語は、実際には単にオヒョウ［アッニ at-ni］の繊維、あるいはオヒョウの糸という意味である。そしてこのことばが示すように、この衣服はオヒョウの木の内側の樹皮で作られる。このような衣服は、乾いているときには非常に破れ易いが、湿っているときには非常に強い。オヒョウの樹皮は、早春か秋に——樹液が上に流れ始めるか、あるいは流れ終えたとき——むかれる。十分な量の樹皮を取ると、それを家に運び、淀んでいる温水に浸す。それらは柔らかくなるまで、そこに約一〇日間置かれる。それが十分に浸されたとき、それは水から揚げられる。そして樹皮の層を分離して、天火で乾かし、繊維を糸に裂き、将来使うためにボール状に巻く。縫う糸はときどき同じ仕方で作られるが、ただ違うのは、それが丸く、堅くなるまで、噛まれることである。しかしときには、緑の繊維を木から取ってすぐに噛んで、糸を作ることもある。すべての糸が準備されたとき、女たちは坐って織り始める。これらの衣服は実際には非常に粗く、粗製の麻布 sack-cloth の衣服を思い出させる。またその色は汚れた褐色をしている。それゆえ、それを作ることができるアイヌが、より柔らかい日本の衣服を着るのを好むのは不思議でない。

しかし自然の条件のオヒョウの樹皮で作った布は、ある人々が好んでいるらしいように、そんなに暗い色をしてい

図15—1 布を織る女

ない。そこで、それをより暗い色にするために、彼女たちはそれを染める。これをするには、まずカシワ、あるいはケヤマハンノキ Alnus incana の樹皮で作った熱い煎じ汁〔タンニンが多い〕のなかに漬け、つぎにそれを一週間かそこらの間、鉄分の多い沼地のなかに漬ける。これが、樹皮を赤みを帯びた黒に変える。この製品全体はクンネプ kunnep、すなわち「黒い品物」〔クンネ＝黒い、プ＝物〕とよばれる。

女たちは装飾的な針仕事 fancy needlework に誇りをもっているし（立派な主婦は、たしかにそれに誇りをもつべきであるが）、また彼女たちの模様と色の配列の仕方は非常に上品である。この刺繡は、一般に彼女たち自身のオヒョウの樹皮の布を土台にして、日本の材料と色染めの糸と木綿で行われる。著者が所有しているこれらの衣服の一つは、製作に、一人の女の丸一年間の余暇のすべての時間を要した。違った村の作品は、違った模様をしている。一つの村の模様は他の村の模様と必ずしも同じではない。実際、一つの地方のアイヌが刺繡をした衣服を着て他の地方に行くと、彼に出会った人々は、その衣服の模様から、彼がどこから来たかをほとんど正確にあてることができる。

男たちにふさわしいとみなされた模様があるし、ま

図15—2 アイヌの村長の上着（背中）

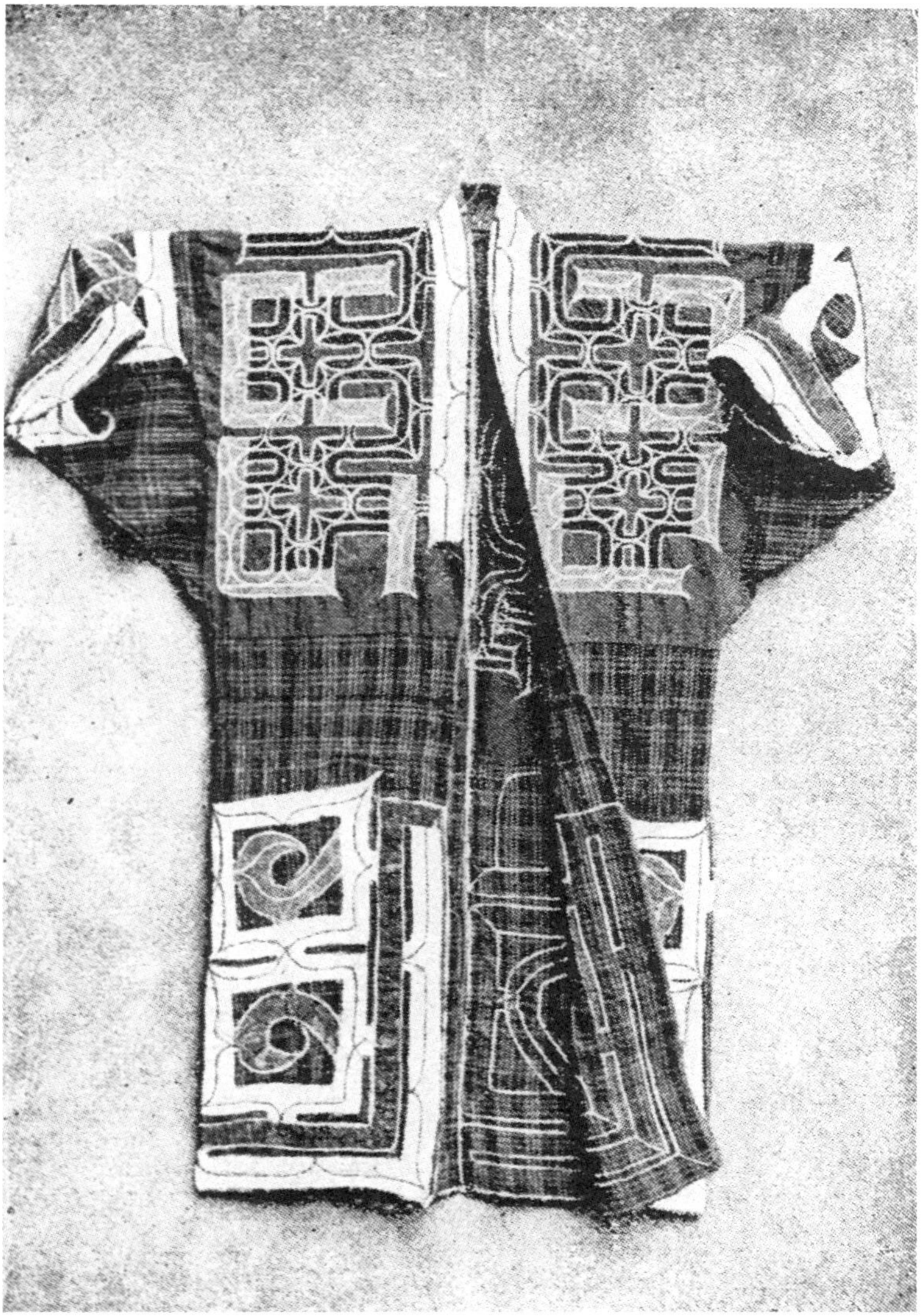

図15—3 アイヌの男の上着（前）

図15—4 アイヌの女の衣服（背中）

た女たちにとくにふさわしい模様がある。どんな男も、女のものと認められている模様のついた衣服を着ようと思わないのは、ヨーロッパの男がペチコートをつけようと思わないのと同じである。また女が男にふさわしい模様のある衣服をつけないのは、イギリスのレディーが男の上着やズボンを身につけようと思わないのと同じである。女の衣服は男の衣服ほど高度の飾りがない。もっとも、われわれイギリス人の場合には、これとは逆であるが。妻は、とくにクマ祭のときに、自分の夫を飾りたてるのを誇りにしている。しかし妻自身は、上品に入れ墨された口によって一際目立った、ビーズ、イアリング、指輪、ネックレス、腕輪をみせびらかすのが好きである。

他方、男たちは妻の針仕事を大いに誇りにしている。彼らは装飾の模様の隅を正しく曲がらせることについて異常に入念である。もしカーブがそうあるべきだと思っているように曲がっていないか、あるいは線が真直ぐでないなら、彼はがみがみ言い、ときに妻に作品をほどかせて、すべてをもう一度やり直させる。

すべての成人は髪の毛を後ろに束ね、頭を暖かくするために、頭飾り［チパヌプ chipanup］（図15―6）をつけ、脚絆（図15―5）や図15―7に示すような模様のエプロンをつける。夫をなくした妻は髪の毛を刈るか、あるいは頭をきれいに剃るかのどちらかをすることは、昔は慣習だったし、ある場所では今でもそうである。彼女はできるだけ屋内にとどまり、また髪の毛がもう一度長くなるまで、まったく一人ぼっちで生活することになっていただけでなく、髪の毛がある長さになるとすぐに、彼女はそれを再び剃らなければならなかった。これは彼女の大きな喪失と悲しみを示すためだった。アイヌが日本のかみそりを手に入れるまえは、頭を剃ることは痛みのある過程だったに違いない。昔は、その目的のために、女たちは火打ち石と鋭利な貝殻を使った。女性は頭を剃るとすぐに、未亡人の帽子をかぶる。彼女は未亡人の期間中この帽子をかぶらなければならない。これらの帽子は今では一般に厚い日本製の布でできている。そして通気のために、頭の後ろの部分には孔があいている。私もときどき、この頭巾をかぶった未亡人に出会った。

冬着としては、女たちはアトゥシ、すなわちオヒョウの繊維の衣服の背中に、イヌ、クマ、シカ、オオカミ、キツネの毛皮を縫いつける。そしてシカかサケの皮で作った皮靴 skin shoes（図15―9）をはく。男たちも女たちも、手の甲に手袋をつける。昔は彼らは雪ズボンをはいたものだ。しかし今は皮がいくらか乏しいので、これらの衣料品

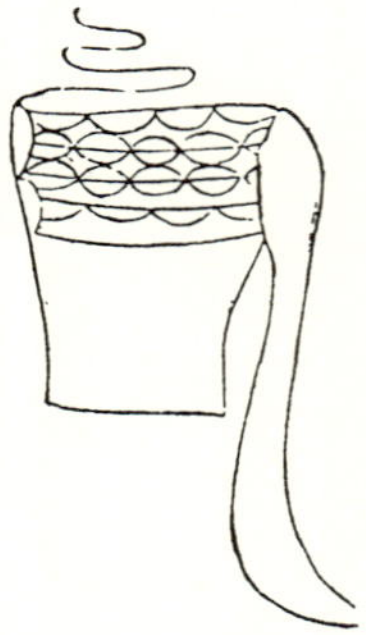

図15—6 チマヌプ（女の頭飾り）

図15—5 脚絆

図15—7 エプロン

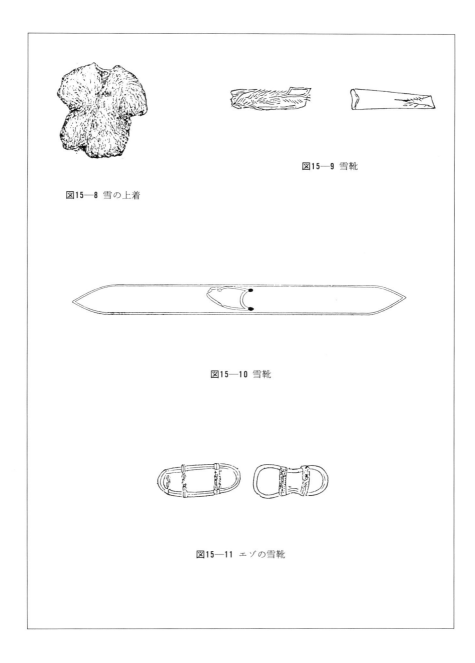

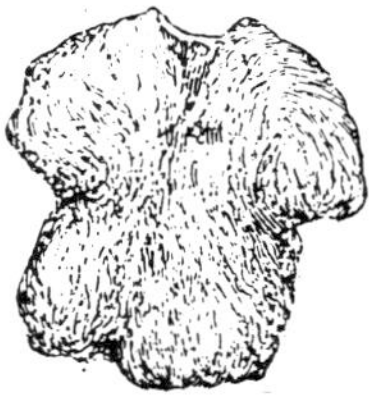

図15—9 雪靴

図15—8 雪の上着

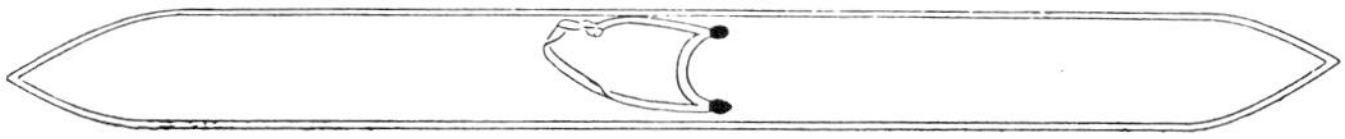

図15—10 雪靴

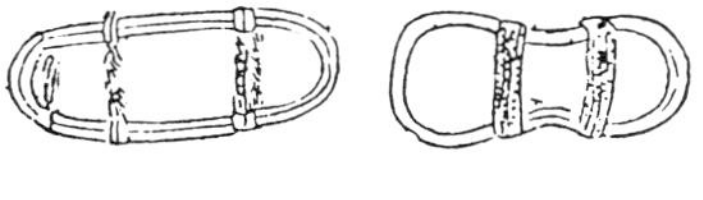

図15—11 エゾの雪靴

なしですまされる。女たちは、夏と冬には草かトウシンソウで作った脚絆をつける。また男たちも女たちも、頭に布か頭飾りを巻いて寝る。

衣服の項に雪靴を入れるのはそんなに間違っていないと思う。というのは、それは歩行の道具の一部だからである。図15—10は、以前函館の博物館にあった一揃いを示したものであるが、それは実際にはサハリン（カラフト）島から来たものである。靴はオットセイの皮で上をきれいに覆った木ぎれからできていた。その長さは五フィート七インチ［一六七センチ］、幅七・五インチ［一九センチ］だった。それを、皮の紐で足にしっかり結びつける。図15—11はエゾで用いられている種類を示す。それはつる草で作られているが、長さが非常に短いので、ある距離を歩くのはむずかしい。というのは、それは雪のなかに深く沈むからである。実際、それは雪が堅い一月から三月まで、ある程度快適にはくことができるにすぎない。

夏の間は、人々は通例はだしで歩く。しかしたとえば、長い旅行のときのように、脚を覆うことが必要になると、彼らは、樹皮でサンダルを作る。つる草の樹皮が好んで用いられる。

16 宝物と装飾品

アイヌの宝物と装飾品／刀剣／イコロ／女たちは装飾品を好む／指輪／イアリング／イアリングはおそらくトーテム／冠をつけるのはトーテミズムの名残り

裕福なアイヌの宝物と装飾品は、金、銀、宝石のようなものではなく、日本の漆器製の容器［ほかい（行器、外居）］や古い刀剣である。前者はシントコ shintoko、すなわち「美しい物」とよばれ、後者はトムベ tombe［宝物であるが、トム＝光る、ベ、ペ＝物］、すなわち「輝く物」、あるいはイコロ ikoro［宝物、お金であるが、イ＝われわれ、人、コル＝所有する］、すなわち「所有物」とよばれる。シントコは、動物の皮か魚のお返しとして、米や酒を一杯入れて贈られたものである。またそれは栄誉のしるしとして、村長（チーフ）たちに与えられた。それはほとんどすべて日本製だった。しかしなかにはあきらかに朝鮮から来たものもあった。トムベとイコロは、槍、古代の刀剣、およびこのような祖先伝来の宝物であるが、それらは今では刃がない（というのは、アイヌは古代日本人によって刀剣に刃をつけることを許されなかったそうだからである）。彼らまた、古い刀剣や短剣の形をした木ぎれを尊ぶ。これらの刃のない刀剣は、通例は長い箱にしまい込まれ、小屋の梁の上に置かれ、よそ者には見せない。彼らはまた古い弓矢やタバコ入れを非常に尊重するが、他方では、より小さな木の道具が、クマがいけにえにされたのちに、その頭を飾るために使われる。

女たちは玩具のような装飾品が好きな点で、非常に子供っぽい。抜け目のない日本の行商人たちのなかにはこの弱みにつけこんで、大きな利益をあげるものがいることが知られている。たとえば、白い金属で作られていて、銀といわれ、函館で約六ペンス［〇・五シリング］の値打ちしかないイアリングが、アイヌの女たちには六シリング［一九〇〇年、明治三三年の為替レートで、六シリングは二円八八銭にあたった。当時この金額で白米二〇キロが買えた］で売られているのを私は見た。また函館で一シリングで売っている指輪がピラトリ（平取）では一二シリングで売られていた。買った人が、購入品を手元に引き取るのに必要とされる金をもっていなくても、行商人たちは気にしなかった。しかし行商人たちはそれについてはげしく言い争った。最後に買い手の熱心な要求で、行商人たちは恩きせがましく、支払いを毛皮か魚で取るのを私は見た。このような仕方で、二、三枚のキツネの毛皮かシカの毛皮が、一対の金属製のイアリングに変わった。

イアリングの他に、女たちはガラスのビーズが非常に好きである。これらのなかには日本製のものもあるが、中国から来たらしいものもある。古代人はそれらをルシカイ Rushikai ——すなわち、ロシア人と満州人 Manchurian ——から手に入れたのだと、信じている。北海道で一、二ペンスの値段のビーズが、アイヌには三シリングで売られていた。

指輪——あるものは真鍮と、いわゆる金《きん》で作られ、あるものは白い金属と、いわゆる銀で作られていた——もまた、熱烈に所望された。そして多くの行商人たちはこのような見かけ倒しの安物からよい報酬を得ていた。アイヌの女たちと子供たちのネックレス［一九一ページの図21—2］は、一般に自家製である。これは革のカラーか、日本の布でできていて、その上にいくらか花に似た形の溶かした白い金属が固定されている。それはときどき鉛で作られる。サハリンの女たちは同じ形のベルトをつけているが、それは、鉛の代わりに大きな輪と中国の硬貨で飾られていた。

女たちはまた、美しいものとして彼女たちの空想をかきたてる貝殻で衣服をしっかりとめるのが非常に好きである。しかしもし彼女たちが古い刀のつばを手に入れることができるなら、彼女たちはそれを火のなかに入れて、外観をブロンズのようにする。そのとき、彼女たちの幸福は最高である。

男も女もイアリングをつける。しかし男がつけるものは、一般に赤い物でしかない。このことは二、三年前に起きたいくらか特殊な性質の状況を思い起こさせた。私は、ある夕方、人間の兄弟愛——国、人種、皮膚の色、言語、文

図16—1 イロコ（宝物）

図16—3 古い刀剣

図16—2 アイヌの宝物

明が違うにせよ——について講演をした。講演は完全に受け入れられ、聴衆にはある印象を与えたように思われた。私講演が終ったとき、私は、アイヌと私の兄弟愛が保証されるように、耳にピアスをさせてくれと丁重に頼まれた。私は、講演によってかきたてられたかもしれないいい感じが減って無になるのではないかと心配した。というのは、私は耳にピアスをして、赤い布ぎれを通すのを拒んだからである。これらの事柄についての彼らの考えをキリスト教徒のレベルまで持ち上げることを私は望んでいるのだと、もし私が彼らに説明しようとしたなら、事態はもちろん一層悪化したであろう。というのは、耳にピアスをするというこの慣習のために、私が彼らを見下していると、彼らはたぶん思ったであろうからである。またこのような場合には、不必要な攻撃をしないように、われわれはつねに注意する必要がある。

遠い遠い昔、アイヌの祖先は、マタタビ actinidia［アイヌ語 matatambi マタタンビ］か、ブドウのつるを耳に通していたということを私は数人の老人たちから聞いた。ここには木のトーテミズムの存続の明白な事例があると思わざるをえない。このブドウのつるについて、私が聞いた民間伝承はつぎの通りである。

「マタタビとブドウのつるの起源は天国にある。さて天国のすべての木は、金、銀、および青銅からできている。神が世界を創造したのち、神はアイオイナを遣わし、それを調べさせた。彼はそこに到着して、大地から生えるマタタビやブドウのつるがないことに気づいた。そこで彼は天国に戻り、一本の金のマタタビと銀のマタタビと青銅のブドウのつるをもって来た。ブドウのつるは、青銅の木にはい上り、他方銀と金のマタタビはそれぞれ金と銀の木のまわりにからみついた。こうして、かつて天上にあったつるは今や地上にあることになった」。

このように、これらの起源は天国にあるから、アイヌは病気になると、それらのうちのどれか一本の幹を取り、それをイナオにして、礼拝し、こう言う。「おお、なんじ神聖なつるよ。私は今お祈りをして、なんじを呼びます。この人は非常に病んでいて、死の扉の近くにいます。急いでください。私はなんじに嘆願します。彼を助けてやってください。おお、なんじ神聖なつるよ。なんじの起源は天国にあり、そこからこの地上に降りて来ました。それゆえ、なんじはこの人を助ける義務がある者です。天国では土は金属であり、それから生育するすべてのものは、強さと生命を与えられています。その他、もしなんじが薬に変えられて、服用されるならば、なんじは治癒をもたらすはずで

図16—5 トビのトーテムの冠

図16—4 キツネのトーテムの冠

す。というのは、これがなんじの義務だからです。それゆえ、なんじは急いでこの男を治してやってください」。この祈りを唱えてから、礼拝者はイナオにお辞儀をし、そのいくつかを小さな切れはしにちぎり、それを非常に熱い湯のなかに浸けて飲むように、病人に渡す。

ここに、樹木崇拝、あるいはつると結びついたトーテミズムの明白な事例がある。そしてこのトーテミズムは、この種の木でできたイアリングをつけることと結びつけて思い出されるなら、とくに興味深い問題になる。

さて、もしトーテミズムがイアリングをつけるということのなかに見出されるなら、それは、アイヌが冠を用いることのなかにはるかにもっと確実に見出されるかもしれない。

アイヌは祝宴と神聖な儀式に没頭するときに、頭に冠をつけることはさきに述べた。すべての著述家がそれを当然のこととみなしたことは、非常によく知られた事実である。実際、どんな旅行者も、もし冠で飾られた老ペンリの写真を取らなかったり、スケッチをしないなら、アイヌを見たと思わないらしい。しかしこれらの装飾品が王にふさわしいものを意味すると想像するならば、それは大きな誤りだろう。というのは、すべての男は、非常に若い男も、ときどきそれをかぶるからである。それは髪の毛が、食べたり、飲んだりする容器や目のなかに入らないようにするためだけで用いられると、私は聞いている。それは、三つの特別の名前でよばれている。第一はサパウンベ sapa-umbe、すなわち「頭のための物」［サパ＝頭、ウン＝はまる、べ、ペ＝物］、第二はイナオル inao-ru、すなわち「呪物の細長い切れ端」［ル＝道、線］、第三はエカシパウンベ ekashpa-umbe、すなわち「古代人のかしらたちのための物」［エカシ＝長老、祖先、パ＝上、かみ、かしら］である。女がつけるものは、チパヌプ chipanup、すなわち「頭をしばるもの」［頭飾り］とよばれるが、これについては衣服の章で述べた。

それらについての民間伝承はつぎの通りである。

「古代に人々が祝宴をしたとき、男も女も髪を結わなかった。その結果、髪の毛はたえず目や飲む茶碗の上にたれ下がった。そのとき、男たちが言った。『これはよくない。髪の毛が食べ物や飲み物のなかに落ちるがままになるのは見苦しい。イナオル、すなわち〝呪物の細長い切れ端〟で頭を束ねよう。それによって、髪の毛は後ろに束ねられるだろう』と。そこで会議が開かれた。この会議で男たちは冠をつけ、女たちは布ぎれでしばるべきだということに決

図16—6　冠をつけた男たち

まった」。

たしかにこのような説明は現在のアイヌを満足させるに十分である。しかし私は、このような説明に完全に納得していると言うことはできない。男たちに関するかぎり、冠はたしかにトーテムのしるしだというのが、私の確固たる信念である。もしそうでないなら、彼らが、彫刻した動物や鳥の頭を冠につけたり、他ならぬ鳥のくちばしをそれに結びつけたりするのはなぜなのかという疑問が出るのはもっともである。アイヌの言うところによると、クマの頭で飾られた冠を額につけている自分たちの人種の人々は、もっとも誇りが高く、高慢な人であるが、他方鳥のくちばしを好む人々はより静かな性質の人たちだという。ある人たちは自分たちをクマの子孫だと想像し、他の人たちは自分たちを鳥の子孫と想像し、また彼らが実際に非常に多くの種類の鳥や動物を崇拝しているという疑問の余地のない事実と関連させて、今述べたことを考えるなら、われわれは、それらをトーテムのしるしとよぶ以外の代案はないと思う。

クマの頭の他に、私はタカ、フクロウ、キツネ、オオカミの絵で飾られた冠を見たことがある。冠の内側か土台は、編んだ樹皮の枠組からなり、この下の端に六切れの布が、それぞれの側に三つずつぶら下がっていた。枠組のまわりにはヤナギの編んだ削り掛けが結びつけられ、その末端は後ろに突き出るがままになっていて、巻き毛の房か、短いしっぽのように見える。下顎骨の下に彫刻された猟師のえびら［矢を入れる筒］が、装飾になっているクマの頭もあれば、見ると奇妙だが、長いあごひげがついているクマの頭もあった。私はこの後者を最初見たとき、古代バビロニアや古代アッシリアの彫刻に描かれた人々についているあごひげを思い出さざるをえなかった。しかしよく調べると、それは、大英博物館のメムノン［古代エジプトの王の像］のあごひげと比較するとわかるように、古代エジプトの「ひげのある事例」にいちばんよく似ている。

これらの冠は現在では、トーテムのしるし以上のものでないかもしれないが、ある特別の鳥と動物を、他のものよりもむしろトーテムとして選ばせるトーテミズムの背後にあるものは一体なんなのかと人が質問するのはもっともなことである。人々が、自分たち自身は下位の目《もく》order の創造物の子孫だったとはじめは主張したことは、よく考えると、まったく信じがたいことのように思われる。それゆえ、この問題をもう少しくわしく吟味してみよう。

古代には、あごひげは多くの国民から力と男らしさのしるしだと考えられたことは、忘れてはならないだろう。ペルシア人、アラブ人、およびその他の国民の間では、あごひげを切ってしまうことは、大きな罪や左遷と考えられた。『サムエル後書（サムエル記第二）』一〇章のダビテの使者のケースは、ユダヤ人の間の同じ感情を説明している［アモン人の王の死に悔やみを言うために遣わされたダビデの使者が、スパイだと怪しまれて、アモン人の新しい王の家来にひげを剃られて追い返され、ひげのないのを恥じたこと］。さきにどこかで述べたように、アイヌもあごひげに対して大きな愛着をもっている。彼らはあごひげを男らしさと力のしるしとみなし、それをとくに立派なものと考えている。彼らはそれを実際非常に価値のある宝とみなしている。

さて、アイヌがクマを「森の王」とみなし、それをアイヌの国の最大、最強の動物であると考え、またアイヌがそれを崇拝していることを考察するとき、クマの頭に人間のあごひげを彫刻し、それを祝宴の冠や聖職者の冠の飾りにするのがふさわしいことはすぐにわかる。というのは、あごひげは、力のしるしか、象徴と考えられるからである。バビロニアのある神々が鳥の翼と人間の頭をもった牡ウシと考えられて、それであらわされ、エフェススのディアナ（ダイアナ）の神殿［現在トルコのイズミルの南西の地エフェススに紀元前五五〇年頃に建てられた巨大な神殿。ディアナは多産の女神」が、その頭に城の彫刻がなされているのは、私にはもはや奇妙なことのように思えない。それらのものはすべて、象徴である。

アメリカ・インディアンが非常に元気に、また大喜びでふけるバッファローのダンスでは、踊り手はそれぞれ、頭をバッファローの角で美しく飾る慣習があったことを考えると、アイヌのこの問題にはより多くの光が投じられるかもしれない。アメリカ・インディアンのバッファローの踊りでは、バッファローの角が重要であり、必要な部分であるように、冠につけられたクマの頭の彫刻はアイヌのクマ祭の重要な部分である。またわれわれはアビシニアの旅行者たちから、州の統治者である人々は、角で装飾された頭飾りを頭につけているが、この角は権力のしるしであるという話を聞いた。

アイヌに関するかぎりは、われわれが到達した結論はこうである。クマはもともとその大きな力、忍耐力、威厳のために崇拝され、オオカミは攻撃のさいのどう猛さ、執拗さ、迅速さのために崇拝され、キツネはずる賢さと足の早さのために崇拝され、タカはその鋭い視力のために崇拝され、トビはその飛行の速さのために崇拝され、フクロウは暗闇を通して物を見るその視力のために崇拝された。他方、木はその忍耐力のために崇拝され、穀物はそれらが肉体に与える栄養のために崇拝された。最初、これらの種々のものが祈られたのは、これらの個々の力の性質を手に入れるためであった。つぎの段階は、それらのトーテムを作り、それらを神格化することであった。この後で、人々がこれらの生き物の一つを自分たちの祖先としてもっていると考えるには、想像力をごくわずか使うことが必要だった。野獣、鳥、木で美しく飾られた冠や他の対象をわれわれが発見するとき、それらは以上に挙げた力の象徴的具象化とみなさなければならない。ここに、トーテミズムの起源が見出される。そしてまた、トーテミズムのなかに、氏族体制の土台が見出される。この問題を一層くわしく説明するために、私は読者の注意をトーテミズムについての諸章に向けたい。

17 アイヌの男たちについて

男たちの一般的な容貌／髪の毛／指の爪／髪の毛を切られることの異議／刑務所での悶着／悪臭と汚れ／家族の神官としての男たち

アイヌは頑丈な体格をし、通例強そうに見え、ずんぐりし、四角い骨組をし、豊かな胸をした人々であるが、彼らは、ハンサムだとか、強いと言われるような人ではない。たいていの男はもじゃもじゃした立派な黒いあごひげをはやし、眉毛は長く、もつれ、目は深くすわり、きらめくような暗褐色をしている。彼らのほほ骨は突出し、額は高く、頭は髪の毛でおおわれている。彼らの皮膚はヨーロッパ人のようで、彼らの隣人の日本人の皮膚よりも生まれつき白い。しかし太陽は露出した部位を日焼けさせ、彼らの多くの肌の色をブルネット（浅黒い色）にしている。なんらかの理由で、髪の毛とあごひげは人生のいくらか早期に灰色になる。それで、比較的若い人が、しばしば威厳のある顔つきをしている。

人々は髪の毛を非常に高く評価し、それがなくならないように非常に注意する。男たちと女たちの髪の毛は切られ、半月状に後ろで刈り込まれている（図17―1）。他方、前の部分は、肩に達するがままにされる。うなじと額の上はきれいに剃りあげられる。剃る操作は、古い時代にはたいへん痛かったことは疑いない。その当時は、この仕事は鋭利な石や貝殻によってなされた。アイヌには職業的な床屋がない。それで、夫や息子の毛を剃ることが、女の義務だった。

最初の人間の肉体は土で作られたが、背骨はヤナギの棒で作られ、髪の毛はハコベ chickweed でできていたと考えられていることを第1章で述べた。またヤナギの木は、この種族のあらゆる個人の特別の守護神とみられていることも述べた。実際、ヤナギはアイヌの「誕生の木」と見られるべきだということにも言及した。これはトーテミズムの一局面であり、共感呪術と密接な関係がある。さて、多くの他の非文明的な人種のように、アイヌもまた自分の髪の毛――また実際には爪の切り屑でも――が、敵の手に入るのを非常に不吉なことだと考えている。それゆえ、彼らはそういうことが起きないように、非常に注意する。純粋で、単純な共感呪術が、この迷信の土台にある。もし敵が、たとえ小さいものであっても、なにかをなんとかして手に入れると、敵はそれら［髪の毛や爪の切り屑］のもとの持主に呪いがかかるように、それらに祈り、祈ったあとで、それらを埋めるといわれている。それらを取られた人の生命は、それらの切り屑が残っている間、存続できるだけだと考えられている。しかしそれらが腐ると、その人は死ぬ。というのは、それらが腐ると、肉体は病み、だんだん衰弱すると信じられているからである。

さきに述べたのと違ったふうに髪の毛が切られることに対してアイヌが反対した事例は、つぎの話に見られる。この話は何年もまえに年を取った一人のアイヌが私に話してくれたものである。

「徳川体制の時代、松前の藩主が日本風に髪の毛を切るようにという命令をくだした。この命令が出されたので、エゾの村長（チーフ）たちは大集会を開いた。この集会で、その命令を撤回するように頼む代表者を送ることに決まった。人々は言った。『われわれが祖先の慣習に違反すれば、きっと神々の怒りが下るだろう』と。森［函館の北］に住んでいた二、三人のアイヌは、命令されたように、髪の毛を切ったが、アイヌは全体として［日本風に髪の毛を切られることを］免除され、彼らを大いに喜ばせた」と。

アイヌの人が日本の刑務所で受ける散髪をとくに大きな苦痛とみなしていたいくつかの事例に、私は出会った。いや、彼らは、刑務所での最大の罰は髪の毛を刈られる罰だと考えていた。髪の毛を刈られて刑務所に入れられることは、彼らには最大の不法だとみなされた。それゆえ、彼らが入ったときよりもはるかに頑固になって、そこから出て来た。しかしこのことはもちろん仕方がなかった。というのは、裁判官はこの問題に関してアイヌがどう感じているか、あるいはこれにはどういう迷信が混じっているかをおそらく知らなかったろうからである。

髪の毛に関する特殊な規則とそれを切ることを禁止する規則は、つぎの民間伝承のなかに秘められている。「もし妻が死ぬば、彼は直ちにその髪の毛を切り、悲しみの表情をしなければならない。しかし彼は頭巾をかぶってはいけない。というのは、彼は神々を礼拝しなければならないし、また人間と交わらねばならないからである。頭に頭巾をかぶって、神々と人間に近づくことは、人間にはふさわしくない。死に臨んでいる場合でないなら、人が髪の毛を切ると、不幸がやって来るだろう。彼自身か、彼の近親と親友のだれかがその後まもなく死ぬだろう。そう神々は教えた。それゆえ、万事注意するように」。

また、「古代に神聖なアイオイナが人々に教えるために天上から降りて来たとき、彼は言った。『夫が死んだ妻は髪の毛を切りなさい。そしてみじめで、悲しい顔つきをしなさい。彼女の頭にはまた頭巾をかぶらせよう。もし彼女が悲しそうに見えず、また他人から離れていないなら、男たちがやって来て、彼女と戯れるだろう。それは、してはならない非常に悪いことだ。どんな未亡人も再び髪の毛を伸ばしてはならないし、夫か妻を失った人は二度と結婚してはならない。これは、夫と妻は墓場の彼方の世界で再会するからである』。そう神聖なアイオイナは教えた」。しかし言うまでもないが、このような迷信は、現在ではほとんど消滅しつつある。

私が、アイヌ、とくに日本人の近くか、日本人の間で生活しているアイヌとはじめて接触するようになったとき、彼らが、冷え冷えとするような憂愁に沈んだ顔つきをしていることに注目せざるをえなかった。彼らは、はた目にも楽しそうであるどころではなかった。しかし彼らは、私の心に強い同情心と彼らをより幸福にするためになにかをしたいという真剣な願望を呼び起こした。私はまた、彼らは全身をめったに洗わないことに気づいた。まして、衣服を洗わないことが多かった。彼らの衣服には多数の昆虫がついていた。彼らのうちの多くは今でもそうである。しかし彼らの多くは、これらのすべての点で大いに改善された。実際、彼らのなかには、非常に注意を払っている人がいるので、ある女性が、(もっといいものがないために)いちばん大きなシチュー鍋でほんの短時間だが、赤ん坊を洗っているのが見られた。

手仕事に関するかぎり、男たちは一般にそれを好まない。彼らはできるだけそれから遠くに逃げるか、あるいは仕事のそばで横になって、眠る。しかし狩猟ほど彼らが好きなものはない。この仕事のときには、彼らは生き生きとする。彼らは、飼いならされていない野生の性質をもっている。それを温和にするには、もう一世代を要するだろう。一五年まえに雇ったわが家の年とった使用人たちは、うさを晴らすために、一日山に出掛けたり、新鮮な空気のなかで思う存分走って、甲高い声を出したり、ウマに乗ったり、あるいは一日釣りをすることをときどき許可されねばならなかった。たとえわれわれが彼らに休暇を与えなくても、彼らは勝手に休暇をとった。このためにわれわれはいつも少し不便になったが、これらのことは彼らには好い結果を与えたし、彼らを上機嫌にしたので、われわれは気にしなかった。

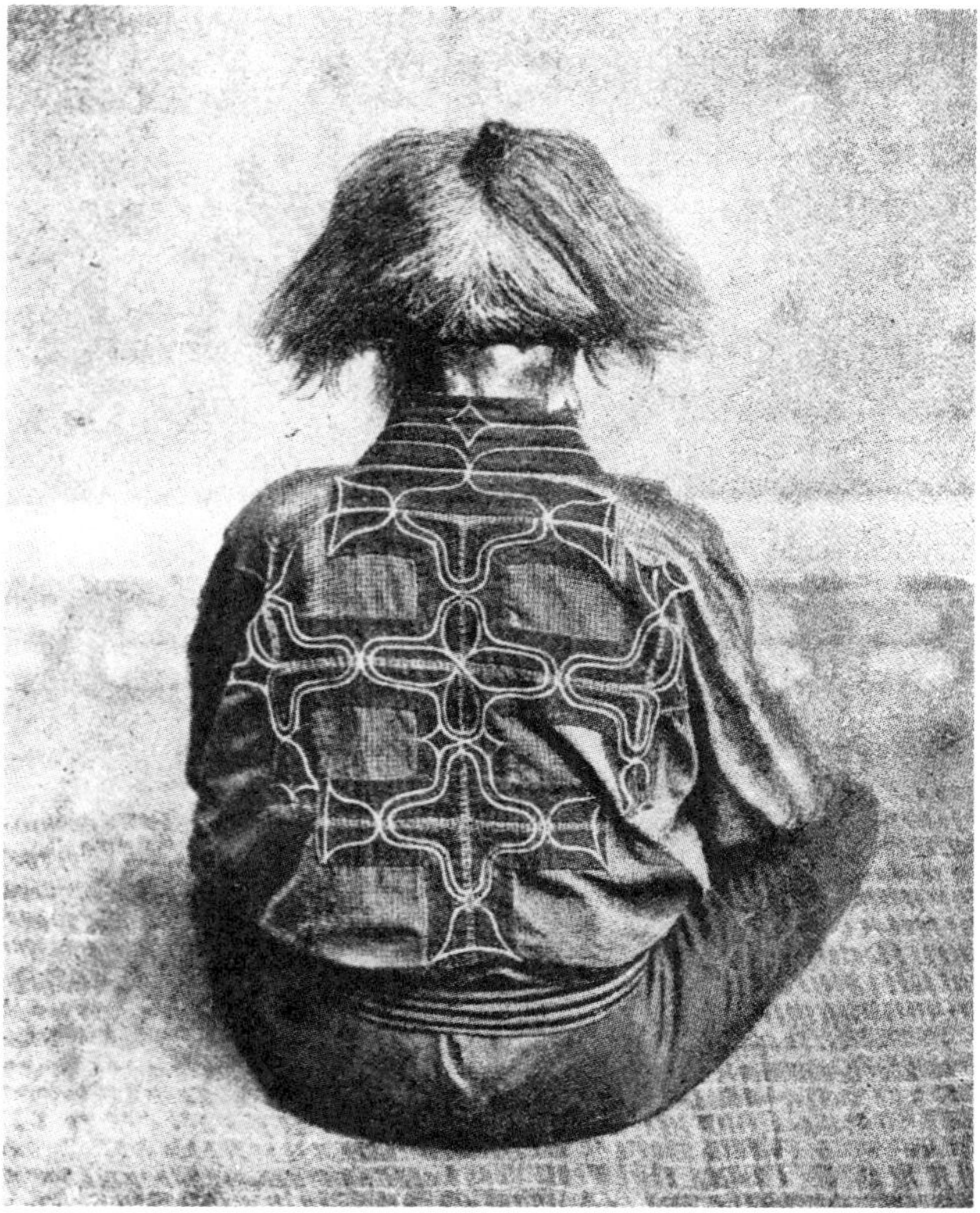

図17—1 アイヌの髪の毛を背面から見る

清潔に関してさきに述べたことから、彼らはときどき悪臭がするだろうと推測する人がいるだろう。そして実際そうである。彼らは干した魚の重い荷物を背中に背負ってときどき炎天下を長距離歩く。このような魚は、不快で強い匂いがする。一たびその匂いと脂が衣服につくと、匂いはいつまでもそこに残る。その匂いの強さをきわだたせるには、少し汗をかくのが必要なだけである。それだけでなく、ある種のこのような魚をちょっと前に料理して、食べた小屋のなかに坐るのは、ときにはまったく苦痛である。このような場合には、戸外で一しきり体操をするのがいいことを、私は一度ならず気づいた。

男たちは、女たちから大いに尊敬されることを期待している。というのは、家族の宗教的欲求に気をつけているのは、男たちだからである。そしてすでにほのめかしたように、女性が宗教的行為で果たしている唯一の役割は、特別の事情から祝宴をする必要があるときに、祝宴の準備をし、神酒か粟で作ったビールを祖先に供えることである。アイヌにはある種のウィットがないと考えてはならない。というのは、つぎの二つの事件がそうでないことを示しているからである。

ある日、私はたまたまあるテーマについて聴衆に講演をしていた。私が用いた絵には、ラクダが描かれていた。この動物は直ちに人々の興味を引いた。私は聴衆の要求をみたすために、私が話していた問題を離れ、ラクダだけに話を限らなければならないことに気づいた。この驚くべき動物については、子供のようなこれらの人々には語るべきことがたくさんあった。実際、ラクダとその解剖学とその忍耐力に関しては、ある人々が信じることができる以上にたくさんの不思議なことがあるように思われる。柔らかく、めりこむ砂漠を歩くための足の驚くべき順応性、堅く、とげだらけの食べ物を食べることができる舌や口の堅さ、ラクダが将来使うために水を貯蔵し、運搬することができる手段、これらの動物を殺し、水を手に入れて幾多の生命が助かったこと、組織の消耗を補修するために瘤を使うこと、これらすべてのことやその他のことは、一つになると、これらの従順なアイヌの脳には、非常に驚嘆すべきことのように思われた。一人のアイヌは、固くなる水のようなものがある「氷のこと」とは、経験しないうちには、信じられないと言ったあのインドのプリンスのような人だった。彼は非常に物静かだが、独特の声でこう言った。「牧師さん。ラクダは少量の酒を体のなかに貯蔵できるようにできていないのかね」。ラクダは、従順で、単純で、子供のような男が受け入れることができる以上のものであったことは疑いない。彼はおそらく私が大ぼらをふいていると思い、適当にからかえば、私がどれくらい大げさなことを言うかを見たくなったのだろう。
あるとき、一人の紳士がアイヌをガイドにしてエゾの森を旅行していた。彼は万一クマに会うことに備えて、銃を携行していた。彼らが旅を続けていたとき、そのアイヌが潅木の下に生きているものがいると指さした。旅行者はそこでウマから降りて、生きている動物と思われたものを撃った。銃声の直後に、オオカミのように思える一匹の動物が森の奥に跳んで行った。しかしその後に、撃たれたように思われたなにかを残していった。アイヌはその地点に行き、ノウサギの半分を発見し、それを持って戻って来た。あきらかにオオカミは、朝食をとろうとしたときに撃たれたのだ。アイヌはノウサギの半分をもってきて、夕方日本人の宿屋に着いてから、その皮をむき続けた。これは宿屋の主人によって観察された。宿屋の主人はこのことについて詮索したがっていると、このアイヌは思っているらしかった。つぎの会話が二人の間に交わされているのが聞かれた。
主人「おまえさんはそこになにを持っているのかね」
アイヌ「見た通り、ノウサギの半分だよ」
主人「おまえはそれでなにをしているんだい」
アイヌ「夕食のために、その皮をむいているんさ」
主人「ノウサギの半分だけを手に入れたのはどうしてだね」
アイヌ「おらの主人がそれを撃ったのさ」
主人「どうやって」
アイヌ「銃でそれをねらい、引き金を引いたのさ」
主人「しかしどうやって半分だけを撃ったのかね」
アイヌ「そうね、こんなことがたまたま起こったのだ。ノウサギはご存じのように、動物のなかでは走るのがいちばん早い動物だ。そしてこいつは早いやつのなかでもいちばん早いやつだ。おらの主人もすばらしい射手だ。射手のなかでおらの主人は、もっとも恐ろしい的を選んだ」

主人「ハイ、ドウシタ?」
アイヌ「だから、非常に上手な人が二人いた。ノウサギとおらの主人だ。一人は撃つのが上手、もう一人は逃げ去るのが上手だった。だからおらの主人がノウサギを撃ち損なうことはあり得なかった。これと同じく、ノウサギが走り去らないことはあり得なかった。それで、おまえさんが見るように、半分は撃たれ、半分は逃げたのだ。つまり、おまえさんはここでは二本足を見るが、ノウサギのもう半分は四本足［原文のまま］で逃げたのさ」
主人「ウソダ!」（訳注1）
このような子供らしい従順さと単純さは、あの宿屋の主人の手におえない。彼はアイヌをチクショウ［畜生］、つまり「獣」とよんで、ほほ笑んで、立ち去った。

（訳注1） これは、一八九三年（明治二六年）頃伝道のためにバチラーが使用人パラピタとともに網走に行ったときの話である。バチラーの自伝『我が記憶をたどりて』（文禄社、一九二八年、二六七ページ以下）にも、本書に載っているのと同じ問答が載っているが、最後のところがやや違う。すなわち、この自伝ではバチラーは日本語でこう言っている。
「それだから、半分逃げて半分撃たれたのです。そして私は二本足でかけて取りに行っても、四本足のウサギのほうが早いから半分しか取れなかったのです」と。

18 アイヌの女たちについて

女たちの一般的容貌／女の地位／女の仕事／怒る女／子供はヨタカに変わった

私がはじめてアイヌの女に会ったとき、彼女たちは驚くほど醜く、元気がなく、落胆した人間であるように私には見えた。第3章で述べた口と腕の黒く煤けた入れ墨、靴をはいていない足、櫛を入れていないばさばさの髪の毛、乏しく、だらしない衣服、そして他のさまざまなことは一緒になって、私にあの好意的でない印象を与えた。それゆえ、彼女たちに出会った人たちが嫌悪をいだいて立ち去ったり、アイヌが消滅するようなことがかりにあっても、人類にはなんら大きな損失にはならないだろうという意見をもったにしても、私は驚かないだろう。しかしこの著書の出版とアイヌのなかでの私の生活は、私がこのような考え方をもっていないことを立証するだろう。

しかしアイヌの女たちをよりよく、より完全に知ると、一目見て思ったほど、彼女たちは不機嫌だったり、退屈そうには見えない。私は約二、三千名の女性と知り合いになった。この数のなかには、実際明るく、しとやかで、知的な人々が多数いることを知った。他方、入れ墨を除いて（しかし入れ墨でさえも、それ自体に特有の風変わりな種類の美があるが）、たいへん器量のいい女性もいる。実際、すべての女性は、ときどき、幸福で、陽気である。とくに近くに見知らぬ人がいないときや、クマ祭が行われているときにはそうである。

女たちは多かれ少なかれ劣った存在と見られていることは、さきに述べた。彼女たちの生活全体は、大多数の場合は、男たちの大量の飲酒によって引き起こされた（と私は信じているが）奴隷的な苦役である。それは、朝から夜まで、また年がら年中、ほとんどたえまのない労働である。そして彼女たちの仕事の多くは非常にうんざりするような種類の手仕事である。

春に彼女たちは、真夜中から明け方の間の時刻に、眠っている場所からはい出し、おそらく料理してない干物を一つまみ味つけのために入れた冷たい野菜のシチューをあわただしく食べ、道具をかついで、自分たちの庭とよんでいる小さな畑に行き、土地を掘り、種子を蒔き、日没に小さな小屋に帰り、朝食のような食事をもう一度とって、再び横になって眠る。彼女たちはしばしば一日に二回しか——一回目は早朝、他は夜——食事をとらない。しかしそのときには普通の人のおそらく二、三倍夕方に食べて、昼食の埋め合わせをする。ときどき彼女たちはよい食事をとり、約三〇分間休み、それからもう一回食事をし、まったく幸福な気分で寝床に入る。

女性のなかには、非常に長い間食べ物なしで歩くことができるように思われる人もいるし、ごくわずかの食べ物にも触れないで、一日中背中に重い荷物を背負うことができる人もいる。早春に女たちと娘たちは、山に行き、オヒョウの木から繊維をとり、この繊維でアトゥシとよぶ衣服を作る。

夏の月の間、彼女たちが庭［畑］ですることができることはそんなに多くない。そこで彼女たちは布を織ったり、衣服を作ったり、衣服を繕ったり、紐や目の粗い糸を撚ったり、木を切ったりする仕事にはげむ。しかし秋がめぐって来て、大麦や粟を刈り、取り入れ、豆とエンドウを集め、ジャガイモを掘り、貯蔵しなければならなくなるとすぐに、すべてが動きだす。

取り入れのやり方は一つの長い過程である。というのは、それは庭を単に歩き廻って、粟や大麦の頭を鋭い貝ではさみ取ることからなっているからである。麦わらは立ったまま残される。というのは、アイヌはそれを使用しないからである。それから少したち、雪が降り始めるちょうどまえに、女たちと子供たちは粟を取りに森に出掛ける。それは彼らの間では食料として用いられる。それとほぼ同時に、彼女たちはカタクリ dog-tooth violet（Erythronium dens canis）の根を掘る。彼らはこれを洗って、煮て、すりつぶし、つぎにそれをだんごにして、冬の食料のために天火で乾燥させる。

庭は単に小区画の土地からなり、一般に川の土手か谷間にある。彼らは二、三年続けて一区画の土地を耕し、それからそれを荒れるがままに放置し、新しい区画に移る。これは非常に必要なことである。というのは、彼らは肥料を用いないからである。アイヌは農業についてなにも知らない。彼らは土地をどう耕作するかについて、なんの意見ももっていない。家族が冬を越すに足るだけの食べ物を一人の女が手に入れることができるかぎりは、それが彼女が関心をもっているすべてである。庭が不作であるときはいつも、人々は山での狩猟によってか、海でつかまえることができるものによってか、あるいは自然に生育しているようなものによって、できるかぎり生活する［食いつなぐ］。

図18—1 アイヌの女とゆりかごにいる子供

一人の年を取ったアイヌがかつて私の庭で、私のために働いていた。時は早春で、いろいろな種子を蒔き、植える準備として土地を掘るいい季節だった。大量のよい収穫物を得ることができるように、掘って有機肥料を入れて土地を改善するように彼に告げたところ、彼はこれに対してこう答えた。「ええ、牧師であり、宗教の伝道者であるあなたは、そんなに神々の名をけがし、神々を侮辱するのですか。あなたが神々から無理やりに助けを得ようとしたり、『自然』に対して無理じいしようと努めなくても、神々はそれ相応の作物をお与えになるのではないでしょうか」。私は非常に驚いて、彼が冗談を言っているのかどうか知るために彼を見た。しかし彼はまったく真顔だった。

それに引き続いて行われた会話で、アイヌは神々の特別の摂理を強く信じていることや、神々はそれ自身の流儀に従って、神々自身の特別の義務に精を出すようにただ任せられねばならないとアイヌは考えていることがわかった。人間は神々の摂理に干渉しようとしたり、神々が自由に与えようとしているよりももっと多くを手に入れようと望んではならない。人間の面倒をみるのは神々の仕事であるが、神々を助けるのは人間の仕事ではない。人は蒔かなければならないが、神々だけが作物を与えることができる。この老人との長い会話ののちに、これまでは耕作されていたが今はやせた土地にアイヌが決して肥料を与えないし、この土地を改善しようとしない理由が理解しやすくなった。もし土地がやせた徴候を示すなら、アイヌは庭の区画を二、三年ごとか、あるいはもっと頻繁に変える。アイヌ以外の人の心にもっとも容易に浮かぶ説明は、怠惰である。しかしアイヌはそうではないと激しく主張する。しかし彼らは、今ではそれとわかるほどに、彼らの信念を変えつつあるし、その結果として、この点についての彼らの行為を変えつつある。

二、三世代まえ、エゾに大きな飢饉があり、そのために何千の動物——シカ、クマ、キツネ、オオカミ、そしてネズミ——が死んだといわれている。アイヌは、この飢饉がなかったなら、飢饉をそんなに用心しなかったろう。動物の死は穀物の不作よりさらに悪かった。というのは、主要な食料は動物の肉だったからである。非常に多くのアイヌが飢え死にした。エゾ南部で生活していた人々は、噴火湾のモロラン（室蘭）に逃げて助かった。彼らはこの地で、貝のハリオティス・トゥベルクラータ Haliotis tuberculata、すなわちアワビ［和名クロアワビ、アイヌ語、aibe、アイベ、アイペ］を食べて生き続けた。

アワビは、チリペッ Chiripet（尻別）やモロランの周囲では非常に豊富だった。この古代の飢饉の話はまったく本当だと思う。というのは、モロランから約二マイル［三・二キロ］離れた海岸の近くには、約一フィート［三〇センチ］の黒い土で覆われたアワビの貝殻の非常に大きな山が見られるからである。

冬に、とくに一一月の終わりと一二月の始めに、女たちは男たちを助けて、この時期に川で見られる大きなサケに網を打つか、もりで突く。この後で、冬の燃料のために森の主な幹を切り、割り、引きずって、家に運び、貯蔵しなければならない。それから粟を搗き、エンドウと豆のさやをむかなければならないし、その他の些細なたくさんのことに精を出さなければならない。だから女は男の奴隷である。

もしアイヌの女の運命が戸外では、苛酷で、勤勉なものなら、彼女たちは家ではきっとより安楽な生活を送り、休息と少しの快適さがあると思う人がいるかもしれない。

しかし家のなかでも、彼女はなすべきことがたくさんあるし、ほとんど休息はないし、快適さはないのも同然である。料理に精を出さなければならない。しかしこれは手におえない仕事ではない。なぜなら、料理はまだ非常に高度に完成したものでないからである。どんな意味においても、アイヌは美食家ではない。女たちは魚があるときには、それを洗ったり、燻製にしたり、干したりするのに精を出さなければならない。火を燃し続けねばならないし、水がめを一杯にしておかねばならないし、子供の面倒をみ、夫の欲望にしかるべき注意を払い、衣服を繕ったり、衣服を作らなければならない。なるほど、食器洗いの仕事がなされることはないが、それは食器があらゆる場合に不足しているからでなく、食べるお椀、貝殻、あるいは大きな皿を洗わなければならない理由が（非常にまれな場合を除いて）彼女たちにはわからないからである。彼女たちはこう主張する。「結局のところ、食器に入るのは食べ物だけです。それなら、なぜ洗わなければならないのですか。それらはじきに再び使用され、汚れます。だから汚れたままにしておきましょう」と。それゆえ、アイヌの小屋には洗う場所がない。それにもかかわらず、あらゆる他の法則のように、これには二、三の例外がある。そしてキリスト教徒はこの点でたしかにもっと清潔である。

アイヌの女たちの生活はこのように試練と悲しみと重労働の生活なので、彼女たちの多くがしいたげられた顔つきや絶望的な顔つきをしているのは不思議でない。彼女たちは現在には特別な喜びがないし、未来には明るい希望がない。彼女たちの全時間と思いは、日常生活に必要な仕事に向けられている。アイヌの女たちのなかには、日常生活の労苦と悩みに圧倒されて、人生を重荷や悲しみとみなしたり、絶望にうちひしがれる人がいるのは決して不思議でない。

アイヌの女たちが怒っているときの罵り方は、まったく驚くべきものがある。憎しみと怒りの対象に対する彼女たちの憤慨と復讐の表現に対しては、どんな策略も、下劣すぎることはないし、汚なすぎることはないし、みっともなさすぎることはない。

この罵りは、必ずしもその人に損害か危害を加えて欲しいという、神々に対する祈りではない。というのは、アイヌの女たちは、たとえ祈るにしても、神に祈ることはきわめてまれだからである。またそれは不敬なことばを口にするとか、使うと、通例呼ばれていることでもない。というのは、女たちは、役に立たず、悪い、このような習慣にふけらないからである。なるほど、「冒瀆する」を意味する単語は彼女たちの語彙にはないが、彼女たちの罵りは、ある人に災いあれと祈ることと、その人を悪い名前でよぶことである。

女たちは非常に若い男をトントネッポ tontoneppo とよぶだろう。この意味は第一に、「髪の毛が少ないもの」［トントネ＝頭がはげた、ポ＝かわいいもの、小さいもの］、第二に「野生のイノシシ」、第三に「革のようなもの」［トント＝なめし皮］、そして最後に「はげ頭」の意味だと私は思っている。女たちは中年の男をホクユク hokuyuk、すなわち「人食いグマ」［ホク＝夫、ユク＝一般にはシカ、しかし八雲方言ではクマ］とよぶ。女たちがだれかの悪口を言うときに使うもっとも悪い軽蔑のことばは、ライ・グル rai-guru、すなわち「死体」［ライ＝死ぬ、グル、クル＝人］である。

女たちは男たちをひどいことばで呼ぶ他に、男たちに対するうらみを吐き出す別の手段をもっている。彼女たちは、たとえば、彼らの近くから覗いたり、彼らの背後で顔をしかめたり、舌を最大限に出したり、目をギョロギョロさせたり、その他、ここに書くのがいやらしいような振る舞いをする。さて多くの男たちは、怒っている女たちをひどく恐れている。実際、彼らは、彼女たちのきびしいことばや醜い顔つきを恐れているのではなくて、彼女たちの行為を恐れている。

男たちがとくに恐れていることが二つある。一つは、彼女たちが、宗教的なイナオを盗んだり、隠したりしないかという恐れである。もう一つは一部腐った人肉や他の不潔な物を自分たちに食べさせやしないかという恐れである。怒った女たちは、夫のイナオを盗んで、隠したり、あるいは燃したりすることが知られている。これはとくに悪い種類の神聖冒瀆である。というのは、神々は自分たちへの代表的な供え物を見つけることができないので、無視されていると思い、その人に加護を与え、恩寵を示すのをやめる気になり、災難か、障害——とくに狂気か麻痺の形をした障害——を与えて、おそらく仕返しをするだろうからである。

図18—2 日本人の父親とアイヌの母親の娘

神々はイナオを立てるのを怠るアイヌに加護を与えるのをやめるだけでなく、彼自身の部族と種族も彼を追放するだろう。そのとき、彼は友情を失い、ある意味でボイコットされる。このような人は、彼の家族や友人たちからは無神論者と見られる。アイヌに適用され、彼らの感情にもっとも深い傷を与える最悪の名前は、イナオ・サク・グル inao sak guru、すなわち「イナオのない人」［サク＝ない］である。このような人は、民族的な大きなクマ祭で役割を演じることができない。それゆえ、酔っぱらうというすばらしいチャンスを失うことになる。実際、彼は憎悪と嘲笑の的になり、のけ者になる。

このような悪行に対してどんな処罰も考えられていないように見えるのは、奇妙なことである。アイヌのようにきわめて宗教的で、迷信的な人種の女たちは、このようなことがまったく平気なのだろうかと思われるかもしれない。しかし礼拝に関するかぎり、宗教はすべて男性側にあり、女性はそれに関与していない。それゆえ、彼女たちが心から怒るとき、神々も男たちをも恐れない。

ヨタカ（夜鷹）goat-sucker という鳥についてのアイヌの言い伝え［ヨタカではなく、コノハズクだという説がある］――一人の女が子供を育てるさいに不注意だったことが、この鳥の起源であるという言い伝え――に示されているような進化の逆コースのもっとも興味のある実例を述べて、私はこの章を終わりにしたい。この鳥については多くのおもしろいことがいわれてきた。プリニウスとアリストテレスは、それを、カプリムルグス Caprimulugus とアイゴテラス Aigothelas という名前でよんだが、それを訳すと、「ヤギを吸うもの」goat-sucker という意味である。この鳥にこの名前がつけられたのは、民間の説によると、この鳥がヤギの乳首を吸って生きていたと信じられていたからである。私自身がこの動物をアイヌに伝えたのだから、アイヌはヤギについてはなにも知らないということを認めなければならない。今問題にしている鳥の名前の由来について、アイヌはまったく違った説明をしている。実際、その鳥は、ハボトット habototto［ハボ、ハポ＝母親、トット＝乳房］とよばれている。このことばは、まったく奇妙なことだが、「お母さん、私になにか食べさせて」、あるいは「お母さん、おっぱいを飲ませて」という意味である。この鳥にこの名前がつけられたのは、この鳥がかつて人間の赤ん坊の体型をしていたとき、「お母さん、私におっぱいを飲ませて」とか「おばあさん、私になにか食べさせて」と叫ぶ声が聞かれたと思われているからである。

言い伝えによると、ヨタカはかつて人間の子供だったが、悪魔は純然たる茶目っ気から、それを悪魔に変えたという。たしかに、母親自身が自分の子供を無視したことを責められるべきだ。子供が悪魔と鳥に変わったことは、子供をちゃんと世話すべきだという母親に対する警告と考えるべきである。さきに第4章で、ニタツ・ウナラベ、すなわち「沼地のおば」とよばれた悪魔のことを述べたが、今われわれは、この悪魔が子供を盗んだ悪魔で、ありとあらゆるいたずらをしたことを教えられる。それなら、彼女が憎まれ、恐れられているのは不思議でない。さて、子供はこの悪魔の手からなんとかして逃れようとしたが、食べ物を求める声は母親に届かなかった。そこでこの悪魔が再びやって来て、子供をつかまえて、ヨタカに変え、その本性を意のままに支配した。それゆえ、赤ん坊が泣いているときには、赤ん坊に注意せよというすべての母親に対する一つの警告がここにある。この鳥は女たちから好意の眼で見られていないし、その鳴き声は不吉な前兆と見られていることは言うまでもない。

ヨタカの由来についての言い伝え

昔々、遠く過ぎ去った時代に、ある女が背中に赤ん坊を背負って、庭に働きに行った。そこに着いて、彼女は赤ん坊をゆりかごに安心しておいた。彼女はゆりかごを木の枝にぶらさげ、さらに遠くに働きに行った。しばらく働いてから、彼女は疲れを感じ始めた。それで、子供をおいてきた場所に戻り、少し休憩し、また子供に食べ物を与えようと思った。しかし、ああ、赤ん坊もゆりかごもどこにも見つからなかった。そこで母親はひどく悲しみ、はげしく泣いた。人々も集まって来て、どうしたのかを知り、涙を流し、手助けをした。彼らは母親の悲しみの原因を聞いてから、いなくなった子供を探しまくった。しかしすべてはむだだった。彼らがどんなに探しても、子供は見つからなかった。それで彼らは、野獣が子供をさらって行ったと結論を下した。母親もそう考えた。この結論に達してから、人々は心を痛め、目を泣きはらして小屋に戻った。幾日も、幾晩も過ぎてから、子供がいなくなった庭で突然、ハボ・トット、フチ・トット Habo-totto, huchi-totto、すなわち「お母さん、私におっぱいを飲ませて。おばあさん、私になにかを食べさせて」［フチ＝おばあさん］という鳴き声が聞こえた。しかし人々は、その声を悪魔か野獣の声と思い、とくに鳴き声が夜に聞かれるときには近づくのをこわがった。しばらくしてから、村中のすべての人は、つぎの夢を見た。夢のなかにいなくなった子供が出て来て、怒った声で言った。「私の言うことに注意を払ってください。私は行方不明になった子供です。そしてこういうことが、起こったのです。私が庭の近くの木にぶらさげられているときに、突然沼の悪魔が私のところにやって来て、私をさらって沼地に隠しました。それであなたがたは、探しても、私を見つけることができませんでした。まもなく、私は機会をとらえて逃げ、庭に戻って、『お母さん、私におっぱいを飲ませて。おばあさん、私になにかを食べさせて』と大声で叫びました。というのは、私はひもじかったからです。しかしあなた方は私を助けに来てくれませんでした。そこで悪魔がやって来て、私を再びつかまえ、今度は私を鳥の姿に変えました。私の外観は鳥のようですが、私の声はいつも人間の声でしょう。そして私の鳴き声はいつも、ハボ・トット、フチ・トット、すなわち、『お母さん、私におっぱいを飲ませて。おばあさん、私になにかを食べさせて』です」。これが夢だった。人々がこの夢を見てから、目をさまし、鳴き声が聞かれた場所に行った。そこに着くと、彼らは体型がゆりかごのような一羽の鳥を見た。その鳴き声は、人が「お母さん、私におっぱいを飲ませて。おばあさん、私になにかを食べさせて」と言っているかのようだった。このため、アイヌは、ヨタカをフチ・トット、ハボ・トット、あるいはトキット tokitto ［トキットはバチラーによると、ヨタカだが、知里によると、コノハズク］と言うのである。これがこの鳥とその鳴き声の由来であるから、またその鳴き声は子供が「お母さん、私におっぱいを飲ませて。おばあさん、私になにかを食べさせて」と言っているようなので、女たちはその由来を思い出し、その鳴き声を聞くたびに涙ぐむのである。それゆえ、人々がこの鳥の鳴き声を聞くときはいつもお互いに、「トキットの鳴き声がする」と言い合う。彼女たちはトット・チカップ totto chikap、つまり「乳房の鳥」とは言わないかもしれない。というのは、その名前を口にすることは、かわいそうな女を涙ぐませるからである。またヨタカだけが夜に飛んで鳴く。この理由は、沼の悪魔だけが夜に出て来て、暗闇のなかで働くことと、この鳥は今ではこの悪魔の性質をもっているので、その習性がこの悪魔に似ているからである。だからなるほど、ヨタカは始めは人間、つまりかわいい小さな赤ん坊だったが、今ではそれは、なんとも、恐ろしい悪魔なのである。

19 エチケット

エチケットの規則は守らなければならない／男のあいさつ／女のあいさつ／あいさつをする子供／小屋への入り方／エチケットの種々の問題／客から逃れる方法

個々の成員が社会生活で守らなければならない承認された特殊な形のエチケットがないような人種は——たとえどんなに野蛮な人種でも、未開の人種でも——おそらくないだろう。これらのエチケットの形が正しく、適切に遂行されるとき、その人はしつけのよい個人とみなされる。もし彼がそれを無視するなら、その人は軽蔑の眼で見られる。そして彼のだらしなさは、わずかの個人的な無礼とみなされるか、あるいは無知と育ちの悪さのしるしとみなされる。

さて、アイヌには民族的な礼儀作法のいろいろな事柄がある。彼らは実際きわめて几帳面にこれらを守る。個人の行動は、アイヌが若者につねに入念に教え込む一つのテーマである。たとえば、男たちのあいさつは、アイヌの礼儀作法のなかでは、ありふれているcommonが、重要であり、また奇妙な部分である。私は一時アイヌの小屋で何か月も生活したが、このとき、私は二人の男がお互いにあいさつをするのをしばしば見た。人々はまた、私がアイヌの一人であるかのように、アイヌの正統な流儀で私にいつもあいさつをした。もちろん、私も私の能力の最善をつくし、もっとも正しいやり方に従って、返礼では正式のことをしようと努力している。

第一段階は、小屋に入るまえに低い咳をし、やさしく咳ばらいをすることである。これをしたあとで、だれかが出て来て、訪問者になかに入るようにすすめなくても、彼は炉の右側のそばの小屋の中央にどんどん進む。そして自分がテイラー（仕立屋）であるかのように［この形容不明］、帽子をかぶらず、足を組んで、主人のまえに坐る。それから、もう一度咳ばらいをしてから、図19―2に示すように、手をまえに出す。彼があいさつしている相手は、いんぎんで丁重に見える類似の行動を示す。つぎに両者は、最初に一方の手、つぎに他方の手を後ろに引き、指先を各手のひらで交互にこするような仕方でやさしくこすり続ける。これはわずかな時間なされる。手をこすっている間、両者は同時にお互いの健康について尋ね、天のあらゆる加護が、最初はお互いに、つぎは二人の妻、家族、親類、そして最後に彼らの生地に与えられるようにという願望を表明する。この形のあいさつは長い間続けられることもあれば、目前に迫っている状況と用事の量によっては、ほんの数分のこともある。しかし演技のこの部分が首尾よく行われると、彼らは自分自身のあごひげをそれぞれなでて終わりにし、それと同時に、喉で柔らかな音をたてる。

この予備的なあいさつが終わると、訪問者は短い間隔の後に、手のひらを再びこすり、用事を述べ始める。聞き手も、話し手が手をこすっているかぎり、つねに同じように手をこする。これは非常に退屈な事柄である。とくに、手のひらをこすることが、二〇分、あるいは三〇分続くことが非常にしばしばあるから、退屈である。面談に至った特別の問題が落着するとすぐに、その家の主人は、すべての堅苦しい儀式が終わったことを二、三のありふれたことばでほのめかす。それから、彼らはお互いに自分自身のあごひげをなでて、自然に、また気ままに語り始める。

男たちのこの普段のあいさつは、ある意味では、宗教的行為である。というのは、儀式の前半では、彼らは天帝に、お互いと自分たちの家族に加護を与えてくださいとたのむからであるし、またこれは、見てわかるように、祈願行為を含んでいるからである。彼らは、目に見えない神々や呪物に礼拝するとき、自分たちの仲間にするのと厳密に同じやり方であいさつをする。

女たちのあいさつの仕方は非常に奇妙である。彼女たちは私が知っているかぎりは、男たちだけにていねいなあいさつをし、同性にはしない。小屋に入るとき、女は頭飾りをとり、それを左腕にきちんとぶらさげ、それから髪の毛の前の房をなで、右手を口の上におく。これはすべて準備である。彼女が話したい相手の男が、へりくだって自分を見ているのに気づくと、彼女は右手の人差し指をだんだんと左手の真中、腕、そして肩に持ち上げる（図19―3）。それから、左から右へ上唇の下を鼻の下すれすれに横切って耳の後ろの前髪をなでて、終わる。そのとき彼女は、話

図19―1 アイヌの家族

図19―2 あいさつをしているアイヌの男

すようにという勧誘を待つ。

女たちが長い間生地の村を離れていて、再び姉妹や女性の他の親族に会うと、お互いに肩をつかみ合い、お互いに首をくっつけて泣きながら、大喜びしているように見える。私はあるとき、三〇分、あるいはそれ以上、この姿勢でいた女たちを見たことがある。実際彼女たちは、最後に会って以来の個人的な出来事をお互いに歌っているのだろう。この泣きながら、歌を歌うやり方で多くの質問がなされ、その質問に返答がなされる。

男たちは、少年少女の頭をつかまえ、冠から肩まで下がっている髪の毛をなでながら、あいさつをする。図19—4は、このやり方を示している。これはあいさつよりも、抱擁の性質を帯びている可能性がある。

一人の人が小屋を訪問したいときはいつも、質問されないなら、入ってはならない。しかしノックする木の戸がないときには、どうしたらいいか。ノックできないときには、喉で音をたてなければならない。ヘ、ヘ、ヘ、ヘ、ヘムのような長い喉頭音を出す。もし入りたい人がその村の人ならば、彼はそれ以上の儀式なしに進む。しかしもし彼がよそ者なら、音を聞いた人が出て来て、彼を案内するまで待たねばならない。一たびなかに入ると、彼は手のひらをこすったり、あごひげをなでたり、その他のすべてのあいさつの儀礼をしなければならない。男たちは、一人の人を訪問した後には、つねに横向きに歩いて小屋を出る。

女たちも小屋に入るまえに、ヘ、ヘ、ヘ、ヘムと言う。そしてなかに入るやいなや、すでに述べたようなあいさつをする。女たちは後ろ向きに歩いて小屋をたち去る。女が男に背中を向けるのは失礼である。

守らなければならない細かい規則がたくさんある。たとえば、頭飾りをつけて小屋に入ってはならない。小屋に駆け込んだり、小屋から走って出てはならず、いつも落ち着いて、静かに進まなければならない。窓、とくに東の窓を通して小屋のなかを覗いてはならい。決して盗み聞きをしてはならない。窓から物を投げたり、火に物を投げ込んではならない。必要がまったくないなら、知らない人があなたにしゃべらないうちに、話しかけてはならない。これらの規則は、すべての人、男、女、子供に拘束力がある。

女たちは男に会うとき、頭飾りをとるようにといつも言われている。しかし未亡人は例外で、頭飾りをとらず、いつも未亡人の頭巾をかぶっている。女は男がやって来るのを見ると、邪魔にならないように歩き、彼が通り過ぎる余

図19—3 あいさつするアイヌの女

図19—4 子供のあいさつ

地を残す。女は男に会うと、口を手でおおい、目を地面に向けて、いつも男にあいさつする。女たちはできるだけ邪魔にならないようにし、自分たちが劣った存在だとみなす。女は夫に従順であるべきであり、夫がしゃべっているときには、夫に荒々しく口答えすべきではない。

人はまた炉の火に物を投げないようにとくに注意しなければならない。というのは、火は非常に神聖なものとみなされているからである。このようなことをすることは、家の長を侮辱することであるだけでなく、神々に対する不敬の一形式である。それゆえ、人はこの点について自分の行動に極度に慎重であるべきだ。彼はまた東の端の窓から物を見たり、物を投げないように注意すべきだ。というのは、東の端の窓は非常に神聖だからである。小屋のなかで指の爪を切らないようにすべきだ。というのは、小さな破片でも、その破片が火にたまたま落ちると、悪臭を発し、それが今度は病気を起こすだろうからである。

カムチャッカ人は、とくに彼ら同士の間では、客扱いの非常にいい人種だといわれた。実際彼らは客扱いが非常によかったので、もし客が彼らのところに滞在するようになると、客に出発してくれとたのむのは失礼なこととみなされたほどである。ドベルはこの点について、［『シベリア紀行』のなかで］こう書いている。「彼らはお互いに訪問しあう。それは一か月か、六週間にわたる。ついに気前のいい主人は、食料の貯蔵が尽きたことに気づいて、客に立ち去るようにほのめかさざるを得なくなる。これは夕食にトルクーザ tolkootha といわれる料理——たくさんの肉、魚、野菜が一緒に混じったものからなるオリオ olio、すなわちごった煮の一種で、料理するのが非常にむずかしい——を出すことによって行われる。それはその家の主人の『最後の手段』《デルニエ・ルソール》である。この料理が出されるやいなや、客は感づいて気をきかし、なんら不満を感じることなく、翌日その家を立ち去る。というのは、この仕方は彼らの間では了解されていることだからである」。

アイヌもまたお互いに非常に親切で、客扱いがいい。しかし彼らは滞在の長さについて上に述べたような感情をもっていない。彼らははるかに率直である。彼らは二、三日で喜んで友達になる。しかし彼らは、客があまりにも長く滞在する傾向があることに気づくと、「あなたが出立してくれるなら、私どもはたいへんありがたい」と彼にはっきりと告げる。それにもかかわらず、そんなにはっきり告げることは、最善のマナーとはみなされていない。けれども他方、訪問客が滞在するようにとくに招待されていないか、酒を十分にもって来ないならば、一、二日以上滞在することは礼儀にかなったこととみなされていない。友人があまり長く滞在する傾向があると、アイヌの男たちはその友人に働くようにと言うことを私は聞いた。これは大急ぎで客から逃れる効果があった。

祝宴を催して、二、三の隣人を招待し、この友人と一緒に祝宴に参加してくれと言い、この友人には「あなたがいることよりも、あなたがいないことのほうがはるかに大事だ」とほのめかすことは、アイヌの間では、今では実際すたれてしまったらしい古い慣習だということを聞いた。祝宴が終わり、隣人が帰ってからすぐ、訪問客が出立しなかったなら、主人（ホスト）と女主人（ホステス）は、小屋に彼を一人でおいておくだろう。彼が酔っていないなら、彼はその後長く留まらないだろう。しかし酔っているなら、酔いがさめるまで眠っているだろう。そしてその後出て行くだろう。この祝宴は、パロアオシュケ・ワ・ホシピレ・マラプト paro-a-oshuke wa hoshipire marapto、すなわち「口が料理されて、送り返される祝宴」とよばれる［パロ、パル＝口、シュケ、スケ＝料理する、ワ＝それから、ホシピレ＝返す、マラプト＝客、祝宴だが、パロアオシュケは、われわれが彼をご馳走する］。

20 食べ物

食べ物の種類／食事の場所／食べ物の料理法／茶碗の洗い方／食前のお祈り／植物のトーテミズム

アイヌの食べ物は、どんな場合にもヨーロッパ人が好むものでないが、ちゃんと調理されれば、危急（ピンチ）の場合には歓迎されなくはない。たとえば新鮮なサケ、タラ、シカの肉、クマの肉、豆、アワ、ジャガイモ、エンドウ豆は、正しい仕方で料理されると、それ自体はすべておいしい。しかしアイヌは料理の仕方を知らない。彼らは、よく乾燥してない魚で強い味つけをしたシチューが大好きだ。ほとんどあらゆる種類の食べ物はシチュー鍋に投げ込まれ、少なくともわれわれの味覚によると、そこで完全に台なしにされる。

しかし彼らの食べ物は必ずしもこのような仕方で料理されるのではない。というのは、魚はときどき火のまえであぶられ、ジャガイモは炉の灰のなかで焼かれるからである。空腹な人には、このような物は、おいしく楽しい食事になり得る。彼らは、サケ、マス、若いサメ、メカジキ、クジラが非常に好きだ。また肉については、クマの脂肪と骨髄、シカの腰の肉、ウマか去勢した牡ウシの内臓を含むあらゆる部分が好きである。海草、いろいろなハーブ、ある種のユリの根、多くの水草、ギョウジャニンニク leek［この英語は本来ネギ、しかしここではアイヌ語の pukusa、プクサ、または kito、キト、行者ニンニクを指すのだろう］、およびエゾネギ onion［アイヌ語 shikutut、シクトゥツ］が、野菜として用いられる。他方、ライチョウ、野生のガチョウおよびアヒルは、猟の獲物である。

図20―1 葛（この写真は、ご親切にもリチャードソン氏が著者に与えられた）

カタクリの根を掘り、だんごにして、食べ物として用いることは、さきの章で述べた。同じことは、アイヌがトゥレプ turep とよぶオオウバユリ Lilium Glehni, Fr. Schm［現在の学名は、Cardiocrinum Glehni Makino］にもいえる。というのは、人々はこの植物の球根を食品として広く使うからである。彼らはそれをつぎのように調理する。球根をよく洗ってから、それを臼のなかで生の状態で砕く。粉末、あるいはより微細な部分——それはイルプ irup［かす、粉］とよばれる——は、より粗い部分から分離され、天火で乾燥される。食べるときには、これは一般に粥状にされて、粟か米とともに煮る。より粗い部分——それはしばしばシラリ shirari とよばれる——は、すぐに煮、それから再び砕き、桶に入れて、分解させる。徹底的に発酵したとき、それを再び煮、砕く。その後、それを真中に穴のある大きなだんご——それはオントゥレプ onturep、あるいはトゥレプ・アカム turep-akam［アカム＝円盤、あるいはリング］とよばれる——にし、ぶらさげて乾燥する。食料として必要なとき、アイヌはそれを粟の鍋に投げ入れて、それらを煮る。一言述べると、小麦は、やけどのさいに薬として、ときどき用いられる。

アイヌがノヤ noya とよぶヨモギ Artemisia vulugari, L. の茎と葉は、早春にそれが非常に若いときに、食料としても用いる。それらは摘み取られ、まず煮てから、つぎに木の臼でよく搗き、最後にだんごにし、将来使うために乾燥させる。しかし最初に粟か米と一緒に搗いてから、かなりの量を直ちに食べる。これは非常に栄養のある食べ物で、それ自体で生命を保持し、肉体を十分に健康状態に保つといわれている。それは非常に甘い味がするといわれ、人々はそれがたいへん好きだ。古代のアイヌはこのハーブをいつも大量に食べて生きていたという話をわれわれは聞いている。それは、一度ならず飢饉の間、彼らを生き抜かせた手段だった。その年のもっと後で、この植物が古くなると、（茎なしで）葉だけを摘み、その葉を将来使うために乾燥させる。

栗もまたアイヌの間では、重要な食料である。彼らはそれをいろいろな方法で調理する。そのなかでお気に入りの方法は、それをよく煮、それから皮をむき、それを砕いて、ねり粉にすることである。その後、それを粟か米と一緒にもう一度煮て食べる。

砕いた栗をサケかマスの卵と混ぜ、それらを一緒に煮るのが、非常に美味だと考えられている。もう一つの方法は、栗を動物の脂肪とマッシュ（ドロドロ）にすることである。ときどき栗を焼いて食べるが、その場合には食事としてではない。栗のこの調理法は、なにか他のものよりは、楽しい気晴らしとみられている。

食事をとるときに、家の主婦は夫やいちばん幼い子供たちとともに、西の端の戸から小屋のなかを見て、左側の炉端に坐る（図13—3、一二二ページ）。家族の残りの人々は、右側を占め、他人は戸の近くの下の隅に坐り、尊敬されている客は東側、炉の神聖な隅に坐る。

食べ物を皿に盛ることはない。主婦はシチュー鍋が火の上にぶらさがっているときに、鍋から食べ物をすくい、目指す人にそれを渡す。この利点の一つは、夕食を真に温かくさせることである。肉やプリンの容器は必要とされない。訪問客が最初に食事を供せられ、つぎに夫、最後に家族の残りのメンバーに供せられる。

アイヌでは、食器の供給は非常に限られている。もし茶碗が食事をとるすべての人に行き渡るほど十分にないなら、二人、あるいはそれ以上の人は同じ茶碗を用いなければならない。しかしこういうことはあまり起きない。というのは、家族の各メンバーは、一般に自分自身の茶碗か貝がらを寝る場所の近くに安全にしまい、必要なときに取り出せ

図20―2 家宝と酒の盃

る準備をしているからである。一人の人がもっと食べ物が欲しいときには、私の茶碗を一杯にしてくださいと主婦にたのむのがいい。もし彼女が非常に忙しいか、あるいは彼女が少しでも親しくなりたいと思っているなら――たとえば、彼女が友達か親類のなかにいるとき――彼女は鍋の蓋を取って、ひしゃくを指すだけで、その人が自分自身で盛るようにとそれとなく指し示す。

アイヌは食べ物の扱いが清潔だとほめることはできない。彼らは深い鍋か平たい鍋をめったに洗わない。まして自分の食器を洗わない。それゆえ、人差し指は、アイヌ語では、イタンギ・ケム・アシキペッ itangi kem ashikipet、すなわち、「お椀をなめる指」［イタンギ、イタンキ＝お椀、ケム＝なめる、アシキペッ＝指］と言うことを述べる価値がある。それがそうよばれるのは、人々は一般にまず食器の内側を人差し指で拭い、それから人差し指をなめて、食器をきれいにするからである。キリスト教国では、あらゆる真のキリスト教徒は、「食前の祈りを言って」神のやさしさに感謝するのが普通である。

これは信心深く、正しい行為である。しかしこの行為がなにを意味するのか、またなにを含んでいるのかを、しばらく考えよう。それは、人間より高位の、生命と感情がある一存在 a living, sentient Being を知っていることを意味している。それは、その存在に依存しているという考えを含んでいる。またそれは、正しい献身の感じを示す礼拝行為である。さらにそれは、礼拝者が天帝とよび、また彼が感謝でもって報いる、生命のある存在に近づかせる自然であるが、神秘的な能力を、彼自身がもっていると信じていることを意味している。

私が最初にアイヌを訪れたとき、彼らの多く、とくに家族の長が、食事のまえに、天帝のやさしさを認め、天帝に感謝を捧げているのを見て、たいへん驚いた。彼らがいつもこうしていると私は言うつもりはないが、彼らはみなそうするように教えられ、一組のきまり文句でそれをする。また酒を飲むまえにあいさつをしなかったり、あごひげをなでなかったり、礼拝しなかったり、自分たちの利益に対して天帝に感謝をしないようなアイヌに私はまだ一度も会ったことがない。彼らの「食前のお祈り」の一つは、こうである。「おお、天帝よ。私たちを扶養している者よ。私はこの食べ物のためになんじに感謝します。私の体の役に立つこの食べ物を賛美します」と。ここで、この毎日の普通の行為から、アイヌの宗教的信仰の一箇条——すなわち、アイヌは、自分たちが毎日の食べ物を手に入れる上に頼りにしている自分たちを超越している力や、自分たち自身の内部の能力によって祈願し、感謝を表明すると近づくことができる自分たちを超越している力を信仰しているということ——がわかる。

さて、すべての場合ではないが、ある場合には、これらの人々が短いお祈りを唱えるのは、単に、深く根を下ろしたトーテム信仰の一表現であって、われわれのことばの意味では、いやしくも食前のお祈りではないように思われる。このことは、ある宗教的行為、すなわち新しい粟を食べる行為や「初生《はつな》りを共にする」とよぶのがきわめてふさわしいような行為では、非常に明白であるように思われる。この慣習に関して、一人のアイヌが私にこう言った。「ムンチロ munchiro（粟）の項に入る数種の粟がありますが、それらはすべて男性です。またピヤパ piyapa（稗）の項に入る何種類かがあります。これらの後者はすべて女性です。ムンチロということばで分類され、そして男性であるものは、つぎの通りです。

（1）フレ・ムンチロ fure munchiro、すなわち『赤い粟』［フレ＝赤い］。

（2）ニツネ・ムンチロ nitune m.、すなわち『堅い粟』［ニツネ＝堅い］。

(3) エトゥイ・ムンチロ etui m.、すなわち『平らな頭の粟』[エ＝頭、穂先、トゥイ＝切れている]。
(4) エパロ・ムンチロ eparo m.、すなわち『口をもった粟』[パロ＝口]。
(5) ピツネ・ムンチロ pitne m.、すなわち『火打ち石の粟』[ピッ＝小石、ネ＝状の]。
(6) リテン・ムンチロ riten m.、すなわち『柔らかい粟』[リテン＝柔らかい]。
(7) ムリクンネ・ムンチロ muri-kunne m.、すなわち『黒い殻の粟』[ムリ＝皮、クンネ＝黒い]。
ピヤパの項目に入る女性の種類の名前はつぎの通りです。

図20—3 アイヌの家族

（1）アイサク・ピヤパ ai-sak piyapa、すなわち『あごひげのない稗』［アイ＝とげ、サク＝ない］。
（2）フレ・ピヤパ fure p.、すなわち『赤い稗』。
（3）チャク・ピヤパ chak p.、すなわち『急に出る稗』［チャク＝はぜる］。
（4）セタク・ピヤパ setak p.、すなわち『早生の稗』［セタク＝早く］。
（5）ヤムライタ・ヨコ・アマム yamraita yoko amam、すなわち『栗のいがの外観をした食べ物』［ヤム＝栗、ライタ＝いが、ヨコ＝ねらう、アマム＝穀物］。

これらのすべての種類は、それらの性質、品質、あるいは一般的な外観に従って名づけられたことがわかるだろう。さらにこの問題に関してこの報告者は、またこうつけ加えた。

「これらの種類の粟は一まとめにして、ウムレク・ハル・カムイ umurek haru kamui、つまり『神聖な夫婦の穀物』［ウムレク＝夫婦、ハル＝食べ物］とよばれます。古代人はそう言っています。だから、粟を搗いて、みなが食べるためにだんごにするまえに、老人たちは最初に礼拝するために自分たち自身用に二、三個のだんごを作らせました。その準備ができると、彼らはそれに非常に真剣に祈り、そして言います」。

「おお、なんじ、穀物の神よ。われわれはなんじに礼拝します。なんじは今年は非常によく生育しました。なんじの味はおいしい。なんじは見事です。火の女神はお喜びでしょう。われわれもまた非常に喜んでいます。おお、なんじ、神よ。おお、なんじ、神聖な穀物よ。なんじは人々を養います。私は今なんじを食べます。私はなんじに礼拝し、なんじに感謝を捧げます」と。こう祈ってから、彼ら礼拝者たちはだんごをとって、それを食べ、そしてこのときから人々はみな新しい粟を食べてもいい。そして尊敬の多くの身振りと祈りのことばとともに、この種の食べ物がアイヌの幸福のために捧げられる。たしかに穀物のお供えは、神に贈られた贈り物とみられているが、その神は、種子自体に他ならない。そしてそれは人体に有用であるかぎり、神に他ならない。私がこれらすべてのことから引き出す結論は、穀物もまたトーテム神とみられていることと、このような神々と交流するというアイヌの考えは、これらの神々を食べ、こうして神々のやさしさと生命を与える力にあずかるということから生まれるということである。このような交流は、宗教の他ならぬ本質であり、またわれわれが「クマ崇拝」という問題を論じるときにもっともはっきりと目立ってもう一度あらわれるだろう。上述の儀式は、アイヌによってアシリ・アマム・アエカプ・マラプト ashiri amam aekap marapto、すなわち「新しい穀物の食べ物（初生り）に挨拶をする祝宴」［アシリ＝新しい、アマム＝穀物、アエカプ＝あいさつ、マラプト＝お祭］とよばれる。

あるとき、私はサットンのカリフラワーの種子の幾粒かをアイヌの友人に与えた。しかし翌年の秋、彼の家に立ち寄ったとき、（非常に立派に生育していた）その植物はみな種子になっているのを発見した。このようにそれらが台なしになるがままにするよりも、むしろ札幌で私がしているのを見たように、なぜ切って食べなかったのかと彼と彼の妻に尋ねた。すると、彼の妻は答えた。「旦那（私自身のこと）はまだこれらを食べていませんでした。旦那が最初にご自分で食べるまで、私たちはそれに触れることはできません」。この説明を受けて、私は、さてどう言おうかと思った。私はあらゆる種類の感情をいだいた。まずもちろん最初に罪深い人間性 old Adam があらわれた！ 私の誇りは傷つけられたし、また私はおべっかを使われたと思った！ それから、私は彼らよりもすぐれた知識のある人のような感じがして、あざけり笑いたくなった。その後で再び、私は彼らと彼らの家族全体を浪費的で、ばかだと言いたくなった。しかし私が心のなかの感情の大きな葛藤について自分の考えを表明するまえに、初生りを食べることについての彼らのトーテム的な観念を思い出し、それからはずっと平静が保たれた。しかしこのような場合には、このようなことを二度と決して重要視してはならないと私が彼らに言うことで、この事件はけりがついた。

昨年私の家の庭で、奇妙な異常なものができた。それは、ふたごのカボチャだった。ある日私は、台所で使うためにその半分を切りに行った。わが家の使用人たちはそうしないようにと私に嘆願した。というのは、彼らの言うところによると、もし私がそれを食べるなら、きっと魔法をかけられるからである。なぜそうなのかを彼らは私に言うことができなかったし、彼らのだれも知っているようには思えなかった。ふたごの果物か野菜は、食べると、魔法をかけられて不幸になるというのが、アイヌの間では定着した信仰である。しかしもしふたごの果物の半分を食べるなら、残りの半分も同一人が食べなければならない。これは、一つの半分は他の半分の悪い影響を中和するという考えである。使用人たちのためらいと恐れを考慮して、私はそのカボチャに触れないでいた。それは、それがなった所で腐るがままにされた。私が知るかぎりでは、私は魔法にかけられていない。

21 女たちのお守り、あるいは呪物

ヘビの皮／カッコウの巣と卵／ハトの巣と卵／タシギ／ツル／種子の上で割れた卵

さきに述べたように、働くことが女の立場であるが、他方神々に祈り、神々を一般に礼拝することは男の特権である。女たちは神々を礼拝しないが、彼女たちは非常に迷信深くて、お守り（魔よけ）が手に入ると、それを倉庫や宝箱のなかにしまっておく。これらのお守りは礼拝するためのものではなく、幸福をもたらし、不幸を追い払うためだけに用いられるし、またある場合には、他人に対する呪いのことばによって生み出された悪を共感呪術の方法で働かせるために用いられる。しかし彼女たちがこの職務につくまえに、いちばんいい物はつねに家の長のところにもって行く。すると家の長はそれに祈願し、その特殊の働きに対してそれに供え物をする。

このようなお守りのなかで、家の長がよもやあるとは思わないものが見つかる。それはヘビの皮である。一般に人々はこれらの爬虫類に最大の恐れをいだいていると思われているのに、これは実際非常に奇妙なことである。この問題について私が聞いた言い伝えはこうである。

「ヘビの皮は女のお守りである。これらの動物の一匹が彼女の倉庫によじ登り、穀物のなかに達し、そこで皮を残すと、それを見つけた人々は、それを非常に慎重に取り、それと同時にうやうやしくこう言わねばならない。『今年は実際庭（畑）の作物にとっては、いい年になるでしょう。この倉庫はおそらく庭の収穫物で一杯になるでしょう。そ

図21—1 渡し場にいるアイヌの集団

図21—2 女の首輪

のわけは、神聖なヘビが来て、その衣服を残したからです』と」。
「それから男たちはその皮を取り、それにクルミの木でできたイナオを捧げ、それをお守り、あるいは呪物にする。これは女のお守りだから、それは倉庫に置かれなければならない。しかしヘビは非常に優秀な神ではない。ヘビは良くない目的のために倉庫に入る。というのは、ヘビの目的はそこに貯蔵された食べ物を台なしにしてしまうことだからである。ヘビの皮はお守りとみられているが、本心からではなく、悪だくみによってヘビを欺くためにそうみられているにすぎない。というのは、ヘビはたいへんおこりっぽく、性質が悪い爬虫類だからである。ヘビはまた人々に多くの不幸をもたらす。それゆえ、男たちはヘビを神とみなしていると思わせて、ヘビをなだめ、ヘビにこびへつらうために、クルミの木でできたイナオを捧げるべきである。というのは、この種のイナオがヘビに与えられると、ヘビは喜んでやさしくほほ笑み、そのお返しに自分にそんなに敬意を払ってくれる人々をきっと助けてくれるだろうからである」。

これはきわめて注目すべき伝説であるし、またこれは、いかに人々が上の神々と下の悪魔たちをだまし、それらの裏をかく能力を自分たちがもっていると思っているかを示している。しかしこれは、先に進むにつれて、本書のなかに再三出て来る宗教の一局面だから、ここではこれ以上取り上げないことにしよう。

女たちはカッコウの巣らしいものを見つけると、非常に喜ぶ。そしてもし巣のなかにたまたま卵があると、彼女たちは喜んで有頂天になる。ハト、タシギ、ツルの巣と卵の場合も同じである。

これらのことを正確に論じていることを保証するために、つぎの注釈を述べる。

「女が春に外に出掛け、ハト、カッコウ、タシギ、あるいはツルの巣を見つけたら、彼女に慎重にそれを卵とともに取らせ、それらを夫か父親のところにもって行かせなさい。割らないように持って来させてから、彼女にこう言わせなさい。『私はこれこれの鳥の巣を見つけました。どうかイナオを作り、火の女神に礼拝してください』と。それから彼女は粟を取り、そのなかで卵を割り、それを一緒によくかき混ぜなさい。これが終わってから、彼女はこう言わなければならない。『私は今卵で種子を湿らせました。あなたはそれにもお祈りしてください』と。そこで男はもっとたくさんのイナオを作り、それを巣に持って行き、庭に実りがあるように祈る。それから、女は巣を取り去り、それを彼女の倉庫に置く」。

なぜ卵と種子を混ぜるのかと尋ねると、私の報告者はこう答えた。

「よい種類の鳥はもともと天からやって来たのです。そしてそれは、今では庭の収穫物を食べて生きています。それらは、人間が食料を手に入れるのを助けるために、遣わされたのです。もし人が鳥の卵を割って、それをその人がたまたま蒔くことにしている種子と混ぜるなら、この液体に触れたすべての種子は活気づけられ、まもなく発芽し、強くなるでしょう」。

カッコウは、アイヌの同じ分野の言い伝えで、その役割を演じている。アイヌは二種類のカッコウを知っている。すなわち、カコック kakkok とよばれている普通のカッコウ Cuculus canorus, L と、トゥトゥツ tutut として知られているツツドリ（筒鳥）Himalayan cuckoo（Cuculus intermedius）である。これらの名前は、それらの叫び声の擬音語であることが観察されるだろう。これらのどちらも礼拝されないし、お守りにはされない。これらの鳥を不吉な兆候の鳥とも、いくらか悪魔的な性質を持っているようなところがある鳥とも、みなしているアイヌに私は実際出会った。しかしすべての人は、春にその最初の声を聞きたがっているように思われる。つぎに述べる話は、その理由を示している。さて、その鳥自体はお守りとしての需要はない。しかし奇妙に思われるかもしれないが、さきに述べたように、女たちはその巣も卵も非常に尊重していると、私はかたく信じている。それらが見つかると、よい収穫をもたらすお守りとして大切に倉庫にしまうといわれている。鳥自体のように、これらの呪物も一度供え物がされたのちには、礼拝されないといわれている。それらはお守りとしてしまいこまれるだけである。カッコウが果たしているように思われる主な目標は、庭の小区画でいつ仕事を始めたらいいかと、今年は作物にとってどういう種類の年かを、人々に知らせることだけである。

トゥトゥツ、あるいはツツドリの伝説

「トゥトゥツは、その鳴き声のために、そうよばれている。草が緑になりつつあるちょうどそのとき、庭で働くよう

に、それは毎年春に天から降りて来る。それゆえ、その鳴き声がトゥトゥッと言っているように聞こえるときはいつも、庭を掘り返すことを始めるのを遅らせてはならない。もし人がこれらの鳥の一つの巣に幸運にも偶然に出会ったなら、その人はその卵を取り、注意して家に持って帰り、それを割って、蒔こうとしているなんらかの種類の種子と混ぜなさい。こうすると、この種子は早く発芽するだろう。そしてよい収穫があることは確実である。トゥトゥッには礼拝してはならない。というのは、それは神でないからである。さて、この鳥は庭の仕事を終えるとすぐに、いつも天に戻る。そしてこれが、その鳴き声が夏に聞かれない理由である」。

カコック、あるいは普通のカッコウの伝説

「普通のカッコウとツツドリは両方とも、ほぼ同じ時に、天から降りて来る。もしこれらの鳥の鳴き声が春に非常に早く聞かれるなら、秋の霜は早く下り、作物は台なしになるだろう。しかしもしその鳴き声がその季節に遅く聞かれるなら、収穫は非常にいいだろう。それゆえ、人がカッコウの鳴き声に注意して耳を傾けるなら、今年は庭の作物にとっていい年か、悪い年かを、カッコウは前もって教えてくれるだろう。だから年を取った男女は、毎年これらの鳥が来るのを見守っているのだ」。

カッコウの起源

この問題について私が聞いた大半のアイヌは、カッコウの起源は天にあって、寒さを避けるために毎年冬に天に戻ると想像しているらしいが、二、三人のアイヌからはつぎの話を聞いた。すなわち、この鳥は、神によってではなく、他ならぬ日本の英雄、義経によって作られたと考えている人もいれば、義経でないにしても、名声の高いアイヌの英雄アイオイナによって作られたと考えている人もいる。また多くのアイヌは、カッコウを凶兆の鳥とみなさず、それに対してやさしい尊敬を払っているが、他方では、それを凶兆の鳥とみなしている人もたしかにいる。つぎの神話は

これを説明するだろう。

カッコウの起源の伝説

「この鳥は毎日鳴いていた。その鳥はその鳴き声で大地全体を満たした。しばらくしてから、その鳥はサル（沙流）川の河口のほうに下りて行き、弁慶の家に来た。鳥が鳴きながら弁慶のヌサの上に坐ったとき、弁慶は窓の外に顔を出し、その鳥のほうを見た。それから、彼はつぎの命令を人々に出した。『世界の魔女が、村々の魔女が下りて来たときには、人々の長（チーフ）たちに姿を隠すように言おう。そして普通の人たちに鳥を侮辱させよう』。そう彼は命令した。そこで長（チーフ）たちは隠れ、普通の人たちは鳥を侮辱した。

この後、その鳥は川をさらに遠くに下って行き、ついに義経の家にき、彼のヌサの上に坐って鳴いた。そのとき義経は顔を窓から出し、見て、こう語った。『おまえは実際偉大なものだ。今、おまえは鳴いている。そのわけは、おまえは自分の祖先がだれか知らないからだ。非常に遠い古代に、一外国人がサル川の河口に上陸した。彼がサル川の河口を探検していたとき、彼はきせる［アイヌ語、キセリ］とタバコ入れを落として、なくした。しかしそれらは地面の上に横たわって、腐ることがなかったので、それらは鳥に変えられた。おまえはその鳥だ。おまえがそのように鳴いているのは、おまえは自分の祖先がだれかを知らないからだ』。そう義経は語った。これがカッコウの起源についての説明であり、またこれが『カコック、カコック』と鳴く鳥の起源である」。

ハトの巣と卵

さきに述べたように、女たちは自分の祖先とヘビの偶像を除いて、どんなものにも祈りのことばを言わないが（ついでに言うと、ヘビの偶像は呪医 witch-doctor ［シャマン］のような女たちだけから崇拝されている）、彼女たちはあるもののまえで腰をかがめて、お辞儀をするという仕方で、礼拝する。彼女たちのすべての特殊なお守り、あるいは呪物は、このようにお辞儀をされ、またこのようして彼女たちに一種の敬意をあらわさせる。つぎの伝説は、ハトの巣はそのように扱わねばならないし、またこれらの鳥の卵も大切にされねばならないとはっきり言っている。

ハトの伝説

「一羽のハトが殺されたとき、その巣を探すことは非常にいいことである。というのは、それを所有すると、きっと幸運がもたらされるからである。このような巣をお守りにする女の人はきっと祝福を受ける。巣が見つかってから、男たちはイナオを作り、それを巣に供えなければならない。それと同時に、つぎの祈りのことばを言う。『おお、神聖なハトよ。今後はこの女を祝福してください。彼女が行うなんにでも、大成功を遂げさせてやってください。庭で彼女が仕事をしているときには、彼女の手の労働を祝福してください。彼女が豆を植えようが、粟を蒔こうが、それらが大いに増加するようにしてください』。この祈りのことばを言ってから、女は巣を取り、それにお辞儀をし、それからそれを注意して自分の倉庫にしまうべきだ。もし卵が巣のなかで見つかったなら、それを取って割り、そのときにたまたま蒔こうとしている種子とよく混ぜるべきだ。こうすると、強い発芽と多くの実りが保証されるだろう」。

ハトと渡り鳥でないシギ科の鳥

ハト（kusuwep、クスウェプ）と渡り鳥でないシギ科 snipe の鳥は、あることでは仲間である。つぎの伝説はどういう点で仲間であるかを示している。「ハトと渡り鳥でないシギ科の鳥は、山に一年中留まっている鳥である。それらは実際この世界ではなんら仕事がない。というのは、はじめにそれらは、自発的に天からこの地上に逃げて来たからである。それゆえ、神はそれらの鳥に非常に立腹し、以前のすみかに戻ることは許さないと言った。それで、それらの鳥は一年中、山に留まることになり、リヤ・チカップ riya chikap、すなわち『留まる鳥』［リヤ＝滞在する］とよばれている」。そう古代人は言っている。

しかしこの伝説にもかかわらず、この二種類の鳥の羽と頭、および巣と卵は、ある人によって保存され、呪物として用いられていることを私は発見した。

シギ

渡り鳥のシギ［ここでは、オオジシギ、アイヌ語、chipiyak、チピヤクのことか］はよい目的のために作られた。というのは、それは、その鳥自身の特別の便宜のためでなく、人間の一般的な幸福のために——とくに、アイヌの人々の幸福のために——その鳥には長い嘴が与えられたといわれている。実際、この鳥は一種の医者とみなされている。

シギの伝説

「渡り鳥のシギは、人間たちを保護するために、天から遣わされた。それは、頭痛と耳の病気の治療者である。これは、その嘴が長いことから理解できる。というのは、それは長いので、それは耳のいちばん奥のひっこんだ所に入り込むことができるからである。このために、殺されたときに、その頭は切られ、イナオ呪物がそれに供えられるべきである。耳が痛いときに、その嘴で耳のなかを引っ掻くべきである。こうすると、早く治るだろう。その他に、その脂肪は目が痛いときにはいい。それは聾を治療する。それゆえ、それは注意して保存すべきである。女たちは巣をお守りとして保存すべきだし、巣のなかで見つかった卵を畑の種子の上で割る」。

ツル

ツルは人々から尊敬されている。それはサロルン・チカプ sarorun chikap、すなわち「丈の高い草のなかの鳥」［サル＝葦原、オル＝なか　ウン＝いる、チカプ＝鳥］という名前で知られている。それはそんなに大きく、アイヌの鳥崇拝では非常に重要なので、序列ではシマフクロウ（これについては、第36章で述べる）のつぎに位置しているとみなされるべきでないかと思う。ツルは始めは崇拝されていなかったとわれわれは聞いているが、現在では崇拝されている。その理由は、ツルは以前にはどう猛で危険だったので、人々はそれに接近するのをこわがったからである。しかしまもなくその気質が柔和になったときに、人々はツルに祈りのことばを言い、それにイナオを供え、またそれに敬意を表して、酒を飲み始めた。

ツルの伝説は、特別な柄の衣服の起源を説明するためか、あるいはこのような衣服がもともとどこからやって来たかを忘れないようにするための一つの努力であるらしい。これが主要な目的であろうとなかろうと、ともかくそれは、最高に評価され、またアイヌのもっともいい衣服の柄を彼らがどの方角から手に入れたと考えているかを示している。それは満州 Manchuria であるが、彼らはそれをサンタ・モシリ Santa Moshiri［サンタ、サンタン＝山丹、満洲、モシリ、モシル＝国］とよんでいる。伝説によると、巣のなかで発見された衣服をツルは天から直接にもって来たという。しかしこれらの衣服に与えられた名前が、サンタ・サラムベ Santa sarambe、すなわち「満州の衣服」［サランベ＝絹］であることは、この特別な天が満州に外ならないことを示している。さらにアイヌは、その国を以前からよく知っていたことは他のことから推測できる。

ツルの巣の裏打ちは羊毛から成っているといわれている。それにつけられた名前は、セッサムベ setsambe、「巣の脈拍、あるいは巣の心臓」［セッ＝巣、サムベ、サンペ＝心臓］である。もしアイヌがそれらの一つを見つけるなら、彼はすぐに自分自身を金持とみなす。というのは、このような宝は速やかに繁栄と富をもたらすと考えられているからである。巣の裏打ちは取りはずされ、イナオの削り掛けで包まれ、小屋の北東の隅、すなわち神聖な隅にある一つの箱のなかに大切にしまわれる。この宝物はときどき下ろされて炉端に置かれ、その所有者によってうやうやしく礼拝される。そのときイナオも作られ、それがこの宝物に供えられ、またそのために酒を飲む。女たちがそれを手に入れると、彼女たちはそれを自分たちの小さな小屋にお守りとしてしまいこむ。彼女たちは、これを所有すると、庭の収穫物がたくさんふえるし、また自分たちの刺繍の技術が特にうまくなると信じている。

「ツルは始め天から降りて来た。そしてそれにイナオを供える由来はつぎの通りである。この鳥が増殖するために、人間の世界にやって来て、巣を作り、そのなかに卵を生んだ。しばらくして、小さなツルたちが卵から出て来た。それらが成長し始めたとき、母ツルはそれらの餌を確保するために、さらに遠くに行く必要があることに気づいた。ある日この巣のことを知ったアイヌが、よい機会を待ちかまえて、母鳥がいないときに、子供のツルのところに行き、それらを取った。アイヌたちはいけにえにするために籠のなかで子供のツルを育てたいと思った。さて、ツルは非常にどう猛な鳥であることが知られていた。そして人々はその鳥をひどくこわがっていた。年を取ったツルがいないときに、アイヌたちが巣に行き、それを盗んだのは、このためだった。アイヌたちはすぐにやって来て、幼い鳥たちを見つけ、それらを持ち上げて、それらの下に非常に美しい物を発見した。よく調べると、きちんとたたまれた美しい衣服であることがわかった。男たちはたいへん喜んで、鳥たちと衣服をもって逃げた。まもなく年を取ったツルたちが戻って来て、子供たちがいないことを発見した。ツルたちはこれに非常に立腹し、大急ぎでアイヌたちの後を追った。しかし男たちが追いつかれたとき、彼らはツルに許しを乞うて、こう言った。『おお、神聖なツルさん。どうか、おこらないでください。今後、私たちはあなた方にイナオと酒を供えましょう。この他に、私たちはあなた方の子供さんを実際非常に立派に育てましょう』と。

こう彼らは許しを乞うた。ツルたちはまもなく怒りを鎮めて、すぐに家に帰った。アイヌたちも静かに立ち去り、衣服を分けて、非常に金持になった。これらの衣服の名前はサンタ・サラニプ Santa saranip ［サラニプ＝籠］、あるいはサンタ・サラムベ、すなわち『満州の衣服』であった。それはツルによって天からもたらされた。これらの鳥は始めは崇拝されていなかったが、このときから崇拝されるようになった。猟師のなかには、新しい衣服の包みさえもツルの巣のなかで見つかるかもしれないと言う人がいる。さらに、その鳥の巣のなかには、大きなたらいに似ている場所があり、そのなかに羊毛のような一物質が見つかる。これはセッサムベ、すなわち『巣の脈拍、あるいは巣の心臓』とよばれる。これは非常に良い所有物である。というのは、それは驚嘆すべきお守りだからである。それを手に入れることができるほど幸運な男女は確実に、疑いなく、金持になれる。しかしツルはもっとも猛な鳥であることを忘れてはならない。だから、大いに尊敬し、また用心して扱わねばならない」。

これと関連して、アイヌは多くの北方民族のように、ヤドリギ［アイヌ語、ni-haru、ニハル］を特に尊重していることも注目してよい。それは、ほとんどあらゆる病気に効く薬とみられている。またそれはときどき食べ物として食べるが、ときには、煎じ薬として別に服用される。それは果実よりもむしろ葉が用いられる。果実を一般的な目的のために用いるには、ねばねばしすぎている。アイヌのなかには、ヤドリギの医学的性質と思われるものとは関係なく、その葉を単にお茶として使う人もいることが知られている。またそれをシチューに混ぜる人もいれば、木製の臼でその枝を搗き、水で洗って澱粉を抽出する人もいる。しかしヤドリギは大飢饉のときを除いて、一般に食料として食べることはない。

しかし多くの人々はまた、この植物が庭にたくさんの収穫をもたらす力があると考えている。この目的に用いるときには、葉を細かく切り、お祈りのことばを言ってから、粟や他の種子と一緒に蒔く。また食べ物と一緒に少し食べる。不妊症の女は、子供ができるようにするために、ヤドリギを食べることが知られていた。ヤナギの木に生えるヤドリギは、最大の効き目があると考えられている。これは、ヤナギがアイヌには特別に神聖な木と見られているからである。

22 結婚と離婚

アイヌと彼らの求愛／婚約／若い女が求婚するのは不適切ではない／結婚式／子供の婚約／結婚を目的としての自発的な奉仕／妾／子供を欲しがる理由／離婚

アイヌは結婚を社会的・家族的な取り決めとみなしている。そしてこの取り決めはだれか他の人よりも直接の当事者に影響を及ぼす。若者は自分たちが選択しないなら、結婚するには及ばない。彼らは両親によって子供時代に婚約させられていたかもしれない。しかしお互いに結婚するように強制することはできない。この件では若い男とその婚約者が、最終的な約束をする。しかし両親によって結ばれた絆は、成熟の年齢までは神聖なものとして保持される。そして、もし彼らがこの婚約を終わらせたいならば、この絆は当事者自身によって破棄にされるだけである。つまり若い人は、自分たち自身で求愛し、求婚する。そして一般にだれもこの取り決めに文句を言わない。

若い二人が結婚する決心をしたと仮定しよう。もし若い男が最初に求婚したなら、彼は自分の父親と母親に自分が選んだ人の両親を訪問し、結婚する取り決めをしてくれと頼む。しかしもし求愛し、求婚したのが若い女のほうであったならば、彼女は父親と母親に自分が選んだ人の両親を訪問してくれと頼む。もし万事支障がないなら、結婚がすぐに行われる。もし両親が同意しないならば、若いカップルは自分自身の思い通りに事を運び、小屋を建て、式なしで夫婦になる。アイヌの社会では、この関係は神聖であり、有効である。

父親は友人に、自分の息子に代わってある娘に求婚してくれと十分に頼んでから、もし万事がうまく行ったならば、つぎのささやかな儀式を行う。

花婿の父親は小さな剣を取り、花嫁の父親の手に置いて言う。「この剣は婚約の誓いです。それを取り、それに礼拝してください。あなたは火の女神にお祈りしてください」。それから、花嫁の父親は剣を受け取り、火に礼拝して言う。「私たちは今ここで、私たちの息子と娘を結婚させることを取り決めました。そこで、なんじ火の女神よ。なんじは聞き、このことの立会人になってください。この夫婦を病気から守り、二人が年を取るまで見守ってください」。

それから、花婿の父親は剣を返してもらい、同じように礼拝する。これがなされると、老人たちは酒を手に入れて、大きな宴会を催し、それに友人や親類を招待する。その飲み物は、ウウェチュウ・サケ uwechiu sake、すなわち「婚礼の酒」とよばれる。食べ物はウウェチュウ・マラプト uwechiu marapto、すなわち「婚礼の祝宴」［ウウェチュウ＝結婚する、マラプト＝客］とよばれる。これが満足のいくように終わってから、新婚のカップルは自分たちの小屋を建て、また老人たちは集まってイナオ、とくに第10章で述べた家のイナオと第13章で述べたチセイ・サムベを作る。

もし若い女自身か、彼女の両親のほうがこの件では主な発起人だったなら、花婿は彼自身の家族から離され、彼の義理の父親の小屋の近くに新居を建てる。実際、彼は養子にされる。しかしもし花婿が求婚したか、あるいは彼の両親が主な発起人だったなら、花嫁は彼の家族の養女にされる。あるいはもしある村のある女が、他の村のある男を選び、彼が同意するなら、彼は村を出て、彼女と一緒に生活する。あるいはある男が遠方に住んでいるある女を選び、彼女が同意するなら、彼女は村を出て、彼と一緒に生活する。自分たち自身の村で結婚する人はすべて、ウイリワク uiriwak、すなわち「血縁関係」、あるいは「同胞」［ウ＝両、二人、イリワク、イルワク＝きょうだい］とよばれる。しかし自分の家族から離れ、遠くの家族と結婚する人は、ウイリタク uiritak、すなわち「取り除かれた関係」、「遠い関係」、あるいは「連れてこられた仲間」［イリタク＝親類］とよばれる。

人々は自分たちの娘が一六歳か、一七歳になると、結婚できるとみなす。男は一九歳か、二〇歳ごろに結婚する。私がこれまでに見たいちばん若い結婚は、日本の戸籍によると、花婿が一六歳のときに行われたものだった。

結婚の儀式は、だんごと米と酒のささやかな祝宴にすぎない。母親と花嫁がこの祝宴を執り行う。花婿がなにかもっているとすれば、彼に譲られた二、三の財産をもっている。また花嫁はビーズ、イアリング、ときには、古い刀剣のつば（お守りとして身につける）のような二、三の装身具をもっている。

他の箇所で述べるある迷信によると、妻は夫の名前を名乗らず、彼女の旧姓をもち続ける。彼女自身の少女時代の名前でよばれないときには、彼女の夫が生きているかぎりは、彼女は「だれだれさんの奥さん」とよばれるにすぎない。夫が死ぬと、彼女は少女時代のように、つねに彼女の名前でよばれるか、あるいは彼女の娘か息子がいるなら、「だれだれさんのお母さん」とよばれる。それゆえ、結婚前の女の社会的地位は男のそれと同等だとみられているが、結婚後は彼女は夫に従属するようになる。そして彼女は、夫の名前を名乗っても、用いてもならない。夫は妻の長である。しかしこの女は夫の名前を口にするほど立派な女でないとみなされると、夫は妻の長だというこの原則は極端になる。それゆえ、この件では、この民族は社会の状態 social status がいくらか低いとみなさなければならない。

結婚後すぐ花婿は小刀の鞘、匙、杼《ひ》と織機を作って、花嫁にプレゼントする。この小さな儀式は、マツエイカラ **mat-eikara**、すなわち「私の妻を作る」［マツ＝妻、エ＝あなたが、イ＝私を、カラ、カル＝作る］とよばれる。その後、花嫁は飾り帯、一対の脚絆、ネックレス、頭飾りを作り、それらを夫にプレゼントする。これは、ホク・エイカラ **hoku eikara**、すなわち「私の夫を作る」［ホク＝夫］とよばれる。

この儀式は、彼らがお互いに満足していることを示す二番目の結婚の誓いであるらしい。この儀式が行われると、それは二人の当事者に大きな満足を与える。

この問題について私が聞いた別の言い伝えは、こうである。「二人が新たに結婚するときになすべき第一のことは、花婿が花嫁に小刀と鞘を与えることである。このお返しに、花嫁は夫に新しい頭巾 cap を与えなければならない。これは非常によい慣習であり、つねに守らなければならない。こう古代人は言っている」。

ときに子供のときに婚約させることが、古い時代の慣習だったらしい（一般的な慣習ではなかったが）。しかしこの場合でさえも、そのように婚約させられた人々が、絶対に結婚しなければならないことはなかった。結婚する時期が来ると、二人のうちのどちらかが、年長者の決定を拒否する。しかしこの婚約について奇妙なことは、二人が結婚する時期が来るまで、少年と少女は衣服を交換したし、また家（と私は思うが）を交換したことである。その場合、もし少年の両親がこの計画の主要な発起人だったならば、小さな女の子は男の子の家にずっと留まった。もしそうでないなら、花婿が家を出て、花嫁の両親とともに生活するか、あるいは少なくとも花嫁の村で生活した。

アイヌはいとこ、ある場合には姪とさえ結婚することがきわめて多いことに私は気づいた。男は死んだ兄弟の妻と結婚し、彼らの子供たちの養父になる。しかし結婚が行われてはならないもっと疎遠な関係がある。それは義理の姉妹との結婚、あるいは兄弟の妻の姉妹との結婚である。実際、二人の姉妹、あるいは二人の兄弟は同一の家族と結婚してはならない。二、三年まえ、一人の男が自分の娘のために夫を見つけてくれと私に頼みに来た。また別の男が自分の息子のために妻を見つけてくれと頼みに来た。これらは、実際手に負えない依頼だった。それで私は、これは引き受けても非常に扱いにくい問題だと思った。一般に私は、このように重大な家族の結婚を扱うつもりはない。というのは、家族の結婚に口を出すのは危険だと考えているからである。しかしすべての当事者が一人を除いて最近キリスト教徒になったので、私は特別扱いをする決心をした。そして私は彼らのためにできるかぎり最善を尽そうと約束した。そこで私は上述の女性を訪問し、彼女の恋愛事件について本人に尋ねた。彼女は、私が夫として売り込まねばならない非常に若い男性を、夫にしたいと言った。そこで私は、私の意中の花婿を訪問して、彼の結婚の希望を尋ねた。奇妙に思われるかもしれないが、彼もその若い女性を求めていた。そこで私は、このカップルの両親たちはとくに近い親類だったので、共謀していたのかもしれないと疑ったし、またこのような好都合な状況下では他人のために仲人をするのは結局たやすいことだと思った。ところが、ああ、私は早くから失望を味わう運命にあった。私の幸福な取り決めについてそれぞれの父親に告げ、このささやかな計画について彼らの承認と最終的な同意を求めたところ、私はこの選択はもっとも不幸だと静かに告げられた。その女性は、若い男の兄嫁の妹だった。したがって、無限に遠い時代から伝えられた慣習のために、二人の兄弟は二人の姉妹と結婚してはならない。この事実を告げられて、私は直ちにこの件から手を引いた。この種の結婚が行われると不幸だし、神々の不興を買うといわれている。というのは、もし姉と妹が義理の兄と弟と結婚するなら、姉妹のうちの一人はおそらく罰せられ、結婚後一年以内に死ぬだろうからである。もし実際に彼ら（彼女たち）が死なないならば、なんら問題はないだろう。私は別の二つのケースで、このような取り決めをするように依頼されたが、この取り決めとは関係しまいと断固として決心した。

ドベルはカムチャッカ人について、こう語っている。「若い男が女の子と恋におち、彼が金持でないのでどうしても彼女を手に入れられないと、彼は即座に彼女の父親の奴隷になり、彼が彼女と結婚するのを許されるまで、契約にしたがって、三年、四年、五年、あるいは一〇年さえも召使として働く。契約の期間が終わると、彼は義理の父親自身の息子であるかのように、義理の父親と一緒に暮らすことが許される」(ドベル『シベリア紀行』第一巻、五二ページ)。

この有名な慣習は東方では一般的であるらしいし、あらゆるアジアの国々では知られていると思う。私は、函館の近くのオノとよばれる日本人の一つの村でこれに似たケースが起こったことを個人的に知った。

図22—1 婚約者

この慣習も古い時代にはアイヌの間に広く見られた。そして現在でも、まれだが、そのようなケースを聞く。しかしアイヌの間では、大きな違いが一つある。というのは、若い男だけでなく、若い男と恋におちた若い女も、男の両親の奴隷になって彼らの息子のための代価を支払うからである。この人種の若い男と女はこのことについて分別があり、彼らがキューピッドの矢でうたれると、奴隷であることがわかってもちっとも恥ずかしいと思わない。

アイヌが結婚する大きな理由の一つは、子供が欲しいことである。アジアのすべての人種では、家名を永続させたいという非常に強い願望と家名が消滅するのではないかという大きな恐怖が見られることは、よく知られた事実である。多くの国では、キリスト教の伝来以前には、男の子がいないことは夫が妻と離婚するのを正当化する十分な理由とみなされていた。あるいは女の子がいても、男はしばしば別の妻を家庭に入れ、それによって息子を手に入れようとした。妾は、男の子が欲しいという願望から生じたことは疑いない。妾はアイヌの間では一般に行われていたことは別として、この感情の土台にあったものがなにかについて、私はここで調べるつもりはない。

結婚した夫婦に子供がないことは、大きな不名誉と考えられている。そしてその原因をたどっていくと、夫婦のどちらかがなんらかの罪を犯したという考えに到達する。この世はウアレ・モシリ uare-moshiri、すなわち「増殖する世界」［ウアレ＝増える］と名づけられ、人々は、そのなかに置かれ、増加し、増殖する。それゆえ、もし子供が一人も生まれないなら、それは神々からの特別の罰とみなされる。子供が一人もできなかったので、三人をくだらない妻と離婚したアイヌの男を私は知っている。

彼らは永続させるべき家名がないにもかかわらず、子供を持ちたがるのは非常に奇妙なことである。しかし彼らが生きている条件と彼らの行動の多くを引き起こしている宗教的、迷信的な見解を考えると、アイヌが、男も女も、子供を得ようと非常に熱心なのはきわめて当然なことである。男は少なくとも一人の男の子、女は一人か、二人の女の子を欲しがっている。

私がアイヌのなかでいつも見ることは、一人の男の妻たちは別々の家に暮らしているとはいえ、彼女たちはことばを交わすほどの関係でないことが多いことである。モルモン教徒［一夫多妻を主張するキリスト教の一派］の間ではこの制度はよく機能しているが、アイヌの間ではよく機能していない。彼らの間で私の仕事を推し進めながら、私はこの慣習が非道徳的だと指摘する機会がときどきあった。そして彼らは私の言うことに同意したが、彼らはそれがアイヌの慣習なのだと私に言って、かたをつけた。そんなに強い理由を言った後には、言うことはなにもないのはもちろんだ。

男たちが男の子をそんなにはげしく欲しがる主な理由が、三つある。第一は、父親が死ぬと、息子が家族の神官 priest として行動するかもしれないからである。第二に、息子は主要な財産と家宝を受け継ぎ、保持し、子孫に手渡すからである。これらの家宝はわれわれにとっては貧弱なものだが、彼らにとっては貴重なものである。第三に、息子は家の長として働き、家族のより若い成員（もし若い成員がいればの話だが）に対して父親の代わりをするからである。それだけでなく、息子は老齢の父親を扶養するかもしれない。

女たちが女の子を欲しがることに対して私は、二つの理由を挙げることができる。この理由の第一は、女たちは、家を守る手伝いをし、水を汲み、木を切り、庭で働いてくれるだれかを持てるかもしれないからである。第二は、女たちは年を取ってから自分たちに食事を食べさせてくれるだれかを手に入れられるかもしれないからである。一方男の子を望む主な理由は、彼女たちが夫に気に入られたいためと、息子をもたないことの不快な結果から免れたいためである。

私が第2章で述べたように、アイヌの女たちが日本人の子供を養子にしたり、日本人の赤ん坊がアイヌの養子にされるがままなのを日本人が心配していることは、予想に反することのように見えるかもしれない。それにもかかわらず、養子は非常にしばしば行われている。私は一八九三年［明治二六年］に、日本人の子供を養子にした女性を四人知っている。私はまた、二歳の赤ん坊のために五〇銭［当時白米一〇キロの小売価格六七銭］を支払ったアイヌを知っている。二、三日まえ、あるアイヌの女が、子供を貰いに日本人の町に行くのだと私に告げた。そして夕方彼女は帰ってきて、その子は目が悪いから貰うつもりはないと言い、二、三日以内に、噂を聞いた別の赤ん坊を見に行くつもりだと言った。信じられないと言われるかもしれないが、アイヌの女たちが二、三銭を出してか、あるいは返礼をあてにしない贈り物 free gift をして、下層階級の日本人の子供を彼らの両親から手に入れるのは決してむずかしいことではない。

アイヌの間では、結婚の紐帯を解くことはきわめて容易である。想像できないようなごく些細な理由で、それは行われる。私が言っているのはもちろん遠い昔の話である。それゆえ、われわれは、離婚が彼らの間では頻繁にあったことを発見しても驚かない。実際、この人種の成員は、結婚の儀式を、配偶者が相互に便利である期間だけ結びつける因習的な結合以上でないとみなしているらしい。そして男が妻を離婚するように、女が夫を捨てることは同じく容易であるし、また夫を捨てることができるとみなされていることは注目すべきことである。

男が妻から別れる理由のいくつかは、つぎの通りである。妻に対する自分の愛の不足、自分に対する彼女の愛の不足、性格の不一致、妻の役割に対して一般的に敬意を払っていないこと、燃料や植物性の食料を小屋に供給するのを怠るか、供給できないこと、妻の不貞、男の子ができないことである。女はつぎの理由で夫との結婚を解消する。夫の不義密通、夫が嫌いなこと、魚や動物性の食料を食料貯蔵庫に供給するのを怠るか、供給できないこと。離婚は当事者の簡単な同意で行われるかもしれない。しかし夫がこの問題について、へり下って妻と話すことはめったになかった。男が妻と離婚するときには、彼はただ単に彼女に贈り物をし、彼女を両親のもとに送り返した。また女が夫から自由になりたいときには、彼女がただ単に家を出て、夫が自分自身でいろいろやりくりさせるのに任せた。現実に私自身の目のまえで起こったケースでは、家事が原因であることが多かった。そして贈り物は離婚された女の両親にはされたが、女自身にはされなかった。別れるときには、子供たちがいれば、分割され、父親は息子を取り、母親は娘を取った。私はまた、父親が彼の義理の息子に立腹して、迎えを出し、自分の娘を連れて帰り、娘のほうから夫を離別したケースを聞いたことがある。

23 誕生と個人の生活

出生のさいの奇妙な慣習／清め／肉体的な生命は母親のなかで始まる／霊的な生命は父親のなかで始まる

人間の個人の生命は、背骨にその座があると考えられていることや、人体のこの部位はもとはヤナギから作られていたことを、第8章で述べた。それゆえ、自分たちの生活が「誕生の木」、すなわちヤナギのトーテムにどのように神秘的に結びつけられているとアイヌが、考えているかをさらに指摘した。人間の生活と結びついた他のさまざまな奇妙なことがあるが、それについて、私は二、三言を費やす必要がある。そこで、私は直ちに読者のまえにそれを提出しよう。

子供の誕生と結びついて、非常に珍しい慣習が昔はこれらの人々の間に存在していたし、今なおいくらか存在している。子供が生まれることがはっきりわかると、未来の母親は、夫と、自分の父親、および母親をよび、彼らに幸福なニュースを知らせ、彼らのために祝宴の準備をする。彼らはこの祝宴にくつろいで参加する。この特別の祝宴は、ホノイノンノイタク hon-oinonno-itak［ホン＝腹、オイノンノ、オノンノ＝万歳、おめでとう、イタク＝ことば］とよばれる。この挙行中に二人の男たちは、多くのイナオ呪物を作り、それを火の女神にたくさんの真剣な祈りとともに捧げ、万事がうまく行ってくださいという特別のお願いをする。それから、お産がまさに始まろうとするときに、父親は火でくるまれて暖かくして家に留まるか、あるいは家を立ち去って、友達の家にしばらく泊まりに行くように言われる。友達の家では、彼は、いかにも病気であるかのように、六日間非常に静かにしていなければならない。彼は始終小屋に留まり、炉端で休んでいなければならない（訳注1）。この行為はヤイヌヌケ yainunuke とよばれる。このことばは単に「慰めること」、「祝福すること」、あるいは「静養すること」［ヤイ＝自分を、自分に対して、ヌヌケ＝祝福する、敬う］という意味である。

七日目の朝、彼はショッキ・チュプ shotki chupu、すなわち「寝台を折り畳む」［ショッキ、ソッキ＝寝床、チュプ＝折り畳む］ようにいわれる。この日に、彼は自分自身の小屋に戻る。しかしここでさえも、彼はもう六日間家で静かにしていなければならない。最初の期間、彼は酒を飲んでもならないし、神々を礼拝してもならない。これは至上の力に対する特別の尊敬から出たものといわれている。最後の六日間、彼はイクタサ ikutasa、すなわち「酔って友達とどんちゃん騒ぎ」［イクタサ＝酒宴］をしてはならない。また彼は、ハイナレ hainare、すなわち「魚釣りか狩猟に行って」［ハイナレ＝浅い海で漁をする］はならない。しかし彼は食べたり、飲んだり、礼拝したり、イナオを作ったり、好きなように自分だけで静かに楽しんでもいい。

子供が生まれて六日目に、ポオイノンノイタク po-oinonno-itak、すなわち「子供のために祈る」［ポ＝子供］とよばれるある儀式が行われる。この場合、ささやかな祝宴が準備される。それには、父親、母親、および祖父母だけが参加する。このときに多数のイナオ呪物が作られ、それが西の端の戸口のなかの神々に捧げられる。この特別の場所は、子供の誕生を守るためにあるように思われる。お産中にはどんな男も西の端の戸口に入っても、そこから出てもならないことは注目してよい。このような場合に、男が小屋に入ったり、小屋から出たりする必要があるなら、また南の壁に戸口がないなら、神聖な東の端の窓をこわし、そこに入口を作らなければならない。

アイヌの間には、人はこの世にときどき再誕するという思想がある。とくに天帝がこの人種に知らせるべきなんらかの特殊なメッセージをもっているときには、人が再誕する。だから年を取った男女は言う。「女たちには、人はこの世に再び生まれるということを教えなければならない。だから、赤ん坊が生まれたらすぐに、女たちは赤ん坊の耳に孔があいていないかどうかを注意して調べなければならない。もし孔があいていれば、死んだ祖先が戻って来たという確実なしるしだ。もしこういうことがあれば、その子はなんらかの非常によい目的のために戻って来たのだ」と。

子供が生まれたのち、母親には粟でできた薄い粥を二日間与える。その間中はその他のなにも、水でさえも、積極的にとるのは許されない。二日目以後は彼女は、そのときに出されたものはなんでも、かなり多く食べてよい。六日間、小屋のなかの炉端で静かにしているのが、彼女にはいちばんいいと思われている。しかし七日目に、彼女は起き上がって、泉か川に行き、そこで体を洗う。この種の清めがなされた後に、彼女は自分の小屋に水を運び、料理の目的でそれを使う。その後は、彼女はできるだけ働くと考えられている。というのは、理屈の上では、彼女は今や再び強いからである。この特殊な儀式はロロオシライェ roro-oshiraye とよばれる［ロロ＝炉の東側、上座、オシライエ＝行く］。七日目に水を汲み上げる慣習は、その起源がなんであったにせよ、現在では、母親は今や障害がなく、安全で、幸福であって、再び家庭の仕事に戻ったということを社会一般に示す以外、特別の意味か、目的をもっていないらしい。しかし古代では、清めという思想にその起源があったのかもしれない。もしそうなら、ユダヤ人、インド人、ペルシア人の清めのように、宗教と関連があるのかもしれない。聖書の意味では清めは、個人を神に近づく資格があるようにする一つの行為だった。あるいは彼か彼女が肉体的な障害か他の障害のために、地域社会（コミュニティー）のなかに入れない場合には、清めは地域社会で自由に交わる資格があるようにする一つの行為だった。出産のために女は不浄になった。それで彼女は、清められるまで、神殿で神に近づくことが許されなかったし、清められるまで公的な宗教的儀式に参加することができなかった。アイヌの女たちは、分娩後にまさしくこのような仕方で扱われている。分娩後彼女は水を汲むまで、村落共同体で人々と正式に交わってはならない。ユダヤ人、インド人、ペルシア人が行うある種の清めに付随している儀式では、水が用いられた。水は清める一要素だから、それは清浄にふさわしい一つのシンボルとみなされるかもしれない。

私が知るかぎり、このように水を汲むことの起源に関するこの理論を受け入れる上の唯一の難点は、水が料理のためだけに用いられ、体を洗うために用いられない点である。しかしわれわれは、このことを重視するには及ばない。というのは、体を洗うことは、泉か川で行われるからである。清めという標識（サイン）はそこにずっとある。六日後に、水が汲まれる。それは普通のたらいか、バケツで汲まれず、清潔で、ふさわしい漆器のたらいで汲まれる。またその女性は水を汲むまで、地域社会の人々と交わってはならない。しかしその後は交わってもいい。

この儀式には、清めという観念が保持されていたとアイヌ自身は思っていない。アイヌの場合には、それは単に古い慣習であり、この慣習の起源について彼らはなにも知らない。この儀式に付随する状況、たとえば流れで洗うこと、水を汲むのに普通の容器でなく、並はずれた容器を使うこと、神聖な六という数字と結びついていること、その女性は健康になっていて、地域社会の人々と交わるのは自由だとみなされていること、これらのことは、長い期間にわたる注意深い観察と、心のやさしい質問によってはじめて手に入る事柄である。

さて、私が読者の注意を引きたいと思っている子供の出生と関係がある特殊な事柄は、私が今述べたこと、すなわち子供の父親は友人の小屋で休養し、六日間体を非常に大切にすることである。父親はまた強い酒やすべての宗教的な儀式を控えなければならない。しかしなぜ、すべての礼拝を控えなければならないのかと、質問が出るかもしれない。アイヌの答はこうだ。「心（ハート）の謙遜と神に対する尊敬からです」と。再度こう質問する。「まる六日間神々を厳格に一人にするのが、どうして神々に対する尊敬なのですか」と。この質問に対して、アイヌの答はない。私自身はどうかと言うと、私はこのような行為が神々に謙遜と尊敬を示すことだと解釈するただ一つの方法を考案することができる。すなわち、これらの場合には神々の目から見て、アイヌが自分自身を不浄で、神々に近づくのにふさわしくないとみなしていると解釈することによってである。それは再び神聖な六日間だけであることを考慮に入れなければならない。というのは、七日目に彼は自分自身の家に戻り、そこでお祈りをし、イナオを作るからである。

父親が、自分は病気で、苦しんでいるかのように、なぜ六日間休養しなければならないのかという疑問が、読者の心にきっと起こったろう。この事実の土台にあって、この慣習を実行させている思想は奇妙なものである。そしてこの思想は一部は、アイヌが子供の生命の起源をどう考えているかを示している。彼らは、子供たちの肉体的な生命、すなわち動物的な生命の大部分（もっぱらそうなのではないが）は母親に由来していると考えているらしいが、霊的な生命は父親から来ていると考えているらしい。肉体的な生命は、受胎のときから出産のときまで、母親から徐々に与えられる。他方、霊的生命は出産に直接続く六日間に父親から神秘的で、秘密なある方法でだんだんとやって来て、父親が自分の小屋に戻ってからもう六日たつと、成長し続け、増大すると考えられている。最後の期間の終わりに、子供は、「それだけで一つのまとまったもの」a unit in itself とみなされるかもしれない。しかし霊が父親から発している間は、子供はまだそうではない。それゆえ、父親がこの一二日間に非常に静かにし、注意しないなら、わが子の生命は傷つけられるだろうし、また子供を傷つけて、そのお返しに父親自身が傷害を受けるだろう。

しかしこういう質問が挙がるかもしれない。父親が山のなかに遠くに離れていなければならないのはどうしてなのかと。これに対してわれわれは、その場合でも、出産はまったく同じように行われると答えることができるだけである。しかしどういうふうにして父親の霊が子供に到達するのか。これもむずかしいことではない。というのは、あらゆる人は、これらのすべてのことを世話するその人自身の私的な天才、守護天使、あるいは守護神――イトゥレンカムイ ituren-kamui とよばれる――をもっていると考えられているからである。

個人の生命は、心理学的な車輪の働きのなかのどういう過程によって、さきに述べたヤナギの木との結びつきができると考えられるのか、またそれと同時に、父親、ならびに母親との結びつきができると考えられるのか。この問題について、私は自分自身説明できないし、人々からなんの説明も手に入れることができない。しかしどんな個人の生活も、一度生み出されると、永遠に生きている実在であり続ける。それはこの世におけるように、つぎの世でも生きるだろうし、生きるに違いない。読者が見るであろうこのことは、必ずしも肉体のよみがえりを意味しないか、あるいは決して肉体のよみがえりを意味しない。実際、アイヌはこの問題についてなにも知らない。しかしこの問題は宗教と関係があるので、これ以上論議することは、宗教を考察の対象にするまでやめておこう。

(訳注1) これは、擬娩(クーヴァード)couvade の一種と考えられる。擬娩は、お産のさいに、夫が床について、妻が経験しているような苦痛を自分も経験しているようなふりをすること。お産後も、夫は休養して、妻が受けているような介護を受ける。これは世界中に広く見られた。

24

名前と命名

名前の選択／むずかしさ／子供に命名する儀式／夫と妻の名前／死んだ夫か妻の名前はタブーである

この世に生まれた子供にとって解決すべきつぎの大きな問題は、その固有名詞を見つけることである。しかしこの固有名詞を選ぶのはきわめてむずかしいことが多い。実際それは、結婚生活の最大の問題の一つであるように思われる。家族が大きい場合には、とくにそうである。なるほど、人々は、ただ一つの名前しかもたず、その名前で悩んでいるが、アイヌにはこの問題と結びついた非常にたくさんの迷信と非常に奇妙な慣習があるので、一人の人にふさわしい名前を選ぶのは、非常に重要だし、またむずかしい仕事である。

この問題と関連がある主要なむずかしい点は、つぎのことから起こる。

（1）どんな人も死んだ人の名前をつけてはならない。だれかが死ぬと、彼、あるいは彼女の名前も死ななければならない。万一死者の名前が男の子か女の子につけられると、それは死者の魂を深く悲しませるし、彼、あるいは彼女を不快にさせるらしい。それに引き続いて、なんらかの悪いことがかなり確実に起こるだろう。というのは、死者の霊は、生きている人に良いようにか、悪いように作用すると考えられているからである。それゆえ、どんな人もその人の死んだ両親、友人、あるいは祖先の名前をつけることはできない。だから、アイヌの名前は、繰り返しつけられることはない。アイヌは英雄をもたないということは、おそらくこれから説明できるだろう。それだけでなく、アイヌによると、死者の名前はよみがえらさないほうがはるかにいい。というのは、それによって、人は死自体を思い出すであろうからである。そしてこれは、彼らがたえず恐れていることである。彼らはいつも、死という観念を自分たちの考えから追い払おうと努めている。死者の名前に言及すると、忘れることが望ましいこと、それゆえ慎重に避けなければならないことを思い出す。以上が全部ではない。死んだ人の名前をつけることは、死んだ親しい人を、生きている人の心に呼び戻すことを目指している。こういうことは、しないほうがいいと思われている。そうするのは、非常に悪趣味だとみなされている。しかしなぜか。その訳は、死んだ人の名前を口にすることによって、悲しみに暮れた遺族の、一部分癒された傷が再び開いて、あらためて出血するらしいからである。だから、アイヌの固有名詞はいつも非常に不足しているに違いないことや、一人の人に名前をつけるだけのことも大きな困難（むずかしさ）の一つの源に違いないことがたやすくわかるだろう。

（2）名前自体が、人によっては幸運か、不運だと考えられるし、場合によっては人に幸運か、不運をもたらすと考えられている。名前は善か、悪をもたらす力を人々に与えるらしい。彼らはそれほど迷信深い。つまりアイヌは、あらゆる他の問題についてのように、この問題についても、迷信の大きな渦のなかに生きているらしい。たとえば、ある子供は体質が弱く、したがっていつも病弱だとする。これは、不幸な名前のためだと考えられることが多い。だから、名前を変えなければならない。この他ならぬ理由のために、私は四歳から一八歳までのさまざまの人から、どういう名前をつけたらいいか、どう改名したらいいかと何度も相談された。たえず病気をしている一人の病身の女の子を、私は知っている。この子は、四度も両親や友人によって改名された。そして今日も私は、大きな頼みごととして、彼女のためにもっと幸福な新しい名前を考えてくれと言われた。この迷信はアイヌの心に非常に深く根ざしているので、それを根絶するには長い時間がかかるだろう。その訳は、このような人々の間のこのような考えは非常に消滅しにくいからである。

アイヌがすべての病気を悪の直接の作用とみなしていることを思い出すと、病人が新しい名前を求めねばならない理由がよくわかる。名前は、悪魔の裏をかくという単純な一つの目的のために変えられる。というのは、これこれという名前でよばれたある人の安否を、悪魔がつぎに尋ねて来たとき、その名前をもっている人はだれ一人見つからないからである。その名前は変えられた。そしてその結果、悪魔はだまされた。そしてその病人に対してもはや力をふるうことができない。

（3）もう一つのむずかしさは、つぎのことにある。私はたった今、一人の人は、自分の名前を彼、あるいは彼女の祖先か、死んだ親類の名前にちなんでつけてはならないと述べた。同じように、彼は生きている隣人の名前をつけてはならない。万一このようなことがなされると、それは確実に直接の盗みとみなされ、それ相応に扱われるだろう。この慣習は名前は善か悪をもたらすという考えからおそらく起こったのであろう。そしてその人は、その名前がもたらすすべての善を必要とし、他の人とそれを分かち合いたがらない。ある人のために名前をつけようとするとき、私は、これこれの名前はだれか他の人のものだから、その名前を使わないようにと数回頼まれた。

（4）また名前はよい響きとよい意味をもたなければならない。それは十分に合理的であるように思われる。先日ある人のために名前を選ぶとき、よい響きとよい意味をもっているものを決めるのに、二時間を費やした。ついに、私はレイペカ Rei-peka を提案した。それは実際非常にうまく行くだろう。というのは、それは「ふさわしい名前」［レイ、レ＝名前、ペカ＝向かう、目指す］という意味だからである。困難は完全に乗り越えられたと私は確信した。しかし、ああ！　すぐに、私がその名前を喜んで変更してくれるかどうかという伝言が来た。最初のシラブルが、六年ほどまえに死んだ彼女の母親の名前に発音が非常によく似ているというのである。そこで私は死にものぐるいになって、すぐその場で、一つの名前を新しく作り出した。それが美しく見えるし、よく似合っているのに、私は非常に驚いた。それゆえ、アイヌの子供に命名するときには、多くの厄介な点を避けなければならないし、また楽しく、微妙で、まごつかせるような奇抜な考えをうまく使わなければならないことがわかるだろう。

しかし私が命名について言ったことから、アイヌはみなその子供たちを命名するにあたって慎重だと考えてはならない。名前をつける権利を与えられた父親、村長、そして兄たちは、現在ではこの点についてきわめて無分別になっている。それで、まったく不合理で、下品な名前がつけられている。ピラトリのペンリ村長は、この点について偉大な違反者である。彼はアイヌにとってさえも、例外的に卑猥な老人である。もちろん彼は、他人についている名前か、つけられた名前をすべて避けている。しかし彼は、「壺」、「釜」、「箸」、「煤のような」、「汚れた」などのような名前や、その他に私がここで挙げることができない多くの名前をつけるのが非常に好きだ。より良い名前の組のなかには、「神の恩寵」、「優雅な」、「輝き」、「慰める人」、「雄弁な人」、「シカを捕らえる人」、「鳥の口」などがある。

アイヌの子供は、二、三歳になるまで命名が行われない。両親は性格のある特徴があらわれるか、あるいはその子がある特別の行為をするまで待つ。その後、両親は名前をつける。これらの状況によって、その子にどういう名前がつけられるかが決まる。というのは、用いられた単語は一般に人生の早期に起こったことを示しているからだし、またそれは決して性格の悪い指標（インデックス）ではないからである。

命名式は、「名前の儀式」を意味する一つの単語［rei-iwai、レイイワイ］でよばれる。この儀式は宗教的な礼拝からなっていない。というのは、お祈りのことばを唱えないし、酒を必ずしも飲まないからである。しかし子供に命名する人がささやかな贈り物をすることは、慣例になっている。そしてそうしないことは、不幸だとみなされている。男の子の場合には、もっとも幸福な贈り物は刀のつばか、酒の盃である。また女の子の場合には、一枚の織物である。それゆえ、キリスト教国の人々は、洗礼のさいに、幼児にスプーン、ナイフ、フォークを贈ることをきっと思い出すだろう。

男の子には刀のつばか、酒の盃、ある場合にはその両方を贈るべきだということは、それ自体きわめて重要である。刀のつば sword-guard［直訳は刀の防護物］はその名前が意味するように、とくに防護のために用いられる。子供に対する贈り物としてつばは、神々の守護と保護がとくにそれを受け取る人にまで拡大して欲しいという願望を示している。それはお守りとして首のまわりにつけられ、「安全を保持するもの」を意味する一つの単語でよばれる。病気の場合には、それは病気を魔力で退散させるのに用いられることを私は知った。このような場合には、それは体の上と体を横切って数回動かされ、最後に、苦しんでいる人の胸の上に置かれる。それゆえ、これを男の子に贈ることはたくさんの意味があるし、またこの土台には宗教があるし、また宗教と想像の病気――それが、いわゆる迷信である――がある。

男の子は成長して、彼の国、彼の炉、そして彼の家庭を防衛しなければならないという象徴として、昔は刀のつばが与えられたのかもしれない。そういうことがあったにせよ、現在、その主な思想はなにかを私は証明できるだけだ。

この場合、新しく命名された子供につばを贈ることは、神々の保護がその子に与えられ、その保護がその子に留まるようにと、贈り主が望み、祈っている象徴である。

酒の盃を贈ることは、神官の職 priesthood という観念をむしろ伝えているように思われるし、また神酒はそれでもって供えられるべきだということを示しているように思われる。というのは、神官の主要な役割は（アイヌでは、どの家の長も神官である）神酒を供えることであるように思われるからである。このことについては、日本酒 sake が導入されるまえには、アイヌにはなんら酒 wine がなかった、それゆえ、神酒を示す酒の盃という観念は後に生まれたものだと、反対する人がおそらくいるだろう。しかしこれは間違っている。アイヌの言うところによると、彼らが日本酒を知るずっとまえから、自分たち自身の酒をもっていた。アイヌでは日本酒は、三つの違った名前でよばれる。第一は純粋で普通のサケ、第二はトノト tonoto、つまり「公的な乳」official milk［トノ＝殿、ト＝乳首］、第三にチクサアシコロ chikusaashkoro である。これは、「われわれが輸入する酒」、あるいは「輸入された酒」［チ＝われわれが、クサ＝運ぶ、舟で渡す、チクサ＝輸入の、アシコル＝酒］という意味である。アイヌが日本のこの生産物についてなにかを知るまえに、彼らは粟から自分たち自身の酒を作ったといわれる。それを彼らはチランゲアシコロ chirangeashkoro、すなわち「われわれが生産する酒」［チランゲ、チランケ＝天下る］とよんだ。私は、作られ、用いられたこの飲み物を見たことがあるが、それを味わう気になれなかった。それはミルク色をし、非常に濃く、まったく無害である。それは現在でもチランゲアシコロという古い名前を保持しており、しばしば宗教的な儀式で用いられる。私は、日本人の影響がアイヌの宗教に押し入るがままになったただ一つの事例も知らない。というのは、アイヌは宗教的な儀式でしばしば日本酒を用いるが、ある種類の酒を別の種類の酒に一部代えたからとて、彼らの宗教に影響を及ぼしたと実際主張することはできないからである。酒は宗教ではなく、宗教の遂行を補助するものにすぎない。それゆえ、酒は最近入ってきたものだから、新しく命名された子供に酒の盃を贈ることは、本来は神官の職という観念を伝えることではなかったと断固反対することはできない。その訳は、アイヌによると、彼らは、日本酒が導入されるまえに、酒と酒にあたる名前をもっていたからである。しかし今日真相はなんなのか。この現在の瞬間において、ある人が酒の盃を子供に贈るときには、贈る人は、それを受け取る人に神々の神官であるという観念と、受け取る人はなにはさておいても、神々に対する自己の義務を果たさなければならないという観念を、その人に伝えようとしていることはたしかである。

アイヌがごく最近まで、自分たち自身を祝福する姓をもっていなかったことは、まったく当然だということになる。あらゆる人はただ一つの名前しかもたなかった。それは、たとえば、二歳と一〇歳の間に、またすでに指摘したように、なんらかの事情が起こったときか、性格のある特別な特徴があらわれたときに、一般につけられた。

しかし人々は現在この点に関しては急速な変化の波を受けている。女たちは自分自身の名前の他に、夫の名前をつけ始めている。彼女たちはこうすることを義務づけられてきた。というのは、日本の役所に登録するためには、そのほうがはるかに便利だからである。しかし古い慣習は消滅しにくい。それゆえ、登録するまえに、男たちは一般に日本人の名前を採用し、それで登録する。もっとも、彼ら自身の間では、彼らはしばしば本来の名前をずっと持ち、その名前で知られている。だからたとえば、私の年取った使用人のアイヌはコララシュクップ Korarashukup であるが、彼はナカノ・キンゾウという純粋の日本人の名前で、日本人として登録されている。カンナリ・タロウ［金成太郎。本書巻末付録を見よ］という名前は、アイヌ名ではエカシオカ Ekashioka だった。

家族の名前のもう一つの成り立ちに注目するのは、非常に興味深い。たとえば、日本人はピラトリをヒラムラという名前でよぶ。それで、その地で現在生まれた土着の人々はみな、ヒラムラなにがしになった。

人々との交際中に私は、女たちに夫の名前を尋ねる機会がしばしばあった。私が尋ねると、彼女たちは必ず顔を赤らめ、自分自身で答える代わりに、そこにいる友達をよんで、答えてくれと言った。これは、いくらか奇妙なことだという印象を私に与えた。私は最初、それは彼女たちのはにかみの一つの形にすぎないと思った。それはちょうど、恋人の名前を教えてくれとたのむと、多くの若い女性が少しはにかむようなものだと、私は推測した。私はそれについてはたいして注意を払わないで、打ち捨てておいた。夫の名前を教えてくれと女たちにたのむことによって、私は嫉妬深く保護されたエチケットの一部に違反しろと彼女たちをそそのかしたり、彼女たちの心に深く根を下ろした迷信の一部を踏みにじるように彼女たちにたのんでいるのだとは、私は長年の間――実際には一〇年以上の間――思ってもいなかった。しかし現在では私は、配偶者の名前を言うことは、女にとっては非常に不幸で、また最大に失礼なことと見られていることを知っている。名前を言うことは、家族に不幸をもたらすと考えられている。

もちろん、女が夫についてしゃべる必要があるときがある。しかしもし彼女がなんらかの逃げ口上で、それを避けることができるならば、彼女は夫の名前を言わないだろうし、彼を「夫」と言わないだろう。「夫」にあたることばは、ホク hoku である。しかし女がこの名前で配偶者をよぶことは、名前でよぶことと同じく、失礼だし、不幸だと思われている。実際、他人は、ある女に彼女の夫を固有名詞で言うかもしれないが、彼女の面前では決して彼を彼女の夫とよんではならない。というのは、それもまた無作法なことと見られているからである。それゆえ、女たちが自分の主人のことを言う、多かれ少なかれ間接的で、遠回しの方法がある。それは、たとえば、ク・ゴロ・グル ku goro guru［清音でク・コル・クルと言う。ク＝私、コル＝の、クル＝人］、すなわち「私の人」［うちの亭主］、ク・ゴロ・アイヌ ku goro ainu、すなわち「私の男」、エン・ロロゲタ・アン・グル、en rorogeta an guru［エン、私を、私に、ロロゲタ、ロロケタ＝炉の東端、上座、アン＝いる］、すなわち「炉の上の端にいる私の人」、エン・ヘコテ・グル en hekote guru、すなわち「私を結びつける人」［エン＝私を、ヘコテ＝つなぐ］である。女たちの間でももっとも普通に使われることばは「私の男」であり、ある女に彼女の夫のことを言うときに他人が使うことばは「あなたの男」である。

実際、夫が自分の妻を名前で呼ぶ声や、夫が他人に自分の妻のことを名前で言う声が、たえず聞かれるかもしれないが、そうすることは無作法だと考えられている。しかし私が、アイヌの間にいた多くの歳月の間、私は男がマチ machi、すなわち「妻」ということばで自分の配偶者のことを言っているのを聞いたのは二度しかない。そう言うのは不幸だとみられている。それゆえ、このことばは慎重に避けられる。もし一人の男が妻に対して非常に思いやりがあり、やさしくしたいなら、彼は彼女を自分のカッキマッ katkimat、すなわち「女性的な心の実行者」female doer of the heart［カッ＝形、心、キ＝する、マッ＝女］とよぶ。しかし他人に彼女のことをしゃべるときには、彼は彼女をク・ゴロ・シウェンデ・グル ku goro shiwende guru、あるいはク・ゴロ・シウェンテプ、ku goro shiwentep、すなわち「足ののろい私の人」［シュウェンテ＝のろい、プ＝者］、あるいはエン・ウサラゲタ・アン・グル、en usarageta an guru、すなわち「炉の下の端にいる私の人」［ウサラゲタ、ウサラケタ＝下座、アン＝いる］と言う。

日本語を混ぜてしゃべる多くのアイヌは、自分の妻をク・ゴロ・メノコ、ku goro menoko〔メノコは女だが、メノコは山形方言でもある〕ということばでよぶ。しかしこれは非常に下品で、不正確な言い方である。というのは、それは実際には、「私の混血児」という意味である。それはアイヌ語ではなく、日本語とアイヌ語の混成語である。

女が自分の夫を「炉の上の端にいる私の人」と言うとき、あるいは夫が自分の妻を「炉の下の端にいる私の人」と言うときには、なんらかの感情がこめられている。これらのことばは、彼らが小屋で坐るときのそれぞれの場所しか指していない。ロロゲタは「炉の上の端」で、主要な場所であり、ウサラゲタは「炉の下の端」であり、決して栄光の場所ではない。

カッキマツ、すなわち「女性的な心の実行者」ということばが夫によって妻に適用されるとき、このことばのなかには、もともとはいくらかの愛情と感情がこめられていたのかもしれない。しかしそれはそうだったのかもしれないが、今では「妻」、それから「主婦」、それから「女主人」（ホステス）を意味する普通のことばになった。人にその人の妻のことを言うとき、彼女を彼のカッキマツとよぶのはいいし、家の主婦によびかけるとき、彼女をそのことばでよぶのはいい。というのは、それはいつも喜びを与えるからである。

男が自分の妻のことを、妻が自分の夫のことを、どちらかの死後に言う必要がときどきある。しかしどんな場合にも、死んだ人の名前を発音してはならない。それゆえ、未亡人は死んだ夫のことをショパケ shopake、すなわち「床の頭」〔ショ、ソ＝ゆか、パケ＝頭〕という。また死んだ妻の夫をショネプ shonep、あるいはエショネプ eshonep、すなわち「床」、「床の人」とよぶ〔ネプ＝何、者、奴〕。

以上のことを書いて以来、一人のアイヌがその問題を扱ったつぎの民間伝承を私に話してくれた。彼は言う。「神々を礼拝することが、男たちの特別の職務です。他方、女たちは祈ることを引き受けてはなりません。人が病気のとき、その病人が年を取っているか、若いか、男か、女かは問題ではなく、男たちは祈りのことばで神々に間違いなく近づかねばなりません。夫は家の長です。聖なるものの助けが必要なときには、それに近づくのは夫です。だから、妻は夫を大いに尊敬して扱わねばなりませんし、高い名誉のなかに彼をずっとおかなければなりません。妻は夫の名前を不注意に言ってはなりません。というのは、夫は実際に妻の支配者であり、上司だからです。

さらにまた、妻は夫の名前を公言してはなりません。というのは、それを大声で言うだけでも、夫を殺すのと同じだからです。というのは、それは確実に夫の生命を奪い去るからです。だから、女たちはこの問題では非常に慎重にすべきです。

この教えは、神聖なアイオイナから伝わりました。だから厳格に守るべきです。それゆえ、もし妻が、夫の名前を口にして夫の名誉を傷つけているなら、それは夫に失礼であるだけでなく、神々にとって失礼であり、不敬であることをその女に知らせましょう。この命令をすべての人に守らせましょう」。

25 教育

一般的な教育／宗教的ならびに道徳的な事柄が教えられた／日常の食べ物が神に依存していることが教えられた／貪欲は思いとどまらされた／老人を尊敬することが教えられた／モグラと女神の伝説／ヒバリの伝説／少年にはイナオの作り方が教えられた／アイヌには文学がない／義経がアイヌの本を盗んだ話／オタルナイの彫刻

アイヌの子供たちは、学校や学校の教師の利点を知らなかった。山、川、および海が、彼らの校舎だったし、必要が彼らの教師だったし、意向と天候が彼らを働かせる唯一の力だった。

子供たちに教えられた最初の主な義務は、両親に対する服従、兄に対する慎重な配慮、村の老人たちに対する尊敬だった。子供たちは、話しかけられたときに話すべきであって、それ以外のときには、見られるだけで、聞いてもらえなかった。会話をしているときには、子供たちは、年長者の話をさえぎることは許されなかった。

男たちは少年の教育に留意し、女たちは家族の少女の面倒をみた。少年たちが教えられたのは、魚を取ったり、猟をしたり、弓矢やわなを作ったり、動物の足跡にばね仕掛けの矢 spring-bow［第40章参照］をおいたり、シカをおびき寄せたり、雲によって天気を判断することであった。少年たちは、完全に成長するまで、動物を絶滅する毒を作ることを教えられなかった。そして成長したときでさえも、二、三の者にしかその秘密は教えられなかった。

つぎに、少年たちは、ある山と丘の名前と形、主な川と小川の名前と川筋（川の流れる道筋）を教えられた。それゆえ、彼らは狩猟の旅に出掛けたときに、迷わなかったのかもしれない。少年たちはまた、いろいろな場所への最短の秘密の道を学ばなければならなかった。そして最後に、また大いに、少年たちは、イナオとヌサの供え物の作り方、いろいろな場合に用いる祈願文の形、いろいろな儀式で行ういろいろなあいさつと儀式の正しい経過、また古代からの言い伝えを教えられた。

女たちが少女たちに教えたことは、子供の世話をすること、樹皮をむいて、それを布に織ること、縫うこと、刺繡をすること、繕いものをすること、庭で働くこと、料理をすること、屋根を葺くこと、木を切ること、その他無数のことであった。彼女たちはまた、腕や唇に入れ墨をする方法、死者のための泣き方や泣きわめき方を教えられた。最後に彼女たちがとくに教えられたことは、男たちを尊び、尊敬し、男たちに仕えることや、いつも男たちに話しかけられるのを待ってから、彼らと話しをすることや、男たちが道をやって来たときには、道をつねによけることや、男たちに会ったときには、手で口をおおうことや、男たちのいるところでは、頭になにもかぶらないことなどであった。また彼女たちは、家族のほうに顔を向けて小屋に入り、後ろ向きに出ることを忘れないようにと言われた。

道徳と宗教的な事柄は、伝説、神話、お伽ぎ話で教えられた。たとえば、第6章で述べた「月のなかの人」の話を吟誦して、勤勉が奨励され、怠惰を思いとどまらされた。他方第18章で述べたヨタカの起源を少女たちに物語って、子供の世話をするにあたっては不注意は危険だと教えられた。この章では、これらの問題を説明する二、三の物語を述べよう。

毎日の食べ物についてはより高位の力のおかげを受けているということを子供たちに教えるにあたっては、つぎの伝説がときどき吟誦される。

「針仕事をしながら小屋の窓に坐っていた一人の女がいた。彼女のそばには、大きな酒の盃がおかれていた。それには、儀式用のひげ揚げべらがその上で揺れ動くほどに酒がなみなみとつがれていた。このことを始めから終わりまで説明すると、話はこうである。アイヌの国にかつて大きな飢饉が荒れ狂った。人々は食べ物の欠乏のために死にかけていた。しかし彼らは、手持ちの米の麴と粟のくずで、酒を作り続けた。というのは、もし偉大な天帝が、慈悲の心をもっていて、シカと魚を作るなら、人々は食べ物を手に入れることができるだろうと思ったからである。まもなく、あの酒樽が六個の漆器の容器にあけられた。そして短時間のうちに、家のなかは酒の匂いが充満した。すべての地方神 local deity が、一人ずつ案内され、あのおいしい飲み物をご馳走になった。河口を守っている女神だけでなく、川筋を支配している女神も、非常に喜び、踊って、手を叩いた。それからすべての神々は微笑し、喜んで笑った。一群の人々が喜びとはげしい期待で神々を真剣に見つめているとき、天帝は一匹のシカから二本の毛を抜き取り、それを山の頂上に吹き飛ばした。そこですぐに、大きく美しいシカの別々の二つの群れ、雄ジカの群れと雌ジカの群れが、山の頂上でピョンピョンとはねて姿を見せた。つぎに天帝は、一匹の魚から二枚のうろこを引き抜き、それを川の上に吹き飛ばした。するとすぐに、川はあり余るほどの魚で一杯になった。そのあとに、アイヌは魚を取りに行った。また彼らは小舟を作って、見て楽しい仕草で、川の上で踊った。このようにして、魚とシカはもう一度、非常に多くなり、若い人々は狩猟に行っても、魚を取りに行っても、たくさんの獲物があった」。

貪欲は、これから述べるキツネの話で思いとどまらされた。

登場人物――パンアムベとペンアムベ

「金持になりたいという大きな欲望をもっていたパンアムベは、松前の町のほうに海を横切って尾を伸ばした。松前の殿様が尾を見て言った。『これは神々から贈られた竿だ。風にあてるために、私のすべての衣服をそれにぶらさげよう』と。それで、短い袖の衣類と良い衣服がかけられた。しばらくしてから、パンアムベは尾を引っ込めた。それでそれにかかっている柔らかい絹の衣服と良い衣服も、彼のほうにやってきた。それで彼は家一杯の物を手に入れ、非常に金持になった。ペンアムベはパンアムベの幸運を聞き、彼を訪問して言った。『パンアムベさん。あなたはなにをして、そんなに金持になったのですか』。パンアムベは答えた。『いらっしゃい。軽い食べ物を食べましょう。そうすれば、私はあなたにお教えしましょう』。ペンアムベが全部を聞いたとき、彼は引き上げながら言った。『これこそ、おれたち自身がしようと思っていたことだ。ひどいパンアムベの奴め。胸糞が悪いパンアムベの奴め。おまえはおれたちの先回りをしたんだ』。そう言って、彼は海岸に下りて行き、海を横切って尾を松前のほうに伸ばした。松前の殿様がそれを見て言った。『ここに神々から贈られた竿がある。風にあてるために、私のすべてのもっともいい衣服をそれにぶらさげよう』。それで衣服はそれにぶらさげられた。しかしペンアムベは金持になろうと非常に急いでいたので、尾をあまりにも早く引っ込めた。松前の殿様は尾が動くのを見て、言った。『こんなことが、以前に一度起こった。神々から一本の竿がやって来た。私たちは風にあてるために、それに衣服をぶらさげた。しかし泥棒が竿を盗んでもって行った。それで私たちはみんな貧乏になった。今、再び竿がやって来た。私たちはそれに衣服をぶらさげた。しかし見よ！ 泥棒がまわりにいるらしい。急いで、神の竿を二つに切れ』と。そこで役人が剣を抜き、竿を切った。こうしてすべての衣服を救った。ペンアムベは尾を半分にされて残された。それで彼は尾を引っ込めた。しかしなにも手に入らず、非常に気の毒な状態になった。さて、もしペンアムベがパンアムベの言ったことに、耳を傾けていたら、彼は金持になって、生活できたかもしれない。しかし彼は忠告されたがらなかったので、彼は非常に貧乏になった」。

老人を尊敬することは、つぎの伝説で教えられた。

「日本の北部に、金属の（つまり非常に堅い）マツの木があった。さて古代人たちが、貴族も貴族でない人も、連れ立ってやって来て、（剣をその木にあてて）剣は折れて、曲った。そのとき、非常に年を取った男女が現場にやって来た。年を取った男はベルトに使い物にならない古い斧をさし、年を取った女は使い物にならない古い鎌をもっていた。それで古代人たちは彼らを見て笑った」（すなわち、手助けに来たというこんなに年を取った夫婦のあからさまな考えを、アイヌは笑ったのである）。

「古代人たちさえ、あの木を切り倒すことができなかった。それで、アイヌたちはこう言った。『おじいさんとおばあさんよ。あんた方はここになにしにやって来たのかね』。年を取った男は答えた。『わしらは見物に来ただけのことさ』。年を取った男がこう言ったとき、彼は使い物にならない古い斧を引っぱり出して、金属製のマツの木を打ち、それを少し切った。つぎに年を取った女が使い物にならない鎌を引き出し、木を叩いて、それを切り倒した。大音響が起こった。それが倒れたとき、地面が揺れた。それから年を取った男女は、その音のなかを立ち去って行った。彼らの剣のさやの上には火花が見られた。古代人たちはこれを見て、ひどく不思議に思った。それで、アイヌたちは、それはオキクルミとその妻だったと思った」。

それゆえ、アイヌはこう言う。「年少者は年長者を見て、笑ってはいけない。そのわけは、非常に年を取った人でさえも、年少者にたくさんのこと、木を切り倒すことのような非常に簡単なことでさえも、教えることができるからだ」。また彼らはこう言う。「よそ者を軽蔑して扱ってはならない。そのわけは、あなたがもてなしているのはだれかを、あなたは知らないからだ。アイヌによそ者と思えたのは、偉大な英雄義経（オキクルミは彼のアイヌ名である）とその妻に他ならなかった。しかしアイヌは、最初彼らとは知らなかった。

つぎに挙げる伝説は、両親が娘のために選んだ人と――彼女が好きだろうと、嫌いだろうと――結婚すべきことを娘に説明するために、ときどき娘のまえで語られるものである。しかしその価値は、その物語が示すように、それだけにとどまるのではない。私はその神話を思い出した。

モグラと女神の伝説――フクジュソウの起源

アイヌがクナウ・ノンノ kunau nonno［クナウ＝タンポポ、ノンノ＝花］、あるいはクナイポ・ノンノ kunaipo nonno とよんでいるフクジュソウ Adonis Amurensis［知里によると、フクジュソウはキムン（山の）クナウ］に関するお伽ぎ話は、この花がすべての花のなかでいちばんきれいな花だと彼らがみなしていることをあきらかにしている。その美しさは、それがかつて女神――実際、いちばん下の天を支配していると考えられている神々の娘の一人――だったと思われていることから説明がつく。この神話の特別の価値は、私の考えによると、アイヌが霊の生活はときどき植物の生活になると信じていることを説明している点にある。フクジュソウは、エゾのすべての花のなかではいちばん早く咲く花である。この花は明るい黄色をし、葉が出るまえにあらわれる。それは、すべての雪が平原から溶けるまえでさえも、ときには二月でも、見られることが多い。それは、三月にある地方では非常に美しく咲く。それが人々からたいへんに愛されるのは、おそらくこのためだろう。というのは、それは近づく春の最初のしるしだからである。イギリスでは、ユキノハナ snow-drop が高い地位を占めているように、フクジュソウはアイヌの心では高い地位を占めている。この神話はつぎの通りである。

「神聖なモグラは、もとはこの地上に住むために天から降りて来た神である。彼は地上の神々のなかでは、実際非常に高い位にある。だから、人々は彼を大いに尊敬して扱うべきだ。さて、非常に古い時代から、より下の空に住んでいる神の娘ほど美しい女性はいなかった。この神がある日、娘を自分のところによんで言った。『モグラほど尊敬され、高い位の地上の神はいない。私の娘よ。おまえは彼以外の神に嫁いではならない』と。女神はこれに同意した。そしてこの取り決めを知らされたモグラは、花嫁を受け取りに天に行った。彼が到着したので、若いレディーは、嫁入り衣装を準備するために精を出して働き出した。そして結婚を祝う日が来たとき、彼女は家をきちんと整理した。すべてのことが準備されたのち、儀式が行われ、結婚の祝宴が進んでいた。若い女神はなにかを取って来るかのように、静かに家を出た。しかし彼女は戻って来なかった。そこでしばらくたってから、モグラは彼女を探しに行った。彼は天と地と海を探した。しかしすべては無駄だった。まもなく彼は、彼女が地上の草のなかにかくれているというわさを聞いた。そして遠くまで探しに行って、彼女を見つけた。彼は彼女を見つけたときに、非常に怒った。そして激怒して、彼女を足で踏みつけて、言った。『おまえはひどい奴だ。なぜおまえはこっそり立ち去って草のなかにかくれたんだ。おまえは父親に服従せず、おまえの家から逃げたから、おれはおまえをもっともきびしく罰するぞ。おまえはもう天の家に戻ってはならない。この世界でだけ、生きなければならない。今おまえを草に変えてやるぞ』。こう言ってから、彼は全身の力をこめて、彼女を足で踏みつけた。それで、彼女は草に変わった。彼女の名前はクナウ（フクジュソウ）になった。この植物がそこに存在するもっとも美しく、もっともみごとな花をつけるのは、このようないわれがあるからである。実際それは始めは天に生きていて、非常に美しい女神だった。しかし彼女は父の望みに背いたので、女神でなくなったことを忘れないようにしよう。彼女はこのために罰せられた。そしてこれが、彼女が野の花の一つになった理由である。さらにモグラはこのように偉大で、高貴な神であることが知られているので、彼は殺されると、その頭は呪物の削り掛けで包まれ、お守りとしてうやうやしく保存されねばならない。またモグラは殺されると、男たちは頭を取って、それに礼拝しなければならない。そしてこう言う。『おお。なんじ、神聖なモグラよ。私たちは、なんじが偉大な神であることを知っています。今後はやさしく私たちに加護を与えてください。私たちを守ってください。また私たちの主君になってください』と。もし人がうやうやしくこうするならば、モグラは人に加護を与え、その人を非常に金持にするだろう」。

急ぐように言われたのに、目上の人に服従しないで、のろのろとすることはいかに危険かを示しているもう一つの例は、ヒバリの物語に見られる。天帝がこの鳥を旅に遣わしたときに、この鳥は命じられた時刻に戻らなかったので、天帝に不服従だと言われた。このために、ヒバリは再び天にある自分の家に戻ることが許されなかった。この話は若い人たちに語られ、ヒバリは両親に服従しないことに対する警告の例として挙げられる。さらにまた、ヒバリはあつかましかった。ヒバリは自分の過失のために叱られたときに、天帝に口答えした。彼が謝って、より立派な生活をすることを約束したなら、物事は違ったふうになったかもしれない。ヒバリがとった道は彼の性質をかたくなにするのに役立っただけである。それで、今でもヒバリはしばしばできるだけ高くに昇り、そこで造物主に立腹している。

ヒバリの伝説

「ヒバリは昔天で生きていた。ある日天帝が、地上に住んでいる神々への伝言を託して彼を地上に遣わし、その日のうちに戻って来るように言った。しかしこの小さい鳥は、地上が非常にいい所だと思ったので、滞在して遊んだ。彼がそんなに長くそこにいたので、暗くなり始めた。そこで、彼は地面の上で夜を過ごす決心をした。つぎの日、彼は興奮して起き、天に戻った。しかし彼が約一二〇フィート［三七メートル］昇ったときに、天帝はヒバリに会って言った。『なぜおまえは私が言った通りに、戻らなかったのだ。おまえは私のことばに従わなかったから、おまえは天に戻ってはならない。おまえは地上で暮らしなさい。お前は天ほど高く飛ぼうとしても、六〇フィートか、一二〇フィートより高くに行くことはできないだろう』。この小さな鳥はこのことばにひどく立腹した。そして天帝と論争して言った。『おお、偉大な天帝よ。あなたが作られた世界がたいへん美しいので、私はそれを見ざるをえなかったのです。それで遅れたのです。あなたがこのことで私に文句を言っても、私は天に飛んで戻って来ます』。このようにヒバリは天帝に答えた。しかし天帝は許さなかった。そこで、小さな鳥は非常に怒り、毎日できるだけ高く飛び、飛び回って、議論し、論争した。しかし天帝は、ヒバリが天に再び入ることを決して許そうとしなかった。そこで、彼は遊ぶために地上に戻った。しばらくして、彼は空高く飛んで同じことをした。しかし天帝は許可しなかった。同じことは今でも毎年夏に起こり続けている。しかし天帝はヒバリが戻ることを決して許さないだろう。ヒバリはリコチリポ riko chiripo、すなわち『高く上る小さな鳥』［リク＝高所、オ＝入る、行く、チリポ、チルポ＝小鳥］とよばれる。というのは、彼は小さな鳥で、空中高くに昇るからである。それはまた、チャランゲ・チカプ charange chikap、すなわち『論争する鳥』［チャランゲ、チャランケ＝論争する、談判する］とよばれる。というのは、それは神と議論するために、空中高くに行くからである」。

少年たちは、アイヌの宗教と迷信の奥義を人生の非常に早い時期に教えられる。彼らの教育は強制されないとはいえ、状況が要求するときには、来る日も来る日も行われる。私は、ある少年が頭のなかにもっている伝説の分量の多さにときどき非常に驚いた。それゆえ、ヘビの出現は、ヘビ崇拝の講義をよび起こすことはほとんど確実だろうし、フクロウを見ることは、鳥崇拝についての論文が書かれている教科書のごとき役をするだろう。ヤマガラ tit が現われた場合もそうである。この鳥を見ることは、若者にイナオを作る技術を教える機会として役に立つ。というのは、ヤマガラはとくに少年の鳥であるように思われるからである。

ヤマガラの伝説

「ヤマガラはこの地上で天帝によって作られた。そして今では、この地上で天から降りて来た鳥たちと一緒に住んでいる。天帝はまた、ここに住む他の多くの鳥たちを作った。天帝は最初自分自身の喜びのためと、それと話をするために鳥たちを作った。というのは、古代には彼はこの世界に住んでいて、非常に孤独に感じたからである。小鳥たちは大きな群れをなして地上に広がって飛ぶように作られた。そして天帝は、弓矢でそれらを一羽一羽射て喜んだ。ヤマガラはエヌムノヤ enumnoya とよばれる。そのわけは、彼はノヤ・ヌミヒ noya numihi、すなわち『ヨモギの種』［ノヤ＝ヨモギ、ヌミヒ＝粒］を食べて生きているからである。現在では、アイヌの少年はヤマガラを撃ち、それを殺すと、それを崇め、それにイナオを供え、その後で、それを投げ捨てる」。

だからアイヌの子供たちの教育は昔は、口からのことばでなされ、道徳的教訓は人々の言い伝えからの引用によっ

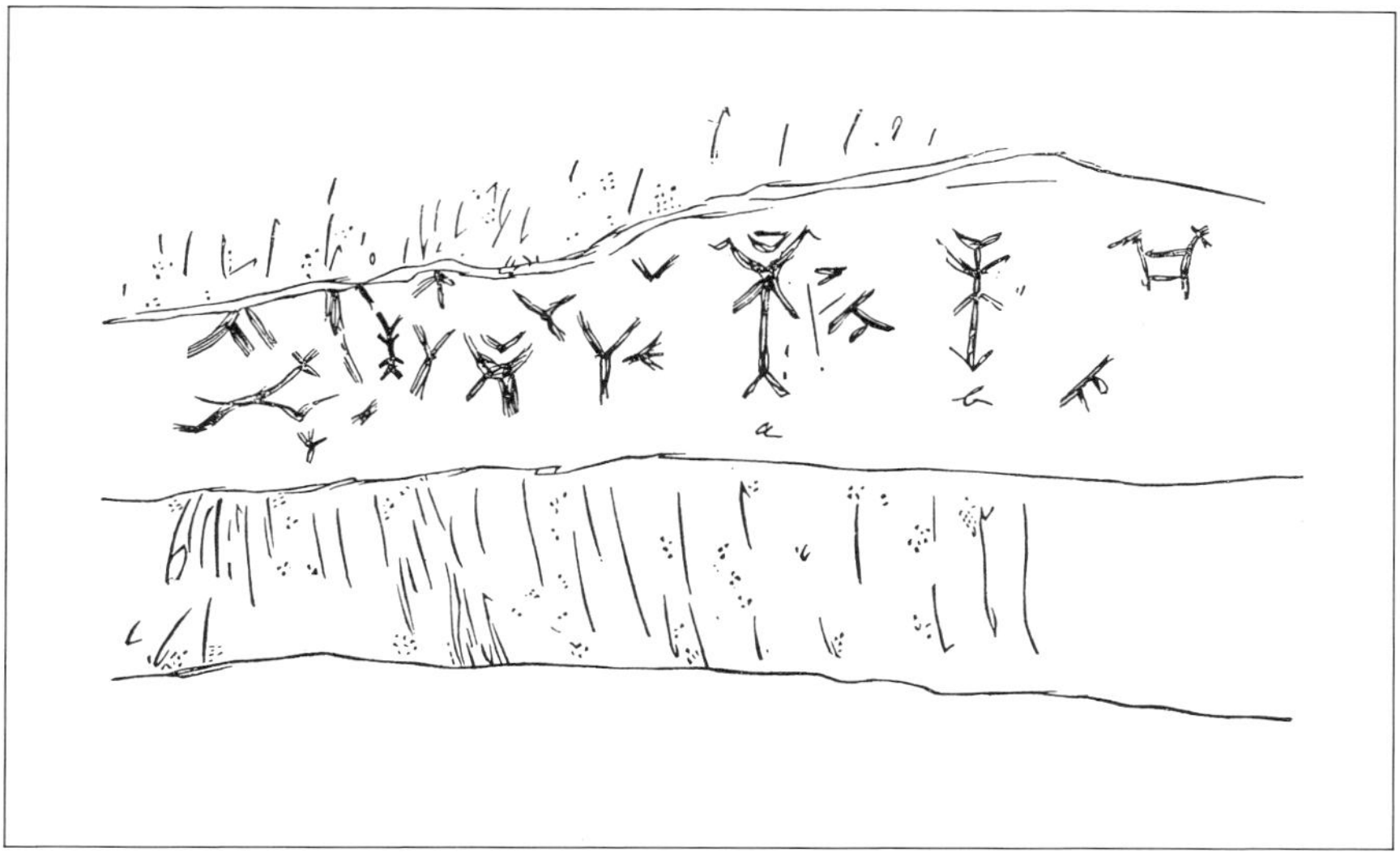

図25—1 小樽の碑文

て行われたことがわかるだろう。私は、彼らがなんらかの種類の文学をもっていたと思わない。というのは、どんな確実な実例も見出されないからである。しかし彼らは、本か、あるいは書くものをもっていなかったことを認めたがらない。というのは、彼らはこのようなことを恥じているからである。ペン、インク、紙にあたる土着の単語はないし、本にあたる単語［hon、ホン］は日本語に由来する。それにもかかわらず、彼らの多くは、自分たちの祖先は読んだり、書いたりすることを知っていたが、今はその術を失ったと、われわれに告げる。彼らは日本の英雄義経が、サル（沙流）のアイヌの村長（チーフ）所有のある本——唯一の本——を盗んで、持ち去ったとされている話を創作した。この本の名前は、純粋に日本語の名前で、『トラノマキモノ』と言われる。それは実際、兵法についての日本語の本である。盗みの話はつぎの通りである。

「義経がエゾに来たとき、彼はピラトリに居をかまえていたサルの村長によって親切に受け入れられた。この村長はその宝物のなかに『トラノマキモノ』という、非常に古い本をもっていた。しかし彼はそれを決して義経に見せようとしなかった。その後、村長は義経を養子にし、彼を自分の末の娘と結婚させた。義経がしばらくその家にいた後、ある日、彼は目が悪くなって、いつものように働きに行くことができないとうそをついた。それで彼は家に留まっていた。その日に彼は、妻をひどく非難し、食事をこばみ、『おまえはおれを愛していないし、おまえもおまえのおやじもおれを信用していない。だから、おれは自分の生国に帰るほうがいいんだ』と言った。『あなたが不信をいだいているのはどうしてなのですか』と、妻は彼に尋ねた。彼は答えた。『義理のおやじは、持ち物のなかのどこかに一冊の本をしまっていると聞いている。おやじは他のすべての宝物をおれに見せてくれたが、それを自分に見せてくれなかった。なぜおやじはおれを信用しなかったのだ』。そこで彼の妻はその本を持って来て、彼にそれを見せた。彼は言った。『今おれの目はよくなった。おれは明日は働きに行こう』と。義経は妻が本をしまう場所に注意した。それで、機会が来るとすぐに、彼はそれを盗み、それを持って逃げ去った」。

「さて、それは、義経の義理の父親が山のなかの遠くにいたときに起こった。彼はなにか悪いことが家で起きていると感じた。そこで、彼は仕事を止めて、家に戻った。彼が家に近づくと、義経がいちばんよく、いちばん早い舟で川を下って行くのが見えた」。

「さて、村長はいつも二つのもり、黒いもりと白いもりを携えていた。彼はどんな距離からも、目標をはずさないでもりを投げることができた。そこで彼は、舟のともに白いもりを投げ、それを刺して止めた。しかし義経——ずるがしこい男——は、書類挾み（ファイル）を持っていて、その文書を半々にして挟んだ。それから、黒いもりが投げられ、似た結果になった。そこで義経は舟のなかで立ち上がり、妻と妻の父親の悪口を言い、本だけでなく、もりと舟をもって逃げ去った」。

この伝説は、アイヌに文学がないという疑いない事実を説明しようとしている。

ある人が碑文だと考えていた引っ掻き傷のある洞窟が、二、三年まえまで、オタルナイ otarunai（小樽）にあった。しかしそれは、実際に人をからかいたいというだれかの仕業でなかったかどうかという疑惑が結局のところ非常にある。図25—1は、天候によって侵食されるまえに、それをとった写真である（訳注1）。それは、非常に柔らかい材質の上の引っ掻き傷であったために、ついに消えてしまった。人が発見することができる限りは、碑文のようなものは、この島でも、全世界のどこででも、実際にこれまで発見されたことはなかった。

（訳注１） これは、小樽の手宮洞窟にあり、土地では「手宮の古代文字」とよばれている。一八六八年（慶応二年）に石材発掘のさい、小田原の石工、長兵衛によって偶然に発見され、一八七八年（明治一一年）榎本武揚の視察で有名になった。お雇い外国人ミルン（一八五〇―一九一三年）も同年これを調査し、その結果を「小樽および函館出土の石器についての覚書と日本の先史遺跡に関する二、三の一般的考察」という論文にまとめて、『日本アジア協会会報』第八巻、一八八〇年に発表した（訳は吉岡郁雄、長谷部学『ミルンの日本人種論』雄山閣、一九九三年、一三七ページ以下）。ミルンは、この彫刻を古代文字とし、そのうちの数個は古代北欧のルーン rune 文字に似ていると言い、これをアイヌの作品とみなした。これ以後この古代文字は、多くの論争を生んだ。なお、バチラーは一八八四年（明治一七年）七月一日新婚の妻と一緒にそれを見ている。しかし彼は、「今そこにある文字は昔私が見た文字と違っております」と『自伝』一八二ページで述べている。図25―1は、ミルンの論文に掲載されているものと同じである。

26 人生の娯楽

音楽と歌謡／伝説の歌い方／楽器／踊り／ゲーム

子供の教育を別にすると、人生の喜び（娯楽）はいくらか注目する必要がある。娯楽のなかで主なものは音楽、舞踊、ゲームである。これらのもの、とくに音楽は、アイヌのような自然のままの crude 人種では、もちろん非常に高度に発達していない。

西欧国民に属している人々は、すべての音楽は、音階の音符から形成され、クレッシェンド（次第に強く）とディミヌエンド（次第に弱く）の記号をもっていなければならないと思いがちである。これはわれわれが子供時代から慣れ親しんできたような種類の音楽である。しかしアイヌの歌 song と歌曲 chant は、一般に音の固定した音符で流れないし、またそれらは一般に音階に結びつけられていない。だからそれらの節はつねに書き留めることができない。実際、アイヌは、節のない音楽をたくさんもっているが、それは、人々が当然予想するように、叙唱調 recitative［普通の話し方や演説をまねたか、強調したように作られた歌］で歌うことを特に指している。

女や娘たちは、実際に豊かな声をしているし、彼女たちがハミングをしているのを聞くのは非常に楽しい。彼女たちが斉唱で歌っているのを聞くと――もちろん教会での場合であるが――人々は音色の完全さとリズムと全般的なハーモニーの正確さに深い感銘を受ける。われわれが訓練した少年や少女のなかには、非常に鋭敏な聴覚をもってい

図26―1 ムックリ（口琴）

る人が見つかった。彼らは、われわれが経験するまえに予想したよりも、はるかに機敏に、また容易に、節まわしを身につけることができた。

男たちや女たちは、非常に美しい節を作り、それで彼らの最近の行為や体験を歌う。だからわれわれの使用人が函館や札幌や他の所から家に帰って来たときに、私はときどき坐って、彼らの歌声に耳を傾けた。私は、彼らが丸一時間坐って、家から離れている間に自分の身に起こったこと、すなわち自分がどこにいたか、なにを見たか、なにを聞いたかを歌か歌曲で語るのを見た。彼らの友達も、彼らの間で起こったことを同じような仕方で彼らに知らせた。つまり、どういう子供が生まれたか、だれが死んだか、だれが結婚したか、釣り、狩猟、畑作りがどう行われたかなどを知らせた。これらの歌曲に耳を傾けるのは非常に興味深い。というのは、それらの歌曲は心のなかの働きをのぞかせてくれるからだし、アイヌの真の性質のかなり多くと彼らの物の見方を示しているからである。

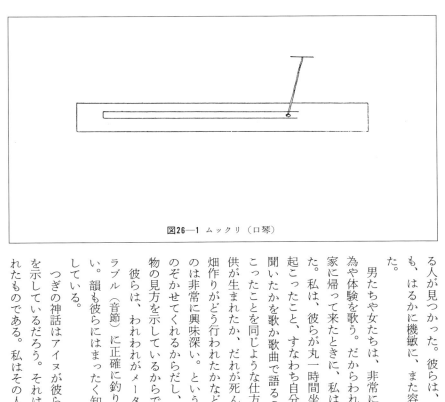

彼らは、われわれがメーター metre（拍子）とよんでいるものかシラブル（音節）に正確に釣り合わされた詩をもっているように思えない。韻も彼らにはまったく知られていない。詩は心のなかにだけ存在している。

つぎの神話はアイヌが彼らの伝説を朗唱するか、歌う一般的な仕方を示しているだろう。それは、ある年取ったアイヌによって私に歌われたものである。私はその人に、あまり多く酒を飲むと危険だし、よくないと説明したばかりだった。私はまた彼に、酒と木の削り掛けを神に供えることによってよりも、心のなかで誠実に天帝を礼拝するほうがいいことを示そうと努めた。私がこういうことを言ったにもかかわらず、この伝説を歌うこの老人の目的は十中八九は、以下に述べる飢饉のときに、神々はこれらの供え物が気に入ったことと、敬虔な礼拝者が神々のまえにこれらの物を置いて自己の誠実さを示すときには、神々はやはり喜ぶことを、私に強調することであった。

1　海上に頭を下げたり、上げたりしているなにかがいた。
2　そしてそれがなにかを彼らが見にやって来たときに、彼らは巨大なトド sea-lion［この英語はアシカ］が眠っているのを発見した。彼らはそれをつかまえて、岸にもって来た。
3　今われわれがこの事件を調べると、アイヌの国に飢饉があったことがわかる。
4　またわれわれは、大きなトドがサル川の河口の岸辺に打ち上げられたことを知る。
5　それでアイヌは食べることができた（すなわち、食べ物を手に入れた）。
6　このために、イナオと酒が神々に供えられた。
7　それでこの供え物がなされた神々は喜んだし、また今でも喜んでいる。

これらの詩の第一と第二は、このテーマの導入のことばである。アイヌ族の遠い遠い祖先が、ある大きな奇妙な物体が海の波の上に浮かび、波とともに上がったり、下がったりしているのを見たと表現されている。そこで、男たちは、小舟を出して、その物体がなんであるかを見に行った。彼らはそれが力の強いトド（シエタシベ、shietashbe）［シ＝真の、大きい、エタシペ＝トド］であることを発見した。それから彼らはその動物をとらえ、なんらかの手段で（その方法は述べていない）浜辺に運んだ。

第三と第四の詩は、この特別なときにアイヌの国に飢饉があったことを知らせるし、また今日のアイヌはこの悲しい災難を振り返って見て、眠っているトドのなかに、アイヌを飢餓と破壊から防ぐように働いている神々の手を見ることを教えられる。この大きな海の怪物は、サル（沙流）川の岸辺に打ち上げられたといわれる。サルは、エゾ南部のアイヌからその島の重要な地域とみなされていることを忘れてはならない。シシリ・ムカ Shishiri-muka［沙流

▲図26—3　ウカラ

◀図26—2　踊りを楽しむ（イギリスの女性［左の背の高い人］は宣教師のミス・ブライアントである）

川」はサルのもっとも大きな川である。

第六、第七の詩は、神酒とイナオを供えることが、つねに神々に喜びを与えるいけにえだったし、今でもそうであることを示している。それらはそのとき神々を喜ばせた。そして現在神々がそれらを喜んでいることは、食べ物がアイヌ族に今もなお行き渡っていることからわかる。それゆえ、これが、このような古代の宗教的慣習を廃止してはならない一つの大きな理由である。それゆえ、アイヌの考えによると、この人種は、一つの形式の宗教とそれに付随する儀式と儀礼を他の形式に変える理由はなに一つない。

エゾのアイヌは、ただ一つの楽器をもっている。それは竹でできた一種の口琴 Jew's-harp である（図26―1）。大人はそれを使わないが、子供たちはそれを弾くのがたいへん好きだ。それは長さが約五インチ［一二・五センチ］あり、真中に薄く細い舌状のもの［弁状の切り込み］がある。これは長さが四インチ［一〇センチ］、幅が八分の一インチ［〇・三センチ］ある。この舌状のものの根元の端に、一本の糸がとりつけられている。この楽器は、イギリスの子供が口琴をくわえるのと同じような仕方で、唇にくわえて演奏される。そのときには、演奏者は舌状のものが存在する空間を通して呼吸をし、糸にはげしい、突然の動き jerk を与える。音は演奏者の呼吸によって調節される［糸を引いて、舌状のものを振動させて、呼気と吸気、および口の形で音の共鳴を変化させる］。この楽器のアイヌ名は、ムックリ mukkuri である。

サハリン（カラフト）のアイヌは、一種のバイオリンを作る。気まぐれから、ある者は一本、ある者は二本、ある者は三本、ある者は四本、あるいはそれ以上の弦をつける。これらのうちのあるものは、札幌の博物館で見られるし、他のものは石狩アイヌ――彼らはサハリンがロシアに割譲されたときに、サハリンからやって来た――の間で見られる。音楽と楽器について言うことはあまりないが、踊りについてもほとんどない。というのは、それは私には、優雅さや優美さのない無意味な演技のように思われるからである。踊りに対する一般的な名前はタプカラ tapkara［タプカル＝足を踏みならして歩く、一人で踊る］とリムセイ rimsei［リムセ＝輪舞］で、四つの主要なものがある。これらは、（1）エホマ ehoma、（2）ヘランネ heranne、（3）イッケウホ・フム ikkeuho-hum、（4）ヘシコトロ heshkotoro である。（1）エホマ踊りは、ある種の鳥、おそらくサギ――それは氏族の神であったかもしれない――の運動をまねようという一つの試みであるらしい。踊り手は一般に輪をなし、たえず一斉にエホマと叫ぶ。彼らはまた、この踊りをしているときに、背中をできるだけ前と後ろに曲げる。(2) ヘランネとよばれる踊りでは、演技者は輪をなし、手をつなぎ、やみなしにヘランネと叫び、お互いにお辞儀をし続け、こうして輪の中央にほとんど一緒に頭をもって行く。(3) イッケウホ・フムは、背中と頭をできるだけ前と後ろに曲げて、できるだけ自分自身をシーソーのようにしようとし、それと同時に、イッケウホ・フムと叫ぶことである。(4) ヘシコトロは、はっきり述べることができず、他のすべてのものの混合であるように思われる。そしてヘシコトロということばを演技中に叫ぶ。

アイヌはゲームをほとんどしない。食べ物と着る衣服を探すようなつらい日常生活のために、ゲームの時間がない。しかし人々はときどき一つか二つのゲームにふける。男たちも男の子供たちも、カリプ・パシテ karip-pashte、すなわち「輪を回らせる」[カリプ=輪、パシ=走る、テ=させる] とよばれる一つのゲームのことをさかんに考える。この娯楽は川でサケをもりで突くことを子供たちに教えるために考案されたものらしい。それはつぎのように遊ぶ。

二〇人の男の子と男たちが参加すると仮定しよう。これらの人が、一組一〇人の二組に分けられる。二組は約二〇歩、あるいは二〇ヤード [一八メートル] お互いに離れている。各人は、もりに似た長い棒か、軽い竿で武装している。口火を切る側に属する一人の強い男が、一本のつるでぞんざいに作られた直径約六インチ [一五センチ] の輪を取る。そしてそれをあらんかぎりの力で相手のチームに投げて、地面の上を走らせ、バウンドさせる。輪を投げられた側の人たちは、それが自分たちのところを通り過ぎるときに、それを目指して棒か、もりを投げ、それを地面に釘づけにしようとする。もし成功すれば、彼らが勝ち、相手側の一人の人が彼らの側に引き渡される。それから輪は、強い側によって同じように投げ返され、そしてこのようにしてゲームは続けられる。一方の側の人が全部相手側に引き渡されると、ゲームは終わりになる。そして対立する側の人たちがもとに戻って、再びゲームが始まる。それは実際まったく興奮させるようなゲームだし、非常によい運動になる。

男たちは、彼らがウカラ ukara とよぶ非常に奇妙なゲームにときどきふける。それはゲームよりもむしろ、痛みのある体験という外観を呈する。それは、戦闘用棍棒でお互いをなぐることであるが、つぎのようにする。

上着のような柔らかい素材で棒のまわりをきちんと包み、一本の糸でしっかりしばる。それから一人の男が背中を出して、両手で木か棒を握って、前に屈む（図26―3）。第二の人は、棒を取り、外見上はあらんかぎりの力で彼を打つ。被術者が我慢できなくなると、彼は叫んで、逃げ去る。それから第二の人が前に出て、打たれる。そして第三、第四の人と続く。いちばん多い殴打を我慢できた人が、その日のチャンピオンである。

アイヌのなかには、棒を布で包むのを嫌う人もいる。こういう人は裸のままの戦闘用棍棒を好む。これらの人々が真のチャンピオンとみなされている。ある人が我慢できる殴打の数は、驚くべきものがある。実際、背中から血が流れ出ていることがある。しかしこの技の本体は、人が我慢できることにあるよりもむしろ、一人の人が与えることができる傷あとの数にあるのではないかという疑いがある。非常に強く打っているように見せる一つのこつがあるが、他方では術者は被術者に実際まったく触れていない。している人たちに、この点について質問したところ、彼らはさも心得顔に、ニヤニヤするだけで、親切にも質問者の背中で実際にやってみようと提案した。

27 政府と刑の執行

村落共同体／家の長／刑罰（a）倉庫の破壊（b）姦通（c）殺人／神明裁判　1と2熱湯を使う方法　3熱い鉄か石を使う方法　4水を飲ませる方法　5茶碗を投げさせる方法　6タバコを吸わせる方法　7杭にぶら下げる方法

古代の言い伝えとある慣習（それらは、今なお人々によって多かれ少なかれ固執されているし、二〇年まえまでは行われていた）によると、アイヌは決して独裁制ではなく、離れた村々の住民の間で政府をつねに分割し、各村落共同体を一種の独立した共和国にしていたことをわれわれは知る。各村の長老が集まって、一人のチーフと二人のサブチーフを選び、人民の間の事件を処理させたという話をわれわれは聞いた。首席チーフ、あるいは彼がいないときにはサブチーフのうちの一人が、死者を埋葬する葬式や結婚式——それは、彼が同意することによって、結婚の契約が認可され、若いカップルは心から祝福された——にいつも出席した。チーフたちは人民とともに法律を作り、法律の違反者を裁判する席についた。もちろんたやすくわかるであろうが、なんら法典はなかったし、はっきり定義され、記述された権利はなかった。それゆえ、軽い違反やはっきり認定された犯罪の処罰は、侵害された個人や地域社会にかなりの程度ゆだねられていた。首席チーフの義務は、人々が狩猟、漁労、戦闘に従事するように指導し、サブチーフと協力して、土地が正しく分配されているかどうかに気をつけ、庭（畑）の区画や魚釣りの場所を各人に指示し、病人を訪問し、紛争を解決し、罪を犯した人に判決を下し、またこのような判決が適切に行われているかどうかを見ることであった。すべての裁判は公開で行われた。もし召集された人民の長老たちがチーフの決定に同意しないならば、チーフの判決は無効になった。この形態の政府は、筆者が初めてアイヌのなかに行ったとき、人々によってひそかに行われていた。日本人が一人種としての彼らから、権力のあらゆる外観を奪い取り、彼らの世襲のチーフたちを罷免し、日本人自身が選んだ人々を彼らの代わりにおいたという事実があったにもかかわらず、そうであった。老ペンリ自身は、これらのチーフの一人だった。

しかし非常に遠い時代、また非常に小さい村々では、チーフの権威は当然家長に与えられた。夫と父は、彼の妻たちと子供たちを、彼が気に入った通りに、かなり扱うことができた。彼は、たとえば、彼の妻たち——というのは、アイヌは一夫多妻だったからである——を離婚するか、彼の子供たちの相続権を奪うことができた。彼は、妥当と考えられるときには、家族のどのメンバーも処罰することができた。しかしもっと最近では、各村にはそれ自身のチーフがいるから、一人のメンバーでは個人としてはなにもすることはできないだろう。彼は彼の友人たちや、任命されたチーフたちに相談しなければならない。

どうしてこのようになったかを説明するのは、容易である。一つの家族がすべての友人たちから離れて、村から遠く離れた荒地に家を建てたと仮定しよう。つぎのようなことが、アイヌによって行われてきた。一つの家族が新しい移住地をしばしば作った。このような移住地は必ず父親の支配のもとに始まる。息子たちが結婚したとき、父親は、息子たちの便宜を思って新しい小屋を自分の家の近くに建てるから、父親は増大する氏族の長であり続ける。その後、父親が老齢になって引退し、彼の長男が彼の代わりとしてますます行動するようになる。そして父親が死ぬと、長男が当然共同体の長として父親の後を継ぐ。そして年がたって共同体の数が増すにつれて、全村は当然共同体のうちのどれか一つに影響するなんらかの問題でなにかを言いたくなる。というのは、各家族はお互いに関係があるからである。それゆえ、一人の人は、村のあらゆる他の人を怒らせないで、彼自身の家族のメンバーに接することができなかった。このために、一種の共和国、あるいは共同体政府が必要になった。

交易の旅に行くときも、指導的地位に立つのは、チーフだった。昔は、彼らはシベリアに住んでいる人種や、千島列島、アリューシャン列島、カムチャッカ半島に住む人たちと交易をしたといわれる。図27—2は、かつて函館の博物館で見られたアリューシャン列島のカヌーである。それは長さ二一フィート［六・三メートル］、先端の幅が一〇インチ［二五センチ］あり、三人の人によって漕がれた。それはトドの革で作られている。このようなカヌーは主に、魚釣りに使われた。博物館には、セイウチ walrus か、トドをもりで取る準備をしている漁師が二人乗っているカヌーの模型があった。このような軽い舟が危険な戦闘のために用いられたとは思えない。それを漕ぐときには、男たちは、自分が坐っている穴に安全に固定する一本の革を腰のまわりにしっかりと結んで、水を内部に入れないように、また穴を水びたしにしないようにした。

以前千島列島で用いられた二種の犬ぞりは、古代にエゾのアイヌによって用いられたものを示している。第一のものは、長さが四フィート四インチ［一・三メートル］、幅が八インチ［二〇センチ］ある。それは食料か商品を運ぶた

図27—1 盗みのために鼻先を切り落とされた夫婦

めに考案されたらしい。

他のものは、旅行者を輸送することを目指したものらしい。滑走部分は長さが五フィート六インチ［一・六メートル］あるが、旅行者の座席は長さが二フィート七インチ［七五センチ］、幅は八インチ［二〇センチ］しかない。このような小さな乗物［原著では交通機関］によって旅行するとき、人はどうやってころがり落ちないようにするのだろうかと思う。しかし旅行者は、そりをまたいで足で地面を蹴って旅行したものだ。彼は大きなサンダルか雪靴をはいた。だから彼は転倒しないだけでなく、必要なときには、引っ張っているイヌを手助けすることができた。もちろんこれらのそりは、より遠い北の地方ではトナカイ reindeer ——そのアイヌ名はトナッカイ tonakkai である——によって引っ張られた。

後の時代には、北方諸国との交易は打ち切られ、日本にいる日本人と物々交換が行われた。さらに後に、日本人がエゾに押し寄せて以来、この島の松前、札幌、函館が物々交換による交易の主要な中心地になった。

彼らの祖先たちが日本人と交戦していたとき、満州人 Manchurians と交易したとか、自分たちが日本人に征服されてからは、日本人とだけ交易したと、男たちもまた言っている。満州人の小額貨幣と、おそらくは二、三のきせるの火皿が現在のアイヌの間で見出される唯一の満州の名残である。

アイヌには、犯罪者を罰するさまざまな刑罰の方法と刑罰の程度がある。その方法と程度は、犯された種々の罪によって規定されていたし、また裁判官と人民の意向によって規定された。しかし彼らは死刑には賛成しなかった。というのは、彼らはそれを刑罰とみなさなかったからである。彼らは、痛みか恥辱を受けることだけが刑罰の名に値すると考えたし、痛みが強ければ強いほど、刑罰は重いと考えた。棒か戦闘用棍棒でなぐることは、罪人を処罰するもっとも普通の方法だった。しかしこの方法に他の方法がつけ加えられた。罪とそれに伴う刑罰はつぎの通りである。

他人の倉庫か住居への侵入は、初犯者に対しては、非常に徹底的な殴打が行われた。再犯者に対しては、ときには鼻、ときには耳、ある場合には鼻と耳の両方が切り取られた。こうして罪人はしるしをつけられ、一生冷遇された。このような犯罪を二度犯した人々は、家財一切合切をとりまとめて、住んでいる家と村から追放された。倉庫に侵入したために、このような扱いを受けた男女——彼らは夫婦だったが——の写真を私はとった（図27—1）。彼らは、ア

図27—2 アリュート人のカヌー

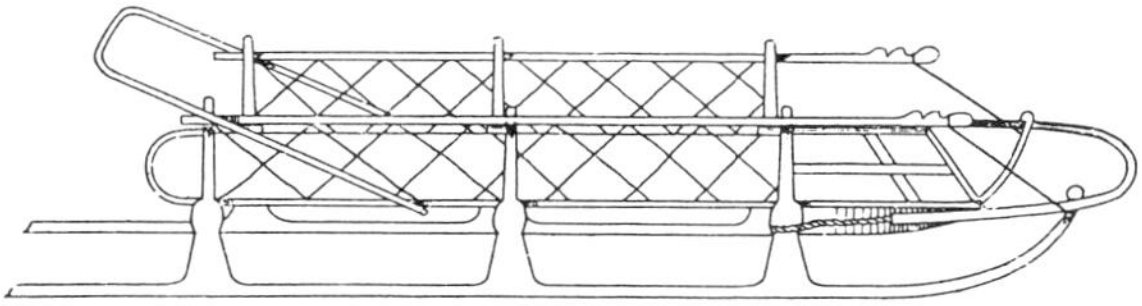

図27—3 大ゾリ

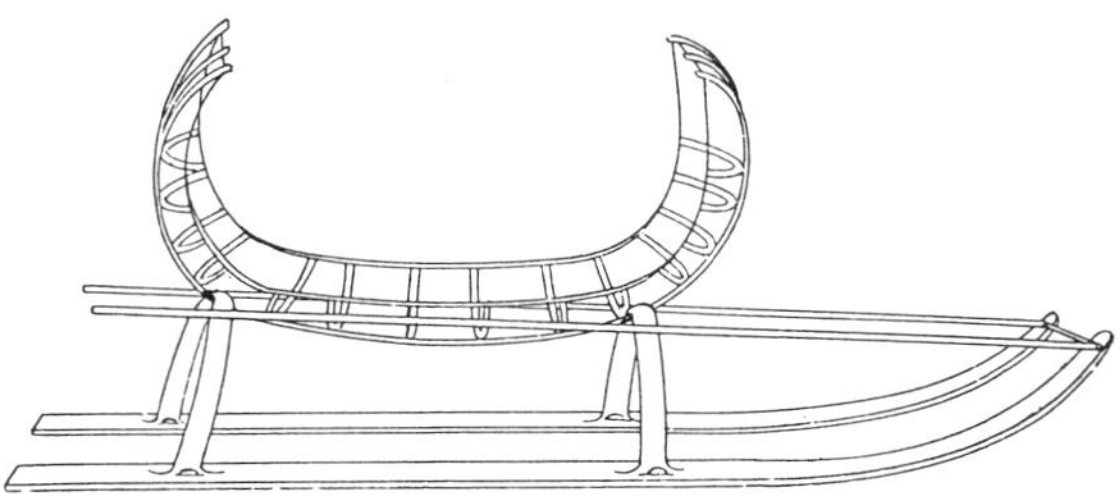

図27—4 ソリ

イヌの国でこれまでにこのような扱いを受けた人としては最後の人だし、また今後このような扱いを受ける人はおそらくないだろう。というのは、日本の法律が今では優勢になり、アイヌの法律はどの点からみても、永久に効力がなくなったからである。

戒律の七番目［モーゼの十戒の七番目。すなわち、男は他人の妻をとってはならないし、妻は他人の夫を取ってはならない］の違反に対しては、重い罰金を課すか、あるいは男の犯罪者の両手を背中でしばり、挿絵（図27―7）にほぼ示すように、足の指が地面から離れているが、辛うじて地面に触れるように髪の毛で梁につるすのが慣例であった。女の違反者は、一般に放免されたが、もちろん面汚しとされた。しかしときどき彼女も容赦なくなぐられた。もし罪人が独身者なら、彼女は通例見つかるとすぐに結婚させられた。

殺人に対しては、両脚の腱を切るのが慣例である。この結果、その人は人生の残りの間障害者になった。腱はかかとの近くまで切断された。これは恐ろしい刑罰だった。というのは、このようにされた人は、仕事も狩猟もできないからである。彼は、人生の必需品を得るのに身寄りの人に依存した。私はこのような刑罰を受けた老人を見たことがある。彼は歩くことができず、両手を使って動かなければならなかった。そして両手には二個の小さな木ぎれをもっていた。

しかし殺人者の腱を切らないときもあった。その場合には、罪人は、ニタイ・サク・チカプ・サプ・モシリ nitai sak, chikap sap moshiri とよばれた場所、すなわち「鳥も木も存在しない国」［ニタイ＝森、サク＝ない、チカプ＝鳥、サプ＝ない、モシリ＝国］に永久に追放された。そこは、非常に寒く、荒涼としていて、ほとんど永久に氷と雪がある場所だと記述されている。これはおそらくシベリアを指しているのだろう。

一人の人が罪に問われると、彼はつねに有罪か無罪かを申し立てることになっていた。もし彼が有罪と立証されたが、そのときでさえ違反を白状しないならば、一定の神明裁判 ordeal が適用された。つぎの神明裁判が主要なものである。

1　野蛮な熱湯裁判。非常に大きな釜――日本人が、灯火に使うための油を抽出したいときに、魚を煮るために用いるような釜――が入手された。これが冷水で満たされ、燃えている火にかけられた。水がかなり熱くなるとすぐに、

図27—5 熱湯の神明裁判

図27—6 杭の神明裁判

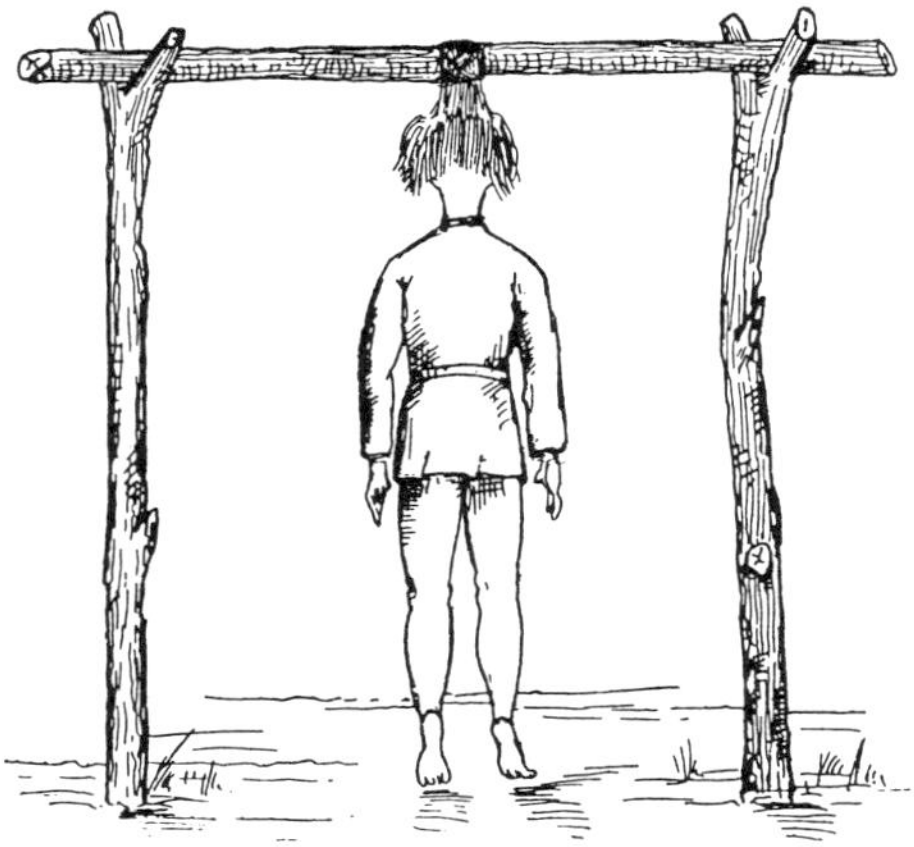

図27—7 髪の毛で吊るす

図27―5に示すように、犠牲者はそのなかに入れられた。彼、あるいは彼女が、目下の苦しみのあまり完全に白状するまで、そこに入れたままにされた。もし裁判官と人々がその人の有罪をかなり確信していないならば、このような神明裁判にたよることは決してなかったと、われわれは聞いている。この神明裁判は、刑罰の一形式でもあった。

2　別の熱湯の神明裁判は、告発された人の腕を、煮えたぎる平なべのなかに押し込むことであった。この試練を受けるのを恐れるならば、容疑者は有罪だとみなされた。もし腕を湯に入れたときに、やけどをするなら、有罪が立証されたと考えられた。もし腕が無傷ならば、その人は無罪と宣告された。

3　熱い石か熱い鉄の神明裁判。これは一個の熱い鉄か、熱せられた石を手のひらに置き、白状するまでもち続けさせるものであった。もし熱せられた道具で手にやけどが起きないならば、その人の無実が完全に立証された。

4　水を飲ませる神明裁判。これは、大きな水の桶のまえに人を坐らせ、全部飲むまでそこに留めおくことであった。口を桶から離すことは許されなかった。これは非常に恐ろしいように見えないが、アイヌはこれはもっとも苦痛だと言っている。もし首尾よく水を飲めるなら、無実だと立証された。もしそうでないなら、その人は有罪と考えられた。

5　茶碗の神明裁判。これは茶碗一杯の水を人に飲ませることであった。これがなされてから、彼は自分の頭ごしに茶碗を投げるように命じられた。もし茶碗が正しく上向きに落ちるならば、その人の無実が確証されたと考えられた。もしそうでないなら、彼は有罪だと立証された。

6　タバコの神明裁判。女性に好んで試みられた一つの方法は、女たちに数本のタバコを吸わせ、きせるから灰を、茶碗一杯の水にたたき落とさせ、それを無理やり飲ませることである。気分が悪くならずに、タバコを吸い、灰を飲むことができる女たちは無実だった。そうでない女たちはもちろん有罪だった。

7　杭の神明裁判。これは、地面に打ち込まれた二本の杭に人を縛ることであった（図27―6）。腕を完全に伸ばさせて、杭に縛られた。つぎに、脚も同じように伸ばされた。このように縛られた人はどんな人も、白状するまで、そこにその状態でいなければならなかった。

さきに述べたように、髪の毛でつるすことは（図27―7）、ときどき神明裁判として用いられた。とげのある淮木でなぐることも、よく使われる方法であった。しかしこれらの方法のすべてが、ときには、犯罪に対する刑罰として用いられ、また刑罰として課せられたことは注目しなければならない。これらの神明裁判のうちのあるものは、非常に苦痛だったので、アイヌのなかにはこの試練を受けるよりもむしろ自殺する人がいたことが知られている。

28 病気──その原因と治療

病気の一般的な原因／悪魔をなだめる／普通の治療法／ネコがもたらした病気／カワラヒワ／アホウドリ／ヘビとヘビ皮／イム、すなわちヒステリー／水をかける／おでき／とるに足らない愁訴／魔法使い

アイヌの間では、病気と事故はいろいろな観点から見られ、それらの存在はいろいろな原因によるものと考えられている。ある人は、病気は悪魔に徹底的にとりつかれたものだと考えている。またある人は、行われた悪事に対して神々が加えた刑罰だと考えている。しかし別の人は、低い地位の悪魔が病気の原因だと想像している。またある人は、鳥か動物がそれを起こしたと言う。しかし多くの人は、魔法がそれと関係があると考えている。だから、麻痺は、カムイ・イルシカ・タシュム kamui irushka tashum、すなわち「怒れる神の病気」［カムイ＝神、イルシカ＝怒る、タシュム＝病気］と言われる。この病気は、悪事に対する刑罰として造物主がとくに与えたものだと考えられている。「狂気」、あるいは「悪魔にとりつかれること」は、ときどき「ヘビにとりつかれること」という名前でよばれる。だから、ヘビはデーモン、あるいは悪魔という単語に言い換えることができる単語であり、またそれらと同義語である。

第6章で、病気の悪魔のうち少なくともあるものは、神々がエゾを作った斧から徐々に生まれたと、アイヌが考えていると述べた。また同じ章で、多くの人々は、悪の木、すなわちハンノキが病気の直接の原因だと信じていることも述べた。しかし本来の原因についての意見がなんであれ、すべての人が完全に信じているらしいことは、多くの従者を連れた病気の悪魔が実際にいることと、人が病気になったときには、悪魔のチーフ自身か、あるいはこの種のな

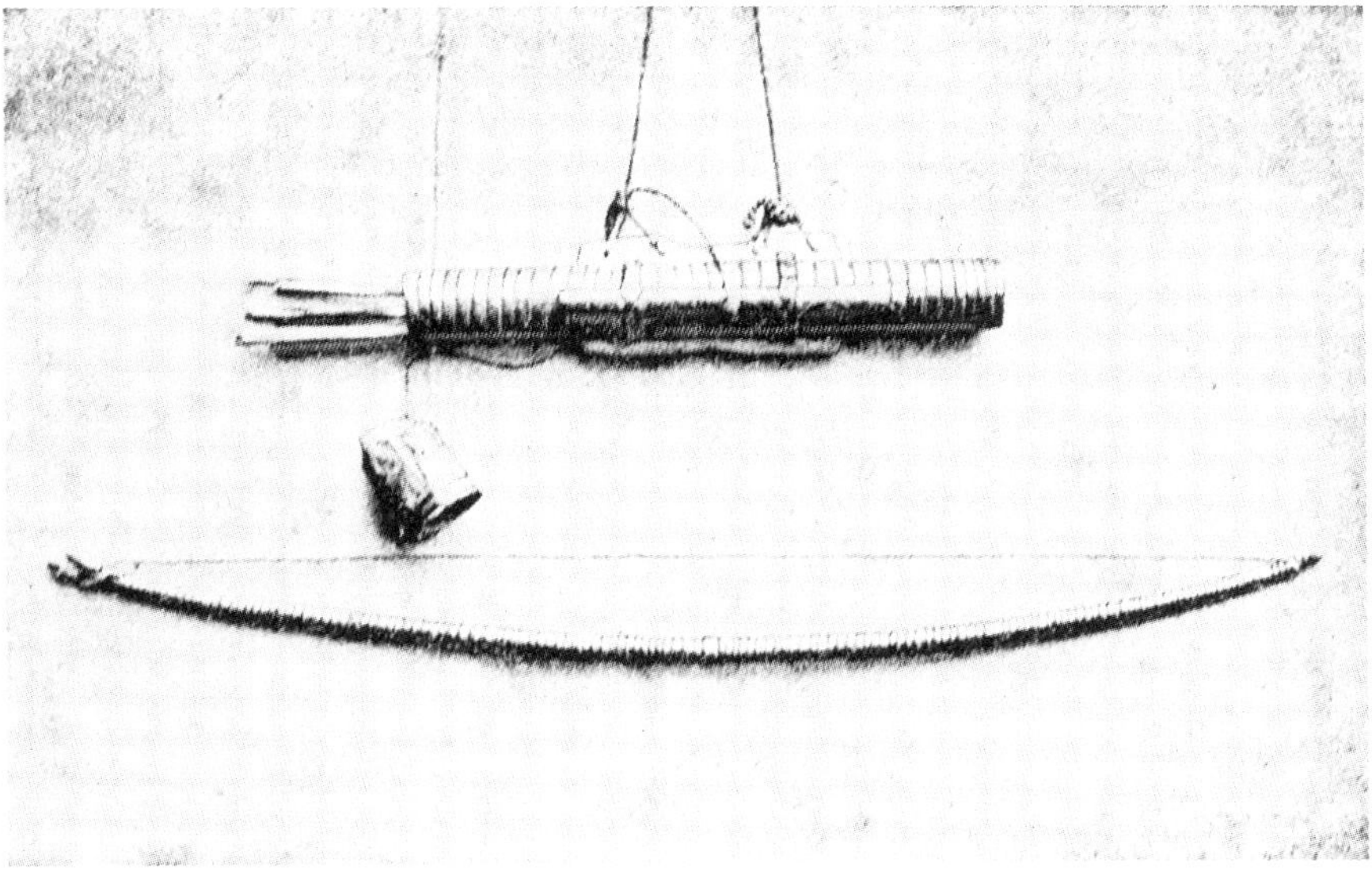

図28—1 アイヌの弓とえびら

んらかの悪魔に、供え物をしてご機嫌をとるのがもっともいいということである。これについての言い伝えはこうである。

「さまざまの病気が、ときどき人体を襲う。たとえば、おこり ague「マラリア」、発熱、おもい風邪、胃痛、肺のちくちくする痛み（肺病 consumption）である。これらの病気を訴えたときには、成人男性は一緒に集まって、川の上下の村々に行き、各小屋から少量の粟、魚、タバコ、ザゼンソウ skunk cabbage「アイヌ語では、shikerbe-kina、シケルベキナ」、およびハナウド cow parnip「アイヌ語では、pittok、ピトック」をもらって来る。これらのものをもらってから、みな指定された場所にもって行き、男たちはこの場所にまた集まって、祈らなければならない。祈ってから、男たちは、それらを海岸に運び、つぎにイナオ呪物を作り、そのそばにもらったものをうやうやしく置く。こうしてから、彼らは声をあげて祈って言う。『おお、なんじら海の港の悪魔たちよ。われわれに慈悲を施してください。おお、なんじら病気の悪魔たちよ。なんじらは恐ろしい存在です。それゆえ、私たちは一致して共に集い、イナオといろいろな種類の食べ物でなんじらを富ませようと決心しました。なんじらは、私たちを大いに苦しめた悪魔たちに仕えています。私たちのために、悪魔たちが立ち去るように彼らにお願いしてください。私たちは、なんじらの昼食のためにこれらの食べ物を差し上げます。またイナオは罰金として支払われます。おお、なんじら、港の悪魔監視人たちよ。病気の悪魔を私たちの村から立ち去らせてください』と。この祈願文を唱え、儀式を行うなら、病気は早く立ち去るだろう」。

病気のとき、アイヌはごく最近まで、適切な薬や医者の助けなしに、また家族の特別の慰めなしですまされねばならなかった。彼らは昔は、さきに述べた民間伝承が示すように、病気平癒の祈願や自然の力を大いに——完全にではないが——たよりにしていた。しかし人々が病人のために用い、また今なお用いているらしいまったく多数の薬草（ハーブ）がある。それらのなかに入るものは、つぎの通りである。カラマツソウ［アイヌ語では、arikko、アリッコ］（訳注1）、普通のクサノオウ［アイヌ語、otompui-kina、オトムプイキナ］、ハコベ、マタタビ、トチノキ［アイヌ語、tochi、トチ］、エゾノウワミズザクラ bird-cherry［アイヌ語、kikin-ni、キキンニ］、ヨモギ、ゴボウ、ホオズキ［アイヌ語、chiukomau、チウコマウ］、ハナウド、エゾネギ［アイヌ語、shu（また shi）kutut、シュクトゥツ］、その他にここに挙げられないほど多数のものがある。下痢の場合にはノダイオウ（またはギシギシ）dock［アイヌ語、sunapa、スナパ］の種子で作ったスープが非常によく効くといわれている。ノダイオウの種子を集めて、乾燥し、それから臼で搗く。粉以外残らないように、それらを十分に脱穀し、搗き、ごみを除いてから、粉を取り、エンドウ豆スープのようなものになるまで煮る。これのかなりの量は驚くべき作用があるといわれる。ある愁訴に対しては通例、冷水のなかに黒いハンノキの樹皮を浸して作った煎じ薬を飲ませる。病気を追い払う非常に一般的な別の方法は、野生のヒルガオ［アイヌ語、kittesh、キッテシ］の根を取り、病人が使う枕のなかにそれを詰めたり、それを嚙んで、その汁を窓の外や小屋のまわりに吐きかけることであった。

歯痛に対しては、爪を白熱状態になるまで熱し、それを二、三秒間痛い歯にあてる。これは、病気の原因であると考えられている昆虫を殺すといわれている。軽い切り傷に対しては、ゴボウの葉を嚙み、その葉を傷にゆわえつける。しかし激しい痛みに対しては、シカの角を削って粉にし、それを静かに切り傷の上に落とす。シカの角がだめだと、クジラのひげか、剛毛を薄く削り、その部位にあてる。クマに引っ掻かれたり、頭皮をはがされると、傷をまずきれいな水で洗い、頭皮か皮膚をその本来の部位に置き、樹皮で作った細い糸か、毛で縫い合わせ、それからシカの角か、クジラの剛毛を削って作った粉を縫い目に沿って撒く。毒矢にたまたまあたったときは、毒にふれた部位を即座に切り取り、その部位を吸い、それから洗って、シカの角の粉を傷の上に撒く。脚か腕を折ると、骨をできるだけよく並べ、粗末な副木に結びつけるだけである。

あるアイヌが、ある日私にネコの由来を語っているときに、ネコはもとは悪魔から生まれたのだから、ネコは信用できない動物だし、疑いの眼で見なければならないし、注意して扱わねばならないと私に告げた。ネコは人に魔法をかけることができるし、人々を不幸にするし、病気や死をもたらす。実際ネコは、他の多くの動物のように、人にとりつく能力がある。毛の色の違いもまた、そのときに私に語られた伝説のなかでは説明されている。

ネコについての伝説

「ネコはいろいろな色をしている。あるものは白、あるものは黒、あるものは赤味をおび、他のものは数種の色が混じっている。それらはみな、モグラを焼死させたモシリシンナイサムという悪魔の灰から生まれた。ネコは動物のなかでは最良のものでないが、家庭で育てられ、ネズミやハツカネズミを取るために飼われている。しかし大いに注意しなければならない。というのは、ネコはその性質があまり信用できないし、人々にとりつくし、また虐待されると、苦痛を伴う死でもって人々を罰するからである」。

「昔々、ネコを飼っていた一人の男がいた。ところがこのネコは、ネズミやハツカネズミを殺そうとしなかった。ネコはこの点で自己の義務を果たすよりもむしろ、盗みで全時間を過ごしていた。ネコの飼い主はこれにたいへん立腹し、ある日ネコを火のなかに投げ込んで、焼死させた。投げ込みながら、男はこう言った。『ネコよ、おまえはもともと悪魔の灰から生まれたのだ。だから、おまえは焼け死ぬのがもっともふさわしいのだ。おまえはネズミを押さえ込むというおまえの義務を果たしていない。だから、おまえはまったく役立たずだ。さらにおまえは、非常によこしまなネコだ。というのは、おまえは泥棒ネコで、私たちの家の近くで食べ物を盗むからだ。だから、おまえは罰せられねばならない』。こう言ってから、彼はネコの頭をひどくなぐって、燃えている火のなかに投げ込んだ。ネコはこの扱いにひどく憤慨した。そこで、このネコは、この男が残酷な仕打ちをしたのを許すことができなかった。ネコは死んでから、霊になって再びあらわれた。そして彼の家を全焼させて、彼に復讐した。その男自身の肉体と霊も、ネコのうらみを受けた。というのは、ネコが彼に襲いかかったので、彼はしばしばてんかんの発作を起こし、最後にはネコの鳴き声をまねしながら、苦しんで死んでしまったからである。このように、彼の肉体は病み、弱くなり、彼の魂はとりつかれた。それゆえ、ネコは役に立つにしても、恐ろしい動物である。だからネコは非常に親切に扱わねばならない。白い色をしているネコは、モシリシンナイサムの白い灰から生まれ、黒いネコは同じ悪魔の黒い灰から生まれ、赤味をおびたネコは赤い灰から生まれ、色の混じったネコは、混じった灰から生まれた」。

まったく小さい鳥でさえも、ある場合には非常に大きな有害作用を及ぼすと考えられているのを見て、私は非常に驚いた。一例を挙げると、ベニヒワ redcap［この英語は本来は europian goldfinch、ゴシキヒワ］という非常に小さな鳥がいる。それは春と夏に遠くから海辺に飛んでくる。この鳥は、砂浜や砂利の浜から約二、三〇〇ヤード［一八〇―二七〇メートル］離れた地点で生育し始める草や小さな潅木のなかにいるものを食べて生きている。アイヌはこの鳥をパコロ・カムイ・チカッポ Pa-koro Kamui chikappo、つまり「病魔の小鳥」［パ＝天然痘、疱瘡］とよんでいる。アイヌはこの鳥をひどく恐れ、そのうちの何羽かが食べているところに近づこうとしない。その鳥をその名前でよんだり、石を投げつけたり、なんらかの仕方で傷つけると、その鳥はすぐに、容疑者だけでなく、その人の近くにいるすべての人を病気と病死で罰するだろう。その鳥に関する伝説はつぎの通りである。

「早春に、体が灰色をし、頭の上に赤い斑点のある小鳥がやって来て、海岸に住みついた。それらは長い飛行をしてやって来る。もし人がそのうちの一羽を殺すならば、多くの悪い病気がすぐに村々を襲うだろう。だから、人は、その鳥を目指して石を投げるふりをしたり、それを名前でよんだり、その鳥に一つのことばさえかけたりしてはならない。人はその鳥から目をそらし、見ないふりをすべきだ」。

人々が病気になると、海の悪魔にときどき礼拝し、その機嫌をとることは、今述べたばかりである。これは、病気の悪魔（病魔）がそこに住んでいると、アイヌが考えていることを意味しているように思われる。アイヌはまた病気の治療法は海からもやって来ると想像していると言うと、非常に好奇心をそそるだろう。一例を挙げよう。

図28—2 エゾの冬

二〇年まえに私が交際していたアイヌの小屋には、アホウドリか、それに似た鳥の頭骨やくちばしが見られない小屋は一つとしてなかった。治療のために札幌のわれわれの所にやって来た病人の多くは（今では千人以上いるが）、われわれの所の医者が投与した外国の薬の補助として、カバンのなかにそれらを入れてもって来た。病人はこの鳥の頭を熱心におがみ、そのくちばしと頭骨を削って、熱湯に入れて飲んだ。これは実際、アイヌが彼らの薬箱のなかにもっているもっとも大衆的な薬の一つだった。

これから述べる伝説は、その理由を示している。その男が夢のなかで見た村長（チーフ）は、病気の悪魔に他ならなかった。村長の口を通して彼は、部族のだれもがアホウドリの頭の匂いを耐えられないことを知った。たしかにこの匂いはひどく不快だった。私自身もこのことをいやというほど体験した。

アホウドリの伝説

「アホウドリは礼拝の対象である。アホウドリに言う祈願文の起源はこうである。昔々、何年もの昔、悪い病気がアイヌの間に発生した。それで、多くの人々が死んだ。そのとき、トキランゲ Tokirange という名の非常に善良で、高潔な人がいた。さて、この人が、驚くべき夢を見た。その夢はつぎの通りだった。非常に大きな家があって、大勢の人々がそこに集まっていた。集まった人々のまえに、村長（チーフ）が立っていて、こう言った。『なにか悪いことに出会うとはちっとも思わないで、私はアイヌの国で一日を過ごしました。しかし多くの人々の小屋で、私は海からやって来るある鳥のひどい悪臭をかぎました。この鳥はアホウドリという名前でよばれています。私の友人たちよ。これらの鳥の頭がある家には入らないようにしましょう。というのは、このような家には入るべきでないからです』と。そう村長は言った。この後で、夢を見た男は夢からさめた。そしてこの夢にはどんな意味があるのかを知りたいと思った。そこで、彼は起きて、国中を歩いた。彼が小屋を覗いて見たとき、アホウドリの頭を呪物として保存している小屋が多いことを知った。そしてこの呪物に対してイナオを捧げ、酒を飲むのが、彼らの慣習だった。彼はまた、このお守りをもっている人々の間には病気がないことと、それが見られないすべての小屋では、だれかが病気であることをも発見した。そこでその男は、アホウドリの頭を一つ手に入れて、それに礼拝し、頭骨とくちばしをいくらか削り、その削り屑を茶碗に入れて熱湯を注ぎ、その煎じ薬を病人に飲むように与えた。この治療法を受けたすべての人々は非常に短期間で完全に病気が治った。だから、この鳥の頭はイナオの削り掛けに包まれて、保存されているのである。そして人が病気になると、それは取り出され、皿の上に置かれ、うやうやしく礼拝される。それからそれを削って、その粉を熱湯のなかに入れて飲むように患者に渡される。だから始めアイヌはアホウドリの頭の価値をちっとも知らなかったが、この男の夢以後は、このことはあらゆる人の知るところになった。夢のなかでしゃべっているのを彼が見たり、しゃべっているのを彼が聞いた村長こそ、病気の悪魔に他ならないことを、彼自身も知った」。

アイヌの一漁師の息子がかつて私にこう言った。「アホウドリは主要な海神の召使とみられています。漁師たちが呼ぶと、これらの鳥の一羽が好意を示してやって来るなら、漁がきっとうまく行きます」と。この鳥がイショ・カピウ Isho-kapiu、すなわち「狩猟好きのカモメ」［イショ＝猟、獲物、カピウ＝カモメ］とよばれるのは、このためである。他の多くのいわゆる神々と同じく、アホウドリは、人間からの祈願文をもって、自分自身より上位の他の神々のところに行くといわれている。しかしこれは別の箇所で［第45章］、述べるつもりだ。ここで特に思い出される事柄は、アホウドリは人間が病気のときに、人間を助けるという目的で作られたことである。実際、この鳥は、人間のために病気の悪魔と戦う。

ヘビもまた、病気を引き起こす力をもっているらしい。このことはつぎの民間伝承に見られる。「もしヘビを虐待するなら、ヘビは確実に病気を引き起こす。そしてもし人が、ヘビのために病気になるなら、ヘビを崇拝し、ヘビに供え物をし、ヘビか、あるいはその種のものにクルミの木でできたイナオを供えれば、病気はすぐに治るかもしれない。これが、この種のイナオをヘビに供えるようになった理由である。非常に古い時代に、一人の男が木を切りに山に行った。たまたま中が空洞の木を切っていたとき、彼は知らずにそこに住んでいたヘビを切った。しかしそれを助けることができなかったので、家に帰り、それについてもはや考えなかった。しかし彼が家に到着するとすぐに、病気になり、眼が悪くなった。彼の皮膚もむけ始め、全身が非常に痛くなった。そこでアイヌは集まって、ヘビに許しを乞うた。しかしすべてはむだだった。そのあとに、病人は夢を見た。それはヘビの夢で、そのヘビは彼のほうにやって来て言った。『私に注意を払ってください。あなたが山に木を切りに行ったときに、あなたは斧でヘビを殺しました。私はそのヘビの親類のものです。さて、あなたが多数のイナオを作り、たくさんお祈りをしても、治らないでしょう。その理由は、私たちに供えられるイナオとしては、クルミの木で作ったもののほうが好きだからです。もしあなたが、この種の木でイナオを作るなら、私たちはあなたを助けてあげましょう』と。そのあとで、男は目がさめ、友人たちにその夢について全部語った。それを聞いて、友人たちは集まって、クルミの木でイナオを多数作り、たくさんお祈りをした。その男はすぐによくなった。クルミの木でできたイナオはヘビに受け入れやすいことと、ヘビは尊敬して扱わねばならないことをわれわれが知ったのは、この夢によってである」。

予想とはまったく逆に、これらのヘビの抜け殻はときどき、薬として用いられる。それは大量の食料をもたらすお守りであるほかに、いぼや荒れた手足を治す力があると考えられている。いぼを治す処方として、私はつぎのことを聞いた。「手足にいぼができたら、それをヘビの皮でこすりなさい。こうするのは、いぼは、ネズミによって引き起こされたからです。だから、もしいぼをヘビの皮でよくこするなら、いぼはすぐに消え去るでしょう。というのは、ネズミはヘビを非常に恐れているからです」。

ひびについては、その処方はこうである。「もし手足にひびがあるなら、ヘビの皮を炭になるまで燃やし、それを罹患部位によくすりこみなさい。もしこうするなら、ひびの部位はすぐに治るでしょう」。

アイヌの間に蔓延している非常に注目すべき種類のヒステリーがある。彼らはそれをイム imu とよんでいる。それはとくに――主としてそうなのではないが――女たちを襲うらしい。その愁訴は、ヘビやマムシとある神秘的な仕方で緊密に結びついているように思われる。これらの爬虫類に咬まれた女たちは一人の例外もなく、この発作を起こすことを私は発見した。ペンリ――マムシに咬まれたことを私が知っているただ一人の男であるが――もときどき発作を起こした。この発作を起こす彼も他の人も、ヘビかマムシを見ることができないし、その名前を口にするのを耐えられない。さらに、この発作を起こしたことがなかった一人の男のまえで、私がかつて大きなヘビを殺して、その胃からネズミを取り出したところ、彼はこの種のヒステリーを引き起こした。またヘビが人間の堕落のさいに演じた役割を女たちに話すことによって、私は意図的でないが、彼女たちに何度もヒステリー発作を引き起こさせた。私はかつて、一人の若い男が両手に一つかみのトクサ（木賊）equisetum を道に置いて、三人の女にこの発作を起こさせているのを見た。アイヌはこの種の淹木をシプシプ shipship とよぶ。これは、この淹木が一緒にこすられるときに発するシューという種類の音に対する擬声語にすぎないことがわかる。そしてこの淹木がヒステリーを引き起こすのは、それが、ヘビが襲うさいに発するシューとか、ヒューという音、あるいはヘビが滑るように動くときに草と葉の間でたてるガサガサという音を人々に思い出させるためだと考えられている。

この症状はだれでも同じではないが、奇妙である。しかし私が注目するに至ったあらゆるおもいケースでは、患者の眼は非常に大きく開かれ、じっと見つめ、そしてきらきらと光っていることを観察した。このような人は、見る人の心を同情心で一杯にする。というのは、すべての行動はあわれな恐怖の行動だからである。一般に患者は、彼らに話しかけたときに人が言った最後のことばを早口に繰り返すだろう。そして患者があなたを見ているときに、その頭部はバランスを保ち、肩を後ろに反らし、肘をわずかに前に向けている。患者のなかには、言われたことと厳密に反対のことをする人もいるだろう。もしこのような人がナイフをもっていて、その人にそれを投げ捨てるように言うなら、その人は十中八九はそのナイフで自分の体を切るだろう。私はかつて、大きなくわを手にもった一人の女の行く手にヘビがいるのを見た。ヘビを見て彼女はヒステリーの発作を起こした。すぐ近くにいた若い男が、ヘビを目指してくわを投げるように彼女に言った。すると彼女は即座に、ヘビを目指してくわを投げ、それはほぼその頭にあたった。もしこの若い男が彼女になにを期待すべきかを知らず、またこのように警戒していなかったなら、彼はひどい怪我をしただろうと思う。どんな場合にも、この病気になった人は発作中は笑わないし、泣かない。

しかしヘビかマムシに咬まれた女がみな、この発作を起こすように思えないだけでなく、それは遺伝であるようにも思われる。女の人がヘビに咬まれた後に、その女の人に生まれた娘は、確実に発作を起こすといわれている。しか

図28—3 アイヌのサブチーフ

しこれが本当かどうか、私は知らない。しかしこの愁訴には伝染性があると、私は確信している。というのは、私が一〇年か一五年前に知り合いになり、そのときには発作を起こさなかった娘たちは、今では母親であり、妻であるが、彼女たちはヘビに咬まれたことがなくても、他の人たちのように、一寸した誘発刺激でイムを起こすことができるからである。

この愁訴の原因に関して、アイヌは悪魔以外なにも知らない。彼らはそれをまったく自然の軽度な種類の一過性の憑依《ひょうい》 temporary possession にすぎないとみなしている。それは治癒することがあり得ないから、せいぜいのところ、それを利用し、我慢しなければならない。

私は、札幌にいる日本人の一医師にこの事実を伝え、何人かの患者を診てもらった。彼は、自分はそれを説明できないと言い、この愁訴を単にヒステリーの一種だと言った。

肉体的な治療をする場合には、水がいちばん有効だと考えられ、またそれがよく用いられる。たとえば、人々が失神するか、死に瀕していると、水を口からそれらの人に吹きかける。これは、ワッカ・プルルセ wakka pururuse、すなわち「水をふきかける」[ワッカ＝水、バチラー辞書には、プルセ＝ふきかける、とあるが、プルルセはない] とよばれる。しかしときに、より多くの水が必要になるときには、柄杓かバケツ、あるいは手か、一束の切り花か草で、その人に水をかける。しかし治療法として水を使うとき、残念ながら、常識が必ずしも働いていないのではないかと思われる。たとえば、つぎのケースに注目しよう。

私の知り合いの若い男が、ある日落馬して、意識を失い、道に放置された。この事件がわかったとき、彼は肋骨を三本折っていた。彼の意識を回復させるために、水がかけられた。彼が意識をもどすまでに、バケツに三杯の水が注がれ、かけられたことを、私は少年の伯父から聞いた。かわいそうな若者よ。彼が親切のために死ななかったのは奇跡である。

物事の明るい側面を見るのは確かにいい。もっともいらだたしい肉体の愁訴さえも、納得できないような仕方で、未来のいいことをしばしば指し示していると言うのは、いくらか慰めである。あるとき、私の体にひどいおできができ、歩き廻ることもまったくできなかった [一八八六年のこと]。アイヌの一友人が私の窮状を聞いて、親切にも私を見に来て、私に同情してくれた。いろいろなことを質問してから、帰るちょうどまえに、彼は言った。「あなたはおできについて、くよくよするには及びません。そのわけは、おできができているのは、来年の庭の収穫がいいという確実な兆候だからです。だから、旦那は、喜びと不屈の精神で苦しみを耐えなければなりません」と。私は今、おできで苦しんでいるすべての友人に、この慰めのことばを伝えられるのに大きな喜びを感じている。おできは神によって作られるのか、悪魔によって作られるのかをアイヌは知らない。各人は自分自身でこの疑問を解決していい。

人々はまた病気を追い払うためのさまざまなお守り（魔よけ）をもっている。第11章で述べた呪物は、このよい例である。とりわけ、カワウソの心臓はよい解毒剤と考えられている。この動物の乾燥した心臓は、ある神秘的な仕方で、病気と戦う力があると考えられている。一八九四年［明治二七年］八月一一日、私はある場所に行くことになっていたが、その場所まで、乾燥したカワウソの心臓が入っている小さな包みを持って行って欲しいと一人のアイヌにたのまれた。というのは、そのときに近くで猛威をふるっているといわれていたコレラに対する解毒剤として、人々はそれを用いたがっていたからである。それが必要だと思う場合には、どのように使ったらいいのかと尋ねたところ、その小片を煮て、煮た汁と一緒に飲み込むのだと告げられた。もし私がそうしたなら、コレラは私の近くには来ないだろう。この品物は、コレラに襲われたときに、それを治す治療薬としてより、むしろこの病気を追い払う一種の魔よけとして用いられている。それゆえ、それは、完全に薬として用いられる動物の胆汁の使用とは違う。

「心臓がどきどきしているときは、悪い知らせ、たとえば火事、おもい病気、死の知らせなどをまさに聞こうとしている一つの前兆だといわれる。だから、このような心臓の鼓動を感じるときには、その人はすぐに六回その部位をこすり、こう言うべきだ。『私は悪い知らせを聞きたくありませんから、私は今六回自分の体を軽くこすります』と。このために、彼は小さな棒か、一本の草を取り、それを六つの切れ端にちぎり、その切れ端でその部位を慎重にこするべきだ」。

アイヌの民間伝承で、六という数字がしばしば見られるのはおそらく奇妙に思われるかもしれないが、それが完璧（完全）の数的象徴として繰り返し繰り返しあらわれることをわれわれは発見したと、今きっぱり言ってよい。そして六は、人々から神聖な数と見られている。われわれは、この数がアイヌの伝説のなかによくあらわれることをしばしば発見する。だから宗教的な祝宴がなされたとき、この目的のための酒は六つの米袋を用いて入手され、これらの酒は六つの桶に入れられ、酒を使う準備が整ったとき、六つの容器にあけられ、六人の有力者によって飲まれた。第23章で述べたように、清めも、出産後六日目に行われた。また舟は六つのオールを持ち、六人の人で漕がれ、乗客として六人の神々をのせていることをわれわれは聞く。また戦士は戦争に行き、六つの雲と六つの霧の土手にぶつかり、これらの下で六つの急流を発見した。そしてこれらの急流は六人の有力者によって見張られていた。彼は戦って、六人を殺した。さらに彼は、石の鎧をつけた六人の男女、および金属の鎧をつけた六人の男女に出会った。彼は剣で力強く前方を薙ぎながら、三人の男と三人の女、全部で六人を殺した。しかしこれ以上実例を増やさないで、つぎのことを述べて、結論にしたい。それは、一人のアイヌが他のアイヌに加えることができる最高の罰金は六枚の衣服だということである。これは、古代に日本語を学んでいることが見つかった家来にアイヌの村長が課したといわれる罰金であった。しかし「アイヌが自分たち自身の母国語をしゃべるのを日本の役人が禁止してから、この罰金は廃止された」。ここで、本論に戻ろう。

「もし上まぶたがぴくぴくするなら、非常に興味があるものをまさに見ようとしている前兆である。もしぴくぴくしているのが下まぶたなら、それは死者のための慟哭があることを告げている」。

人が病気の原因を知りたいときには、彼はトゥスグル tusu-guru、すなわち「魔法使い」wizard に使いを出して、連れて来て、それを説明してくれとたのむ。実際これは単に過去のことではない。というのは、それはときどき現在でさえも行われているからである。

この魔法使いは、心配している人の家に行き、一種のトランス状態［催眠状態で通常の意識や意志行為が消失し、自動的な活動や観念があらわれる状態］におちいり、また自分自身を興奮状態にまで高めて、なぜ病気が起こったのか、どういう悪魔がそれをもって来たかも人々に告げる。彼はまた病人につけるお守りを作る。これらのお守りは、病気の悪魔を追い払い、健康の神を連れ戻すと考えられた。彼はまた病人が飲む薬を作る。魔法使いが予言するときには、眠っているか、そうでなければ、意識を失っていると考えられている。そのとき、予言か予知の霊が予言者の心臓に入ると考えられる。だから、予言者は神々の道具か、代弁者になるだけである。予言者は、自分自身が言うことを知っていると思われてさえいない。聞いている人は、予言者のことばがなにを告げているのかがしばしばわからない。彼は予言の行為のさいに、おそろしく震える。彼は通例息が非常に苦しそうで、額には玉なす汗が流れる。彼の目は開かれているが、さしあたりは視力がない。彼は心でもってしか見ない。彼が見るあらゆるものは、過去に関係があるものにせよ、現在に関係があるものにせよ、未来に関係があるものにせよ、現在の時制（テンス）で語られる。人々は予言の霊を完全に信じており、しばしば予言を頼りにしている。

しかしどんな人も、気に入ったときに予言ができるわけではない。霊が自分をとらえるまで、待たねばならない。酒を大量に飲むことは必ずしも必要ではないが、瞑想とお祈りは絶対に必要である。予言という重荷はときに、ひきつりとしてあらわれるが、一種の詩歌のような単調さとしてあらわれることがもっと多い。予言者が予言するとき、絶対的な沈黙がそこにいる人々によって守られる。予言の声以外はどんな声も聞かれない。灰色のあごひげをした老人たちが、目に涙を浮かべ、黙って、厳粛に、注意して、言われることに耳を傾けているのが見られる。予言者は、両手で自分の体を叩き、しゃべり終えたときに、目を開いてじっと見つめ、非常に疲れたという表情を示す。

私は病気のもっともおごそかな光景を目撃したことがあるが、そのうちの一つは、私が住んでいる隣の小屋で起こった。それは、日射病のケースだったと思う。病気になったあわれな女は、まったく意識がなかった。そして死ぬのは今か今かと思わせた。彼女の友達たちにすぐに伝言がされた。また彼女の近い親類の魔法使いが五マイル［八キロ］ほど離れた村から連れてこられた。私は夕方暗くなってから、彼女に会うために小屋に入った。彼女は、炉端近くの長い腰掛けに横たえられていた。彼女の頭のほうには魔法使いが立っていたが、彼は、はげしい興奮と真剣さのあまり、体を前後に揺りながら、予言し、お祈りしていた。私は彼のらんらんとした目と、真剣な顔つきを決して忘れることができない。病人の友達である多数の女たちが、病人のまわりに立って、彼女たちがニタタ nitata とよんでいることをしていた。すなわち、彼女たちは、病人の手を握り、こうすれば、霊が肉体から離れないようにできると信じていた。それと同時に、彼女たちは口で患者に息を吹きかけたり、大きな悲しみの声と大きな泣き声をあげて自分たちの感情をあらわしていた。明かりを手にもっている女もいれば、壺、平なべ、桶を外に出し、小屋を隅から隅まで掃除している女たちもいた。これは、病気の悪魔を追い出すためであった。多数の男たちもいたが、彼らはみなお祈りをしていた。

(訳注1) バチラーは、『アイヌ・英・和辞典』の「arikko」の項にこう書いている。アリッコは、日本名はカラマツソウとよばれる。アリは、bracing up[奮起させる]という意味である[アリ=燃える]。この植物の根を生のまま、焼いて食べると、下剤として効くといわれる。その味は非常に苦い。しかしときどき、胃痛のさいに、沸騰した湯のなかにその根を浸して煎じ薬を作り、そのかなりの量を飲む。これは驚くほど効き目があるといわれる。作業中に手を怪我したり、森を歩いているときに、足にとがった物を刺したなら、この植物の根を取り、それを嚙んで、糊状(泥膏)にし、傷口にあてて化膿を防ぐ。また、この薬草の葉を取り、それを両手で丸めて押しつぶして、柔らかくし、それを、内臓の痛みの部位や打撲した部位に貼る。

29 悪魔払い

悪魔にとりつかれる／狂気／病気の子供の悪魔払い／ニゥエン・ホリッパ、すなわち「荒々しい踊り」

さきの章で、アイヌは病気を悪魔にとりつかれることとみなしていることと、その結果、薬の投与のような人間的な治療法が無効なケースがあることを述べた。しかしアイヌは、すべての悪魔が非常に嫌っている臭いがするある特定の物を知っていると言っている。さきに述べたアホウドリの頭の他に、野生のヒルガオの根は、こういう物の一つである。だから、ある人が、他のすべての治療法が失敗するほどのおもい病気になると、人々はこの植物の根を二、三本掘って、その患者の悪霊を追い払い続ける。人々は病人のいる所で、その根を噛んで、病人の体の上や小屋の内外全体に吐きかける。ある人が吐きかけているとき、別の人は患者に息を吹きかける。この不潔だが、興味ある儀式が満足の行くように行われ、悪霊が肉体から出たと考えられるときに、男たちは吐きかけながら、ナイフや剣で四方八方をたたき、こうして悪霊を家と地域から追い払う。

狂気——それは、あらゆる他の病気のように、悪魔にとりつかれることだとときどき思われているが——は、それ相応に治療されなければならない。しかし、特別の罪を犯さなかったり、悪魔に自分自身を直接売らないならば、だれもこのような病気にならないと考えられているということを述べるのは、奇妙な話である。私はかつて、仮の小屋のなかで縛られ、そこに監禁され、村の人々から毎日食事を与えられていた狂人の女を見たことがある。アイヌはときどきそこに行って、彼女とその小屋のまわりにヒルガオの根の汁を吐きかけ、彼女のためにお祈りをした。この女はやがてよくなった。それで彼女は、この治療法が有効なことを示す生き証人になった。だから、人がある伝染病を村から追い払いたいなら、彼らはお祈りをし、ヒルガオの根を噛み、手に剣を持ち、荒々しくわめいて、吐きながら、村中を歩き廻るだろう。

私が狂人に出会ったとき、どうやったら狂人とわかるのか、またもし私が狂人につかまったら、私は彼になにをなすべきかと、あるアイヌに尋ねたところ、彼は私につぎのように言った。

「人が悪魔にとりつかれると、その人は自分は酔っ払っているのだとときどき思い、走ったり、大声で叫んだり、歌ったりするでしょう。彼はまた家を捨てて、山をさまようでしょう。もしこのような人が見つかったら、人々は急いで彼をつかまえるべきです。人々は彼を川辺に連れて行き、体のいろいろな部位を鋭利な石、貝殻、ナイフ、あるいはかみそりで切ります。それから、彼が少し出血したとき、彼を一束のケヤマウコギ acanthopanax の枝で打つべきです。それから彼は川に連れて行かれ、歩かされ、ときどき徹底的に水のなかに突っ込まれます。これがなされるなら、悪魔は非常に立腹して彼から出て行き、立ち去るでしょう。そしてその人もまた治るでしょう。また彼は自分の過去の生活を、涙をたくさん流して後悔するでしょう。彼はまた再び悪魔にとりつかれないように、お祈りをするでしょう。さて、もしこのような人がつかまえられて、このように扱われないなら、彼はすべての衣服をはいで、素っ裸でさまようでしょうし、戸外で寝るでしょう。そして結局は餓死するでしょう」。

あるまれな病気のケースでは、アイヌは、エピル **epiru**、すなわち「掃き出す」、ウウェエピル **uweepiru**、すなわち「お互いに掃き出す」[ウェ＝均等に]、カシケキク **kashike-kik**、すなわち「叩く」[カシケ＝上、キク＝なぐる]、ウカキク **ukakik**、すなわち「お互いに叩く」[ウ＝互いに、カ＝上]、またウウェポタラ **uwepotara**、すなわち「治療する」[ポタラ＝治療する、心配する]、あるいは「追い払う」のようないろいろのことばで知られる特有の儀式を行う。この儀式を施行するさいには、四つの物が必要である。すなわち、一束の薬草、鎌、痛んでいない強い木、着替えの衣服である。儀式を行う人は、村長（チーフ）か、承認された呪医 medicine man か、家長か、病人の父親か、あるいは近親である。呪医か、家族の代表者、つまりその家系の男性の長は、他の人よりもはるかに好ましい。

図29—1 アイヌの村

村長か父親も例外でない。この儀式を説明するにあたっては、それが行われた通りに事実をできるだけ入念に述べ、解釈や注釈のようなすべての他のことは、終わりまで残しておくほうがいいと思う。

われわれと一緒にあるアイヌの村に住んでいて、われわれが非常によく知っている六歳位の少年がいた。この少年が突如病気になった。病気は、一種の麻痺か、てんかん発作の形をとった。というのは、少年はしゃべる力と腕の機能を失ったからである。実際、少年はときどき酔っぱらった男のようによろめいて倒れさえした。少年はときには火のなかか、川か海に落ちる危険があった。それで、彼をたえず見張っていなければならなかった。このよろめき発作がいつ来るか、人々にはわからなかった。少年の脈拍は強く、正常なこともあれば、弱く、遅いこともあった。また熱があることもあれば、まったく冷たいこともあった。また彼は相手がだれかほとんどわからないように見えた。少年は悪魔にとりつかれていると言うアイヌもいれば、少年は虫に攻撃されていると言うアイヌもいた。しかし前者の意見のほうが優勢だった。

日本人のある医者が、この少年を診るためによばれた。医者は六週間薬を投与した。しかし外からわかるかぎりは、医者のあらゆる治療法は役に立たなかった。そこで子供の両親は、家族と村の長老たちの最高会議を開いた。そしてこの少年は悪魔にとりつかれていて、この憑依は狂気の形をとっていると断定された。それゆえ、少年はチイイタサレ chiitasare、すなわち「変えられた」［イタサレ＝変える、取り変える、チは過去分詞を作ることば。よってチイタサレは「変わった」の意］、あるいは「狂った」といわれた。彼は、悪魔払いをされねばならないことに決まった。というのは、医者の薬が悪魔に作用しないのはあきらかだったからである。日本と外国の治療法は失敗した。アイヌの祈りと宗教的な儀式が今や戦闘を開始しなければならない。

これは、長老と家族の代表者によって彼らの集団的な知恵で決定されたのだから、その家族の血統の最年長の男がよばれた。イナオがうやうやしく作られて、火の女神に捧げられた。火の女神は、この特別な機会には、イレス・フチ Iresu huchi、すなわち「われわれを育てる祖母たち」［イ＝私を、われわれを、レス＝育てる、フチ＝祖母］とよばれる。それから、火と他の種々の家の神々に神酒がつがれ、酒が飲まれ、祈願文がうやうやしく唱えられた。これらのすべてのことが、少年の父親の家で、少年のために、少年の目の前で行われた。この子は儀式中ずっと出席していることが絶対に必要だった。というのは、その少年は、神々に懇願している特別の対象として、たえず神々に注目されていなければならなかったからである。

そうこうしているうちに、一包みの衣服が女たちによって作られ、儀式を司るアイヌのそばにおかれた。残りの人々はよりよい衣服をつけていたが、悪魔払いされることになっていた少年は普段着を着ていた。悪魔払い師は祈願文を唱えてから、一包みの衣服と鎌を取り出し、少年とその父親と一緒に遠くの山に行った。ふさわしい場所に着くと、その子は、まったく痛んでいない立派なカシワの木の下におかれた。それから悪魔払い師は行って、二束のヨモギ Artemisia vulgaris, L.——アイヌ語ではノヤと言うが、束にしたときには、タクサ、つまり「房」と言う——を切った。

それから、ヨモギの房か束が、鎌と一緒に少年の近くにおかれ、少年がカシワの木の下に立たされた。つぎに悪魔払い師は万物の造物主とその天使たちと従者の神々に礼拝し続け、彼らのすべてに、自分の祈願文を聞き、自分の特別の懇願に応じてくれとたのんだ。つぎに彼は、その木のほうに向かい、その霊、あるいは守護神 genius に礼拝した。そして彼は、その木を強く、堂々とした木だとよび、その強さと堂々たる有様のいくらかを、この子に与えてくださいとたのんだ。彼はそれを美しく、堅い木とよび、自分の祈願の対象にその美と持久力のいくらかを伝えてくれとたのんだ。彼はそれを長寿の木とよび、その生き生きとした徳のいくらかを死んだも同然の子に与えてくれとうやうやしくたのんだ。つまり、彼は、木の幹と枝になることになっているものが少年の肉体になるように、木の守護神にたのんでいた。

このあとで、彼は鎌をとり、少年の衣服を上から下まで切り、他方では、衣服のいろいろな部位、とくに背中、胸、腕を切った。つぎに彼はヨモギの束を取り、それで少年のいたるところを打ち、また頭から足まで少年をなでた。こ

図29—2 幸わせそうなアイヌの男

の行為のために、この儀式はエピル、すなわち「掃き出す」（ブラシをかける）といわれたり、カシケキク、すなわち「叩く」といわれるのである。というのは、少年はそれで叩かれ、病気の悪魔を掃き出されるからである。衣服は、悪魔が逃げ道を見つけられるように切られた。しかし悪魔がどこに行ったのかはわからない。少年はつぎに衣服を脱がされ、もう一度叩かれ、ヨモギの束でブラシをかけられた。そのあとで、その目的で持って来た衣服を着せられて、家に帰った。少年は悪魔払いをされ、悪魔は立ち去った。今彼のためにすべきことはもうない。もし神々が祈願文を聞き、その儀式を少年に対する一つの祝福にしたなら、少年はよくなるだろう。またよくならないならば、少年は死ぬに違いない。アイヌは自己の役目を果たした。彼らは今や、神が自己の役目を果たすように、神を実際置き去りにする。古い衣服とヨモギの束は、悪魔払いの場所に残された。しかし鎌は、機会があれば、将来同一の儀式で使うためか、あるいは普通の庭（畑）仕事で使うために家にもって帰った。というのは、鎌はこの儀式での使用を通して見ると、それには特別の神聖さがあるように思えないからである。一行が家に到着すると、彼らはみなアゼスゲ sedge［アイヌ語、takbe-kina、タクベキナ］の房でブラシされ、そのあとで小屋に入り、体を洗った。

　衣服を切ることに直接続く儀式の部分は、とくにウウェポタラ、すなわち「悪魔払い」といわれる。悪魔が掃き出され、追い出されるのは、このあとすぐだから、こう言われるのだと思う。たしかに悪魔はこの場合には追い出されたのに違いない。というのは、少年は家に帰り、一年もたたないうちに完全によくなったからである。それゆえ、その村の人たちは、自分たち自身の治療法が日本人の医者や外国の薬の使用に対抗して、強い威力をもっているという目に見える証拠を手に入れた。実際に衣服を切ること自体は、アペトゥ apetu（単数）とアペッパ apetpa（複数）と言い、実際は「細長く切る」とか「裂く」という意味である。

　悪魔を追い払うとき、衣服を切るのに鎌が用いられる理由を、私はまだ見つけることができないが、いつかはそれについて一条の光が投じられるだろうと思う。そのわけは、このようなものが、特別の目的のために用いられるときには、それにはある隠れた意味が普通あるからである。ヨモギの束が用いられるのは、病魔はこの草の匂いと味が嫌いだと思われているからである。この植物の種々の変種は、食べ物と薬として用いられることは別の章で述べた。カシワの木が、他の木よりとくに用いられるのは、その木がより堅く、より耐久力があるからである。しかしカシワの木が利用できないなら、そのつぎに堅い木が選ばれる。

この樹木崇拝は、アイヌの宗教的信仰が汎神論だという確実な証拠であるように思われるかもしれない。しかしここで私は読者に、実際はそうではないと警告しなければならない。汎神論とは、宇宙は神だと主張する教義だし、またこの宇宙のなかの種々の単位 unit と項目 item は、霊にせよ、物質にせよ、有機的なものにせよ、無機的なものにせよ、生きているものにせよ、死んだものにせよ、全体の個々の部分にすぎないと主張する教義である。この思想は、アイヌにはまったく縁がない。今論じているケースで見られるように、彼らは樹木を崇拝しないで、樹木のなかに宿る霊や、樹木の霊からまったく独立しているとみられている霊を崇拝する。あらゆる種類の霊──神の霊にせよ、悪魔の霊にせよ、人間の霊にせよ、下等動物の霊にせよ、爬虫類の霊にせよ、あらゆる目《もく》と変種の樹木の霊にせよ、薬草の霊にせよ、草の霊にせよ、私は各種の霊と言うが──は、別々の種類のものだし、これからもずっと別々の種類のものである。そしてまた一つの種のあらゆる単位はつねにずっとそうであるし、またそれぞれはみな、それらが姿をあらわす舞台である肉体とは区別される。そしてあなたが生命をどんな形式のもとに見ようと、あなたは霊をあたりまえのものとみなさなければならない。というのは、霊と生命は、アイヌには、同一の本質と性質のものだからである。墓場の彼方の世界は、これらの人々には、この世よりも非常によいということを除いて、この世の写しか、あるいは複写とみられている。ただし、物事は、そこではお互いに混じり合わないし、涅槃におけるように、飲み込まれない。各単位と各項目は、それ自身の個性とアイデンティティ（同一性）を保持している。それゆえ樹木崇拝の土台にある原則は、汎神論的と言うよりもむしろ、多神論的と言えるかもしれない。しかし、実際には、アニミズムがその慣習の土台にある。

私が今言ったことから、おそらくこう結論できるかもしれない。たとえアイヌが汎神論を信じていないにせよ、彼らはその教義に近いなにか、普通、転生（輪廻）metempsychosis ということばで理解されていることを信じている。しかしこのことばによって、悪行に対する処罰か、善行に対する応報のように、魂が死後一つの動物の肉体から別の動物の肉体に移住 transmigration することを意味するなら、このことばはここではあてはまらないことはきわめてあきらかである。ここに、樹木と少年がある。それぞれは別々の国に属し、両方ともに生きている。さらにまた、応報と処罰の問題は含まれていない。それゆえ、私は他のところで確認したことをここで繰り返そう。すなわち、人間の魂に関して、アイヌは、より高い次元の存在か、より低い次元の存在に魂が将来移住するという古代エジプト人やバラモン教の教えを信じていないと。

アイヌは事実、子供に樹木が一部分乗り移ることを懇願した。それゆえ、少年はその属性のうちのあるもの、すなわち四肢の強さ、身体の健全さ、ならびにこれらの性質と関連があるもの、つまり長寿をある程度自分のものにするだろう。

われわれはこうして、ここで求められた移住の種類が、魂の浄化、あるいは応報という目的をもった人間の魂の移住でなく、他人の身体、つまり少年の身体をよりよくするという目的のために、想像上のドリュアド（木の精）か木の霊が移住することであることを発見する。そしてこれが、死後ではなく、生存中に起こることになった。

事故死の場合にも、一種の悪魔払いが行われる。この儀式は、ニウェン・ホリッパ Niwen Horippa、またはニウェン・ホリピ niwen horipi、すなわち「荒々しい踊り」［ニウェン＝乱暴な、性質が荒い、ホリッパ、ホリピ＝踊る］という名で通っていて、サラク・カムイ Sarak kamui［サラク＝変死］とよばれた神が、とくに人を溺死させたときに行われる。サラク・カムイは、今では主として「なんらかの手段による事故死」を意味するようになったが、実際にはそれは、ミントゥチ mintuchi ともよばれているあるニンフ（妖精）たちの別名――実際には固有名詞――にすぎない（訳注1）。今述べた儀式はつぎのように行われる。酒が犠牲者の親類によって手に入れられ、この式に参加して欲しいと男たちや女たちを招待する使者が、いろいろな村に送られる。男たちは剣か長いナイフ、女たちは頭飾りをもって行く。指定された小屋に着くと、村長たちが集まって葬送歌を歌い、火の神を礼拝し続けている。それから粟で作っただんごを食べ、かなりの量の酒を飲んでから、彼らはみな一列縦隊で戸外に行く。男たちが先導する。男たちは剣かナイフを抜き、それを肩に近づけて、右手で上向きに持つ。それから、要するに、彼らは左足で一歩進み、それと同時に剣をもった右手を前に伸ばす。そして一つの声であるかのように、「ウーイ」と叫ぶ。つぎに、右足を前に出し、同時に剣を後ろに引き、「ウーイ」と繰り返す。これは事故の場所に着くまで続く。女たちは、髪の毛をぼさぼさにし、頭飾りを肩にぶらさげて、男たちの後について行き、儀式中泣き続け、わめき続ける。事故の場所に着いてからも、止みなしの泣き声がしばらくの間続く。また男たちは剣であちこちを打つ。彼らはこうして、悪いサラク・カムイを追い払っていると思っている。これが終わったとき、人々は来たときと同じ順序で、死者の家に戻る。そして、言うのも悲しいが、祝宴が行われ、酒を飲み、酔っ払う。

この儀式の真の理由をあるアイヌに尋ねたところ、彼は筆者にこの件についての言い伝えを語ってくれた。

「サラク・カムイということばは、正しくは溺死のケースにだけ用いられます。この名称は、ある種の水の妖精たちの実際の名前です。人が溺死するときはいつも、その死はこれらの生き物たちの一つによって引き起こされます。この生き物はその魂を取って、それを自分自身の魂に変えます。一つのサラク・カムイは、これらの生き物たちの一つの陰謀によって、水の妖精になった一人の人の魂です」。

「一人のサラク・カムイが作られたとき、『荒々しい踊り』を行う理由は、よこしまな水の妖精に怒りを示し、それに対して戦いを行うためです。それは悪魔に対する戦いです。なるほど悪魔の体は見えませんが、悪魔に対する戦いは行われます。戦いが続いているとき、老人は天帝に祈って、こう言います。『おお天帝よ。われわれが攻撃している悪魔の姿は見えないが、われわれは悪魔を追い払いたい。おお天帝よ、なんじはわれわれを助けて、悪魔を罰してくれ。なんじはわれわれを助けて悪魔を追い払ってくれ』と」。

（訳注1） ミントゥチについて、バチラーの『アイヌ・英・和辞典』にはつぎの説明がある。半分人間、半分動物であり、湖、川に住んでいるといわれている想像上の動物の一種。川、湖、池で多くの事故を起こす悪い性質の人魚の一種。これらの人魚は人間のような体をもっているといわれているが、他方足か手の代わりにひずめをもっている。それらはまた、人間を捕まえると、そのはらわたを抜いて、人間を食うといわれる。アイヌは、子供たちが川の近くに行かないようにするために、人魚がいると子供たちを脅かす。また良い人魚、ピリカ・ミントゥチ pirika mintuchi［ピリカ、ピルカ＝よい］がいるといわれる。それは実際は山に住んでいる妖精である。それは人々を助けて人々のためになるといわれる。

30 共感呪術（a）

一般的な説明／写真をとられることの反対／イチャシカラ、すなわち「柵のなかに人を囲う」／呪術に使われる木／雨を作る／悪天候を作る／いい天気を作る

共感呪術はもっとも風変わりな礼拝形式の一つである。それは、厳密な定義をして説明するよりも、実例を挙げればはるかに容易に説明できるだろう。それは病気、呪物崇拝、およびトーテミズムと多くの点で密接な関係があるので、この問題を研究する人はだれも、一方がどこで終わり、他方がどこから始まるのかを正確に言うのは実際に非常にむずかしいことを発見するに違いない。ラボックは『文明の起源』［一八七〇年］のなかで、こう言っている［ラボックは一九世紀後半のイギリスの銀行家で、当時の著名な科学評論家］。「浜に残された一個の錨を折ったコウサ・カフィール人［南アフリカ］の王は、その後まもなく死んだ。そこですべてのカフィール人は錨を生きているものとみなし、その近くを通るときには、それにうやうやしくお辞儀をした」。広くちらばっている三つの村のトゥス・グル、すなわちアイヌの魔法使いは、男も女も、エゾの最近の大洪水（一八九八年）［明治三一年］は、キリスト教の教師として私自身がいるためであり、何人かのアイヌがキリスト教を採用したので、アイヌに対する刑罰として神が洪水を与えられたのだと、人々に告げた。伝染病もこれと同じ原因とみなされた。これらすべては、共感呪術 sympathetic magic の形式である。本章と次章で説明しようと思っている事柄の種類を示すために、この例を挙げたのである。

この礼拝形式 cult と関連がある思考のもっとも誇張された表現の一つは、アイヌについてだけ言うと、写真やス

ケッチに関しておそらく見ることができるだろう。とはいえ、これは現在では昔ほどではない。私は『アメリカ民間伝承協会雑誌』［一八九四年］にこう書いた。

アイヌは写真をとられることに反対する

「古くアイヌの間には、とくに裸の状態を絵に描かれたり、写真にとられると、なんらかの神秘的な仕方で、そのために寿命が短くなるという信仰があった（しかしこの信仰は、エゾでは現在ほとんど完全に消滅してしまった）。これに関して人々が用いることばは、アイヌ・カツ・エハンゲ Ainu katu ehange［アイヌ＝人、カツ＝形、エハンゲ、エハンケ＝近づく］、すなわち『人が自分の形に近づく』である。これは『死は手元にある』、あるいは『人は幽霊になりつつある』と言うようなものである。一八九〇年になっても、エゾを旅行していた一紳士は、アイヌにスケッチ台を取り上げられた。というのは、この紳士はアイヌが裸に近いときに、彼らをスケッチしたからである。アイヌは、中身なしに自分たちの単なる形を描いたことを気味悪く思った。一人の人の形を語ることは、その人の魂、霊、あるいは幽霊を語ることとしばしば同じである。一人の人の形を紙の上に描くことは、魂を彼から引き抜いて、それを不自然な位置におくように思われた。そしてその人自身は、これ以後は物質的な実体のない単なる精神的な形態にだんだんなっていくように思われた。つまり人は写真にとられると、それによって、天寿をまっとうしないうちに幽霊に変わるとアイヌは考えているらしかった」。

私が今述べた人が、このようにして不注意にトラブルを起こした唯一人の人ではない。短期間サハリンを旅行していたダグラス・ハワード氏は、そこに住んでいるアイヌの間での体験をわれわれに報告している。『シベリアの彼方の未開人』*Trans-Siberian Savages*［一八九三年］という彼の著書のなかに、私は今論じている点を説明している二つの箇所を発見した。しかし彼は、アイヌがカメラを嫌っている理由に気づいているように思えない。私は今、関係がある二箇所をその本から引用する。九五ページにつぎの文がある。ハワード氏はアイヌを調べるために、手鏡を持ち出した。彼は言う。「私が驚いたことには、これは私のライフルができなかった結果をすぐに、厳密に生んだ。私が彼らに自分たちの顔を見せるとすぐに、彼らは矢のように戸口を通って跳んで出て行った。なにも彼らを引き戻すことができなかった。私はそれを不思議に思わない」。あきらかにハワード氏は、アイヌが恐れていたのは、自分たち自身の不潔さや醜さだと考えた。しかし彼は、それよりももっと深く見るべきだったのだ。というのは、ハワード氏がアイヌをどう考えていようと、アイヌが自分たち自身を不潔とか、醜いと考えるのは（たとえ彼らがそう育てられていても）、不自然だからである。しかしこのことは、アイヌ・カッ・エハンゲ、すなわち「人が自分の形に近づく」というアイヌのことばで説明される。ハワード氏は九六ページで言っている。

「非常に静かに、私は自分のカメラで、慎重に選んだスナップ写真をかなりたくさんとった。それは、老村長（チーフ）、魔法使い、幾人かの他の人たちの写真を含んでいた。私は、彼らの喜びに、まったく別の新しい驚きとセンセーションをつけ加え、また私自身の驚くべき力を彼らに印象づけたいと思って、際限のない苦労をして、それらのうちの二、三枚、とくに人物写真を現像した。しかしこれらの写真のうちで、今私が所有しているのは、老村長の一枚の顔写真だけである。

そのなかで、最悪の部分はこうである。他の写真を私が失ったのは、一つの災難のためであるが、この災難は、このような莫大な苦労が無邪気に引き起こしたものである。

ある日数人の人が、小屋に村長と一緒にいたとき、私は好機をとらえて驚かしてやろうと思い、新しくとった彼らの人物写真を彼らのまえに示し、そのときの彼らの反応を見守った。彼らは撃たれたかのように急に立ち上がった。村長を除いた全員は激怒したかのように、小屋から跳び出して行った。老村長は非常に困って、小屋を踏み鳴らしていた。外の荒々しい叫び声に混じって、ガヤガヤという大声を聞いて、私は小屋の戸口に行った。戸口で私は、私がそのやさしい徳を忠実に描いたこれらの人々が、威嚇するような仕草でわめき、身振り手振りをしているのを発見した。私がたいへん驚いたことには、彼らの何人かは棒を、何人かはナイフを振り回しているのが見えたことである。実際、だれもかれもが、もっとも荒々しい野蛮人に突如変身したことを発見した。

事態の突然の変化にまったく困惑したが、写真がいろいろな点でその原因であったに違いないと思い、また私が彼らに対する姿見（大型の鏡）の作用をしたことを思い出して、私は村長にできるだけうまくたのみ、遺憾の意を表明し、私自身と私がもっているあらゆる物を彼らの自由に任せることを彼らに知らせようと努めた。そのことについて残らず白状するために、私は写真、器具、およびそれに付属するあらゆるものを持ち出し、それらすべてを炉端におくと申し出た。しかし火はなかった。とかくするうちに、外部の人々はますます興奮して来たので、村長は彼らのところに出て行かねばならなかった。

長い協議の後に、村長は戻って来て、私があらゆる物を外にもって来なければならないことを私に理解させた。彼らは出来るだけ早く、小屋の外で大きな火を燃やした。火のまわりの地面にイナオが立てられた。彼らは非常に驚い

図30—1 アイヌのクマ猟師（著者があげた上着を着ている）

て後ろに下がっていたが、彼らの通告に従って、私は自分の粗末なコダック・カメラ、私の写真、私のすべての器具を火に投げ、それらが全部灰になるまで静かに見ながら立っていた」。

われわれが共感呪術として知っている礼拝形式に対するアイヌの名前は、イチャシカラ ichashikara 、すなわち「柵のなかに囲う」［イ＝私の、チャシ＝柵、とりで、カル＝作る］である。この魔術 black art を行ういくつかの方法がある。私に語られた限りでは、そのうちのいくつかはこうである。

「もし一人の男か女が喧嘩をしていて、魔術で敵に損害を与えたいなら、彼、あるいは彼女はヨモギを手に入れ、敵の体をあらわす像を作るべきだ。この像はイモシ imosh とよばれる（訳注1）。これを作ると、家から遠くない地面に穴が掘られ、この像は呪われて、その穴に逆さまに入れられる。このようなときに用いられる祈願文はこうである」。

「『トイポクンチリ toipok-un-chiri、すなわち〝地下の鳥の悪魔〟［トイ＝土、大地、ポク＝下、ウン＝いる、チリ＝鳥］とよばれる悪魔よ。私は、憎んでいる人のこの像をなんじに与えます。彼の魂を取り、それを彼の肉体とともに地獄にもって行ってください。おお、なんじは私の敵をなんじ自身の敵に変えてください。彼を悪魔にしてください』と」。

「もしこれがなされるならば、呪詛された人は病気になり、死ぬだろう。彼の肉体は、その像が腐敗するにつれてやせ衰えるだろう」。

「敵に復讐するもう一つの方法は、腐った木の幹の下に像をおくことである。このように埋めてから、つぎの祈願文を唱えるべきだ。『おお、悪魔よ。この像であらわされた人の肉体をこの木とともに腐らせてください。彼の生命を木とともに徐々にしおらせてください。なんじ、トイクンラリ・トゥムンチ toikumrari tumunchi という名の悪魔よ。私の言うことを聞き、速やかに彼の魂を取り、それをなんじ自身の魂に変えてください』と。もしこの祈願文を真剣に唱えるならば、そのアイヌはまもなく死ぬだろう。いや、彼の肉体はその木とともに腐り、彼は地上から消え去るだろう」。

用いられた別の方法は、一本のヤラペニ yarape-ni すなわちカンボク（肝木）gueldre rose を取り、それをイナオにし、敵の魂を地獄までもって行くようにそれにたのむことである。このあとで、イナオは取られ、上下を逆さまにして埋められる。

私に告げられた別の方法はこうである。

「もし人が共感呪物によって他人に災いをもたらしたいなら、その人は腐った木の舟を作るべきだ。これを作ってから、彼は二人の人の像をまた腐った木で作り、それを舟におくべきだ。彼はそれからつぎの祈願文を唱える。『おお、なんじら、悪魔たちよ。私は二人の人の像を作りました。そのうちの一人は私の敵を示しています。どうか敵の魂を取り、それを地獄に押しやってください。それを真直ぐにウチウラ・モシリ Uchiura moshiri に連れ去ってください。それをその場所に運んで行ってください』と。もし彼がこれをするなら、その人はすぐに死ぬだろう」。

私の報告者はまた、夫に魔法をかける非常に悪い女がいると私に告げた。たとえば、ある女が配偶者の死によって彼から逃れたいなら、彼女はつぎのようにして彼を殺すかもしれない。「彼女は彼の頭飾りを取り、それを埋葬する準備ができた死体の形をした袋に入れ、深い穴を掘って、その穴のなかにその袋を入れる。それから彼女はお祈りをして言う。『この頭飾りと袋が腐るときに、どうか私の夫も死んで、それらと一緒に腐りますように。私が今夫の墓を掘るのはこのためです。おお、なんじ、トイコシムプク Toiko-shimpuk という名前の悪魔よ。私の言うことを聞いてください。急いでこの男の魂を取り、それをなんじ自身の魂にしてください』と。もしこの祈願文が唱えられるなら、彼女の夫は非常に短期間のうちに死ぬだろう」。

ある種の木も、ある人の個人的な敵に復讐するために用いられる。たとえば、カンボク、エゾニワトコ、ポプラ［ここでは、デロ（泥の木）、およびハコヤナギ］、ハルニレなどである。これらの木は、ウェンチクニ wen chikuni、すなわち「悪の木」［ウェン＝悪い、チクニ＝木］とよばれる。というのは、それらは、悪い目的のために使われ、悪魔に満ちていると考えられているからである。敵に反対する行為をしてくれとそれらの木に要求するときには、それらの木が礼拝される。というのは、それらの木は生命をもっていると考えられているからである。アイヌは、宗教的、迷信的信仰でアニミズム的なのがなによりものとりえである。祈願するときには、祈願文の形式はこうである。

「おお、なんじ木よ。おお、なんじ、ニシンナイサムニオヤシ・トゥムンチ Nishinnaisamnioyashi tumunchi ――すなわち『木が立っている荒れ果てた場所のそばの悪魔』［ニ＝木、シンナイ＝違う、サム＝そば、オヤシ＝悪霊］――

よ。私はなんじを崇拝し、なんじにお願いします。今私が言わねばならないことに耳を傾けてください。私をいじめる大勢の人々がいます。私はそれらの人々の名前を知らせます。なんじ、急いでください。それらの人々の魂を取ってください。おお、彼らをなんじに似た悪魔にしてください』と」。

もしこの祈願文が唱えられるなら、悪は確実にその人の敵を不意に攻撃するだろう。

あるイナオ——第9章から第12章で説明した——は、共感呪術を行うための手段と考えられている。同じことはウサギの脚についても言えるかもしれない（第34章）。ある人の敵を咬むためにヘビが招かれることも、この礼拝形式のなかにその本質があることがわかるだろう（第32章）。

共感呪術の方法で、人々の行為によって大気の諸力に影響を及ぼすことができることは、つぎの事件からあきらかである。ある非常に乾燥した天気のとき——そのとき、大地はからからに乾き、庭には水が不足していた——私は、アイヌが「雨作り」［雨乞い］について語っているのを聞いた。その問題を討論中に、いくつかの新しい単語と句（フレーズ）が私の耳に入った。一つの句はシリウェン・ホッキ・マラプト **shiriwen hokki marapto**、すなわち「湿った天気を作る儀式」［雨乞い祭り］、［シル＝天気、ウェン＝悪い、ホッキ＝魔法でよびだす、マラプト＝儀式］、もう一つの句はシリウェン・ホッキ・グル **shiriwen hokki guru**、すなわち「湿った天気を作る人」［雨乞い師］、さらにもう一つの句はアプト・アシテ・グル **apto ashte guru**、すなわち「雨を降るようにさせる人」［アプト＝雨、アシ＝降る、テ＝させる］であった。

アイヌが「雨乞い」の儀式をしたいとき、人々が集められ、任命された「雨乞い師」が火の女神、川の女神、および春の女神に祈願文を唱える。もちろん、大量の神酒が供えられ、飲まれる。そのとき儀式の長は、特定の男たちを任命して小さな集団を指揮させ、またこの男たちに命令して、特別の職務を果たし続けさせる。ある男は彼の仲間を川の縁まで連れて行き、各人が自分のタバコ入れと煙管を流水のなかで洗うのを見るように言われる。もう一人の男は、エショッカ **eshokka**［カワカジカ］とよばれる小さな魚をつかまえ、煙管に火をつけ、柄を持ち、それを魚の口に入れるように命じられる。そこで魚はその口を閉じ、その行為で少しの煙を吸い込む。煙はえらから出るのが見られる。この後で、魚は逃げるがままにされる。また別の集団は、深い皿をとり、帆をそれに取りつけ、それが舟であるかのようにそのなかにオールをおくように命じられる。つぎに、村と庭のまわりで、ある者はそれを押し、別の者はそれを引くようにいわれる。また別の一団は、ふるいを取り、それで水を撒き散らすようにいわれる。男たちと女たちは、これらの行動に参加するのが許される。この儀式が正しく行われるなら、雨は確実に降るとアイヌは言う。雨を待ち望んでいたあるアイヌが、イヌにもっとも風変わりな衣服をつけさせ、大きな音をたて、大声で笑って、庭を連れ廻っているのが見られた。これは雨を降らせるためだった。その晩に、土砂降りの雨が降った。それでこの儀式は成功したことがわかった。その結果、アイヌは、雨を降らせる自分たちの能力をいつもより強く信用した。というのは、それによって大気の諸力が人々の行為を注視することが証明されたからである。

　雨を降らせるもう一つの奇妙な方法を、私は聞いた。すなわち、「料理人の役をする動物［三九〇ページ］たち、たとえばタヌキ（ムジナ）raccon dog［アイヌ語、moyuku、モユク］は、せっかちな気質であり、話しかけるとすぐに聞きとどけてくれる。それで一人の人がそれをいけにえにするときには、その頭にイナオを捧げ、それに祈る。また男たちが漁場に行くときには、その動物の頭骨をもって行く。その理由は、天候がずっとおだやかで、男たちが朝昼ひっきりなしに働かねばならないときには、彼らは疲れ、休息を待ち望む。このような凪ぎのときには、彼らはタヌキの頭骨を夜に取り出し、それに祈る。その祈願文はこうである。『凪ぎはあまりにも長く続いています。私たちは非常に疲れています。私たちが働かなくても差し支えないように、どうか私たちに悪天候を与えてください』と。この祈願文を唱えたのちに、彼らはお互いに水をかけ合い、浮かれて騒ぐ。もしこれがきちんと行われるなら、嵐は確実にやって来る。そして人々は休息し、大いに喜ぶ。悪天候が始まるやいなや、人々は酒を買い、礼拝し、頭骨に酒を供える。もし悪天候が実際に必要なら、人々はタヌキとテンの毛皮の手袋と帽子を作り、それらを身につけて、踊る。これは非常に大きな嵐を引き起こす」。

　しかし人々は意のままに悪天候だけでなく、いい天気も引き起こすことができると思っている。だから非常に寒い日（一九〇〇年一一月二四日）に、私はある小屋に行き、ヒルガオ［アイヌ語、kittesh、キッテシ］の根が炉の火の近くに吐きかけられたり、おいてあるのを見た。この理由を聞いたところ、それが暖かい、いい天気をもたらすはずであることを知った。というのは、小屋の主人と私は、その日にいくらか長い騎馬旅行に出掛けたからである。なるほど、その意図はよかったが、私は、そのために暖かく感じたとは言えなかった（訳注2）。

（訳注1）ヨモギ人形については、知里真志保『分類アイヌ語辞典、植物篇』一九五三年に解説がある（『知里真志保著作集』別巻一、平凡社、一九七六年、五ページ）。ヨモギ人形というのは、ヨモギの茎を束ねて作った草人形で、非常に恐ろしい神とされ、人間の手に負えぬような悪神や魔物を退治するためにだけ作られ、やたらに作ることはタブーとされた。その形は地方ごとに違っていたが、沙流では、茎を束ねて頭、胴体、四肢を作り、下肢にはヤナギの棒をさして芯にした。手にはヨモギの槍、腰にはヨモギの太刀をさした。頭と腰は「チノエイナウキケ」［本書第10章のキケチノエイナオ、図10―3］でしばり、また手には削り掛けをたらした。これを作るさいには、頭、胴体、両手、両足に消し炭でサンペ（心臓）を入れた。そしてイナウソ（弊の座）といわれる花ござを作ってその上に安置した。

（訳注2）『バチラー自叙伝――我が記憶をたどりて』一九二八年（文禄社、二八〇ページ）につぎの記述がある。

――明治三四年［一九〇〇年］一一月二四日、いつもの通り伝道のため、あるアイヌの村へ行って、アイヌの家に泊まりました。その日はたいへん寒い日でしたが、用事のため少し遠いところへ行かねばなりませんので、その家の主人と二人で馬に乗って出かけました。帰るときは日暮れで、寒い強い風とたくさんの雪が降って寒くて寒くてようやく家へ帰りました。家へ入って炉端に座ると、火のそばになにかの草の根が立ててありました。なにかと思って私は尋ねました。

私「奥さん、そこに立ててある草の根はなんですか」。「はい、それはキッテシ（ヒルガオ）という草の根でございます」。

私「はー、そうですか。してそれはなんのためになるのでしょう。食べるためですか。食べてもよいですか」。「はい。召し上がってもよいのですが、しかしこれは食べるために火のそばに置いたのではございません。薬のためにしたのでございます」。

私「は、そうですか。どなたがご病気ですか。またどういう病のためよいのですか」。「いいえ、今はだれも病人はありません。また病のための薬ではございません。今あなた様と主人とは、お二人ともこの寒い吹雪のなかを遠くからお帰りになったのですから、お足が寒いだろうと思ってヒルガオの根を火に温めたのです」。

私「はあ。それはありがとうございました。しかしどうしてその草の根を温めておくと私たちの足が温まるのでしょうか」。「は。それはわかりませんが、昔からそういう習慣がございますので、私はただその風俗を守って、あなた方のおみ足があまり冷えないようにと思っていたしましただけです」と申しました。――

最後にバチラーは、ヒルガオは火の神によって、足を温めるために、アイヌに伝えられたと言い、これは共感呪術の一例だと述べている。

31 共感呪術(b)

カワガラス／モモンガ／人の衣服を切って魔法をかける／キツネの頭骨の占い

さきの章では、一人の人が他の人に共感呪術で傷害を及ぼすことができると思われている一定の方法について述べた。この問題については無視してはならない別の問題がある。それは、一つの生き物が、他の生き物に及ぼす仮定上の作用と直接の魔法である。前者に関しては、私は鳥と動物が一人の人間に作用を及ぼすことを取り上げよう。また後者に関しては、衣服を切ることによる魔法のケースを述べよう。

　私はある日、私の貯蔵食料の代わりになにかを撃とうと思って、一人のアイヌと一緒に外に行った。途中で、私はカワガラス water-ousel［この英語はヨーロッパ、アフリカ産のムナジロカワガラス。アイヌ語、katken、カッケン］を撃ち落とした。そのアイヌは、その心臓をくれと私にたのんだ。私がその理由を尋ねたところ、彼はこう説明した。もし自分がその心臓を抜き取り、それを生まのまま、温かいうちに食べるなら、自分は疲れにくくなるだろうし、次第に雄弁になるだろうし、あなた［バチラー］がそのときにしたくらいにうまく、早く撃つことができるようになるだろうと言った。私は彼の要望に応じた。彼は心臓を食べた。しかし私は、彼が昔と同じくすぐに疲れることに気づいたし、以前と同じく正確に撃てないし、雄弁でもないことに気づいた。しかし彼自身は、これらすべての点で改善されたと思っていた。カワガラスの霊がこの特別の力をもっていて、他の鳥の霊よりもむしろ人間の魂に影響を及ぼす理由を、私は見つけることができなかった。このアイヌが私に告げることができることはみな、祖先たちがこの事実を教えたということであった。これと同じ考えがアイヌの間に広く見られることを私はたしかに発見したが、鳥の種類によって違い、ある鳥の心臓はこの目的のためによいとされ、別の鳥の心臓は別の目的のためによいとされていた。

この点に関して、アイヌの別の知人と語っているとき、その人は私にこの鳥と関係があるつぎの伝説と慣習を私に話してくれた。

カワガラスの伝説

「カワガラスは天から降りて来た。彼は黒い色をし、水路に沿って生活している。そのハート（心臓、心情）は非常に思慮深い。また彼は話すと、もっとも雄弁である。だから、彼は殺されると、即座に裂いて開かれ、その心臓はもぎとられ、飲み込まれる。これは、心臓が冷たくなるか、なんらかの点で損われるまえに、なされるべきだ。もし人がそれをすぐに飲み込むなら、その人は非常に流暢になり、思慮深くなるだろう。また論争の相手を打ち破ることができるだろう。しかしカワガラスは、別の点で援助する力をもっている。というのは、それは人々を雄弁にするだけでなく、その心臓を飲み込むすべての人々を隣人よりもはるかに金持にするからである。それを飲み込むほどに幸運な人は、チコシンニヌプ・エピリカ・グル Chikoshinninup epirika guru、すなわち『魔力を獲得した人』［チコシンニヌプ＝人に見せないで大切にしまっておくお守り、エピリカ＝獲得する、グル、クル＝人］という特別の名前でよばれる。それゆえ、カワガラスは崇拝され、それにイナオが供えられる」。

狩猟でとられた動物の目の扱いには、これに似たことがあるらしい。ドベルは『シベリア紀行』第一巻、一九ページでつぎのように書いている。「カムチャッカ人がクマを殺すと、彼らは鋭利なナイフを目に刺し、また腹を切り開く。彼らが言うところによると、これは非常に必要なことである。というのは、クマはおもい傷のあとでさえも回復して、自分を裂いた人間たちの皮をはいでやろうと思って、人間を殺すことがときどき知られていたからである。とところが最初に目をえぐっておけば、クマはなにも見えなかったろうし、これらの人々は逃げられたろうと彼らは言っている」。

私が交際していたアイヌは、この慣習についてはなにも知らないように思われる。人がクマかシカを殺すと、彼はまず皮をはぎ、頭を切り落とし、それから慎重に目を切り取る。目を生のまま飲み込む猟師もいれば、目、とくにクマの目をイナオの削り掛けとともに葉の上にやさしくおく猟師もいる。私は数回彼らに、それを飲み込む理由を尋ねた。私がこれまでに得た唯一の答は、それは捨てるにはあまりにも美しく、貴重だと思うとか、味がたいへんおいしいというものだった。しかしその理由が現在はなんであろうと、最初は、共感呪術の手段によって狩猟や射撃のさいによく目が見えるようにする呪物としてか、あるいは彼らが殺した動物によって魔法をかけられないようにする魔よけとして、飲み込んだのではないかと思う。

私はまた、これらの人々の間で行われた礼拝形式では、モモンガ flying squirrel が非常に高い地位を占めていることに気づいた。

アイヌはこの動物を鳥のなかに入れているが、これはこの動物が飛ぶからである。われわれはこの点について、彼らと論争をするつもりはない。というのは、彼らの鳥についての考えが少し違っているからである。家族に子供がいない場合、男たちは火の女神とその配偶者に助けて欲しいと熱心に懇願したのち、しばしばモモンガに希望を託す。もっとも、最後の手段としては、しばしば彼らは第二の妻か、第三の妻とさえ結婚するが。モモンガは、アッ・カムイ At kamui という名前で知られていて、それは「神聖な多産なもの」という意味だといわれている［アッ＝多数の、カムイ＝神。しかしアッだけでも、モモンガのこと］。それがそうよばれるのは、モモンガは一度の出産で三〇匹の子を生むといわれているからである。その肉を食べると、不明のある方法で、子供を作る力を伝えるといわれている。だから、子供のない女たちがそれらの一匹をつかまえ、目に見えるお守りとして、喜んで自分のそばで飼うだろうと人が想像するのはきわめて道理にかなっているだろう。

ところが奇妙なことだが、そういうことはない。この動物は飼ってもいけないし、お守りとして用いてもいけないし、殺されたのちに礼拝してもいけない。またその肉を食べる祝宴は行われなかった。宴会もまたひそかに行わねばならない。どんな人も、夫を除いて、それを知ることは許されない。妻自身さえも知ることは許されない。この問題についての伝説は非常に奇妙である。読者が自分自身で結論を引き出すように、私が伝説をそのまま読者に語ることほど、いいことはないと思う。

モモンガの伝説

「モモンガは神によって作られて、この世界に送られた。アッ・カムイという意味は、『多産なもの』ということである。それに与えられているこの名前の意味は、つぎのようであるといわれている。この鳥は、非常に多産で、それが生む子は実際非常に多い。一羽の鳥は一度に三〇匹の子を生むことが知られていた。それゆえ、それはアッ・カムイ、すなわち『神聖な多産なもの』とよばれている。女に子供がないとき、夫は山に行き、これらの鳥の一羽をとる。もしそれを首尾よく殺すなら、彼はそれをひそかに家にもって来る。家に着くと、彼は肉を細切れに切り、それを煮る。料理したら、皿の上に注意しておく。それから彼は、頭と皮にイナオを供え、こう祈るべきだ。『おお、なんじ、非常に多産なものよ。私はなんじを一つの理由だけで犠牲にした。すなわち、子供を手に入れるための薬としてなんじの肉を用いるかもしれない。どうか今後は、私の妻に私との間の子供を生ませてくれ』と。この祈願文を唱えてから、彼は肉をとり、それをある種の鳥の肉だと妻に言い（それがモモンガだということを決して知らせてはならない）、食べるように妻に渡す。これが正しく行われるなら、その女はきっと立派な子供を生むだろう。これが、ウアタマ・マラプト uatama marapto、すなわち『多産なものを据える祝宴』［ウアタマ＝繁殖、マラプト＝祝宴］である。しかしもしその女が自分はこの特別のご馳走を食べたということを知るか、あるいはそう推測しさえするなら、それはまったく無駄になるだろう。そして彼女は一人の子供も生まないだろう。このために、万事は極秘でなされなければならない。この鳥が多くの子をもつと、それはアッ・アフン、アッ・アフン at ahun［アフン＝入る］、すなわち『多産なものが入る。多産なものが入る』のように聞こえる声で歌って子鳥たちを静かにさせる。この鳥は、お守りか、呪物として保存してはならないことを慎重に覚えておかねばならない」。

魔法という観念は共感呪術に基づいていることは疑いない。このことは、私自身の目のまえで起こった事件で非常にはっきりと説明される。この問題は、それが起こってからこのかたつねに私の心から離れなかった。この事件は、人が自分のどんな衣服も敵に入手させてはならないと、どんなに慎重に考えているかを示している。というのは、もし敵がそれを手に入れるなら、彼は衣服を切り、その持主の生命を抹殺するだろうからである。

私は、日本アジア協会にこの事件の説明を送った。つぎの数ページはこの論文の再録である(『日本アジア協会会報』第二四巻、[一八九六年]、九九ページ以下)。

イシリシナ(魔法をかける)

アイヌは、これまでに立証されたように、非常に迷信深い人種だし、また彼らは、無数の作用によってわれわれの間とわれわれにたえずその存在を感じさせる、よい性質と悪い性質の非常に強力な霊的存在がいることを強く信じているし、さらにまた、アイヌは、この世には大きな二元的な戦いがつねに猛威をふるっており、この戦いが続いている一つの目的は人類の善悪か、福禍のためであるというゆるぎない信念をもっていることをわれわれは知っている。だから、彼らもまた人間の魔法を信じ、女魔法使い witch を非常に恐れていることを発見しても、われわれはちっとも驚かない。魔法と推定された奇妙な一事件が、ちょうど今私の目にとまった。魔法をかけられたと思われた人が現在(一八九六年二月一七日)、札幌の私の家の屋根の下にいる。彼は二九歳で、ある病気——それは最後には急性腸炎になったが——で長い間苦しんでいた。昨年の秋、呪医 medicine-man(魔法使い wizard)が、彼の家にやって来て彼に「あなたは私の兄弟の妻に魔法をかけられたのですよ」と告げ、その女魔法使いによって引き起こされた病気を治してやると申し出た。しかし事件全体を読者のまえに示すために、私は、この問題について彼が私に語ったときに、彼の口から出たことを私が書き留めたものを全部ここに挙げ(原注1)、解釈は終わりまで残しておこう。

私が病気で寝ているとき、私の愁訴を取り除く儀式をするために、一人の呪医［トゥス・クル］が私のところにやって来ました。しかし私は彼を信用しなかったので、彼の勝手にさせておきました。さて、私の衣服ははさみで切られていました。しかしそれは男の子がしたのだと私は思っていたので、それについてはもうなにも考えませんでした。そこで、呪医は言いました。「なぜあなたは、衣服が切られたというこの問題を我慢しているのですか」。私は答えました。「ええ、なぜですって」。それから、彼は私に言いました。「私の長男の妻が衣服を切ったのですよ。これは非常に悪い神（悪魔）の感化によって起こったのです」。しかし私は彼の言うことを信じなかったので、私はその件をそのままにしておきました。そこで呪医は私の父のところに行き、父に同じことを言いました。父は答えました。「もしあなたの占いで、あなたがたしかにそうだということがわかっているなら、その女を通じて働いた悪魔を追い払ってくれと、神さまにたのむことには賛成しましょう」と。そこで呪医は神に祈りました。それにもかかわらず、女はその件を否定し、Nikap《ニカップ》（新冠）村に行って、夫を連れて来ました。その若者は言いました。「この女が実際に衣服を切ったかどうかは、その呪医に聞いてください」。しかし私は、彼女がそれをしたと思わなかったので、私は家で寝ていました。その後で、女の兄が来てくれと、私を呼びに来ました。そして彼も私に言いました。「あなたがだれか他の女を恋していたから、衣服が切られたのではないのですか」。私はこれには非常に憤慨しました。「私に関して言うと、私はずっと病気で寝ています。どういう女と恋をするのですか。私は、男の子がしたと思っていたので、そんなことは気にしていませんでした。しかしこの呪医は、この女の人がそれをしたのだと言っています。しかし私は呪医の言うことを信じていないので、この件はそのままにしています。しかしあなたは私のところにやって来て、あんなふうに言っています。私はそれを信じていないのですから、この件はほっておきたいと思います」。

この後で、その女と彼女の兄は、呪医を非難しました。そこで呪医は怒って、言いました。「おまえは実際、それを否定するのか。私について言うと、私は神の霊のお導きによって、おまえの悪行のすべてを知っているんだぞ。おまえがそんなことを言うほど、おまえは実際堕落しているのか。今、おまえはこんなに堕落した振る舞いをしているから、私は古代にこのような事件でなされたのと同じ仕方でおまえを罰してやろう」。そう彼は言って立ち上がり、「おれは女の手を火のなかに入れよう」と言いました。そこで私は、彼が女をおびえさせるためにそう言ったと思って、静かにしていました。しかし彼は実際に彼女の手を火のなかに入れました。そこで私は彼らに「このやり方はまったく良くない。そんなことをするな」と言いました。そして私はそれを止めさせました。みなはそれを中止しました。

そのとき呪医は言いました。「もし女の否認が本当なら、また女が衣服を切らなかったなら、彼女は手にやけどをしていないだろう。みんな見てくれ。しかしもし女が衣服を切ったなら、そしてその男によこしまにも魔法をかけたならば、その手はやけどをしていて、彼女は痛みを感じるだろう。みんな見てくれ」と。

さて、私は、呪医が非常によこしまな仕方で振る舞っていると思っていたので、私は家に戻りました。そのときその女の手はやけどをし、痛みを感じていました。そこで呪医は言いました。「ここを見ろ。これがそうなのだ。悪事をした人はこうなるのだ」と。しかし私について言うと、私はこの行為を非常に悪いことだと思ったので、私は彼らの勝手にさせておきました。さて、その女には二人の兄がいました。そのうちの一人が非常に怒って、こう言いました。

「なぜおまえは私に知らせないで、ひそかに、女の手にやけどさせたんだ」と。彼は非常に立腹していました。そこで、私は彼に言いました。「それは私が望んだことではなく、呪医が望んだことなのですよ。私に言わせると、呪医は実際非常に邪悪な振る舞いをしていると思います」。しかしその男は非常に怒って、言いました。「おまえたちがなぜおれに知らせなかったかというと、おまえたちはみんながぐるだからだ」。彼はそこでこの問題を日本の当局に報告しました。この後、出頭せよという召喚状が、政府の役所から呪医、私自身、私の父に来ました。私は呪医と一緒に行きました。そして私たちは一緒に法廷に入りました。この後で、役人は私に言いました。「なぜおまえは女の手にやけどをさせたのか」。私は答えて言いました。「私は男の子が私の衣服を切ったのだと思いました。しかしここにいる呪医は女がそれを切ったと言って、彼女の手を火のなかに入れたのです。私は、そうすることは悪いことだと思って、彼に思いとどまるように言いました」。実際私は、物事が起こった通りに役人に告げました。そのとき役人は言いました。「なぜおまえ――呪医――は女の手をやけどさせたのか」。呪医は言いました。「私に関して言うと、そうした「やけどをさせた」のは、私が神によって霊感を与えられたからですし、神が女の悪行を私に知らせたからです。この女に関して言うと、そうしたのは、彼女が人に魔法をかけるほどの悪行をしたからですし、私が悪を追放しようと思っていたからです。しかしそうしたのは、彼女が兄と一緒にやって来て、私を非難したからですし、彼女は事実を否認し、私を悪しざまに言ったからですし、神が怒って彼女を罰したからです」。役人は彼らに言いました。「これは悪いことだ。女とその兄は非常に悪い。おまえたちはきょうだいの間柄なのに、なぜ放置しておいて、手にやけどさせたのか」。そこでその男は許しを乞いました。それから、役人は言いました。「呪医よ。どういう神が霊感を与えて、予言をさせるのか」と。そこで、呪医は胸からキツネと鳥の頭骨を取り出しました。役人はこれを見て、心から笑いました。そして言いました。「これらはどういう神なのか。これらは堕落した悪魔だから、われわれはストーブに入れて、焼いてしまう」と。呪医はこれには非常に驚きました。

以上が記録に値すると私が思った事件のすべてである。呪医は一晩牢に入れられた。翌日彼が釈放されたとき、キツネと鳥の頭骨をもって来ることを許されて、彼は非常に喜び、安心した。これは、アイヌの間で起こっているものとしてわれわれがいつも聞いている魔法と占いのおそらく最後の事件だろう。この事件が、私の目のまえにそんなに完全にあらわれたことを、私自身は幸運に思っている。魔法をかけられたと思っているその人は、二年まえからキリスト教徒である。魔女と呪医についての彼の懐疑はこれから説明がつくだろう。

今述べたアイヌの説明には、考察に値するいくつかのことがある。私が読者の注意を引きたいそのうちの一つは、アイヌがなにを魔法の本質と考えているかである。

1 魔法の性質

イシリシナ ishirishina ということば――私はそれを「魔法をかける」という動詞に翻訳した――は、実際本当は

「しっかりしばりつける」とか、「かたく結びつける」〔イシリ＝力を用いて、シナ＝しばる、結ぶ〕という意味である。だから今扱っている心理学的問題に関して言うと、一人の人の生命、霊、あるいは魂をしばりつけるという意味になる。もし生命、霊、あるいは魂がなんにしばりつけられるのかと尋ねられるならば、その答は、ウオイタクシuoitakusi、すなわち「呪文、または呪いのことば」である。というのは、この単語はときどき「魔法をかける」と同義で用いられるからである。魔法はことばのどういうやりとりでかけられるのかと再び尋ねられるならば、その答は、ポン・イタッキ Pon itak-ki、すなわち「小さなおしゃべりをすること」〔ポン＝小さい、イタッキ＝言語〕――それは「催眠術をかける」という意味でもある――によってである。さらに、魔法をかけられるとどういう結果になるかと尋ねるなら、その答は今述べた事件のなかにある。それは、死に至る長びく病気であると考えられている。どうやったら呪文の作用は打ち消されるのかと尋ねられるなら、答は呪医の悪魔払いによってである。そして最後に、もし女魔法使いはどうやって見つけられ、告白するようにされるのかと尋ねられるならば、答はこうである。呪医をよんで、見つけてくれと言い、火の神明裁判を行うことによってである（第27章を見よ）。

2 キツネと鳥の頭骨の使用

さきの説明で、「どういう神がおまえに霊感を与えて、容疑者を知るに至ったのか」と、日本の役人がアイヌに尋ねたときに、そのアイヌはキツネと鳥の頭骨を胸から取り出したということをわれわれは聞いた。彼はこれらの頭骨を占いのために使った。これが、この件で頭骨が演じた役割であった。私は文書のなかにこのテーマについてのメモを見つけた。私はこの好機をとらえて、このメモを明るみに出そう。それはつぎの通りである。

神明裁判にたよらない場合に一種の占いが行われる。しかしこれは、神々の指によって容疑者を見つけるという特殊な目的で行われる。そして悪事をしたと考えられた人自身に白状させることによってではない。私が直接見たつぎの事件は私が言う意味を説明するのに役立つだろう。

私が何か月も過ごしたアイヌの村の一つで、私がよく知っていた男の一人が、ある日一枚のドル紙幣をなくしたと非常に立腹した。彼はある特別の女——実際は彼の娘で、結婚して、隣に住んでいた——がお金を盗んだと強く疑っていた。そこで、彼は彼女の行為を非難した。しかし彼女は白状することを拒んだし、嫌疑を頑固に、一貫して否認した。それで、父親は、アイヌが、ニウォッキ・マラプト niwok-ki marapto、すなわち「発見の儀式」［ニウォク＝キツネの頭骨、キ＝する、なす］、シトゥムベ・マラプト shitumbe marapto、すなわち「キツネの儀式」［シトゥンペ＝クロキツネ］、あるいはケマ・コシネグル・マラプト kema koshne guru marapto、すなわち「足の早い人の儀式」［ケマ＝足、コシネ＝軽い、グル、クル＝人］（キツネは、道から逃げるときの早さのためにそうよばれる）といったいろいろの名前でよばれていることを行い続けた。

この「キツネの儀式」は一種の占いで、これによって容疑者が有罪か、無罪かが確定すると考えられていて、神明裁判による審理と密接に結びついている。しかし今の事件では、その人は有罪とされたし、決定は絶対的に信用されていたとはいえ、間違っていたように思われる。というのは、しばらくしてから、一ドル紙幣が出て来たからである。しかし娘にそう告げることは、父親の威厳にまったく反することであった。彼は占いがあたらなかったことに気づいて、立腹したと思う。

既婚のアイヌはだれでも、キツネの頭骨を保存し、小屋の東の端、すなわち神聖な端にある宝物のなかにしまう。もし彼がなにかをなくすか、あるいはある他の点でなにかがうまく行かなかったなら、彼はこれでもって占う。このような場合には、彼はその隅から頭骨を取り出し、それに祈り、自分のすべての悩みをそれに告げてから、その原因を教えてくれとたのむ。もし頭骨の霊が好意的なら、それは夢のなかですべてのことを告げるだろう。

私が今述べている儀式は、つぎのように行われた。容疑者は父親の小屋に連れてこられ、父親のまえに坐らされた。それから、父親はキツネの頭骨を取り出し、そのまえで祈り、それに紛失を告げ、真実を答えて自分を助けてくれとたのんだ。彼はつぎに下顎を頭骨の残りから切り離した。頭骨の上の部分——それはサパ・ヌム sapa num［サパ＝頭、ヌム＝球、乳首］とよばれる——を片側にうやうやしくおき、下顎を歯を上にして、彼の頭の上においた。それから彼は下顎を床に徐々に滑り落ちるように、静かに前に力を加えた。そしてそれが歯を下にして落ちたなら、娘は有罪だと証明された。歯を上にして落ちたなら、娘は無実だと宣告された。有罪と立証された人は、コニウォク・グル ko-niwok guru、すなわち「指摘された人、あるいは発見された人」〔コ＝によって、のために〕とよばれた。
しかしもしお金を紛失した人が、だれが泥棒かについて心あたりがないなら、その人は頭骨に長い紐を結びつけ、房にして紐を手に集め、しそうな人々の集まりに一本の紐をそれぞれ取らせて、すべての人に一緒に引っ張らせた。そして頭骨に直接ついた紐を取った人が、容疑者とされた。アイヌは、この奇妙な儀式に絶大な信用をおいていると付け加えるまでもない。もっとも、ときどき間違っていることがあるが。長い旅行に行くとき、キツネの頭骨や鳥の頭をうやうやしく荷物のなかに入れてもって行くアイヌが多いことをも、私は述べるべきだろう。彼らはこれでもってどの道をとるべきか、二つのことのうちどちらをつぎにすべきかを占って、決める。

3 外的な魔法の方法

さきに述べた事件で、魔法をかけられていると思われた人の衣服は、はさみで切られていたことがわかった。すなわち、たくさんの小さな孔が、衣服に開けられていた。私がさきに（第29章）読者に注意を促した悪魔払いの場合は、衣服は鎌でもって細長く切られていた。しかし今度のは、はさみで小さな孔が開けられていた。前者はおそらく、よい目的のために悪霊を完全に殺すことであったろう。しかし今度のは、悪意か嫉妬から、ある人をゆっくりと殺すことであった。このように切ることについてはその根底に、アイヌ自身も説明できないある神秘がある。彼らがそれに与えることができる唯一の理由は、それが彼らの先祖の古い仕方であるということである。だから彼らもまた、そうするのである。

（原注1） アイヌ語原文はつぎの通り。
Ishirishina

Ku tashum wa ku hotke wa ku an, awa, orota Nupkipet un tusu-guru ek wa ku kot tashum aisamka kuni ne ari iki koro an. Koroka, kuani anak ne ku umbipka wa moshima no ku an. Awa, orowa ku mipihi hasami ani ayaspa wa an ; koroka, heikachi hene iki ruwe ne kuni ku ramu gusu, moshima no ku an. Awa, tusu-guru ene itak-hi : —"Nep gusu e mipihi ayaspa hike moshima no an ya? "sekoro it ak. "Nep gusu ne ya?" ari ku itak. Awa, ene itak-hi : —Kugoro "yupo machihi amip yaspa ruwe ne, "sekoro itak. "Tambe anak ne shi no wen kamui turen wa gusu iki-hi ne, "sekoro itak. Koroka, ku umbipka gusu, moshima no ku an. Awa, ku goro michi otta oman wa nei no ye nisa. Orota kugoro michi ene itak-hi : —Son no e tusu wa e eramu ambe ne yakun, nei shiwentop turen wen kamui obosore kuni ne, Kamui otta ye, yakun, pirika, sekoro itak. Tambe gusu, nei tus-guru Kamui otta inn ono-itak ; awa, nei shiwentep shikashke wa Nikap kotan ta koro yupo tak gusu oman wa tura wa ek hine, nei okkaiyo ene itak-hi : —"Son no shiwentep amip yaspa ruwe he an, tusu-guru otta ye wa inu, "sekoro itak. Kuani anak ne ku umbipka gusu ku uni ta ku hotke wa ku an ; awa, orota nei shwentep yupihi en hotuyekara wa ku oman : awa, nei guru ne yakka ene itak-hi : —"Eani Moshima shiwentep e eramasui wa gusu shomo e mipihi ayaspa ruwe he an? "sekoro itak. Shi no ku irushka : " Kuani anak ne tashum patek ku ki wa ku hotke wa ku an, awa, nep shiwentep ku eramasu hawe ne ya? "ari ku itak. "Orowa, kuani anak ne pon heikachi hene iki ruwe ne kuni ku ramu gusu, moshima no ku an, awa, tan tusu-guru shiwentep iki ruwe ne sekoro itak ; koroka, ku umbipka gusu moshima no ku an, awa, orota echi araki wa ene echi itakhi an. Kuani anak ne ku umbipka gusu, moshima no ku an."

Orowa, nei shiwentep yupihi tura no nei tusu-guru kosakayokara. Awa, nei tusu- guru irushka wa ene itak-hi : —"Son no eani e shikashke hawe he an? Kuani anak ne, Kamui en turen gusu wen-buri e koro katu obitta ku eraman ; awa, son no e irara gusu he e hawe an, sekoro itak. Orowa, son no e irara yakun, teeda anak ne wen-buri koro guru ene apakashnu-hi ne gusu, nei no echi pakashnu na." Sekoro itak koro, hopuni wa "shiwentep tekehe abe ku omare kusu ne, "sekoro itak. Orota, ku ani anak ne shiwentep ishitomare hawe ne kuni ku ramu gusu, moshima no ku an. Awa, son no poka, shiwentep tekehe abe omare nisa ruwe ne. Orota kuani ene ku itak-hi : —"Shi no wen shiriki ne na ; iteki nei no iki yan", sekoro ku itak. Orowa, shinire ruwe ne ; ainu obitta shini nisa ruwe ne.

Orowa, nei tusu-guru ene itak-hi ; —"Son no shiwentep shikashke, shiwentep amip yaspa shimoki a yakun, tekehe shomo uhui nangoro gusu, ainu obitta shiruwande yan. Orowa, amip yaspa ishirishina wen-buri koro ayakun, tekehe uhui kem ki araka hem ki nangoro gusu, Ainu obitta shiruwande yan," sekoro itak.

Orowa, kuani anak ne tusu-guru shi no wen-buri koro shiri ne kuni ku ramu koro, ku uni ta ku hoshipi wa ku an. Awa, nei a shiwentep tekehe uhui wa araka ruwe ne. Awa, nei tusu-guru ene itak-hi : —"Ingara yan, ene ani ne ; wen-buri koro yakun ene nehi ne na," sekoro itak ruwe ne. Koroka, kuani anak ne shi no wen-buri ne kuni ku ramu gusu moshima no ku an. Awa, nei shiwentep yupihi tun-pish an ruwe ne ; awa, shine yupi shi no irushka hawe ene ani : —"Nep gusu en sempiri geta echi en nure shomoki no shiwentep tekehe echi uhuika ya?" sekoro itak. Shi no irushka. Orota ene ku itak-hi : —"Ku keutum shomo ne, tusu-guru keutum ne ; kuani anak ne shi no tusu-guru wen-buri koro shiri ne kuni ku ramu ruwe ne," sekoro ku itak. Koroka nei guru shi no irushka wa ene itak-hi : —"Nep gusu shomo echi en nure yakun, echi obitta echi keutem ne nangoro," sekoro itak. Orowa, Yakusho nure nisa ruwe ne. Orowa, Yakusho orowa no kambi ek nisa. Tusu-guru hemhem, kuani hemhem, kugoro michi hemhem ahotuyekara kambi ek nisa ruwe ne. Orowa, tusu-guru tura no ku oman ruwe ne. Yakusho otta ahup ash. Awa," nep gusu shiwentep tekehe uhuika ya." sekoro tono itak. Orota ene ku itak-hi : —"Kuani anak ne pon heikachi hene amip yaspa ruwe ne kuni ramu, awa, toan tusu-guru shiwentep ne sekoro itak koro tekehe abe omare nisa. Shi no wen shiri ne kuni ku ramu gusu iteki nei no iki yan sekoro ku itak ruwe ne, sekoro tono otta an korachi, shunge sak no ku ye nisa ruwe ne. Orowa, tono ene itak-hi : —"Nep gusu tan tusu-guru shiwentep tekehe e uhuika ya?" sekoro itak. Orowa tusu-guru ene itak-hi : —"Kuani anak ne Kamui en turen gusu, Kamui orowa no wen-buri nukan nisa. Tan shiwentep anak ne son no wen-buri koro ishirishina hem ki wa gusu, koro wen-buri obosoro kusu ne ; awa, koro yupo tura no ek wa ikosakayokara shikashke gusu wen no iye nisa wa gusu, Kamui irushka gusu, shiwentep apakashnu nisa ruwe ne," sekoro itak. Orota tono ene itak-hi : —"Shi no wen-buri ne, shiwentep yupihi ne yakka shi no wen, nep gusu e utari-hi tekehe auhuika hike moshima no e an ya?" sekoro itak. Shi no nei guru aapapu ruwe ne. Orowa," tusu-guru anak ne nep Kamui turen wa tusu ya?" sekoro itak. Awa, upshoro wa chironnup sapa shinep, orowa chikap sapa shinep sange ruwe ne. Awa, tono utara shi no mina." Nep kamui ta okai ya? Ichakkere wen kamui ne gusu shitofu oshiketa omare wa uhuika kusu ne," sekoro tono utara itak. Awa, shi no tusu-guru ekimatek ruwe ne.

32 ヘビ崇拝

一般的な説明／ヘビの由来と住まい／天からのヘビの降下／なぜヘビは皮を脱ぐのか／なぜヘビはカエルを食べるのか／悪い性質のヘビの由来／ヘビ崇拝／人を咬むようにたのまれたヘビ／斑点のあるキツツキとヘビ

世界の諸国民の神話を全般的に調べると、ヘビ崇拝 ophiolatry と関連のあるものほど、その広がりが広く、思想と概念が特異な迷信はないという結論にすぐに到達するだろう。ヘビ属を神聖なものとみなしている人種、それゆえそれを尊敬と崇拝に値するものとみなしている人種がいる反面、ヘビ属を他ならぬ悪魔――実際にあらゆる点で絶対に人間に敵対する悪魔――とみなし、この理由から、憎悪に値し、殺害されること以外にふさわしいことはないとみなしている人種もいる。古代フェニキア人は、ヘビは親切な存在だという意見をもち、その出現を善の前兆として歓迎した。北ボルネオのダイヤ族は、今日ヘビを同じ見方で見ている（原注1）。さらにインドのヘビ寺について述べたり、ヒンズー教徒の小屋の扉では、これらのヘビがときどきどのように飼われているかを、おそらくこわごわと興味津々に述べたり、また東京近郊の柳島村［江戸時代から明治時代に参詣客でにぎわった柳島妙見、法性寺の所在地。現在東京都墨田区業平。また同区東駒形に、江戸時代には鶴屋南北の『四谷怪談』に出てくる蛇山があった］やその他の所では現在ヘビが崇拝されていることにふれる必要はないだろう。

シナ［清国］の国旗は大きな竜であることを人々は思い出すだろうし、その国の普通の人々の多くは、仮定上の天の王をヘビのような体をしていると考えている。メキシコでは、ヴィティ・パンテオン Viti pantheon の最高のメンバーは、ヌデンゲイ Ndengei であり、それは強力なヘビとして礼拝されている（原注2）。古代ペルシア人は、このヘビを悪の原理の象徴とみなした。またエジプトでは、恐ろしいヘビは、ティフォン〔ギリシア神話では、テューポンと言い、人と獣の混合の怪物〕の迷信と結びついた。二世紀の奇妙な偽グノーシス派〔異端キリスト教〕、すなわちオフィス派 Ophite、セフィス派 Sephite、およびカイニス派 Cainite と呼ばれた宗派は、キリスト教信仰にヘビ信仰を接ぎ木するほど極端に走りさえした。時代と場所に関しては、この迷信はきわめてカトリック教的であることがわかる。

アイヌ族はこの問題では他とは違わず、まったくカトリック教的である。というのは、アイヌもヘビ崇拝をもっているからである。実際ダホメのヘビの家におけるダンフグルウェ Danhglwe の崇拝（原注3）の入念な均衡（プロポーション）のようなものはないし、またその崇拝は種類ではこれとはまったく違うとはいえ、アイヌの間ではヘビ崇拝が行われているのはやはり事実である。しかし現在見られるものは、過去の時代には、はるかにもっと完全な体系であったもののおそらく遺物以上ではないだろう。私はアイヌについてのさきの著書〔『日本のアイヌ』一八八九年〕で、この問題について言うべきことは全部言ったと思っていたが、その著書の刊行以来、この問題はこれでは決して言い尽くされていなかったことに気づいた。実際その著書を書いているとき、私はヘビ崇拝がこれらの人々の間に行われていたとは思っていなかったし、その後長年の間思ってもいなかったと正直に告白しなければならない。事実はこうである。すべての宗教的行為は、どんな種類のものも、莫大な量の迷信と混じっているし、またそれはアイヌの間では、非常に偶発的だし、不規則だし、間欠熱のように、まったく自然発生的である。ヘビ崇拝はとくにそうである。それは、彼らの宗教の絶対必要な理論的部分として、彼らの間では一般的であるとはいえ、長い間隔をおいて出現するだけであり、また、実際、一つの職業としてごく少数の人たちによって行われているように思われる。

今私は純粋なヘビ崇拝に出会ったので、知っている通りに、事実を述べることにする。

ヘビ類の起源と家

アイヌの考えによると、最初のヘビはこの地上に属しておらず、その起源は上方の天 heaven above にあった。この点でわれわれは、ペルシアの神話を思い出す。その神話では、アフリマン Ahriman ――人間と清純の油断のならない敵――は、ヘビの形をして地上に降りて来た（原注4）。しかしアイヌの多くは、ペルシア人と違って、はじめのヘビは決して死なずに非常に長く生きていて、善良で、尊敬すべき神だと言っている。だから、それは神のように尊敬を払う価値があるだけでなく、実際アイヌによって崇拝されている。

どうやってヘビは天から降りてきたか

天からの降下の一つの異説は、非常に変わっていて、私に述べられたかぎりでは、つぎの通りである。「この世界は万物の造物主のもとに、その代理者としての火の女神によって支配されている。もともとこの女神は上方の天にその家があったが、この世界の世話をするために、造物主によって下界に送られた。火の女神が天の家を去って、地上に降りなければならないことに決まったのを、火の女神に夢中になっていたヘビが聞いたとき、ヘビは女神と一緒に下界に降りることを望んだ。ヘビが女神に熱烈な愛を表明したので、女神はこの方針を思いとどまらせようとして、ヘビにこう告げた。『もしおまえが私と一緒に降りるなら、おまえは火に耐えなければならないだろうが、それはおまえには非常な試練だろう』と。それにもかかわらず、ヘビは、女神について行くことが許されさえすれば、自分はあらゆることに勇敢に立ち向かう覚悟をしていると宣言した。それで完全に許しを得たのちに、ヘビは稲妻の閃光のなかに女神と一緒に下界に降りて行った。以来ヘビはずっとここにいたし、ここにとどまることになっている。

このヘビは稲妻のなかに降下したとはいえ、たいへん激しい力で降下したので、落下のために地面に大きな穴ができきた（原注5）。現在でさえ、天上に残されて、父を訪れたがっているヘビの子供のなかには、稲妻のなかに降下して、落下の力で地面に穴を開けるものもいる。これらの穴があることがわかったときには、決してそれに近づいてはならない。というのは、これらの穴は、黄泉の国に通じているからである。そして黄泉の国は、ヘビ類の真の家だと今では信じられている。最初の父親ヘビは、そこに住まいをもっていて、そこでそのすべての種族を支配している」。

上述の説の異説

「非常に古い時代に、造物主が世界を作り終えたのち、彼は多くの神々を降下させて、世界の面倒をみさせた。それらの神々のなかに火の女神がいた。この女神は、それらのすべての神々の長（チーフ）として働くように命じられた。ヘビもまた女神と一緒に行きたいという希望を表明した。しかし天帝はヘビに言った。『火の女神は働きだすと、自分をおさえることがまったくできない。だから、もしおまえが火の女神と一緒に下界に降りるなら、庭［畑］に使う空地を作るために、地面の表面の下生えを焼き払うときに、おまえは焼き殺されてしまうだろう』と。しかしヘビは答えた。『たとえ私の体が焼けても、私はやはり女神さまと一緒に行きたいです』と。そこで天帝は承諾を与えた。ヘビは喜んで降下し、この世界を住まいに定めた。これが、この地上になぜヘビがあらわれたかという説明である。だから、人々が庭の小区画のために下生えを焼き払うときに、ヘビの体を焼いても、ヘビは人々に憤慨しないだろうし、またそのために人々を罰しはしないだろう」。

ヘビが毎年脱皮するという事実は、これらのヘビが熱に耐えられないためだといわれている。つぎの伝説はこれを示している。

なぜヘビは皮を脱ぎ捨てるか

ヘビは熱に耐えることができない。それで、夏に天候が暑くなると、その皮を脱ぎ捨てるということが起こる。それで人々は言う。「今や非常に暑くなった。草の下に生きている神は衣服を脱いだ。彼は皮と覆いを脱いだ」と。そう人々は言う。

『アメリカ民間伝承協会雑誌』の第七巻でヘビの家について書いたとき、私はこう言った。「あるアイヌの考えによると、ヘビは下界の大きな社会で生きていて、その実際の家では、男と女の体型をしている。またヘビは人間とまったく同じく、家と庭をもっている。しかしその食べ物は露からなっている」。私はこれに今つぎのことをつけ加える。ヘビはイヌをもち、黄泉の国で狩猟と漁をする装備をもち、地上の人間と同じ食べ物を食べ、同じ仕事をしていると、あるアイヌは考えている。それらはまたそれ自身の特有の言語をもっている。しかしそれらが、人間の男女と似ている点は体型だけであり、それらのハートと性質は決定的に悪魔的である。それらは上の世界［この世。四六四ページ］に来るときに、ヘビの形をとるにすぎない。またそれらがこの世界にあらわれるときには、人間に対して身体的な危害を加えようという意図を必ずもっている。

なぜヘビはカエルを食べるか

ヘビは好かれないので、古代のアイヌはかつて集まって、それらを取り除いてくれと、天帝にたのんだ。彼はアイヌの願いをきき、ヘビを飢え死にさせようと決心した。ところがヘビたちがまさに立ち去ろうとしたとき、一匹のカエルが歩み出て、ヘビたちに言った。「あなた方が私の脚を口に入れるだけでも、あなた方は飢え死にしないでしょう」と。一匹のヘビはこの救済策を試みた。そしてその脚がたいへんおいしかったので、ヘビは体全体を飲み込んだ。そのとき以来、アイヌの国の爬虫類の間では、カエルは重要な食べ物になった。

この問題に関する伝説

「昔々、ヘビの間に飢饉があった。それで、ヘビたちは他国に移住しようと決心した。ところが悪魔が彼らの決定を聞いて、一匹のカエルを仕込んでヘビにこう言わせた。『なぜあなた方はこの国を立ち去るのですか。ここにとどまっていなさい。そのわけは、もしあなた方が私の脚を一本を飲み込みさえすれば、あなた方は満腹するだろうからです。ですから、あなた方は立ち去るには及ばないでしょう』と。それゆえ、ヘビたちはかつてカエルを味わったことがあるので、それ以来、カエルに会うときはいつも、カエルを飲み込みたいという欲望をもつのである」。

しかしすべてのヘビが天から降りて来たとは考えられていない。あるものは自然の成り行きから、地上と黄泉の国で生まれたと言えるかもしれない。かつて地上に降りて来たものにとっては、地上の生活条件が、ヘビにとっては自然のものになった。そのように生まれたものはみな、非常に悪い性質をもっていると考えられているし、またそれらは、人類に加えることができるありとあらゆる危害を加えたがっている。これらの一つについて、私は他のところで、つぎにように書いたことがある。

「あるアイヌは、一匹の大きなヘビについて語っている。このヘビはハチや刺すアリの直接の原因だったといわれている。この恐ろしいヘビは、まったく奇妙なことだが、雌であって、異常に大きく、見ると完全に魅せられるほど美しい色をしていたといわれている。しかし彼女は非常に恐ろしく、危険な生き物だった。というのは、彼女はすべての村の人々をむさぼり食い、家をさえ飲み込むのがつねだったからである。ある日、この怪物は、森のなかを遠くまで狩りをしていた一人のアイヌに出会った。そして自分と不倫を行うように彼を誘惑した。しかしそのアイヌは、神を恐れる人であって、危険な道に入ろうとせず、男らしく自分の高潔さを捨てなかった。そこでヘビは、彼が予想したように、彼を飲み込む代わりに、彼に罰として千年間死ぬことができないと告げた。このアイヌが百歳に達したとき、彼の髪の毛、あごひげ、肌、歯が抜け、再び子供になり、少年時代のすべての病気と試練にさらされた。そしてこれは、あわれなこの人が百歳の年齢に達するたびに起こった。彼は千年生きるまで、死ぬことができなかった。そして一〇回髪の毛と歯が抜けた。ついに、このヘビはアイヌに殺された。しかしその死体が分解し、ばらばらになったとき、その小片は刺すアリとハチになった」。

悪い性質のヘビの起源

たいていのアイヌは、最初のヘビは善良であり、天から降りて来たと実際に信じているので、それらの子孫の多くがなぜそんなに悪いのか理解するのに困惑しているらしい。だから、それらはその子孫ではなく、他のものがそれらの起源だということを立証しようとしている。それゆえ、義経――一二世紀にエゾに逃げて来て、しばらくアイヌのなかで生活していた有名な日本人――が、悪い性質のすべてのヘビの真の創始者だというのが、ある人たちの意見である。こういう趣旨の伝説は二つある。第一のものは、つぎの通りである。「義経はある日、川に漁に行った。彼が舟を竿で漕ぎ出したとき、竿が折れた。一部分は泥にささり、他は手元に残った。彼はこれに非常に憤慨した。そして手元に残った部分に悪態をついて、それを岸に投げた。それが手を離れるやいなや、それは毒ヘビになった。それがこのようなものの祖先である。人間につねに危害を加えようとしているのは、このヘビの子孫である」。別の伝説はこう言っている。義経がアイヌの国に自分自身で小屋を建てていたとき、彼はハンノキを切り倒し、それから炉のための枠を作り続けた。彼が切るのを終えて、木切れを合わし、しかるべき位置に置いたとき、一つの木切れが動き出し、のたうち廻った。これは実際彼を非常に驚かせた。その原因がなにかを見るために、それを切って開けたところ、ヘビのような体型をした悪魔が出て来た。これがヘビ族 Ophidian tribe の間のすべての悪いものの真の祖先だと、この伝説を信じている人からは言われている。しかし大多数のアイヌからは、これらの二つの伝説は単なるお話と見られている。というのは、最初火の女神と一緒に天から降りて来たヘビは、すべてのヘビの祖先――良いヘビにせよ、悪いヘビにせよ――であり、またすべてのヘビは一緒に今では黄泉の国に自分たちの真の家をもっているというのが、一般の意見だからである。

以上の説の異説

ある人の意見では、悪いヘビを創造したのは、義経ではなく、アイオイナだったという。この説を主張した人々によると、話はこうである。「始めに神聖なアイオイナによって作られた悪魔のヘビが非常にたくさんいた。彼はそれをつぎの仕方で作った。ある日、彼は川の土手に沿って舟を漕いでいた。そのとき、竿が泥にささって、折れた。そこで彼は非常に怒って、それを岸に投げた。しかしそれが地面に触れるやいなや、それは悪魔のヘビになった。それは皮膚に黒い斑点があった。このヘビは、ニッネ・オコッコ nitne okokko、すなわち『悪魔のヘビ』、つまり『毒ヘビ』［ニッネ＝堅い、悪い、オコッコ＝ヘビ］とよばれた。竿はいろいろの部位が黒く焼かれていたから、このヘビにはこれらの斑点があったのである」。

もう一つの異説

しかしある人の話はこうである。「普通のヘビの他に、別の種類のヘビがいた。このヘビは、つぎのような起源があった。神聖なアイオイナが、かつて炉端の枠としてハンノキを準備した。しかしそれが切られ、適した形に削って仕上げられたとき、それは跳び始めた。アイオイナはこれには非常に憤慨した。そしてそれを二つの木切れに折り、一片を地面に投げ、もう一片を川に投げた。彼が川に投げたものは、神聖であり、イヌンベ・イベ inumbe-ibe［このアイヌ語は、バチラーでも、知里でも、タチウオ］、すなわちコンジャー・エール conger-eel［この英語はアナゴ、またはハモ］とよばれた魚に変わった。彼が地面に投げた一片は、赤い色のヘビに変わった。ハンノキの材木は赤いから、この色になった。それでヘビとコンジャー・エールは、近い関係があることになった。ヘビが穴に走って入るのは、神聖なアイオイナ――この人が舟を動かすために、ヘビになるまえの竿を使った――によってそうするように教えられたからである。竿が泥に突き刺さったとき、当然穴ができた。

私のテーマのこの部分を続けるまえに、私が『アメリカ民間伝承協会雑誌』から、つぎのように書いた箇所をもう一度引用したい。私はそこでこう言った。「悪の木について語ると、私はヘビというテーマと、ヘビと人間の堕落との結びつきを思い出す。アイヌが、これらのヘビを迷信的に恐れるということでは、多くの他の国民とは異ならない。彼らはあらゆる種類のヘビを非常に恐れている。彼らは世界への罪の登場とヘビを結びつけているようには思えないが、それにもかかわらず、ヘビは性質と行為という点では悪魔であり、また人類全体と対立していると、彼らの多くが信じているのはたしかである。またヘビは女たちに特別の恨みをもっているので、ヘビが女たちに魔法をかけ、またいいチャンスがあると、女たちを狂気に追いやると、アイヌは思っている。ヘビによって魔法をかけられることと、悪魔にとりつかれることは、アイヌの考えによると同一のことである。男たちがこれらのヘビを殺すのを恐れるのは、ヘビのなかに住んでいると思われている悪霊が以前のすみかを去り、殺した人の心臓に入ると考えられているためである」。私はこの最後の文を、これはある男たちにはあてはまるが、すべての男たちにはあてはまらないと言って、ここで修正しなければならない。というのは、多くのアイヌは、女が通る道を横切るあらゆるヘビを殺させるほどに念を入れているからである。こうするのは、ヘビにとりつかれることが、出産のさいに経験するあらゆる障害の主要な原因だと信じられているからだし、またその唯一の確実な防止手段は、その女にとりつこうとしているヘビを殺すことだからである。「もしヘビが、だれかが戸外で眠っているのを見つけると、即座に寝ている人の口に入り、そのなかをすみかにし、その結果狂気におちいるといわれているからである」。

ヘビ崇拝が行われる場合

ヘビ崇拝についてもっと詳細に述べよう。家族に人がふえたとき、とくにこの件についてなんらかのトラブルがあ

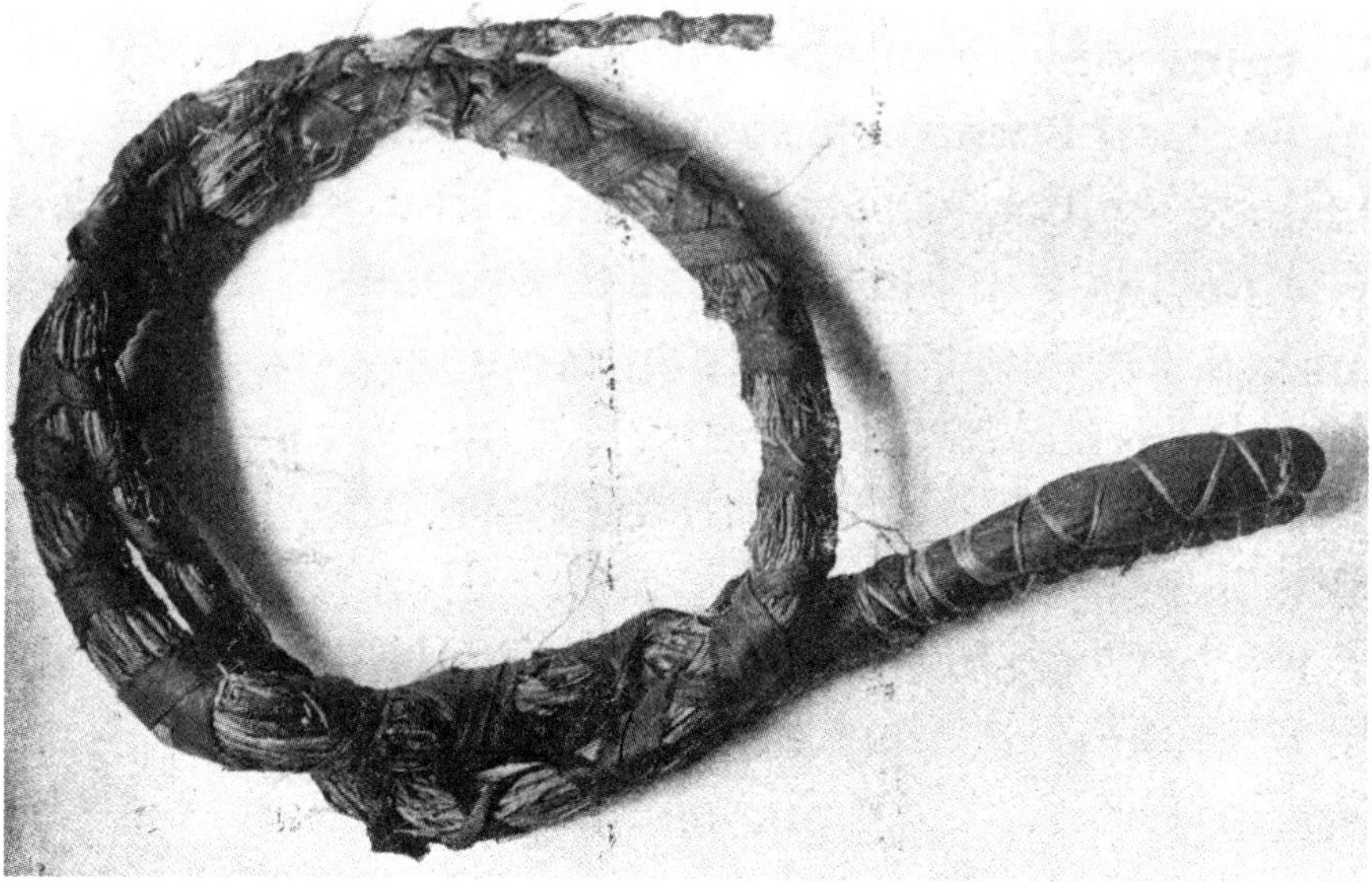

図32—1 礼拝のために用いられるヘビのイメージ

るとき、ヘビ崇拝がもっともしばしば行われる。ヘビ崇拝を行うことが決まると、ヘビの像がポプケキナ popke-kina〔ポプケ＝暖かい、キナ＝草〕、すなわちスゲの一種、オオカサスゲ（Carex rhynchaphysa）〔バチラー辞書では、オオカサスゲ Carex laevirostris。現在の学名 C. dispalata〕で作られる。この像は、イノカカムイ inoka-kamui とよばれる。これは「神の像」、あるいは「神聖な像」〔イノカ＝人形〕という意味である（図32—1）。私が現在心に留めている特別なケース（患者）では、その像は、なにか他のものと同じく、魔よけとして用いられたように思われた。その患者は歩き廻らされ、いろいろな手段に助けを求めたが、望ましい結果が得られなかった。そこで、ヘビの像が作られ、突然その女の両肩の上におかれた。それはそこにしばらくの間おかれ、礼拝された。

なぜこういう物を礼拝するのかと尋ねたとき、アイヌの信仰によると、このようなあらゆる難事は、ヘビという悪魔によって引き起こされるのだと、私は告げられた。しかし礼拝されたのは、邪悪で、悪い性質のヘビだと私が思わないように、この名誉にあずかったのは、ヘビのチーフ（長）自身だけだと私は念を押された。人々は直接本拠 head-quarter に行き、邪悪な子孫によってなされたか、あるいは計画された災いを取り除いてくれと原初の親にたのむ。ここで述べた像に礼拝したのちに、それはしばらく患者のそばにおかれ、その後で、小屋の神聖な北東の隅の家の神――それはときにチセイ・コロ・エカシ［チセ・コル・エカシ］、すなわち「家を守る祖先」とよばれるが――のそばにおかれる。

ヘビ崇拝が行われるつぎのケースは、人がヘビ、あるいは毒ヘビによって咬まれるという災難に会ったときである。このようなとき、その像がある人によって作られ、炉端におかれ、そこでそれに礼拝する。イナオがそれに供えられ、それに敬意を表して、酒を飲む。それから、それはしばらくかたわらにおかれる。もし悪魔が祈願文を聞いて、病気を治すなら、イナオが再び作られ、炉端におかれ、礼拝され、感謝され、イナオと酒が供えられ、それからうやうやしく外に運ばれ、小屋の北東の隅にヌサとともにおかれる。しかしもし患者が死ぬなら、その像はなんの役にも立たないものとして、きびしくひとりでほっておかれる。このような場合には、人々が礼拝するのはヘビの従者ではなく、ヘビのチーフだけだと、私は告げられた。

ヘビ崇拝が行われることを私が知った別のケースでは、一人の女がおこりの発作で苦しんでいた。この場合には、像が作られ、礼拝され、それがかなりの職業的な態度と神秘さでもって患者のところにひそかにもって行かれ、突然患者の胸に滑り落とされた。これは患者をひどく驚かせ、寝台から跳び上がらせた。彼女はタクサという名の一束の草でひどく打たれた。だから、この場合には、ヘビ崇拝は悪魔払いと非常に密接な関係があることがわかる。しかしおこりの場合には、すべてのアイヌがヘビを崇拝しているのではなく、この病気の発作をヘビの子孫の悪意のせいにしている人だけがヘビを崇拝している。ヘビ崇拝が行われる場合が他にもあるかもしれないが、これまでのところ、私はなにも聞いていない。

人を咬むようにたのまれたヘビ

生きているヘビがときどき礼拝され、他人を不当に扱った一人の人に復讐してくれとたのまれることはさきに述べた。この問題について私が聞いた一人のアイヌは、こう言った。「性質の悪い人が敵に傷つけられると、その人は道端でとぐろを巻いているヘビか毒ヘビに出会うまで歩き廻ります。彼はそれを見つけると、その前に立ち止まって、こう祈ります。『おお、なんじヘビよ。私はおまえに一言言うことがある。どうか、私の言うことを聞いてくれ。私には一人の敵がいる。その人の名前はこれこれである。どうかその人の名前に注意してくれ。もしその人が道をやって来るのをおまえが見たら、どうかその人に咬みつき、とりつき、毒をもり、殺してくれ。そしたら私はおまえのために、クルミの木でイナオを作り、おまえにたくさんの神酒を供えよう。私が言ったことに注意を払ってくれ』と。このような人はそう言って、それからヘビにおじぎをして、通り過ぎます。ヘビはこれを非常に喜び、イナオと神酒を自分に供えられたがります。そしてもしヘビが自分に言われた名前の人が道をやって来るのを見ると、ヘビは間違いなくその人に咬みつくでしょう。ヘビは彼を殺す機会を待ち構える以外なにもしないでしょう」。

私の報告者は、ヘビがたのまれたときに、願いごとにどのように応えるかを示すものとして、つぎの事件をつけ加えた。彼は言った。「昔々、ある悪人がヘビにお願いをしました。このお願いの対象であった二人のアイヌが道を歩いていたとき、なんの警告もなく、ヘビが彼らの一人に咬みつきました。そこで、もう一人が棒を取って、その頭をなぐり、それを殺しました。彼はそれから不注意に草のなかにヘビを投げ捨てました。咬まれた人はそのとき死にませんでしたが、しばらくしてから、両人は病気になって死にました。実を言うと、彼らは一本のヨモギをヘビの死体に刺さないで、死んだヘビを投げ捨てたのです。もし彼らがそうしていたら、ヘビは彼らを殺さなかったでしょう。これをするのをなおざりにしたために、ヘビの悪い霊が肉体から出て、男たちにとりついて、彼らは死んだのです」。

このことを書いて以来、あるアイヌがヘビ崇拝の異説を私に教えてくれた。彼は言った。「実際ヘビは非常に怒りっぽい。しかしヘビは反語（アイロニー）によってすぐにだまされます。だから人が病気になるか、子供がまさに生まれようとすると、人々はヘビの像を作って、礼拝します。しかしこのヘビは実際には礼拝されているのではなく、自分が礼拝されていると説得されて、だまされているだけのことです。それはすべて反語でなされています。また女の人がヘビにとりつかれて、呪医になると、その女の人は非常に冷酷になります。そしてこのような女たちは草かわらでヘビの偶像を作ります」と。

読者は、アイヌがヘビを食べないことを知っても今や驚かないだろう。彼らはヘビ食い ophiophagous ではない。

私は日本人がヘビを薬として、ときには珍味として、食べることをしばしば聞いた。しかしアイヌは決してそうしない。私はまたヘビが殺され、切られ、ウマの食べ物として与えられることを聞いた。しかしこれは、アイヌの慣習ではなく、日本人の慣習である。ウマに与えるのは、それがなんらかの点で肉体的な強さを与えると考えられているからである。

ヘビ占い

ヘビによって事件を予言するようなことが行われていることを私が実際に知った唯一のケースは、女の呪医［シャーマン］のケースである。この人はイラルンデという名前で、シビチャリ Shibichari［シベチャリ、日高の静内］地方のホヤ・コタンに住んでいる。彼女は、ヘビの像を始終小屋のなかにおき、それにしばしば祈願すると積極的に言っている。彼女はそれを自分のイトゥレン・カムイ、すなわち守護天使とみなしているといわれているし、またそれによってときどき霊感を与えられるとみなされている。彼女は箱からそれを取り出し、それに語り、それにあらゆる種類の質問をする習慣があるといわれている。その霊感によって、彼女は相談された病気や悩みの理由を告げ、それらの救済策を見つけると公言している。実際彼女は、その影響力によって未来の事件を予言すると主張している。この女が、近くにいる人々から大いに恐れられ、また親切に扱われていることは言うまでもない。しかしこれは、真のヘビ占い ophiomancy とよばれるものではない。食べるという方法にせよ、とぐろによってにせよ、本当のヘビ――死んだものにせよ、生きているものにせよ――の助けを借りて、未来の事件を予知すると公言しているアイヌのことを私は聞いたことがない。アイヌはこれらのヘビを非常に恐れているので、生きている状態でそれらを念入りに見ることができないほどである。

女の人が、ヘビがなにかを飲み込んでいるのを見ることは、もっと不運だといわれている。というのは、それは、オコッコ・パラッ okokko parat、すなわち「ヘビにつかれること」［オコッコ＝ヘビ、パラッは不明だが、バチラー辞書ではハロアッ＝呪う］といった意味に他ならないからである。このような場合には、それは直ちに殺さなければならないし、モグサの棒をその頭に刺さねばならない。

同じように、なにかを飲み込んだかのように、大きな腹をしているヘビは、なかになにがあるかを見るために、殺して、調べなければならないとアイヌは言う。私自身が、興味をもったケースは『日本のアイヌ』という私の本のなかに述べてある。私はそこでこう言った。「アイヌ、とくに女たちは、ヘビを非常に恐れている。私は、ヘビの死刑執行人として振る舞うために何度も遣わされた。あるとき、私は、ある老人の倉庫に入ったヘビを殺しに行くようにたのまれた。私はそれを見つけた。そしてそれが非常に大きな腹をしているのを見た。それは腹一杯食べているかのようだった。それを殺すとすぐ、私は倉庫の主人を招いて、それを見に来るように言った。彼は、それが非常に大きいことを知ったとき、彼は私に、『もしあなたがそれを死後調べさえすれば、あなたはそのなかに大きな宝物があることを発見するだろう』と断言した。しかしそのヘビは自分の屋敷内で殺されたのだから、その宝物は自分のものだと言った。調べたところ、それは大きなネズミを飲み込んでいることがわかった。そのアイヌは啞然として、自分の貪欲さがこのよう報われたか、あるいは罰せられたことに立腹した」。今私と一緒にいる若者が関係したいくらか似たケースも、私の知るところになった。しかし彼が殺したヘビの胃にはネズミではなく、若いウサギが発見された。ヘビが殺されたのは、宝物のためではなく、仮定上の悪魔から逃れるためと、それを見た女がヘビにとりつかれないようにするためであった。

長く伸びたヘビの骨格を見るのは非常に不運だと、アイヌは言う。早春に草が焼き払われてから、内陸を旅行するとき、人はときどきこのようなものに偶然出会う。その一つを見ることは、呪いを意味すると考えられている。呪いを避けるために、人々は地面に痰を吐き、そしてトゥラム・コロ・グル・キラ Turam koro guru kira! すなわち「臆病者は走って行った」［トゥラムコル＝臆病な、グル、クル＝人、キラ＝逃げる］と言う。とぐろを巻いて横たわっているこれらのヘビの骨格を見ることも、不運だと見られている。このような場合には、単につぎのように言えば、呪いは避けられるかもしれない。ラメトク・コロ・グル・ナ Rametok koro guru na! すなわち「なんと勇敢なヘビよ」［ラメトクコル＝勇気のある、ナ＝よ］と。後者のヘビは、火に対して立ったまま死んだが、前者のヘビはそれから逃げながら死んだ。これらのことばは、稲妻のなかに降下したといわれ、「火の女神のためには火さえ恐れません」と言った原初のヘビのほらと関係がある。

この世界におけるヘビの主な友達は小さな斑点のあるキツツキと考えられていると言えば、非常に奇妙だろう。それゆえ、この鳥は好意的な目で見られているとはとても言えない。おそらくこのような状況は、ヘビが住んでいるといわれている腐った木のなかにキツツキがときどき見られるために起こったのだろう。あるとき食料が不足したので、私はこの鳥の一つがいを食べるために撃った。しかし私は、主人たちの顔に、自分たちはこんな鳥を料理して食べる男を尊敬しないという嫌悪感を見ることができた。そこで私は感情を損なわないようにするために、それを投げ捨て、他のものを食べた。

斑点のあるキツツキの伝説

「斑点のあるキツツキは天帝によって作られ、この地上に降下された。この鳥が卵を産みたくなったとき、ヘビが住まいにしている腐った木に行き、ヘビが寝る習慣があるその場所に卵を産んだ。ついにヘビは家に帰って来て、入って、卵の上にとぐろを巻いた。それでキツツキが坐る余地がなかった。そこで鳥は出て行き、ヘビのすぐ下の木に穴をあけ、そこに住んだ。この特別な理由のために、この種のキツツキは、ときどきセツポクンチカプ set-pok-un-chikap［知里によると、ヤマゲラ］、すなわち『巣の下の鳥』［セツ＝巣、ポク＝下、ウン＝にいる、の、チカプ＝鳥］というのである。この鳥はまた、餌として食べる昆虫を求めて木をつつくときにたてる音のために、ショクショキ shokshoki、あるいはトクトキ toktoki［知里によると、ニトクトキはクマゲラで、ニ＝木、トクトキ＝トントンつつく］ともよばれる。斑点のあるキツツキとヘビは親友であるが、この鳥は非常に邪悪である。しかしそうとは、ほとんど思われていない」。

（原注1）『サラワクと英領北ボルネオ』第一巻、八八ページ
（原注2）ハードウィック『キリストと他の師たち』四版、三九六ページ

（原注3）　ボウレイ『アフリカ人の宗教』四六ページ
（原注4）　ハードウィック上掲書、五五三ページ
（以下は訳注）ヒネルズ『ペルシア神話』（井本、奥西訳、青土社、一九九三年）によると、「アフリマンは、悪魔のなかの悪魔で、伝統的な悪魔の住居である北方の無限の暗黒の深淵のなかに住む。無知、有害、無秩序はアフリマンの特性である。彼は自分の姿を変え、トカゲ、ヘビ、あるいは若者として登場できる。彼は創造主の仕事をだめにしようと、その後をつけ回す。彼は死を創造した。彼は健康に代わって病気を作り出し、美に代わって醜悪を作り出した。人間の病気はすべて、アフリマンが原因である」（一〇一ページ）。

岡田恵美子『ペルシア神話』（筑摩書房、一九八二年）によると、こうである。昔アラブにマルダースという公正な王がいた。彼にはザッハークという王子がいた。悪神アフリマン（アハリマン）はこの王子を悪の道に引きずり込み、世の中を混乱させようとした。アフリマンはまず、落とし穴を掘ってマルダースを殺した。それから彼は若者に姿を変え、新しい王ザッハークの前に歩み出て、自分はすぐれた料理人だと言って、珍しい料理をつぎつぎに出して、王をたぶらかした。王は感激し、お前の望むものをやろうと言った。そこでアフリマンは「あなたさまの両肩に口づけをさせてください」と言った。口づけした瞬間にアフリマンの姿はかき消え、王の肩には二匹のヘビがかま首をもたげていた。王がヘビを切り落とすと、またもやヘビが生えてきた。このとき、アフリマンは医者に化けてあらわれて言った。「ヘビを切っても無益です。ヘビを無害にするには、人間の脳みそを与えるのがいちばんよろしい」と。そこで王は毎日二人の人間を殺すことになった。この王はやがてイランを征服した。このヘビ王を打ち倒したのが、イランの王族の血をひくファリードゥーンである。
（原注5）　ここで述べた穴は、隕石によって作られたものである。

33 呪物崇拝

(a) 樹木と樹木崇拝

一般的な説明／呪物崇拝の定義／樹木における呪物崇拝／樹木崇拝／樹木に対する祈願文／オヒョウの木

第8章から第12章でイナオというテーマを扱ったときに、私は非常にしばしば呪物としてのこれらの「削られた棒」、あるいは「木の細い枝」について語った。しかし呪物崇拝 fetichism の本質は憑依《ひょうい》 possession にあるとか、イナオの本質は宗教的行為だけにあると決して思ってはならない。というのは、すでにほのめかしたように、アイヌは非常に多数の他の呪物をもっているからである。それらのなかには主に、いろいろな種類の動物の頭骨、ノウサギの前肢、鳥の頭、かぎ爪、羽、心臓、鳥の巣と卵、ヤドリギ、ヘビの皮、石、その場所にある岩 rock in situ があるが、他方生きている樹木もときどき呪物として用いられる。呪物崇拝は、それが見られる宗教、あるいはこう言うべきだが、それを秘めている宗教とは別のものと考えるべきではない。というのは、それはその宗教のなかに混じっているからであるし、今では一方は他方なしには理解できないからである。実際、もし人がアイヌの呪物、あるいは魔よけを取り去ってしまうようなことがあれば、それによって礼拝の手段だけでなく、アイヌの宗教のかなり多くの部分が破壊されてしまうだろう。呪物として用いられている対象は無生物であるかのように見られていると決して考えてはならない。

アイヌはある点でおろかであるとみられているかもしれないが、このような観念が意味しているほどおろかではない。彼らの場合、万物はそれ自体の異なった生命をもっている。家族が住んでいる家は、生きている人格（パーソナリティー）と見られている。棚にぎっしり詰め込まれている乾燥された頭骨と他の物体、山で生長している堂々とした木だけでなく、戸口のそばや炉の上にさしてある削られた木の棒もまた、それぞれそれ自体の固有の生きている魂、あるいは霊をもっている。さらに、すべてのこのようなものは、危険なときには、その崇拝者を保護し、不運なときには彼らを助け、病気のときには彼らを治し、始終全般的な繁栄を彼らに与え、たのまれた特別のときには、特別の恩寵を与える力があると信じられている。

疑いなくアニミズムは、タイラー博士が『原始文化』［一八七一年］の第一一章から第一七章で定義し、説明したように、呪物崇拝の根底に横たわっている。それゆえ、それは、時代と思想の点で、呪物崇拝よりも前からあった。しかしこれは今手元にある問題と同時に説明されるテーマだから、ここで特別に言及する必要はないだろう。ただつぎのことを言うだけで十分である。すなわち、呪物のうちでごくわずかのもの、女たちが所有するものはとくに、魔よけとして手元におかれているだけにせよ、このようなものは、ある場合にはその所有者に幸運をもたらすことができるという観念こそ、ある点ではそれらが影響を及ぼす力をもっているとみなされていることを示している。そして影響を及ぼす力がある場合には、そこに生命があるに違いないし、生命がある場合には、そこに霊があるに違いない。アイヌはその生命の哲学と宗教の哲学で、そう考えている。それゆえ、このように呪物として用いられている彼らの現実的な遺品を、人々が手放すのに非常に気乗り薄なのは不思議でない。もちろんこのようなものの模造品を手に入れるのはちっともむずかしくない。というのは、二、三セントでそれらを作るアイヌは大勢いるからである。しかし本物を手に入れることは、別の問題である。

アニミズムの他に、「共感呪術」とよばれるもっとも注目すべき、また説明しがたいもの——私はそれを第30章と31章で説明しようと努めたが——も、呪物崇拝と密接な関係がある。ドアに馬蹄を打ちつける慣習、学童のポケットに見られる幸福の石、幸福の六ペンス、あるいは曲げられたペニー銅貨、偶像崇拝、遺物崇拝、魔よけを身につけることなどの根底にある観念が、どれくらいアニミズム、共感呪術、および呪物崇拝に由来しているかを、私は調べるつもりはない。知性ある学生はこれらのことを自分自身で考え、それらに関して自分自身で結論を引き出すだろう。

今や、これまでに与えた定義よりももっと厳密な呪物崇拝の定義に向かおう。呪物という名前は、ポルトガル語のフェイティソス feitiços から派生していることを思い出すだろう。それは、彼らのキリスト教――ローマ・カトリック教――の形式を実行するときに一般に用いられる聖者の遺品、お守り、ロザリオ（数珠）、魔よけを指すために長らく用いられたことばである。これらの人々の代表が一四四一年から一五〇〇年にアフリカの西海岸に行って、この地方の住民がさまざまの物――大きい物や小さい物――に尊敬を払っているのを見たとき、彼らは自分たち自身の魔よけのためにすでにもっていたことばをそれに適用した。このことばが適しているかどうかは、もちろん彼らがいちばんいい判定者だろう。だから、私はそれに異議をはさむつもりはない。しかし呪物と呪物崇拝ということばを本書で使うときには、タイラー博士がその著書で定義した意味で使う。彼の著書では、呪物崇拝は「ある物質的な対象のなかに具現されているか、付着している霊の教義、あるいはその物質的な対象を通じて影響を及ぼす霊の教義である」と定義されている。

ある呪物（西欧思想をもったわれわれは当然、この呪物を無生物とみなすだろう）の徳や影響力や力は、それを所有している個人によって専有され得ると、人々はある場合にははっきり信じているのは確かである。もし幸福の石か曲がったコインをなくすほど不運なら、自分は一連の悪運に見舞われるだろうと思っている学童の心のなかには、これといくらか同じ種類の観念がひそんでいるらしい。ここで強調しようと思っている点は、第10章で説明した「家のイナオ」についての記述のなかで明るみに出された。その箇所では、人間の生命はその人の呪物よりも長く続くことができないが、イナオの末端が腐るとすぐに、この世におけるその人の生命はだんだん弱り、結局まったくなくなってしまうということを述べた。どこからこの信仰が来るのかと、質問されるかもしれない。その答として、私は、ある人々の死亡のさいに故人の「家のイナオ」が腐ったのが事実見つかったことと、この二つの事件がこうして結びつけられたということを推測できるにすぎない。

この章では、アイヌの呪物崇拝では樹木が用いられていることを考察しよう。アイヌの因果論はアニミズム的なので、彼らは樹木や植物には、自分たち自身のように力や感情をもった生命があると考えている。しかしこの生命は一つの明白な単位――全体的、個人的な生きている霊――であることに気づくべきだ。ギリシア人のドリュアデス、すなわち木のニンフ（精）、アテネのアテナ［ギリシアの国家神で、織物、陶器、冶金、医術、音楽、オリーブ栽培の女神］の神聖なオリーブ、月桂樹とアポロンの結びつき［アポロンがダフネに恋したところ、ダフネは月桂樹に変身した。またアポロンは、巨大なヘビを殺したときに月桂樹の森でその血を落とした］、ディオニソスとキズタの結びつき［酒の神ディオニソスが踊り狂ったキッソス（ギリシア語でキズタ）というニンフをキズタに変身させた。キズタは酔いを防ぐといい、イギリスではキズタの輪を酒場に飾る］、オーク（ナラ）の幹に住んでいるエペソスのアルテミス［現在のトルコのエフェソスにあったディアナ神。豊作と多産の女神］、ドルイド教徒［古代ケルト人の宗教］のヤドリギ［ケルト人はオークに寄生しているヤドリギを夏至と冬至の日に切り、祭壇に供えた］。「青葉のなかのジャック」Jack-in-the-Green［イギリスでは、五月祭の日に、煙突掃除人がセイヨウヒイラギとキズタでおおわれたピラミッド形の小枝細工のなかに入り、花とリボンでできた冠をかぶって歩く。五月祭、メイ・デイはヨーロッパでは古代から行われていた青葉のお祭り］、メイポール maypole［花やリボンで飾った柱で、五月祭の日にそのまわりでダンスをする］、悪霊が家畜につかないようにするために、ナナカマドの小枝をもつスコットランドの乳搾りの女［ナナカマドの英語 rowan が、スカンジナビア語 runa 魔よけから来たためという］などがここで思い出される。しかしアイヌは、この問題について自分たち自身に特有のある考えをもっているらしい。あらゆる樹木は、それ自身の個人的な霊、あるいはニンフをもっているだけでなく、根、幹、でこぼこの樹皮、木材、木の枝の股、木の節、蕾、葉、小枝、樹冠にもまた無数の霊——良いものも、悪いものもあるが——が住んでいるとアイヌは考えている。

アイヌがこの崇拝に与えている一般的な名前は、キモチパスクマ kim-o-chipaskuma、すなわち「山の教義」［キム＝山、オ＝ついている、の、パスクマ＝教える］である。今扱っているその特殊な部分は、チクニ・アコシラツキ・オルシペ chikuni akoshiratki orushpe、すなわち「樹木による守護の教義」［チクニ＝木、アコシラツキ＝護られる、オルシペ＝うわさ、話］とよばれる。つぎに述べるたくさんの情報を私に与えてくれた人は、つぎのように言った。

「山岳崇拝に精通しているアイヌの猟師たちは、狩猟にまさに出掛けようとするとき、ヌサに礼拝してから、まず最初に外に出て、大きな樹木を選び、その霊に礼拝して、こう言います。『おお、なんじ、偉大な土地の所有者よ。われわれは動物を殺しにやって来ました。どうか私を助けてください。おお、われわれがどんな事故にも遭わないように取りはからってください。なんじは、われわれを成功させてください』と。こうしてから、彼らは多数のクマとシカを殺すことを期待しながら出発します」と。

これは、もっとも飾らない形の樹木崇拝である。これから、猟師たちが木の霊を自分たちの守護神、あるいは守護霊とみなしていることがわかる。

人が病気のとき、友人の一人がときどき森に行き、良い木、あるいは良い潅木とよばれるものを選び、それに礼拝する。そして礼拝が敬虔に行われるなら、木の霊は治癒をもたらすとかたく信じられている。いわゆる良い木、すなわち助ける準備をし、助けるのをいとわない木のなかには、ヤナギ、ミズキ、オーク（カシワ、ナラ）、トドマツ［アイヌ語、hup、フプ］、マユミ spindle tree［英語はニシキギ。アイヌ語、kashup-ni、カシュプニ］、シオリザクラ Prunus ssiori［アイヌ語、shiuri、シウリ］、エゾノウワミズザクラ Prunus padus、クマシデ horn-beam、ハンノキの一種 black alder、ハシドイ、カバノキ、モクレン科の木［ホオノキ、コブシ］、イチイ、ヤチダモ、カツラ、ツツジ、クリ、クワ、その他二、三のものがある。

病人のためにこれらのうちのどれかに祈願するとき、つぎのように祈願文を唱える。「おお、なんじ、神聖な木トポチ Topochi よ。急いでこの病人を助けてください。なんじはシラムパ Shirampa の子供です。そうです。なんじは聖なるシラムパから生まれました。そしてなんじは、始めは天から遣わされました。なんじは偉大な主要な樹木の神です。私はなんじの名前となんじの父親の名前を知っています。なんじの父親はシラムパです。それは『地上のもの』という意味です。それゆえ、私はなんじを崇拝します。なんじ自身の名前はトポチです。それは『賢明なもの』という意味です。それはまた『速いもの』、または『熟考するもの』という意味です。急いでこの病人を助けてください。おお、急いでください。シラムパの名前で病人を治してください」と。

トポチという語は、「賢明なもの」、「速いもの」また「熟考するもの」という意味といわれており、またシラムパは「地上のもの」という意味であるが、この二つの語は現在一般に使われていない。さきに述べた祈願文を除いて、私はこれらの語をこれまで聞いたことがない。それゆえ、これらの語は、宗教的とよばれるかもしれない目的を除くすべての目的に関しては、時代遅れといわれるかもしれない。

私の情報提供者はこう言った。「男たちは、クマを狩猟しに山に出掛け、クマに攻撃されたとき、また走らなければならないほどの多くの危険に遭い逃れる方策を探しているとき、もし彼らが山岳崇拝か、樹木に住む悪魔を崇拝する方法を教えられていなかったなら、彼らがこれらの動物に殺されるのは確実です。しかしもし彼らがこの崇拝を正しく教えられており、彼らが学んだことをしかるべきときに慎重に行うなら、ちっとも危険ではありません。彼らはいつも逃げられます。というのは、神と悪魔は彼らを助けるからです」。

　私の使用人が悪魔に助けられると言っているのを聞いたり、とくに善良な木のニンフが住んでいるのと同じ木に悪魔が住んでいるということを聞いたときに、私は非常に奇妙に思った。現在でさえも、私はどうしてそうなのかわからないと告白しなければならない。その説明がどんなものであろうと、それは事実である。しかしさきに進もう。再び私の使用人のアイヌはしゃべる。彼は言う。「山岳崇拝の本質は樹木崇拝にあります。どんな木にせよ、木が生育している場所の崇拝です」。

「それゆえ、一人の男がクマに追跡されたときには、彼は木に突進すべきです。そしてもし彼が、それに登る時間がないなら、両腕で木を抱擁し、しっかりと抱きしめ、静かに立ち、木の悪魔につぎのようにささやくべきです。『おお、なんじ、立っている木の人（ニアシランゲ・グル ni-ash-range guru）〔ニ＝木、アシ＝立つ、ランケ＝反復する動作を示す助詞、たびたびする〕よ。喜んで私を助けてください。私の体を隠してください』と。もしこれをするなら、クマは木までやって来るだけで、そのあと彼を見ないで、立ち去るでしょう。あるいは人が木に登る行為をしているときに、クマがやって来て、その人の後ろから登り続けるなら、その人は木の幹にこう言うべきです。『おお、なんじ、木の皮の偉大な悪魔（キサラハランゲ・シヌプル・カムイ kisaraha-range shinupuru kamui）〔キサラハ＝耳、ランケ＝落ちる、下る、シヌプル＝偉大な〕よ。急いで私を助けてくれ』と。あるいは彼が木の股に到達したなら、彼はこう言うべきです。『おお、なんじ、木の股の悪魔よ。なんじは勇敢であれ。そして私のために戦え』と。もしこの教えを忠実に最後までやり通すならば、どんなクマも人には触れないでしょう」。一本の木もない場所でクマに襲われる場合にはなにをなすべきかと尋ねたところ、私の情報提供者はこう答えた。「このような場合には、人はうつ伏せに横たわりなさい。息をひそめて動いてはなりません。それと同時に彼は、地面にこうささやくべきです。『おお、なんじ、地面の下になんじの住まいをもっている悪魔よ。私を覆ってくれ！　おお、野獣から私を隠してくれ！』と。それと同時に、彼は腕を真直ぐに伸ばすべきですし、指さえも動かさないように注意すべきです。そのとき、クマはその人を見ることができず、その人の体をたくみに跳び越えて行ってしまうでしょう」。

もう一度私の友達は言う。「地面の上の手近なところに腐った木が横たわっている場所で、クマが襲って来たら、彼は木のそばにぺったりと横になって、こう言うべきです。『おお、トイヤン・クッタリ Toiyan-kuttari、すなわち〝地面の上で手足を伸ばしているなんじ〟〔トイ＝土、畑、ヤン＝上がる、クッタリはクットゥリ、伸ばすか。トゥリ＝伸ばす〕よ。どうか私を助けてくれ』と。もし彼がこう言うなら、クマは真直ぐに他の所に行くでしょう」。

この件がそんなに長い間すべての外部の人や非常に多くのアイヌ自身に秘密にされていたのはなぜなのかと聞いたところ、その男は言った。「この崇拝は猟師だけのものです。それは、他の人が所有すると危険な知識です。というのは、その人の敵が『山岳崇拝』を手に入れるならば、敵はその人に危害を加えるためにそれを使うかもしれませんし、彼を破滅させるためにそれを使うかもしれませんから」と。

ある種の木は「悪い」といわれ、不幸とよばれることになっていることは、さきにほのめかした。カンボク（肝木）、ハンノキ、エルム〔本書ではハルニレとオヒョウ〕、ポプラ、カバノキ、アジサイ、クルミがそのなかに入る。第30章と31章で述べたように、これらの木のどれも、敵に呪いをもたらすために用いられるかもしれない。

このことをさらに説明するためにエルムを取り上げよう。

第4章でこの木についていくらか述べた。そこでは、それが神――その樹皮の繊維で最初の衣服を作った神と最初に火を手に入れる一手段であった神――であると考えられていることに注目した。私は最初ある種のエルムがある人によって悪魔に分類されていることを知ってたいへん驚いた。しかしもっと経験を積んだのちには、私はそれにはもはや驚かない。アイヌの観念によると、人間に味方をするものは神とよばれなければならないが、他方人間に害を与え、人間に怪我、病気、あるいは死をもたらすものは極悪の悪魔と考えられている。それゆえ、エルムの木に関する他の民間伝承に耳を傾けよう。

「オヒョウの樹皮で衣服を作るのはいい。しかし気をつけろ。この木は多数の――非常に多数の――悪魔を隠している。このためにそれは、アトゥニウェンユク atni-wenyuk［アトゥニ＝オヒョウ、ウェン＝悪い、ユク＝クマ、シカ］、すなわち『悪いオヒョウの木』といわれている。さて昔々、衣服を作るためのオヒョウの樹皮を手に入れるために、人々は山に行った。彼らが行った場所には、断崖の上に伸びた立派な木が生えていた。その樹皮は第一級の品質であった。

人々がこの木――オヒョウのなかの王――のところに行った。そしてその木の皮をはぎ始めた。彼らは根の近くでそれを切った。そしてそれを引っ張りに引っ張った。ついにまったく突然、樹皮が幹からするっとむけた。またたくまに木のてっぺんまで完全にむけた。人々はしっかりつかまっていた。というのは、すべてのことは突然起こったので、彼らが手をはなす時間がなかったからである。それゆえ、彼らはみな両手でつかまり、こうして大切な生命のためにしがみつきながら、深い谷の上で一瞬ぶらぶらと揺れ動いた。あわれな者よ。彼らは前後にぶらぶらと揺れ動いた。ついに、彼らのあわれな手はたいへん疲れ、頭は振動で非常にぐらぐらしたので、彼らは手をはなさざるをえなくなった。あわれで、不運なことに、彼らは下の深みに落ちて死んだ。だから、オヒョウには悪魔が住んでいるということがよくわかる」。オヒョウはかつてトーテム神だったが、今述べた事件のために、悪魔のレベルに下げられたことは大いにあり得ることだと筆者は信じている。実際、その木はその本来の善良性をなくし、悪の性質をもった呪物になったらしい。

今述べたような事件が起きたために、人々はひどく立腹し、木に対して戦争をし続けている。彼らは集まって、ある儀式をする。この儀式を彼らはニオケウシ・ロルムベ niokeush rorumbe［ニ＝木、オ＝付いている、ケウ＝死人、ウシ＝付いた、の、ロルンベ＝戦争、悲しみ］とよぶ。この件について質問したところ、そのアイヌはこう言った。「人が木に登り、木から落ちて死んだり、あるいは切り倒した木が彼の上に倒れてきて、彼が死ぬと、このような死はニオケウシとよばれます。それは、幹、枝、葉のいろいろな部位に住んでいる多数の悪魔によって引き起こされます。そこで、人々は一緒に集まってその木を切り倒し、それを小さな破片に割って、それらを風に撒き散らします。というのは、その木が破壊されないなら、それはいつも危険で、悪魔がそれに住み続けるだろうからです。しかしその木があまり大きくて、こまかく切れないときには、それはそこに放置しておいてもいいのです。その場所ははっきり目印がされているので、人々はその場所には行ってはなりません」。

この「山岳崇拝」と関係があるものとして、ここで一つ別のことを述べる。これは、夏に森の木々のなかで遊んでいるときに、ときどき出会うすべての歓迎すべき小さな竜巻と関係がある。しかしアイヌはこれらの竜巻さえも、悪魔で満たされていると想像し、それをこわがる。彼らはこう言う。「それが近づいているのが見られるときには、もっともいいことは、それが無事に通り過ぎるまで樹木か潅木の後ろに隠れることです。そして隠れているとき、人々は悪魔を追い払うために、大いに唾を吐くべきです」。

34 呪物崇拝（b）動物と鳥の呪物

一般的な説明／ノウサギの前脚／頭骨の崇拝／コウモリ／ハヤブサのかぎ爪／イヌワシ

アイヌは非常に多数の動物や鳥の頭骨、とくにクマ、キツネ、コウモリ、ハヤブサ、フクロウ、トビ、およびアホウドリの頭骨を呪物として用いることは、彼らの慣習を注意深く観察したすべての人には明白である。彼らはまた、彼らの崇拝ではノウサギの前脚やハヤブサのかぎ爪を使う。ノウサギの前脚が戸口や小屋の窓にぶら下がっているのを見るのは普通のことである。この理由と使用について質問したところ、それらは伝染病に対する魔よけとしてそこに置かれていることを知った。それらは、天然痘やはしかのようなたたり（天罰）sourage が小屋に入って家族を襲わないようにする上に、非常に有効だと考えられている。だからここに、動物や植物の生命だけでなく、病気も霊と密接な関係があると思われているというもう一つの証拠がある。病気の悪魔の霊は、戸口や家の窓から歩いて入ると人々は信じているらしい。しかしなんらかの理由で、この霊はノウサギの霊を好まず、たった一本の脚にせよ、脚が見える場所には近寄ろうとしない。これから、それを戸口や窓に結びつける慣習が生まれた。彼らは自分自身がこの病気の悪霊にさらに負けないようにするために、ときどき脚を取り、かぎ爪でやさしく自分の体をひっかく。あるいはすでに病気にかかっているならば、かぎ爪でやさしくひっかくことは、病気を追い払って、治す上に驚くべき作用があると考えられている。しかしまったく奇妙なことだが、後ろ脚はどんな力ももっていないと思われている。だから、それは投げ捨てられる。

しかしノウサギの脚は魔よけとして用いられるだけでなく、その頭骨もこの目的のために手元におかれる。それは他の頭骨と一緒に棒に刺され、小屋の東の隅の外におかれているのがしばしば見られる。しかしそれらのうちのあるものは、ヌサの削り掛けで飾られて、小屋のなかの棚の上にしまわれた箱のなかの安全な場所に保管されたり、また他のものと同様に、「守護神」を意味する名前でよばれる。それらは礼拝される。その主要な機能は、病気にかからないようにすることと、人々の一般的な個人の幸福を守ることである。もしそれらを礼拝しないなら、その頭骨がかつてついていた動物がやって来て、その所有者に魔法をかけると考えられている。というのは、それらは礼拝されることを期待し、それを一つの権利とみなしているからである。あるアイヌとこれらの問題一般について話していたとき、彼はこう言った。「若者たちが狩猟や漁に出掛けるときには、家に残された老人たちは酒を手に入れ、それを盃について、火の女神とヌサと頭骨に供えます。そのとき、老人たちは供え物として新しいイナオをたくさん作り、礼拝して言います。『おお、なんじら、神々よ。私たちの息子は出掛けて、今動物と魚を求めてあちこちをさまよっています。私たちは彼らのことをいろいろと思っています。おお、なんじらは、彼らを守り、彼らを成功させてくださ い。彼らがしていることで、彼らを助け、彼らを安全に家に戻してください』。そう、老人たちは言った。

呪物として用いられたコウモリ

アイヌはコウモリをカパプ・カムイ kappap kamui、すなわち「神聖なカパプ」［カパプ＝コウモリ］と言い、それを崇拝する。殺すと、その頭と皮は神聖な削り掛けで包まれて、呪物として用いられる。コウモリはさきに述べたアホウドリのように鳥に分類され、病気と、一般に悪魔を防ぐ特別のものと思われている。

それが呪物として用いられ、正しく、敬虔に扱われるなら、それは人を賢明——このことばはときどき、「わる賢い」を意味しているのでないかと私は心配しているが——にするだろう。つぎの伝説は、コウモリが死を装うことによって、その、いわゆる賢明さを行使して、病魔をいかにして殺したかを物語っているし、またそれが呪物として保存される理由を説明している。というのは、コウモリは賢明だから、その所有者にその性質を与えることができると思われているからである。

コウモリの伝説

「神聖なコウモリは天国から降りて来たのではなく、天帝によってこの世界で作られた。彼は非常に重要な鳥であり、また非常に賢い。ポニアウムベ Ponyaumbe という人がトミサンペチ Tomisanpechi という山々の上に町をもっていたといわれる。さて、ポニアウムベは、たえず、そしていろいろなふうに悪魔から迫害され、難渋していた。この結果、彼は悪魔たちと戦争をするに至った。しかし彼はたいへん強い神だったので、悪魔たちは彼に対抗することができなかった。というのは、彼は悪魔たちとどこで遭遇しても、悪魔を征服したからである。まもなくある戦いの結末がちょうど成功に終わり始めていたとき、伝染病の悪魔がトミサンペチの港に多数の舟とともにやって来た。彼のすべての軍勢が上陸し、舟を海岸に引っぱり上げ、そこにテントを張った。神聖なポニアウムベは、この侵入に非常に腹を立てた。『私はアイヌの国を守るために天から遣わされた神だ。私がこの国にやって来てこのかた、悪魔たちは私を迫害するのを止めなかった。私はたしかに多くの苦しみを経験した。にもかかわらず、私は決して負けなかった。しかし今、〝病魔〟という悪魔が多数の悪魔とともにやって来て、われわれの港の岸にテントを張った。アイヌの国は今日までこの上ない平和の状態にあったし、またかき乱されてはならない。しかしわれわれがここで戦うべきだとしても、このような悲しむべき戦争をする十分な場所がないだろう。それゆえ、私は黄泉の国に下り、そこで戦おう。というのは、〝伝染病の悪魔〟はたいへん恐ろしいので、もし人がその匂いをかいだだけでも、その人はまもなく死ぬに違いないことを聞きおよんでいるからだ。この戦争が終わったら、私は天に昇ろう』。

「ポニアウベは、つぎに留守中に自分の城の管理をしてくれる強い神を探した。さんざん探した末に、ついに、彼はコウモリに出会って、言った。『あなただけが、私の城の番ができるほどに強い。来て、私に代わってそれを管理をしてください』と。それから、ポニアウムベは、鎧かぶとをつけ、ベルトで体を締め、留め金で剣をとめ、手に弓をもって出掛けた。その後にコウモリがやって来て、城を引き受けた。こうしてまたもや、コウモリは非常に勇敢で、賢明な神であることがわかった」。

「トミサンペチの頂上の城は、もとは天から降りてきたものである。コウモリが番をしにやって来たのは、この城だった。これらのことが、ある人たちがコウモリに酒を供える理由である。しばらくして、悪魔が城にやって来て、コウモリを見て言った。『おお、神聖なコウモリよ。おまえは疑いなく神々の家を防御するために、ここに配置された。来い。そしてわれわれと力を競い合おう』と」。

「そこで、コウモリは挑戦に応じ、戦おうと言った。悪魔は胸から毒矢を取って、コウモリを突如射た。悪魔は二度射る必要がなかった。というのは、コウモリはすぐに転がり落ちたからである。コウモリの肉は突然干上がり、その骨はみなばらばらになって落ちた。そこで悪魔は城に入って、占領した」。

「悪魔が入るやいなや、コウモリは殺されたとはいえ、起き上がり、顔に微笑を浮かべて、悪魔の後ろから歩いた。悪魔はコウモリを見て驚いた。しかしコウモリは、悪魔の後ろから毒矢のある部位に速やかに滑り込み、矢をつかんだ。そして今度はコウモリが、悪魔を射殺した。その結果、コウモリは非常に賢明で、重要な鳥になった。すなわち、彼は恐ろしい悪魔を殺した。この理由で、コウモリは崇拝されるべきである」。

呪物として用いられたハヤブサのかぎ爪

非常に多くの種類の鳥の原型のように、アイヌはハヤブサも最初作られて、天から遣わされたと考えている。この鳥は、非常によい性質をもち、非常に鋭敏な聴覚をもっていると考えられている。それにお祈りをすると、それはすぐに好意的な答を与えてくれるといわれている。ハヤブサの職分は、猟師がキツネやノウサギのように、より小さな種類の動物をつかまえるのを主に手助けすることにあると思われている。もし人が狩猟中にこれらの動物の一匹に出会い、それを見たのちに、おそらくその近くにいるかもしれないハヤブサを見る機会にめぐり会うなら、これ以上に猟師を喜ばすものはないだろう。彼はその鳥におごそかにあいさつをして、自分が獲物を取るのを助けてくれとたのむ。もし彼がそうするなら、すぐに助けが得られるといわれている。というのは、その鳥は動物の頭の上に降下し、それをすぐに直撃するからである。ハヤブサが崇拝され、それが殺されると、それにイナオが捧げられるのはこのためだといわれている。

しかしこの鳥はさらに一層使われさえする。その死体は、ノウサギに庭の収穫物を荒らされないようにするための驚くべき呪物であり、魔よけだといわれている。ハヤブサは殺されると、その死体は庭に運ばれ、ノウサギをおどかすために、案山子として、ぶらさげられる。これらの鳥の死体の一つがぶらさげられた庭には、この動物は一匹も入らないと、人々は言っている。この鳥はノウサギにたいへん恐れられているので、ノウサギはこの鳥のいるところにはあえて近づかない。

またそれが全部ではない。ハヤブサは殺されると、かぎ爪は切られ、呪物の削り掛けで包まれ、大切にとっておかれる。それらは病気に対する魔よけだといわれる。この呪物はヘビに咬まれた傷の治療に効き目がある。だからもし人が不運にもヘビか毒ヘビに咬まれたなら、その人にはハヤブサのかぎ爪ほどいい手当はないといわれる。

足か手が咬まれた部位と仮定すると、なすべきもっともいいことは、一対のこのようなかぎ爪を手に入れ、それをその部位に結わえつけることである。こうしてから、つぎの祈願文をヘビのチーフ（長）に唱えなければならない。「おお、ヘビよ。私は今ハヤブサの助けを期待している。なんじは、急いで私を治してくれ」。これは祈願文とよばれているが、もしヘビのチーフが、その子孫のだれかが加えた危害をすぐに治してくれないならば、ハヤブサがヘビの後から遣わされるだろうとほのめかす一つの脅しのように思われる。というのは、この種の鳥はこれらのヘビを殺すといわれているからである。この慣習で奇妙なことは、ハヤブサの爪を呪物として身につけていても、崇拝されているのはヘビのチーフだからである。

人はこのような北国で、天国の鳥について聞くとは思わないだろう。しかしここにはそれがいる。それは、ケソラプ・カムイ Kesorap kamui という名前で通っている。このことばは、斑点のある翼［ケソ＝斑点のある、ラプ＝羽、翼］をもった神という意味である。私はそれに「天国の鳥」という名前をつけた。というのは、その鳥にこれほどよく合った他のことばはないからだし、この鳥は天国にその家をもっているといわれているからである。

しかしこの鳥を、ニューギニアで主に見出され、その名前［極楽鳥］で通っている鳥と混同してはならない。アイヌの「天国の鳥」は、金の羽と美しい斑点がある翼をもっているといわれている。この鳥はこの地上ほど低くに決してやって来ない。というのは、その家は天にあるからである。しかしそれは、晴天の日にはいつも非常に高く天空を飛びまわる。そしてその鳥を非常に注意深く見ている人々には、この鳥が見えるかもしれない。この鳥の大きな喜びは、この世界――この鳥はこの世界を実際非常に美しいと思っているが――を見ることである。この鳥の羽は、驚くべき呪物とみられていて、熱心に探し求められる。またこの鳥は実際非常に神聖だといわれている。私は、その羽を自分自身所有している人か、所有しただれか他の人を知っている人をまだ知らない。つぎの伝説は、私がこの驚くべき鳥についてこれまで学ぶことができたすべてを語っている。しかしここで言っているのは、イヌワシ golden eagle のことだと私が言ってもそんなに間違っていないだろうと、私はかたく信じている［天国の鳥、ケソラプは、バチラーによると、イヌワシであるが、知里によると、クジャク］。

「『神聖な斑点のある翼』は天にだけ住んでいる神である。しかし彼はときどき出て来て、目に見える天空を飛びまわる。これは、彼自身がそれを喜んでいるためである。この神は、人々が住んでいる世界を見るのが非常に好きだ。それで、彼はときどき世界を見にやって来る。しかし彼はこの世界までは降りて来ない。彼の体は非常に大きいので、アイヌの国から見ることができる。彼の姿は非常に遠くから見られるから、彼の体がなにに似ているかをだれも正しく言うことができない。それにもかかわらず、天気が非常にいいときには、人が注意してみれば、彼が飛びまわるのが見えるかもしれない。ときどき彼が一、二枚の羽を落とすのが見られる。だから、人がこれらの鳥の一羽を見れば、できるだけ、その鳥から目を離してはならない。この鳥が羽を落とす場合に備えて、その人は注意深くその鳥を見守るべきだ。もしその鳥が羽を落とすのをその人がたまたま見たら、その人は注意してそれを拾わなければならない。その羽は金でできていて、その斑点は非常に美しい。このために、この鳥はケソラプ・カムイ、すなわち『翼に斑点のある鳥』とよばれるのである」。

「これらは偉大な神の羽であるから、それらは、考え得るもっともいいお守りである。だから、それらは、イナオの削り掛けが一杯入った箱のなかに大切にしまうべきだ。この羽をしまうアイヌが金持ちになるのは、絶対に確実である。これらの羽の所有者ほど、実際に金持ちになる人はいない。しかしこの鳥の羽は長い間しまっておいてはならないことを覚えておかなければならない。そのわけは、それは、力の強い神の体から来ているからである。それは、三年間だけ保存されるかもしれない。この期間が経過した後には、それを箱から出して、小屋の外におき、そこにイナオを立てる。魔よけとしてのその効き目は三年間しか続かない。三年が経過した後に、それを新品として売って、他人を欺くほど悪いアイヌがいた。しかしこの羽は買い手に利益を与えることができなかった」。

私にこの伝説を語った人はまた、その羽は短期間だけ小屋の外におかなければならないと説明した。それはすぐに再び大切になかに入れられ、敬虔に礼拝される。その後で、それはうやうやしく、ひそかに炉のなかで燃やされるか、埋められるべきだ。

カケスとヤマセミ

アイヌは、カケス Garrulus Branti（Everson）とヤマセミ kingfisher, Ceryle guttata（Vigors）［カワセミ科］を同じ家族に属するものとみなしている。彼らの言うところによると、それぞれの親は、同一の鳥であった。またそれぞれの羽は呪物として高く評価されているので、それらをここで扱うことを私は提唱する。しかし鳥類学的な他の問題は鳥崇拝について語るまで残しておこう。

以下に述べる伝説は、これらの二つの鳥が同一の祖先をもっていると考えられているのはどうしてなのかを示している。そして他の理由ではなく、実際この理由で、それは興味がある。ヤマセミの名前アイヌサッチリ Ainu-sat-chiri は、アイオイナ・サプ・チリ aioina sap chiri、すなわち「アイオイナの子孫である鳥」［サプ＝由来する、チリ＝鳥］から来ているとするアイヌの言語学者について、私は多くのことを言うことはできない。というのは、この考えを支持するものは、音しかないからである。

ヤマセミの羽はカケスの羽より、呪物としてもっと高く評価されている。だから、もっと求められている。それはその所有者をとくに衣装もちにすると考えられている。私はこのことを一八年前に発見した。そのとき私は、標本として一羽のヤマセミを撃った。私が死んだ鳥を手にもって、滞在していた小屋に着いた。そのとき、若者が私のところに走ってやって来た。そして一、二枚の羽をくれと実際熱心にたのんだ。私はこの願いを聞き入れたとき、彼は非常に喜んだ。彼が羽を欲しがったのは、私が最初考えたように、装飾としてではなく、立派な衣服を手に入れるためのお守りとしてであった。

カケスとヤマセミの伝説

「カケス（ミヤマカケス）は天から下りて来た。彼の本当の名前はメトツエアミ metot eami、すなわち『山のカケス』［メトツ＝山奥、エアミ、エヤミ＝ミヤマカケス］である。彼はまたイワエアミ iwa eami、すなわち『断崖のカケス』［イワ＝岩］ともいわれる。これらの名前がそれにつけられているのは、それが巣を山のなかか、断崖に作るからである。それはエアミ eami、すなわち『ものの世話をする人』［エヤム＝大切にする］とよばれる。この名前がそれにつけられるのは、その巣が見つかる場所には、ドングリ、クリ、ブドウ、マタタビの実のようないろいろな食べ物がいつも貯蔵されているからである。それはまた木の穴に食べ物を貯蔵する。『山のカケス』［ミヤマカケス］には長男があるが、それはこの長男にアイヌサッチリ、すなわち『ヤマセミ』という名前をつけた。しかしカケスは末の息子をエアミ［ミヤマカケス］、すなわち『ものの世話をする人』とよんだ。山のカケスは自分の子供たちを非常に愛している。そしてそれらのために、特別の衣服を作る。それは長男には白い衣服、末子には赤のしまの入った斑点状の衣服を与えた。赤い衣服の本当の名前は、クトコソンデ Kut-o-kosonde、すなわち『ベルトのついた上着』［クッ＝帯、オ＝ついている、コソンデ＝小袖］である。それゆえ、カケスが崇拝されるときには、それはいつもクトコソンデミカムイ Kut-o-kosonde-mi-kamui、すなわち『ベルトのついた上着を着ている神』［ミ＝着る］とよびかけねばならない。白い衣服をつけているものは、アイヌサッチリとよばれる」。

アイヌサッチリ、すなわち「ヤマセミ」の伝説

「神聖なアイオイナが生きていた古代には、白い衣服を着ていた神々が天から降りて来て、いろいろな問題をアイオイナと話した。このために彼らはアイヌサッチリ、すなわち『アイヌのところに降りて来た鳥』とよばれる。それで、カケスとヤマセミは、同じ親の子であることがわかる。さらにヤマセミは非常に重要な鳥である。それを崇拝する人は確実に加護を与えられ、確実に成功し、立派な衣服を手に入れるだろう。その羽もまた所有すると、加護を与えるものであり、またお守りとして手元におくべきである」。

アマツバメ

アイヌはすべての渡り鳥はその真の家を天にもっていて、冬を過ごすために毎年秋に天に帰り、夏のために、春に再びこの地上に戻って来ると考えている。アマツバメ swift（ノクヤク nokuyak）はこれらの鳥の一つである。つぎに述べる伝説は、それらは自分たち自身の快楽のためだけで、アイヌの国を訪れるとアイヌが想像していることを示している。アイヌはアマツバメをつかまえると、その皮を呪物として手元におく。

アマツバメの伝説

アマツバメは天にその家をもち、夏の間は遊ぶために毎日この世界に降りて来る。しかしそれはいつも夜には天の家に帰る。それは飛ぶのが非常に速い。だから、それをつかまえるのはむずかしい。しかしもし人が熟練し、忍耐し、そしてそれを射とめるなら、その人は非常に幸福になるはずである。というのは、この鳥は重要で、速い鳥だからである。それはまたすばらしいお守りになる。その皮は、頭とともに、イナオの削り掛けで包まれた箱のなかにうやうやしく入れ、脇にのけておくべきだ。もしこうするなら、その鳥の霊はそこに留まり、幸運をもたらすだろう」。

35 呪物崇拝（c）石の呪物とその他の問題

呪物としてのその場所にある岩／呪物としての石／川床の石／猟師のための特別の呪物／ゴヘイ／ムネアゲ／マヨケ

私の著書『日本のアイヌ』［一八九二年］の二五四ページで、私はつぎのように書いた。「ある日、二人のアイヌと舟で川を下っているとき、われわれは、水面から鋭く切り立っている非常に険しい絶壁のところをたまたま通り過ぎた。これらの岩にはいくつかの隙間があいていて、それは深く、鬱蒼と木が生い茂った谷に通じていた。岩々の頂上には木々が生い茂り、またそれらの底面では水は暗く、深く、ゆっくりと流れ、そのなかでは一連のおだやかな渦が巻いていた。その場所は非常に美しく、静かで、畏敬の念を起こさせた。この場所に近づくと、アイヌは舟を漕ぐのを止め、頭飾りをとり、まったく黙り、小さな舟の舵を取るのに必要なだけ体を動かすにすぎなかった。なぜそうするのかと尋ねると、私はすぐに、しばらく黙っていてくれと言われた。というのは、その場所にはある特別な神が宿っているといわれているからであった。神のまえにいるときには、どんな人も沈黙するのはまったく当然である」。「断崖を過ぎてから、われわれは神々のこの家について話をした。アイヌは二種類の神がこの場所に住んでいると考えられると言った。第一はドリュアド［ギリシア神話で、木とともに生まれ、木と運命をともにする木の精］、すなわち森の神である。これらは谷で生活し、断崖と木を見張り続ける。彼女たちはよくもあるし、悪くもあった。善良で、敬虔で、神を恐れる人には、彼女たちは自分自身も善良で、慈悲深いことを示す。しかし悪く、敬虔でなく、不信心な人には、彼女たちは罰するためだけに姿を見せる。そのときには、彼女たちは悪とみなされる。災難は、彼女たちのまえであえて不平を言う人にふりかかる」。

「この場所に住む別の神々は、水のニンフ（妖精）だった。それらには、三種類、あるいは三階級がある。長（チーフ）のニンフは水の渦の中心に住んでいる。二番目のニンフは、流れを下る水を支配している。三番目のニンフは、水が再び上がって来る場所を見張り続けている。これらの神々もまた、敬意と尊敬をもって扱わねばならない。そうしないと、これらの神々は舟をひっくりかえし、漕ぎ手と旅客を渦のなかに引きずりこんで、そこで溺死させて、復讐するだろう」。

これに対して私はこうつけ加えねばならない。「この特殊な場所には、ドリュアドと水のニンフがいると仮定されているだけでなく、それらは生きている存在とともに住んでいると思われている」と。岩自体が多くの個々の霊的存在——良いものにせよ、悪いものにせよ——をそのなかにもっているとかつて思われていたし、今でもそう思われている。また岩自体が呪物とみられ、崇拝されている。この川の上流にはノカピラ noka-pira、すなわち「像の岩、あるいは断崖」［ノカ＝形、絵、ピラ＝崖］とよばれるもう一つの高い岩がある。これも同じ見地から眺める人がいたし、崇拝されていた。

私がこれまでにアイヌのなかで出会った石の偶像崇拝にもっとも手近に近づく方法——すなわち、自然のままに近づく方法——は、ウス（有珠）にある。この村には、高さ四フィート［一二〇センチ］、幅一・五フィート［四五センチ］の彫刻されてない自然石が、小屋の神聖な東の端の外側のヌサのそばに立っているのが見られる。その小屋の主人とその石の所有者はオプルッ Oprutu という名前の人である。彼は、私が観察するかぎりは、正直で、公平で、誠実な人である。石は飾りとしてそこにおかれていると彼は言っているが、彼はときどきそれに敬意を払うことを認めている。彼は、この石を取り払うことは望まないだろう。そのわけは、石を取り払うと、その石が保証している保護と幸福を失うだろうからである。私はこの石が呪物だという結論を下している。川床には赤味を帯びた大きな玉石が横たわっているのがしばしば見られる。人々の言うところによると、悪い性質の水のニンフはこれらの下に住んでいるし、また玉石自体が生きていると考えられており、それがニンフの保護者として働いている。ある男たちはこれらの石を呪物として用いる。彼らはこれらの石をその場所から持ち出さず、それらが横たわっている場所にずっとおいておく。それらは、自分を保護するためと敵を破壊するために使われる。だから、もしある人にやっつけたい敵がいるなら、その人は川の土手に行き、石に向かって坐る。それから彼はイナオを作り、その石のまえにイナオをおき、祈って、こう言う。「おお、なんじ、偉大な赤い石よ。水のニンフの家よ。浅瀬を見張るために、なんじの悪霊を遣わしてください。そして私が名前を挙げる私の敵が川を渡るとき、なんじはそれらに私の敵をつかまえさせ、引きずり落とし、殺してください。私はなんじにこれらのイナオを供えます。どうかイナオを受け取り、私の願いを聞き入れてください」と。

今考察している問題についてしゃべっているとき、一人のアイヌが私に言った。「猟師がクマかシカを殺したときには、その肝臓と膀胱を取り、それらを非常に念入りに調べます。そのわけは、それらにはときどき小さな石が入っていることが知られているからです。これらの石はもっとも貴重なものです。これらの石を見つけた人は、自分が非常に金持で、幸運だとみなすかもしれません。というのは、その人はいつも最高に成功した猟師になるだろうからです。これらの石のなかには、金色をしているものも、銀のような白色をしているものもあります。しかしこの両者はともに、所有者に加護を与えるものです。というのは、それらはその人の保護神の特別の贈り物だからです」。

この人はまたこう言った。「シカのなかには、加護を与える角が非常にたくさんあります。これらのうちでもっともいいものは、つぎのように言われています。(1)ナウセ nause のシカの角。これはつぎの形をしています。 (2)つぎはポパイウシ popaiushi の角。その形はつぎのようです。 (3)つぎに、オプイベ op-ibe の角が来ます。それはつぎのように槍に似ています。 (4)最後にエムシ emush の角があります。それはつぎのように剣に似ています 」。

ここに出て来るアイヌ語の単語は記述的である。その意味はつぎの通りである。ナウセは「くま手」、ポパイウシは「火ぶくれのような点をもつ」[ポパイ=火ぶくれ、ウシ=ついている]、オプイベは「槍の先」[オプ=槍、イベ、イペ=食べ物、実、刃]、そしてエムシは「刀、剣」である。

アイヌの呪物崇拝の真の性質を示すために、今十二分に述べた。そこで、私は、今なお盛んに行われている古い日本の慣習を一、二簡単に述べ、この章を終わりにしたい。本書を通じてなされたイナオとお守りについての論評の多くは、日本人のこの慣習を少なからずあきらかにするだろう。これらのうちの第一は、ゴヘイ［御幣］、あるいはヌサ［幣］である。人は神道の社のまわりとその他のところで、それらをしばしば見るかもしれない。

日本を旅行すると、旅行者は、社、すなわち神道の寺院のまえに、特別の形に切られ、もつれた白い紙片がぶら下がっている木の細い枝か、あるいは木の棒をしばしば見るだろう。われわれがもっている種々の辞書では、編者はそれを、棒に結わえつけられ、神道の寺院で（庶民からは神の霊を示すものと仮定された）供え物の一つの印としてカミ（神々）のまえにおかれる「特別の形に切った紙」、または「社に行くさいに、供え物の印として、礼拝者がもって行く絹か紙の切れ端」と定義している。

グリフィスは『日本の宗教』（八三ページ）で、こう言っている。「実際にこれらのゴヘイ、すなわち尊敬に値する供え物は、布——技術が進歩したときに、樹皮、麻、あるいは絹で織られたが——という古代の供え物を紙で代用したものに他ならない」。しかし私には、これは、単なる推測にすぎないように思えるし、実際にはゴヘイは過去の時代に日本人の間で行われていた呪物崇拝の名残以上でも、以下でもないように思われる。それと同じく、アイヌのイナオは、今日この人種［日本人］の間で行われているこの崇拝の一部を示している。私は両人種の間で多くの研究をし、注意深く観察したのち、この結論に到達した。アイヌが自然に、また当然にイナオを立てる場合、日本の本土の内陸部（仙台から二、三マイル［三ないし四キロ］離れた場所にしておく。一八九九年［明治三二年］のことだが、そこが、私が最近それを見た場所であった）の日本人は、ゴヘイを立てることを発見した。私は、社のほかに、井戸、泉、川のそば、および女たちが米を炊くまえにそれを洗う場所や庭で、それを見た。私はしばしば、それを立てる理由を聞いたが、いつもつぎの三つの返事のうちの一つが返ってきた。（1）ゴヘイは清浄のしるしだと言う人がいる（しかしこの考えがどこから来たのか私はまったく知らない）。（2）それらはいろいろな神々に対する供え物だと言う人がいる（これはもっとも合理的な答であるように思える）。（3）それらは、中間にある神自身だと、私に告げた人もいる（これは、彼らが信じていると、私が予想していることである）。しかし一番目の答を除いて、これらの答は、アイヌにイナオ呪物について質問したときに、多くのアイヌが質問者にする答と同じである。

図35―1 屋根に鎌が立っている日本の農家

さらに、神道の寺院について、サトウ［幕末から明治時代にかけて日本に駐在したイギリスの著名な外交官］とホウズの『日本ハンドブック』にはこう書いてある。「崇拝者が目で見ることができるすべてのものは、開け広げられた部屋の中央にある真直ぐな細い枝に結びつけられた紙切れの束、あるいは鏡である。背後の格子の後ろに、聖所がある。まれな場合を除いて、そのなかには主席の神官さえも入ってはならない。神々の象徴は、箱のなかにおさめられ、絹と錦で何重にも包まれて、その場所に保管されている。伝説だけが、この象徴、すなわちミタマシロ（おそれおおい霊の代理）［御霊代］がなにかを、個々の場合についてわれわれに教えてくれる。それはときには、鏡、剣、あるいは奇妙な石、あるいは靴でさえある。鏡は女神に特有であり、剣は男神に特有である。社は一般に拝殿からなるが、前の部分には細い枝が立っていて、特別の仕方で切られた白い紙切れがその枝からぶら下がっている。この紙切れは、サカキ cleyera の木の枝に結わえつけられた布の供え物――それは、古代には祭りのさいに作られ、おそらく一年中ぶら下げっぱなしにしておかれたのであろうが――に似たものにすることを目指したものである。最近伝統的な慣習に逆戻りしているために、色のついた布地を供えることがはやっている」。

アイヌの間で今日存在しているような呪物崇拝の見地から見ると、これは完全に日本の呪物崇拝だと、私は結論せざるをえない。

「神々の象徴は箱のなかにおさめられ、絹と錦で何重にも包まれて保管される」とサトウとホウズは言っている。鳥の巣やある種の動物や鳥の頭骨のようなアイヌの呪物の非常に多くもまた、箱におさめられ、呪物の削り掛けで何重にも包まれる。

ムネアゲ

日本人の大工が家を建てるとき、その仕事のある段階で、多くの場合、彼らは一種の祭りをする。それはムネアゲ［棟上げ］として知られている。この祭りは、「家の枠組みが完了したときになされるお祭り」と定義されている。それは建物の周囲にゴヘイを立て、米のだんご rice dumpling［餅］でもてなし、いわゆる酒盛りをすることである。この特別なときに、大きな矢と、その矢に合った弓が屋根の上に高く立てられる。最近私が見た矢は長さが七フィート［二メートル］あった。私はこの慣習の起源と意味について大工や他の普通の人々に聞いた。私がこれまでに手に入れることができた唯一の答はつぎのようなものだった。その起源については、「私たちの祖先によって、そのように行われたのです。私たちはよい古い慣習に従っているのです」。彼らにとっては、これでもちろん十分だ。だからわれわれは納得しないが、われわれもおそらく納得すべきだろう。しかし、ゴヘイは「神々に対する供え物」といわれている。もっとも、それがどんな神か、私は言うことができないが。弓矢と一まとめにして考えると、ゴヘイは「火の悪魔に対する魔よけ」として働いているといわれる。たしかにこれは呪物に他ならない。これに似た慣習とその対応物は、アイヌの間では新築祝いという土着のお祭りのさいに見ることができる。このとき、チセイ・サムベ、すなわち「家の心臓」が小屋のまわりにおかれる。これについてはさきの章（第13章）で述べた。

マヨケ

マヨケ［魔よけ］、すなわち「悪魔を避けるもの」は、いくらか数が多い。そしてそれは、「悪霊を防ぐお守り」と定義されている。だから日本人が危険な病気になり、死の戸口にあると判断されると、剣とゴヘイがときどき枕もとにお守りと防御するものとしておかれる。これらのものは、その人が死のうが、生きようが、病魔を追い払うといわれる。ときどきそれらはまた、葬式のときに遺骸のまえに運ばれる。農民は図35―1のように、家の屋根に鎌を立てる。これは火、風、稲妻という悪魔を追い払うといわれている。また天然痘におそわれた場合には、姿見がときどき患者のわきにおかれる。もしこれをするならば、悪魔は、他人が彼を見るように自分自身を見て、犠牲者の体になんの印も残さないで立ち去るといわれている。また伝染病のときに、私は一度ならず、人々が村のなかを叫び声をあげ、太鼓を打ちながら、綱を引っ張っているのを見た。これは悪魔を引きずり出し、追い払うためだった。これらのすべてのことや、それらのような他の多くのことを見ると、呪物崇拝が行われているのがわかると思う。

36 鳥崇拝 (a) シマフクロウ

一般的な説明／シマフクロウ／名前／猟師を助けるフクロウ／仲介者としてのフクロウ／鳥崇拝／シマフクロウの伝説

鳥崇拝——より発達したものもあるし、より発達していないものもあるが——をもたなかったような国民は世界にはない。古代エジプト人は神聖なトキ［原著の Ibex＝ヤギは Ibis＝トキの誤り］をもち、それを「父ジョン」とよんで、崇拝した。それが死ぬと、彼らはそのミイラを作った。それを殺すことは、死罪に値する犯罪とみなされた。フェニックスについて彼らがいだいていた特殊な考え、たとえばその誕生と長命についての考えもまた、忘れられない。フクロウとワタリガラスはともに、多くの国民から悪の前兆の鳥とみられてきた。他方コウノトリは日本人からは非常に尊敬されている。ランス［フランスの都市］のコクマルガラス（黒丸鴉）Jackdaw の話は忘れられないだろう。小さなヨーロッパコマドリ robin の赤い胸が、古代イングランドの子供たちからどんなに愛されていたかをすべての人は思い出すだろう。しかし羽のある動物について、アイヌほど礼拝と民間伝承を通じて言うべきことをたくさんもっている民族がいるだろうかと思う。彼らは自分たちの目にとまるほとんどあらゆる種類の鳥、小さなミソサザイwren から大きなワシに至るまで、天国の鳥からイエスズメに至るまで、言うべきことをたくさんもっている。彼らの思考方法によると、間違いなく上の天に属している鳥、下の大地に属している鳥、および地下の黄泉の国にその正式の家をもっている鳥がいる。神聖な鳥と悪魔の鳥、よい鳥と悪い鳥となんでもない鳥がいる。ある種の鳥はよい庭師だと思われている（たとえば、カッコウ）。他の種類の鳥（たとえば、キツツキ）は賢明な舟大工であるが、さらに他の鳥は立派な医者である（シギとアホウドリ）。筆者はこの問題を本章と次章で扱いたい。羽のある動物に関して、筆者が人々からこれまでに集めることができたことをここで述べたい。この問題のうちのあるものはまったく独特であるし、またまったく不合理なことが発見されるだろうが、他方では興味深いことが発見されるだろうと思う。

あるアイヌが、鳥について私に話してくれたときに、その鳴き声についてあるタブーがあると私に言った。彼は言う。「だれも鳴き声をまねしてはいけない特殊な鳥が、五種類います。それはカッコウ、キツツキ、ヨタカの一種 nighthawk、ヨタカ goatsucker、フクロウです。これらの鳥はその鳴き声で、人々に魔法をかける力がありますし、ときどき魔法をかけます。だから、それらの鳴き声のまねをしてはなりません。実際そうすると、不幸を直接に招くことになるでしょう。しかしシマフクロウ eagle owl［この英語はワシミミズクだが、ここでは Blakiston's eagle owl シマフクロウのこと］は神です。だから、その鳴き声をまねすることは神聖冒瀆になるでしょう。また人は未知の鳥の鳴き声をまねしてはいけません。奇妙な鳥はしばしば悪魔によって送られたものです。そしてあちこちに病気の種子を運びます。これらの理由から、人はこれらすべての点に注意すべきです。そう古代人は教えています」。

シマフクロウ

アイヌは、シマフクロウに五つもの違った名前をつけている。その名前はそれぞれ特別の意味をもっているし、またその名前の程度で、彼らがその鳥に対していだく非常に特殊な尊敬をあらわす傾向がある。すべてのフクロウ科 Strix family［コノハズク、ワシミミズク、アオバズク、フクロウなどの属からなる］のうち、フクロウはアイヌの心では主要な位置を占めている。したがって、それは彼らの鳥崇拝では、最大の尊敬と注意でもって扱われている。実際、疑念、不信、恐怖で見られている別の種類のフクロウがある。それは不幸を起こし、不幸の前ぶれになる鳥とみられているから、非常に憎まれ、アイヌからは悪魔とよばれている。しかしシマフクロウは、神と見られている。それゆえ、それはあらゆる点で、善であり、愛されるべきものである。この神は世界に悪をもたらさない。しかしそれが自分の近くに悪を見ると、それは非常に親切に悪を人間に警告し、善意から人間を守り、悪を防ぐ。これらの理由から、この鳥は愛され、信用され、うやうやしく尊敬されている。

アイヌがこの鳥につけている名前を調べると、どういう見地からアイヌがこの鳥を見ているかということと、なぜこの鳥が崇拝されているかがわかる。この問題についての情報を提供してくれたアイヌが私に語った順序で、その名前を検討し、それを順番に扱おう。

（1）考察されるべき第一の名前は、いちばん普通のもの、すなわちフムフム・オッカイ・カムイ humhum o-kkai kamui、つまり「フムフムと鳴く神聖な男」である。フムフムはシマフクロウが夜に鳴くと思われている声に対する擬声音にすぎない。カムイはまたこの名前の一部をなし、「神聖な」という意味である。それがオッカイ、すなわち「男」とよばれていることは、この鳥がアイヌの見地から見て、最高に重要であることを示している。というのは、人々の心のなかだけでなく、彼らの現実の行動においても、男は女よりいつも高い地位を占めているからである［フムフムオッカイカムイは、知里によると、シマフクロウではなく、アオバズク］。

（2）第二の名前はカムイ・エカシ kamui ekash、すなわち「神々の祖先」である。すべての小鳥は、シマフクロウを祖先と考えている神々であることは言うまでもない。というのは、各神性 deity はそれ自身の種のなかでは一人の神 god と見られているからだし、また人間の目に自分自身の姿を見せるときには、実際夢のなかにあらわれるのでないなら、それ自身の種の体型をもつといつも思われているからである。この鳥に適用されたエカシ、すなわち「老人」、「祖先」という単語もまた、アイヌの鳥崇拝と神話では、この鳥が重要なことを示している。というのは、彼らの間では、老人はもっとも重んじられ、最高の尊敬と敬意と配慮でもって扱われているからである。より若い人々が老人を訪問するとき、あるいは息子が旅から帰って来たとき、贈り物がいつも期待される。贈り物をもって来るのを怠る人は、尊敬されない。私はしばしば、老齢の病人の間ではこの慣習は迷惑であることに気づいた。というのは、人々がいけないと言っているにもかかわらず、彼らは老人が飲む酒を贈り物としてもって来るからである。こうして、多くの場合、医者が投与した薬の作用が無効になってしまう。エカシという単語も、この人種のより若いメンバーという単語よりもはるかに重要である。古代には最初に老人に相談しないでは、なにも正しく行うことができなかったらしい。これから、シマフクロウに適用された「神聖な祖先」という名前は、この鳥が大いに尊敬されていることを示していると、われわれははっきり結論してもよい。実際これは、それがトーテム神とみなされていた時代にわれわれを直接連れ戻す。

（3）三番目の名前は、カムイ・チカッポ kamui chikappo である。これは、「神聖な小鳥」という意味である。チカップ chikap は「鳥」という意味である。ポ po は「小さい」を意味する縮小辞であるし、また親切な敬意と愛情を意味することばであるし、この鳥が愛情をこめて見られることを示している。この鳥が尊敬されるのは、それが人間に大いに奉仕し、本質的に情け深い性質をもっていると思われているからである。その片鱗は、伝説の語りでしばしば聞くし、また愛情をこめた楽しい態度で話される。それゆえ、この種のフクロウはどんな点でも恐怖と恐れでもって見られていない。

（4）それに与えられた四番目の名前は、ヤ・ウン・コントゥカイ ya un kontukai である。これは「世界の召使」［ヤ＝陸、ウン＝の、コントゥカイ＝召使］の意味である。このことばは、この鳥が人間の必需品の面倒を見るために世界にいるのだと宣言している。したがって、それはこの他ならぬ目的のために、造物主によってとくに遣わされたことをわれわれに告げている。すべての神々は、まず第一に、その位階と序列に従ってお互いに従属している。しかし結局は、すべてのものの頭目としての造物主に対してだけ責任がある。

しかしどういう仕方でこの鳥は人々の必需品の面倒を見ると考えられるのか、という質問がでるのはもっともである。たしかに、自分が食べられることによってではない。というのは、この鳥は食料品ではないからである。しかしこの鳥は、食糧貯蔵庫に動物性の食べ物を供給して、人間を助けると信じられている。それは、説明できないある方法で、猟師の動きを指図して、獲物がいるところに猟師を案内する。それだけでなく、フムフムと叫んで、危険が迫っているときには、思いやりをもって猟師に警告する。さらにそれは、病気のときには好意から助けるといわれているし、また事故にあわないようにするのに、とくに役立つといわれている。

人々に警告を与えることに関して、アイヌはこう言う。もしこの鳥が非常に大声で鳴くなら、危険が迫っているという確実な兆候である。しかしもし鳴き声が静かで、規則的ならば、それは平穏と幸福を意味する。山に行く前日、猟師は数本のイナオ呪物を作り、それらを小屋の外の東のほうにおく。もし夜になんらかの種類のフクロウが来て、その上にとまり、大きな音をたてるなら、彼らは村から一歩も出ないだろう。というのは、それは確実に危険な兆候と見られているからである。しかしもしフクロウがやって来て、静かに鳴くなら、これ以上に猟師たちを喜ばせるものはないだろう。彼らは成功を確信して、すぐに出立するだろう。

（5）この鳥につけられた最後の名前は、ヤ・ウン・コッチャネ・グル ya un kotchane guru、すなわち「世界の仲介者」［ヤ＝陸、ウン＝の、コッチャネ＝仲介する］である。このことばによって、われわれはこの鳥のもう一つの特別な職務を指摘される。それは造物主と人間との間を仲介し、また造物主に直接人間の要望を伝えると思われている。それゆえ、この鳥がアイヌの猟師の心のなかでは、非常に高い地位を占めていることがすぐにわかるだろう。それが猟師からしばしば、うやうやしく崇拝されていることを聞いても、われわれは驚かない。

獲物を追いかけるとき、猟師はしばしばこの鳥に礼拝する。イナオがそれに捧げられ、祈願文が唱えられ、その助けと用心深い保護が熱心に懇願される。他方、できれば、それに敬意を表して酒を飲む。その祭では、何人かの男たちが、これらの鳥の頭とくちばしで飾られた王冠をかぶる。それらの鳥が受け取るイナオは三種類ある。それは「撚られた削り掛けをもった呪物」と「広がった削り掛けのある呪物」と「渾木の呪物」であるが、これらについてはさきの章（第10章）で述べた。

シマフクロウは手に入ると、他の鳥や動物のように籠で飼われる。これは礼拝するためだと、当然人々は考えるだろう。しかし驚いたことに、そうではないと私は確信している。籠のなかにいるときには、それは実際には、チオマプ・カムイ chiomap kamui、すなわち「最愛の神」［チオマプ＝愛せられた］、カムイ・オポイサム kamui opoisam、すなわち「親愛な小さな神」［オポイサム＝小さい］とよばれる。しかしそれらは、この鳥にやさしい敬意を表明する人々からはたしかに一般に礼拝されていない。それらに祈願文を唱える気になる人も見られるかもしれないが、このような態度は例外である。やがて恐ろしいときが来て、この鳥の喉が絞められることになる。そのときには、それは礼拝されるといわれるが、神としてではなく、神々と人間たちの間の仮定上の仲介者としてであることに注意しよう。あらゆる種類の鳥や動物が人工的に飼育されるときには、シマフクロウと同じように扱われる。それらは必ずしも礼拝されるべき神々として飼われるのではなく、人間たちから神々――その鳥が代理をしていると考えられている神々――への特別の使者の役をしてくれるように、その鳥に要求するときに備えて飼育される。その結果、今度はこの鳥が、万物の造物主自身に要望か、伝言を運んでくれるかもしれない。

つぎは、シマフクロウがまさにいけにえにされようとするときに、それに唱えられる祈願文である。

「最愛の神よ。われわれはおまえを愛しているから、おまえを養ってやった。今われわれはおまえを父親のところに送ろうとしている。われわれはおまえに食べ物、イナオ、酒、だんごを供える。それらをおまえの親のところにもって行け。そうすれば、おまえの親は非常に喜ぶだろう。おまえが親のところに行ったときには、こう言ってくれ。『私はアイヌの間で長い間生活しました。その地で、アイヌの父親と母親が私を育ててくれました。私は今お父さんのところに来ました。私はいろいろのすばらしい物をもって来ました。私がアイヌの国で生活している間たくさんの困窮を見ました。私は、悪魔にとりつかれている人も見ましたし、野獣に襲われて傷ついた人も見ましたし、地すべりで負傷した人も見ましたし、舟が難破した人も見ました。多くの人は病気にかかっていました。人々は非常に難渋しています。お父さん、聞いてください。急いでアイヌを見て、助けてやってください』。もしおまえがこれをするなら、おまえの父親がわれわれを助けてくれるだろう」。

だから、オラ・プロ・ノビス Ora pro nobis［ラテン語で「われわれのために祈れ」］という叫び声が、アイヌからフクロウに向けられる。

シマフクロウの起源について一つの伝説がある。しかしそれはまったく予想に反して、非常に短く、簡単である。それはこうである。「天帝、つまり造物主は、天国で最初のシマフクロウを作り、しばらくしてから、それを自分自身と人間との間の仲介者として働くように人間の世界に遣わした。シマフクロウはまた、幸福なときも、不幸なときも人間を援助し、人間に助言するように命じられた。このために、それは仲介者とよばれるのである。それは召使という名前をつけられた。というのは、狩猟で手助けをする他に、ホーホーという鳴き声で人間に危険だという警告を発し、また人々が健康を保持するように援助するからである。もしその鳥が村か住まいの近くにやって来て、非常に大きな声で鳴くなら、それは不吉な兆候とみなすべきだ。しかしもしその声が静かで、柔らかなら、それは繁栄と幸運の前兆とみなすべきである」。

37 鳥崇拝 (b) オオコノハズクと他の種類のフクロウ

オオコノハズクの名前／オオコノハズクの伝説／コミミズク／コミミズクの伝説／フクロウについての迷信／アオバズク／アオバズクの伝説／メンフクロウ

さきの章では、フクロウの一種、すなわちシマフクロウとして知られているものを扱った。今私は同じ問題を追求し、フクロウ科の他の鳥を扱うことを提案する。

私はオオコノハズク screech owl ［この英語はアメリカオオコノハズク］から始めよう。というのは、この種はアイヌの考えによると、序列ではつぎに位するらしいからである。

さて、この鳥はフクロウであるかぎり、アイヌの鳥崇拝では非常に重要である。しかしそれはさきに挙げたものほど高く評価されていない。それは実際三つの特別の名前がつけられている。これらの名前は大いに尊敬されていることを示しているが、一般にはそれに供えられるイナオは数が少ないし、それに敬意を表して酒を飲むことはない。私は、主要な（チーフ）イナオ、すなわちさきの章［第10章］で述べた「撚られた削り掛けのあるイナオ」がこの鳥のために作られて、供えられることをあまり聞いたことがない。しかしこの鳥は序列ではシマフクロウのつぎに位するので、第10章で述べたイナオよりも下の種類のものがそれに供えられることが多い。この鳥は猟師がその仕事に従事しているときに、猟師に成功をもたらし、また危険が近づいていることを猟師に知らせる特別の力をもっているといわれている。しかしむずかしく、大きな問題のときには、この鳥は、仲介者としての自分自身の父親のところに行くといわれている。それゆえ、この鳥は、さらに遠く造物主自身のところに派遣されるかもしれない。

(1)オオコノハズクに与えられた第一の名前はユク・チカップ・カムイ yuk chikap kamui、すなわち「神聖なシカの鳥」[ユクはシカ。知里によると、このアイヌ語はアオバズク]である。この命名は、この鳥をなんらかの点でシカと非常に緊密に結びつける。したがって、この鳥はシカのいる厳密な地点をいつも知っているとアイヌが思っているらしいことにわれわれは気づいた。この鳥は造物主によって作られ、実際に火の女神が人間の幸福を守るといわれているのと同じように、シマフクロウの監督のもとにシカの欲しい物の世話をするために造物主によって遣わされたのだということをわれわれは聞いた。

(2)つぎにこの鳥は、イショ・サンゲ・カムイ isho sange kamui[このことばは知里によると、エゾフクロウ]、すなわち「狩猟で成功を与える神」[イショ=獲物、サンゲ、サンケ=出す]とよばれる。ここに述べられた考えは、当然「神聖なシカの鳥」という名前に従っているように思われる。この鳥は、山のなかのシカの管理者として、これらの動物がどこに生きているかを正確に知っている。万物は人類の全般的な幸福のためにこの世に送られたと考えられているから、敬虔にたのむときには、この鳥は猟をしたい人々にその動物の居所を指し示す。このようにして、この鳥は人間が食べ物を手に入れる手伝いをする。これが、この鳥が崇拝される理由だといわれている。

(3)三番目の名前はハッシ・イナオ・コロ・カムイ hash inao koro kamui、すなわち「潅木の呪物をもつ神」[ハシ=潅木、コロ、コル=持つ。知里によると、このアイヌ語はアオバズク]である。この鳥はこの種のイナオをとくに喜ぶとアイヌが想像しているという事実と、この名前は関係がある。そしてこの鳥に、この種のイナオが主に供えられる。人々はもっと重要な種類のイナオを数本この鳥に供え、それに敬意を表して酒を飲むということを、私はときどき——非常にしばしばではないが——聞いた。しかし通例そうなのではないと私は断言する。というのは、この鳥の最大の喜びは、第12章で述べた潅木のイナオにあるからである。これが好まれる理由は、つぎの伝説のなかに見られる。

「オオコノハズクの祖先は山のはるか彼方に住んでいる。それが崇拝されるに至った由来は、つぎの通りである。非常に古い時代に、あるアイヌが山に猟に行き、そのとき一羽の鳥を見た。それは色が真白で、見て非常にきれいだったし、またそれは並はずれて大きかった。そこで、そのアイヌは手近にある滝木で急いでイナオを作り、その鳥にイナオを供えて、お祈りをした。この後で彼は眠りに落ちて、夢を見た。その夢のなかで、彼は純白の衣服を着た一人の男を見た。その男は彼のところにやって来て、言った。『私の言うことを聞きなさい。おまえは滝木でイナオを作り、それを私に供えた。本当にありがとう。今後はおまえが猟をするときには、私はおまえに幸運をもたらそう。私はまた私の子供たちにも命令しよう。そうすれば彼らは、動物たちが見つかる場所におまえを案内するだろうし、また危険が迫っているときにはおまえに警告するだろう』と。ここで男は目がさめた。真夜中で、まだ真暗だった。しばらくしてから、一羽の鳥がやって来て、彼のイナオの上に坐り、もっとも美しい声で『ホーホー』と鳴いた。まもなくそのアイヌは起き上がり、自分の夢と結びつけてホーホーという鳴き声について熟考し、天帝に礼拝した。夜明けになったときに、彼は猟の旅に出掛けた。そしてすぐに多数のシカに出会い、それらを仕とめた。こうして彼は村人たちに食料を提供することができた。それゆえ、この鳥の名前はハッシ・イナオ・コロ・カムイ、すなわち『滝木の呪物をもつ神』、またイショ・サンゲ・カムイ、すなわち『狩猟で成功させる神』になった。その鳥にユク・チカップ・カムイ、すなわち『神聖なシカの鳥』という名前がつけられるのは、シカがすぐ近くにいるときには、それはホーホーと鳴くからである」。

この伝説に関して、私はつぎのことに読者の注意を喚起したい。すなわち、鳥の本質をもったすべての他の神々のように、フクロウは、人間の目のまえにあらわれるときには、その現在の体型、すなわち鳥の形をするだけだと思っているアイヌがいることである。霊の世界では、それらは人間の体型をしているといわれている。フクロウの長(チーフ)は、この世では、人間のような体をして夢を見る人のなかにあらわれるとされている。ヘビ崇拝の章と関連させると、ヘビも同じ見地から見られていることがわかるだろう。神々も悪魔たちも、霊の王国では人間の形と人間の言語をもつものとしてアイヌの心には描かれているらしい。

フクロウの長（チーフ）自身と夢のなかにあらわれた神が純白の衣服をつけていることもまた心に留めておくべきことである。この色は清浄の象徴と見られている。死ぬときに埋葬される白い古着をプレゼントすることほど、アイヌに大きな喜びを与えるものはないことに、筆者はアイヌのなかで研究中に気づいた。ある神々は白い礼服をまとっていると思われている事実に、その魅力があるのはたしかである。それゆえ、われわれは、この色が彼らの目には清浄を象徴していると結論を下してもいいかもしれない。

コミミズク

一般にどんな種類のフクロウも、アフンラサンベ ahunrasambe［知里によると、ホロベツ、チカプミでは、これはコミミズク］とよばれる。しかしとくに明記しないなら、このことばは、コミミズク little horned owl［short-eared owl のことか］を指すことがわかるかもしれない。これはおそらく、この種のものが他の種のものよりもっとしばしば見られるためだろう。アイヌはそれを、人類に実際に害を与えたがっている悪魔とみなしているし、また当然凶兆の鳥とみなしている。それはまた一目で、善人と悪人を見分けることができるといわれている。その鳥を捕えると、人々はこう言う。この鳥は、その人が悪い性質の（意地悪な）人なら、その人を見ないで目を閉じ続けるだけで、まぶたの間の裂け目を通してじっと見ていると。この行為はアイヌ・エシパ ainu eshpa、すなわち「人を無視する」［エシパ＝冷淡に扱う］とよばれる。その鳥をまえにした人が、よい性質の人なら、鳥は目を開けてその人をじっと見るだろう。この行為は、アイヌ・オロ・ワンデ ainu oro wande、すなわち「その人をさぐり出す（暴露する）」［オロ＝なかに、ワンデ、ワンテ＝見廻す、理解する］とよばれる。

古代には、ある犯罪について人々を審理するときに、このフクロウが村長（チーフ）たちによって、使うことができる場合には使われたにしても、私はちっとも驚かないだろう。しかしこれは単に私の推測である。「鳥によって指摘される」ということばのあり得る説明か、ありそうな説明としてそれを述べただけである。それについては、私はまだ他の説明を手に入れることができない。

私はかつて不運にも、この種のフクロウを昼間つかまえた。それで私は、これらの鳥の一羽を自分のまえにおく神明裁判を知らず知らずのうちに受けてしまった。フクロウはほとんど目を閉じて私を見ていたが、私のそばにいるアイヌのほうを、大きく目を開けて見ていた。ニシパ・エシパ nishpa eshpa、すなわち「旦那さんは無視された」［ニシパ＝旦那］ということばが、人々の間でささやかれた。たちどころに、私に対するアイヌの評価は約九〇パーセント下落した。しかしフクロウによって見つめられたその人は、フクロウが一時見渡した全員の首長《ロード》だった。だがもしフクロウが彼を「探し出し」、彼を善人か、二人のなかではより善良な人だと証明しなかったら、どうなるか。たしかにそうである。これらの文を書いている今でさえ、私の使用人は、フクロウはいつも大きな目を開けて自分を見ていると誇らしげに語った。彼は私が結論を引き出すがままにしている。ある種の鳥は本来善良に作られたにしても、必ずしも誠実さを持ち続けていないことがつぎに述べる伝説からわかるだろう。実際人間のようにそれらは堕落する。これから述べる鳥は、その適切な例である。

コミミズクは、もともとはアイヌのためになるように遣わされた鳥であるが、かつて茶目っ気から実際アイヌをからかい、死んだふりをして、災難をもたらした。この鳥が、飢饉と病気による多くの死の原因であった。そのためにそれは天帝にののしられ、その羽の多くを失うはめになった。今日に至るまでそれは非常に薄着である。実際それは、ランスのコクマルガラスを直ちに思い出させる。これは、その羽が他のたいていの鳥の羽ほど密に生えていないことを指している。それゆえ、それは暖をとるために、木の穴のなかか、人家のなかにさえも喜んで住まいを求める。この鳥のハートのなかでもともと善良だったものは全部なくなってしまったので、それは今では有害な雑草と同じくらいに悪いし、他ならぬ悪魔になってしまった。さらにこの鳥が道を横切ると、人々はいつもそれを殺そうとする。しかし奇妙なことだが、この鳥はときどき籠のなかで飼われる。すでに述べた二種類のフクロウのように、それは礼拝され、いけにえにされる。これは、肉が食用に供せられる唯一のフクロウであることを私は聞いた。しかしワシかオオコノハズクの肉を食べることは悪いことと思われている。つぎの伝説はこれを説明する上に役立つだろう。

「コミミズクは天帝によって天から地上に遣わされた。それはずっと前からアイヌの国に住んでいて、そこで子供を生み、大いに増殖し、非常に幸福だった。長い期間が経過したのち、あるアイヌが山に猟に行った。このフクロウはこれを見て、茶目っ気からアイヌたちをだまし、彼らの猟を完全に失敗させた。この鳥たちが猟師たちに会ったとき、それは仰向けに倒れて、かぎ爪を空中に真直ぐに向けて、死んだふりをした。そのとき、男たちは長い時間根気よく猟を続けたが、一匹の動物もとることができなかった。その結果は飢えと病気だった。それで多くの人々が死んだ。そこで天帝は天から降りて来て、そのフクロウたちに判決を言い渡した。天帝はフクロウに言った。『おまえたちは、こんなに悪い行いをしたから、おまえたちの衣服と心の善良さはおまえたちから取りあげられるだろう。おまえたちは今後は有害な雑草のような心をもつだろうし、羽の多くを失い、寒さに非常に苦しむだろう。おまえたちは木の穴のなかで暮らすだろうし、人々の家に入りたがるだろうし、人間にいじめられるだろう』と。コミミズクは、以前は非常に重要な鳥だったが、天帝がこう言ってからは、重要でない鳥になってしまった。それにもかかわらず、それらがいけにえにされ、その肉が食用に供されるときには、深い同情からイナオがそれらに供えられる。それらがアフンラサンベとよばれるのは、それらが人間の住まいに入りたがるからである。またラサンベ rasambe といわれるのは、それらの心臓が有害な雑草の葉片のように害を与えるようになったからである。それがまた、マクオタリ makotari［知里によると、makaotari、マカオタリ］、すなわち『仰向けに倒れるもの』［マク＝後方、オタリ＝傾く、倒れる］とよばれるのは、それらが人間にはじめて会ったときに、仰向けに倒れ、かぎ爪を空中に向けたからである」。

　私はこの伝説にただつぎのことをつけ加えねばならない。名前に関しては、アフンは「入る」、ラは「葉」、サンベは「心臓」という意味である。それから説明の後半が生まれる。それはすぐれた言語学ではないだろうが、非常な巧妙さを示している。この鳥がこの名前でよばれるのは、この鳥が日中に追跡されると、草の下に行く癖があるからだというのが、私自身の信念である。私自身はこの鳥のこの習性を知っていたために、これらの動物を三羽もつかまえた。アフンラサンベは「葉片の間に行く動物」という意味かもしれないか、あるいはそういう意味である可能性が大いにある［知里によると、アウ＝あの世、ウン＝に住む、ラサンペ＝化け物］。

フクロウに関する迷信

アイヌはフクロウが夜飛んでいるのを見ると、迷信深くなることに私は気づいた。さらにそれが人のまえか、人のすぐ上を飛んで行くのを見るのは、非常に不幸なことだと見られている。同じことは、ヨタカの一種 night-hawk についても言える。このような場合には、確実に不幸か危険が近づいている。そして差し迫った悪を避ける唯一の方法は、一時にできるだけたくさん、またできるだけ早く唾をすることである。そうすることによって、フクロウが事前にほのめかした悪魔は飲み込まれる代わりに、口から投げ捨てられるかもしれない。しかし月のまえを横切るフクロウか、なんらかの種類の夜の鳥を見てしまうほど不運な人に、災いあれ！　このような場合には、もくろまれている悪事は非常に重大であり、また大きい。悪事か、悪魔を避ける唯一の方法は、自分の名前を変えることである。そうすれば、自分自身と月との間を鳥が横切るのを見たこれこれという名前のある個人を悪魔が迎えに来ても、悪魔はその人を見つけることができないかもしれない。

本来の善良さを失ったのは、コミミズクだけではない。というのは、その兄弟、アオバズク brown owlet ――アイヌはそれをチテシコプ chiteshkop［バチラー辞書では、これはヨガラス］とよんでいる――もまた、そういう不運をもっていたからである。それもまた、前者のように、よこしまな心をひどくののしられて、悪魔（デヴィル）にされ、今はサタン自身の召使にされている。それは疑いなく凶兆の鳥になり、夜だけ飛んでいる。もしそれが家の上を横切るなら、非常に短時日のうちに、死か大火があるのは確実だと見られている。この鳥に関する伝説はこうである。「アオバズクは、今では悪魔の真の召使である。しかしそれは始めは、非常に善良な鳥であり、この地上で天帝によって作られた。昔々アイヌの国に飢饉があった。そこには、食べる魚、肉、穀物がなかった。それで種族全体は飢えのために死ぬかのように思われた。そのとき、地上のすべての偉大な人々が集まり、造物主への伝言をもってカラスを送り出すことに決まった。

シマフクロウはカラスを連れて来て、カラスに命令して言った。『天帝のところに行って、つぎの伝言を届けてほしい。すなわち、〃アイヌの間では悲しむべき飢饉が起こり、人々はみな今にも死にそうです。どうか急いで彼らを助けてください。そうシマフクロウは命令した。しかしカラスは戸口の柱に頭を下にしてぶら下がって眠っていた。

シマフクロウはこれには非常に立腹し、たいまつをつかんで、カラスをはげしくなぐり、急いでカラスを遣わした。その後で、アオバズクが連れてこられ、伝言が彼に託された。この鳥は出て行ったが、天には行かなかった。その代わりに、人々の小屋の上を飛んで、彼が託された伝言を人間と悪魔に同じように知らせた。その後でそれは出て行って、日中は隠れていた。しかし夜になると再び出て来て、同じ仕方で伝言をくり返した。それで神々は非常に怒り、カケスに天帝への伝言を伝えさせた。それと同時に、カケスは、フクロウ［アオバズク］の悪行を伝えることになった。カケスはそうした。そこで天帝は起き上がって二つの袋のうちの一つを魚の骨、他の袋をシカの骨で一杯にした。天帝はカケスに、その袋を地上に持って行って、シカの骨が入った袋は山の上でからにし、もう一方の袋は川の上でからにするように命じた。そうすれば、シカと魚は豊富になり、アイヌは生きられるだろうと天帝は言った。しかしアオバズクについて言うと、彼は、命じられた通りにしなかった。それで、今後は悪魔にされるだろう。つぎに、カケスは袋を地上にもって行き、それらを言われた通りにからにした。天帝が言ったように、シカと魚は繁殖し、アイヌは救われた。アオバズクは、悪魔の召使になり、夜間だけ飛びまわって鳴いた。だからこの鳥は始めは善良だったが、のちに堕落し、凶兆の鳥になった。この鳥はあらゆる種類の悪い知らせをもって、悪魔によって使いに出される。そして、オケプ okep、すなわち『悪い知らせを運ぶもの』という名前でもよばれている。それは凶兆の鳥であるから、それが家の上を通り過ぎることは不吉だし、また非常に忌まわしい。もしこの鳥がそうするなら、それは死か、大火のどちらかを意味する」。

シカの体のいろいろな部分は、創造の仕事では非常に大きな役割を演じたらしい。これらの動物の乾いてとがった骨と毛（それは天の祝宴の食品になった）は、山の上に撒かれて、この種の生きた動物になった。シカの膀胱はメンフクロウ barn owl に変わったことを今まさに教えられる。

この鳥の名前はニコトゥク ni-kotuk［バチラーによると、フクロウ、知里によると、アオバズク］である。それは「棒に突き刺される」という意味である［ニ＝木、コトゥク＝粘着する］。それはシカの一部分から作られたとはいえ、それは人々から悪魔だと考えられ、したがって凶兆の鳥と見られている。ある二、三の他の鳥のように、その叫び声は決してまねをしてはならない。というのは、もし人が軽率にもその鳴き声をまねするなら、その鳥は病気か、あるいは長引く死でその人を罰するだろう。この鳥の起源の話は、つぎの寓話のなかに見られるだろう。それを見ると、ニコトゥク、すなわち「棒に突き刺さった」という名前がどうしてこの鳥につけられるようになったかがわかるだろう。

メンフクロウの起源についての伝説

「『棒に突き刺さっている』という名前でよばれているこの鳥の起源は、つぎの通りである。神聖なアイオイナがこの世界に生きていた古代に、彼はある日山に猟に行き、肥った立派なシカを殺した。アイオイナはその皮をはいで、それを切り刻み、無用な部分を取り、それを投げ捨てた。膀胱は一回転して手を離れ、木の幹にあたって、それにしっかり突き刺さった。しかしそれはこのような神の手から投げられたものだったから、自分自身がそこに留まって腐るにはあまりにも重要なものだと思った。そこでそれは即座に一羽の鳥に変わった。声もそれに与えられた。それが鳴くと、『ニコトゥク、ニコトゥク』、つまり『木に突き刺さっている。突き刺さっている』と言っているように聞こえた。そしてこれが、この鳥がこの名前でよばれる理由である」。

「この鳥の鳴き声をまねしてはならない。というのは、この鳥の鳴き声を、どんなふうにせよ、人がまねしているのを聞くと、この鳥はこの侮辱に対してはげしい罰を加えるだろうからである。しかしもし人がたまたま、この鳥の鳴き声を無知からか、あるいはなにげなくまねし、その結果うっかりフクロウ憑依 owl possession の罰を受けるなら、その人は、その鳥に聞こえよがしに、その鳥がどういうふうにしてこの世界にやって来たかをくり返し言い続けるべきだ。鳥は、自分の誕生の歴史がとりつかれた人に知られていることに気づくとすぐ、危害を加えるのをやめ、急いで飛び去って、恥ずかしさのあまり身を隠すだろう。イナオをこの鳥に供えてはならないし、その肉を食べてはならない。というのは、この鳥は悪魔だからである。この鳥は山のなかの遠い所に家をもっているので、その姿が見られるのは非常にまれである。その鳴き声は夜に聞かれるだけだ。というのは、他の悪魔のように、それは日中よりも夜が好きだからである。この鳥は非常に恐ろしい生き物で、憎まなければならないと、古代人は言った」。

38 鳥崇拝（c）ワシとタカ

ワシ／ワシの伝説／トビ／ヨタカ／悪魔の料理人

第36章で述べたシマフクロウ eagle owl のつぎには、ワシ eagle［アイヌ語、kapachiri、カパッチリ］自体がもっとも重視されるべき鳥だと思う。というのは、ワシもまた保護者で、友人で、援助者（ヘルパー）であり、アイヌを統治するのを助けるために、この世界にとくに派遣されたからである。この鳥は昔アイヌが病気と飢饉のために絶滅に瀕したときに、親切な援助の手を差し伸べて人々を救い、また現在でさえも、ワシにお祈りをしてこの鳥に敬意を払うすべての人々を助けてくれると私の情報提供者はかたく信じている。病気や飢饉のような災害が降りかかるときはいつも援助するのが、ワシの特別の職務だと人々はみなしている。

つぎの伝説はそうであることを示しているだけでなく、アイヌがどんな見地から礼拝を見ているかをより一層教えてくれる。まず第一に、彼らは神々を礼拝することによって神々に好意を示しているのだと想像しているらしい。そしてこの系として、神々は礼拝を喜び、男たちが親切に、うやうやしく神々にイナオを供えるならばとくに、一種の報酬として男たちに好意を示すはずだし、また好意を示すだろうと彼らは結論を下す。また神々が鳥か獣の体型をしてあらわれるときか、あるいはそれらが籠で飼われ、いけにえにされるときには、神々は自分たちに示されたすべての親切に報いるだろうと、アイヌは考えている。この実例は、以下に述べる二番目の伝説のなかに示されている。というのは、飢饉のとき、とくに人々が自分自身のための十分な食料を欠いていたとき、ワシの神の欲望に十分に配慮し、またワシの神を礼拝した後には、ワシの神がどんなに感謝し、たくさんの食料を提供して人々を助けたかがそこに見られるからである。

ワシの伝説

「古代にアイヌの間に飢饉があった。それで彼らはみな飢餓のために死にそうになった。そこで人々は最後の手段として海岸に降りて行き、そこで見つかる食べられるものを拾った。その場所で彼らはある日、はるか遠くに、海の波の上に黒いものが浮かんでいるのを見た。人々は注意深くそれを見つめ、見逃さないようにした。やがてその物体が海岸の近くにやって来たとき、それは大きな鳥に似ていることがわかった。しかしその羽が見えるだけで、体は見えなかった。波に乗ってそれが今や近づいてきたとき、それはかぎ爪のなかになにかを摑んだ非常に大きなワシであることがわかった。そしてワシが摑んでいたものをよく調べると、それは、イルカであることがわかった。人々はそれがなんであるかがわかったとき、非常に喜んだ。彼らはそれを取り、分配して、食べた。こうしてワシはアイヌの生命を救った。古代人がわれわれに告げるところによると、これが、人々がまず最初にこの鳥は神だということを知って、それに礼拝した理由であるし、またこの鳥に多くのイナオが供えられ、それに敬意を表して酒を飲む理由である」。

ワシの第二の伝説

「遠い遠い昔、あるアイヌが、若いワシを捕まえ、籠のなかで育てた。それを捕まえてからあまりたたないときに、人々の間で病気が発生し、また大きな飢饉が起こった。それで彼らは大きな困窮におちいった。

それにもかかわらず、そのアイヌは非常に善良な人だったので、自分のワシを注意深く育て続けた。困窮が最高点に達したとき、この鳥は目を大きく開け続け、夜昼たえまなく籠のなかを歩きまわり、『アムキッ、アムキッ』amkit amkit と鳴いた（このことばは、ワシがたてる叫び声の擬声音である）。これは災難を追い払う作用があった。というのは、それからは病気は止み、食料は非常に豊かになったからである。これが、ワシが人々を救った仕方である。この善意に対する返礼として、古代人はこの鳥を崇拝することに決めた。だから、人々はこの鳥を籠で飼い、それに礼拝し、悪から自分たちを守るようにそれに頼むのである」。

ワシをいけにえにするとき、つぎの祈願文を唱える。『おお、貴い神よ。おお、なんじ、神聖な鳥よ。私のことばを聞いてくれ。なんじはこの世界のものではない。というのは、なんじの家は、造物主と彼のイヌワシ golden eagle の住まいと共同だからである。だから、私はなんじにこれらのイナオとだんごと他の貴重な品々をプレゼントする。なんじはイナオの上に乗って、華麗な天上のなんじの家に昇れ。なんじが到着したとき、なんじの仲間の神々を集め、われわれが世界を支配したことについて神々にお礼を言ってくれ。もう一度来てくれと、私はなんじに懇願する。そしてわれわれを指導してくれ。おお、私の貴いものよ。なんじは静かに歩め』と」。

第21章で、ツルは非常にどうもうな性質をもっていると考えられていることを述べた。アイヌがヤットゥイ・チカプ yattui chikap とよんでいるトビ fish hawk ［この英語はミサゴ］もまた、同じ気質をもっているといわれている。タカのようにトビもまた崇拝されるし、他の多くの鳥よりも、多くの用心と徹底的な敬意をもって近づかねばならない。それはかつて侮辱されたが、決してこの事実を忘れなかったらしい。それに加えられた侮辱は非常にはげしく、その鳥の痛い所に触れていた。それで、この鳥ははかり知れないほど立腹した。かつては復讐したが、今では礼儀正しく扱う人々に対しては親切に振る舞うだろう。しかし礼儀正しく扱わないなら、そのときには、大声でわめく覚悟をしている。その鳥の前では、人はつねに上品に振る舞わねばならない。その鳥が聞こえる所で言われたことに関しては、注意しなければならない。つぎの伝説はこれを説明するだろう。

「トビはもとは天から降りて来た。それゆえ、それは崇拝されるべきだし、それにイナオを供えるべきだ。しかしそれは非常におこりっぽい鳥であることと、それゆえ、きわめて注意し、敬意を払って扱うべきだということを忘れてはならない。だから、その気性のはげしさはつぎのように説明される。『非常に遠い昔、あるアイヌが籠のなかに若いトビを飼っていた。しかし不幸なことに、それを礼拝するのを怠るか、イナオを供えるのを怠った。いや、彼はそれ以上のことさえした。というのは、最後に、彼は即座に殺して、それを投げ捨てたからである。鳥はこの扱いをひどく怒り、復讐しようとした。しばらくしてから、このアイヌの小さな息子が小屋の前に遊びに行った。一羽のトビがすぐに舞い降りてきて、その子の頭をつついて、ついに殺してしまった』。これが、この鳥の怒りっぽい性質が知られるようになった由来である」。

この島にはエロクロキ erokroki［バチラーによるとヨタカ。知里によると、幌別、千歳ではヨタカ、北海道南西部ではクイナを指す］という名前でよばれ、吉兆の鳥とみられているヨタカの一種 night hawk［この英語はアメリカヨタカ］がいる。その鳴き声が聞かれると、川に多数の海マス salmon trout（訳注1）がいることを示すものと思われている。どういうヨタカをその名前でよぼうとしているのか、私は言うことができない。つぎに述べるものも、また夜の鳥だからである。エロクロキはその鳴き声の擬声語である。それはサケが岸に引き上げられたときに、サケの頭を叩く音に似ていると思われている。その生気のない音は、トクトクトク、トクトクトク、あるいはエロクロキ、エロクロキという音にいくらか似ているといわれるかもしれない。これを理解するためには、サケはヤナギの棒で頭を叩かれ、捕まえられると殺されることを忘れてはならない。

エロクロキの伝説

「エロクロキとよばれる鳥は、この世界で天帝によって作られた。というのは、天帝ははじめ鳥と獣を作り、あるものは日中、他のものは夜間に働くようにしたからである。エロクロキは夜だけ働くように作られた。この鳥はマスと海マスを捕まえて食べる。しかしそれは夜だけそれを捕まえる。だからたまたまそれが鳴いているのを老人が聞くと、老人は言う。『つぎのシーズンには、たくさんの海マスがとれるだろう。そのわけは、神聖な鳴き声がいいからだ。なおまた、この鳥が叩く音をわれわれは聞くだろう』と。なんとうらやましいことか。エロクロキだけが、その魚の頭を叩いて、食べる最初の鳥である。それは、川マスをとったのかしら、それとも海マスをとったのかしら。今年はいい年だろう。われわれもまたたくさんの海マスを殺すことだろう」と。この理由は、この鳥の声の調子が魚の頭を叩くことによってひき起こされた音に似ているからである。その声は、トクトクトク、トクトクトクと言う。その鳴き声が聞かれるときは、大吉の兆候である。というのは、それはよいシーズンの到来を予告しているからである。しかしこの鳥が大きなマスを殺すとは思えず、海マスだけを殺すらしい。

ここで述べた鳥に似た、別の夜の鳥がいる。それはホチコク hochikok［バチラー辞書によると、ヨタカ、知里によると、アオバズク］という名前で通っている。それがそう名づけられたのは、その鳴き声がその単語の響きに似ているように思われるからである。それはヨタカの一種だと、私は信じている。その鳴き声が遠い所で聞かれるかぎり、吉兆の鳥と思われている。しかしそれは悪魔と考えられているので、その鳴き声を軽々しくまねしてはならない。というのは、それは侮辱に耐えられないだろうからである。その鳴き声が聞かれるときには、人は違う方向を見るべきだ。というのは、それが夜飛んでいるときに、それをちらと見ることは非常に不幸だからである。

「ホチコクがそうよばれるのは、それが鳴いているとき、その声がだれかが『ホチコク、ホチコク』と呼んでいる声に似ているからである。それは夜だけ飛ぶので、その体は見えない。だからそれは鳴き声からそうとわかる。もしこの鳥が海辺に降りて来て、そこでホチコクと一晩中鳴くなら、翌日はきっとおだやかな晴天だろう。だから漁師はその鳴き声を聞くと、それに大きな注意を払って喜ぶ。というのは、天気が近くおだやかになり、たくさんの魚が取れることを彼らは知っているからである。この鳥は天気が悪くなるときには、海辺では決して鳴かないのは事実である。この鳥の一羽を見ることは非常に不幸である。それゆえ、古代人はホチコクが鳴いているのを聞くと、決してその方向を見ないで、慎重に目をそらすべきだとわれわれに教えている。もしその鳥の鳴き声をまねするなら、それは村に降りて来て、だれも眠れないほどはげしく一晩中鳴くだろう。だから人々はこの鳥のまねをしないかと心配する。というのは、もしもその鳥はまねをされると、眠りを妨げて仕返しをするからである。それは真に悪魔だから、ほっておかなければならない」。

つぎに述べるタカの伝説は、とくに興味がある。というのは、この鳥は悪魔の主要な料理人であり、また悪魔の必要品を調達するものであるとはいえ、アイヌはこの鳥を善とみなしているからである。別の箇所で述べたアホウドリは海神の召使と考えられているが、今扱っている鳥は陸の悪魔の召使とみられている。というのは、神々も悪魔たちも、その召使をもっていると考えられているからである。タカの主人は森に住み、その真の家は山々を横切って走っている谷間にある。実際にそれを見ることはできないが、それにもかかわらずそこにいる。この世界でのタカの仕事は、この悪魔のために狩猟をし、悪魔においしく、珍しい食べ物を提供することである。それゆえ、これらの鳥の一羽が、そのかぎ爪に獲物をもって山のほうに飛んで行くのが見られるときには、その主人である悪魔のところに、晩餐をもって行くのだといわれている。

この伝説について非常に注目すべきことは、悪魔に対する祈願に直接言及していることである。悪魔はその祈願を聞き、こうしてくれとたのまれた援助を直接する覚悟をいつもしている。しかし悪魔に援助を求めるのは非常に危険だ。というのは、それはしばらくしてから、報酬を求めていつもやって来るからである。そしてそれは死自体である。

それゆえ、タカは礼拝され、イナオが供えられ、それに敬意を表して酒を飲むとはいえ、タカの主人は厳しく一人にしておくべきだ。この場合は「似た主人、似た部下」のケースではない。というのは、主人は悪魔とはいえ、タカは神だからである。

タカの伝説

「タカははじめ真の天帝によって作られた。さて、山々の間には、クツコロ・カムイ Kutkoro kamui、すなわち『交差した谷の悪魔』［クッ＝断崖、帯］という名前の悪魔がいた。タカはその召使で、それに食料を提供していた。この悪魔は、山々の間の非常に多くの場所に住み、つねにタカを連れていた。そしてタカはあちこちを飛んで、悪魔が食べるおいしい食料を見つけていた。タカは悪魔のために陸の鳥を殺すだけでなく、海の鳥をも殺した。タカは、鳥たちを捕まえるのが実際非常にうまかった。このタカは、イヌメチリ inumechiri［知里によると、シベリヤハヤブサ］、すなわち『獣の骨でなぐる鳥』［イヌン＝漁をする、チリ＝鳥］とよばれる。というのは、それは胸骨を突き出して、それで獲物をたたいて、殺すからである。交差した谷の悪魔はその数が非常に多いが、それは悪魔だから、自分の姿を見せない。もしタカが殺されると、それは礼拝され、そのために酒を飲まねばならない。しかしタカが仕えているクツコロ・カムイはみな悪魔だから、それらを礼拝してはならない。というのは、もしこれらの悪魔を礼拝するなら、それらは実際非常に早く助けてくれるだろうが、しばらくしてから、援助に対する報酬をよこせとやって来るだろう。それらの悪魔が必要としている報酬は、個人の生命である。だから、それらを決して礼拝すべきではない。タカは大きい種類も、小さい種類も、籠のなかで飼い、いけにえにすべきだ。それらを殺すときには、つぎの祈願文を唱えるべきだ。『おお、神聖なタカよ。なんじは猟の専門家だ。どうか、なんじの巧妙さを私に伝えてくれ』と。もしタカを飼育しているとき優遇し、いけにえにするときこのように祈るなら、タカはきっと猟師を助けにやって来るだろう」。

（訳注1） 日本では、マスは海に下ってから後に、川をさかのぼるサケ類、とくにサクラマス、カラフトマス、ベニマス（ベニザケ）、ギンマス（ギンザケ）、マスノスケを言う。しかしマスということばはその他に、ニジマス、カワマス、ブラウンマスなどサケ科の淡水魚にも使われる。しかし欧米では、マスは河川生活をしているブラウンマス、ニジマス、カワマスなどを指し、サケは海洋生活をしているタイセイヨウサケを指す。とくに海に下がったブラウンマスを sea trout 、海マスと言う。salmon-trout は海マスとほぼ同義で、ブラウンマスの他に、スティールヘッド（海に下ったニジマス）を指す。参考文献、能勢幸雄『魚の事典』一九八九年、東京堂。

39 鳥崇拝 (d) いくつかの他の鳥について

ミソサザイ／ウズラ／ムクドリ／ヤマシギ／アオバト／ニワトリ／ヨシキリ／エゾラ イチョウ／ミヤマガラス／ハクチョウ／キツツキ

ミソサザイ［アイヌ語、chakuchaku-kamui、チャクチャクカムイ］は非常に小さい鳥であるが、アイヌからは非常に重んじられている。とくに猟師からは、おそらくもっと重んじられているだろう。イギリス人がヨーロッパコマドリの赤い胸を重んじているように、アイヌはそれを重んじている。この鳥があらわれるときはいつも、それは幸運をもたらすと考えられている。だから、それがいることは、非常に望ましいことである。この鳥が見えると、それにおじぎをする人が多い。彼らはそれを見ると、顔が喜びで輝く。この鳥の伝説はこうである。

「猟師たちが猟のためにはじめて山に行ったとき、彼らは寝るために小屋を作った。イナオもまた作られ、あるものは外におかれ、他のものは窓におかれた。祈願文を唱えたあとで、ミソサザイがやって来て、外のイナオの間で、ピョンピョンと跳んだ。それから小屋に入り、窓においてあるイナオの上にとまった。

アイヌがこれを見たとき、お互いに言い合った。『この小さな鳥は天から降りて来たのだし、小さな神さまだ。そしてそれがこのように振る舞ったときは、われわれが多くの動物を獲ることを示す前兆だ』と。彼らはこの楽しい見込みを非常に喜び、ミソサザイに礼拝した。このあと、彼らは山に行き、実際非常にたくさんの動物を捕まえた。このために、かわいくて、小さなミソサザイは、そのとき以来人々から崇拝されるようになった」。

つぎに述べる伝説を見ると、アイヌはその宗教ではときどき少し利己的であり、またある意味では非常に実利的なことがわかる。ウズラはたしかに非常においしい食べ物である。だから、アイヌがこの種の鳥を首尾よく仕とめると、それを捨ててしまうことはアイヌの宗教に反していることになる。人は自分自身の食べ物としてだけ、それを飼わねばならない。老人のアイヌがいだく金持という観念は、食べ物と衣服をたくさんもつこと以上ではなかったらしい。それが、彼が必要としていたすべてだった。彼がたくさんの食べ物、飲み物、およびたくさんのいい着物をもっているかぎり、彼は至極満足だった。

ウズラの伝説

「ウズラ（ペペプケレ・チカプ pepepkere chikap）は、天帝によって地上で作られた。それゆえ、それは天から降りて来たのではない。それは非常におとなしく、臆病である。それは金持な鳥なので、たくさんの食べ物と、非常にいい衣服をつけている。昔一人のアイヌがウズラの巣を見つけた。それは柔らかい毛と混じったさまざまのシダの葉でできていて、非常に美しかった。そこでその男はそれを家にもって帰り、それを魔よけに使った。その結果、彼は非常に金持になった。実際非常に金持になったので、彼は引っ越すことができないほどだった。今でさえ、人はウズラを殺すと、自分自身がそれを食べ、他人にそれをやろうとしない。というのは、その鳥は人々を金持にすることで頼りになるからである。もし人がその一羽を手に入れるなら、その人はまずそれを殺し、つぎに自分を金持にしてくれとたのんでから、それをすっかり食べる。このために、それは、イエイコシンニヌプ Ie-ikoshninup、すなわち『食べられる魔よけ』［イ＝なんじ、エ＝食べる、イコシンニヌプは不明なるも、アコシンニヌプ＝魔よけ］とよばれるのである。それがペペプケレとよばれるのは、その鳴き声がこの単語の発音に似ているからである」。

ムクドリ（シルシチリ shirush-chiri）［知里によると、シルシチリは、ヤマゲラ］は、二つの見地から見られる。一つの見地によると、もしそれが水浴びに川に行くなら、この鳥は悪の確実な前ぶれと考えられている。しかし他の見地によると（すなわち、それが川から離れたところにいるかぎりは）、それは好意でもって見られる。というのは、国土が飢饉であるらしいときには、この鳥は雨を求めていると思われているからである。この鳥は川から水を飲むことを天帝から禁止されているので、それは、木の幹に生育している地衣類からしたたる雨水によって渇きをいやしていいだけである。それゆえ、この鳥は雨をしばしば求めるのだと考えられている。ムクドリの鳴き声は、アプト・チクチクチク apto chik-chik-chik、すなわち「雨、降れ、降れ、降れ」〔アプト＝雨、チク＝したたる〕のように聞こえると言われている。この鳥がこのように鳴いているのが聞かれるときはいつも、雨がすぐに降ると予想してよい。しかし私は、伝説自体に語らせたほうがいいだろう。

ムクドリの伝説

「ムクドリは、天帝によってこの地上で作られた。それについての古代の話はこうである。昔々あるアイヌが、川に水を汲みに行った。しかし彼がそれを汲み上げたとき、それが実際に汚く、使用に適さないことを発見した。この原因を知るために、あたりを見廻すと、少し遠くに、汚物でおおわれたムクドリが川で水浴びをしているのが見えた。彼はこれに非常に立腹して、はげしくその鳥をののしった。そして祈願文のなかで天帝にこの件について申し立てた。天帝もまた非常に立腹し、天上から降りて来て、ムクドリに言った。『なぜおまえはこんなことをしたのか。なぜおまえはやって来て、人間たちと火の女神が飲む水を汚したのか。おまえはこのように悪いことをしたから、今後は川の水を飲んではならない。しかし雨が降ればいつも、木の幹に生えている地衣類からしたたる水を飲んでもよろしい』と。こう言ってから、天帝は天に帰った。そのとき以来、ムクドリは決して川の水を飲まなかった。しかし雨が降り、水が木の上の地衣類からしたたると、これらの鳥はその下に行き、水が口のなかに落ちるように口を大きく開けてそこに立った。この鳥がシルシチリ（シンルシチリ shinrush-chiri）、すなわち『地衣類の鳥』〔シンルシ＝苔。なおシンは地、ルシは毛皮、衣〕とよばれるのはこのためである。もししばらくの間雨が降らず、ムクドリが水を飲みたいならば、この鳥はアプト、チクチク、すなわち『雨よ、降れ、降れ』と言って雨を求める」。

「この鳥がシルシチリとよばれるのは、それが川で洗っているのが見つかったとき、それはシ、すなわち『糞』でおおわれていたからである。またそれが川の土手に降りて行くのが見られるならば、それはある悪い目的のためであり、それが水浴びのために水のなかに入ることは大いに気遣うべきことである。

一目見ると、ヤマシギの話はたいしたことでないようには思われるが、よく調べると、アイヌはこの鳥の習性を少し知っていることがわかる。この鳥がしばしばつがいで飛ぶことは、猟師にはよく知られている一つの事実である。この説明の終わりに見られる「私は妻と戯れる」という表現は、これらの鳥が円をなし、これらの鳥のあるものが仲間のまえで踊るのが見られたという事実を指している。それらの鳥がオオウバユリを食べるかどうかについては、私はなにも言うことができない。しかし私は、オオウバユリが生育している所で、この鳥を発見したのは確かである。

ヤマシギの伝説

「ヤマシギは天帝によって作られ、この地上におかれた。これらの鳥はトゥレプ turep、すなわち『オオウバユリ』を食べて生きている。彼らは少しも仕事をしないで、全時間を山で怠惰に過ごす。これらの鳥はいつもつがいで生きていて、お互いの羽から昆虫をついばむのに時間を費やす。夜が来て、暗くなると、彼らは山から下りてきて、お互いにク・マチ・ク・ララチク・ク・マチ・ク・ララチク Ku machi ku rarachik, ku machi ku rarachik、すなわち『私は妻と戯れる』［ク＝私、マチ、マツ＝妻、ララチク＝戯れる］と鳴く。彼らはトゥレプ・タ・チリ turep ta chiri［タ＝掘り出す、チリ＝鳥］とよばれる。そのわけは、彼らは食べ物としてはオオウバユリを掘って生きているからである」。

つぎに述べるアオバト green pigeon に関する伝説のなかで、われわれは、魂の転生（移住）transmigration がはっきりと述べられている一つの句を見る。というのは、この句からわれわれは、この鳥が日本人の魂に他ならないことを教えられるからである。日本人は塩辛い食べ物が好きだ。そしてこのハトのなかに宿っていると思われている日本人の魂は、この好みを保持している。これがこの鳥だけが海水を飲む理由だといわれている。アイヌは、アオバトをワウォチカプ wawo chikap［ワウォは擬音］とよぶ。アオバトはまるまると肥った鳥であるが、アイヌはこの鳥を殺さないし、食べない。このことについて私が聞いた理由は、アイヌがこの鳥を日本人の幽霊とみなしているからである。

アオバトの伝説

「昔、遠い遠い昔に、多数の日本人が建物を作る材木を切り出すために山に行った。そこで彼らはお互いにばらばらになって、求めているものを探しにいろいろな方向に散らばった。ところが一人の人がはぐれ、仲間を探し求めて歩き廻った。しかし彼は仲間を見つけることができず、ついに飢え死にしてしまった。彼が死んだとき、彼の魂はアオバトに変わった。この鳥はもともとは日本人なのだから、塩辛いものが非常に好きである。だからそれは、毎日海岸に行って、たくさんの塩水を飲む。こう、古代人は言っている。またこの鳥が鳴くとき、その音色は日本人がお互いに呼び合う声色によく似ている」。

ニワトリ

ニワトリは、日本人によってアイヌのなかに持ち込まれたと一般に考えられている。それを意味するためにいつも用いられることばは、ニワトリ・チカプ niwatori chikap［金田一によると、ニヤトリ］である。それは、混血の合成語である。ニワトリは domestic fowl を意味する日本語であり、チカプはアイヌ語の鳥である。しかし二〇年まえ、ある老人たちが、ニシェラン・チカプ nisheran chikap、すなわち「雲の鳥」［ニシ＝雲、エラン＝下る］という純粋のアイヌ語でよんでいるのを聞いた。この一〇年間に私は、このことばが使われたのを聞いたのは三度しかない。今ではそれを再度聞けるとは思えない。というのは、事態はここでは急速に変わりつつあるからである。つぎは、ちょっと前に私に語られた伝説である。

「海の彼方の国（おそらくは満州 Manchuria）には、『鳥の国』とよばれる場所がある。この地方には『鳥が降りる湖』とよばれる非常に大きな湖がある。さて、はじめに真の天帝はアヒルやガチョウのような鳥を非常にたくさん作り、これらをこの湖の上とそのまわりにおいた。これがこの地点が『鳥が降りる場所』とよばれる理由である。これらの鳥のなかにニワトリもいた。そしてニワトリはこれらすべての鳥の長（チーフ）だった。その名前は『雲の鳥』である。それがそうよばれるのは、それが鳴くときには、その声は空から復唱されるからである」。

エゾには、一種のヨシキリ reed warbler がいる。それは怠けに対する罰として現在の形に変えられたといわれる。その本来の家は、雲の上の場所であったが、罰としてそこから追放された。この鳥についての神話は、怠けがちな子供に、そういう悪行をしないようにという警告としてときどき物語られる。その話はつぎの通りである。「非常に古い時代にシニシオラングル shinishi-oran-guru、すなわち『最高の天から降りて来た人』〔シ＝真の、大きい、ニシ＝天、空、オラン＝降りる、グル、クル＝人〕という名前の神が住んでいた。この神は雲のなかに家をもっていたが、村を作るために、かつてこの地上に降りて来た。彼は非常に大きな体をし、非常に背が高かった。彼が地上で仕事をしていたとき、他の神々が彼をからかって、エニシケレ・グル E-nishikere guru、すなわち『たくさんの荷物を運ぶ人』〔エ＝それによって、ニ＝木、シケ＝背負う、レ＝られる、グル、クル＝人〕とよんだ。

「彼の天の家は、非常に華麗で、美しい所だった。彼は立派な庭をもっていて、そこにはいろいろな種類のおいしい食べ物が生っていた。彼は妻と家族の他に一人の下男と一緒に住んでいた。下男の仕事は庭の世話をすることだった。家族のなかのいちばん下の息子は、実際非常に怠け者で、働こうとしなかった。この罰として、彼は雲のなかの王国から追い出され、この地上に送られ、そこでポポキチリ popoki-chiri、すなわちヨシキリ〔知里によると、ポポキチリは多分ウグイスだろうという〕に変えられた。この鳥が、自分はかつてなんであったかを思い出したり、自分の兄や両親のことを考えるとき、彼は涙を流して、ポポ・ミチ・ハボ・ミチ、popo michi, habo michi、すなわち『私の兄さんとお父さんとお母さん』［ポポ＝兄、ミチ＝父、ハボ、ハポ＝母］と叫ぶのである。さて、この鳥がポポ・ミチ・トゥク、ポポキトゥク popo-michi-tuk, popokituk と鳴くなら、それは吉兆である。しかしその鳴き声がポキヤク、ポキヤク pokiyak ならば、それは凶兆である。それはその年の収穫が悪いことを意味している。

この鳥のアイヌ語の名前は、その歌声の擬声語にすぎないことをつけ加えることは、余分だろう。

この島で食卓に供せられるもっともおいしい鳥の一つは、エゾライチョウ hazel hen である。その肉を料理すると、真白で、その体は肉づきがよく、水分が多い。しかし肉に血液が少ないことは、アイヌの間で論議の的になった。彼らは例のように、その原因を説明するために、彼らの空想を働かせた。以下に述べる物語は、この鳥がこの世界に誕生したことを説明するだけでなく、アイヌが少なくとも考えているように、見かけ上血液がないことを説明している。この鳥は、わが国のパートリッジ partridge（ヨーロッパヤマウズラなど）のように、地面から舞い上がるときに、羽で大きな音をたてる。それゆえ、その名前はフムイルイ・チカプ humui-rui chikap [humirui、フミルイの誤植か]、すなわち「大きな音の鳥」［フミ＝音、ルイ＝大きな］である。

エゾライチョウの起源についての伝説

「神聖なアイオイナが地上にいた非常に古い昔、彼は山に猟に行き、非常に多数のシカを殺した。彼がその皮を剝いだのち、太陽で乾かすために、皮を広げた。腹の下の毛のない部分を切ってそれを投げ捨てようとし、それが手から離れたとき、風が吹くような音がした。しかしそれは、このような神の手から投げられたので、もはや腐敗せず、消え去らなかった。それで、それはフムイルイ、すなわち『大きな音をたてる鳥』、エゾライチョウに変わった。これがこの鳥の由来である。それが非常に乾いているし、血液が少ないのは、それはもともとシカの皮でできているからである。というのは、皮は当然乾いた物だからである」。

アイヌの考えによると、この世の多くのものは必ずなんらかの目的のために、この世におかれたということがおそらく注目をひいたのだろう。注目されないにしても、私はこのことに注目しよう。たとえば、シカははっきりと述べられたように、魚とともに人間に食料を供給するために作られ、ネズミは悪魔を罰するために作られ、他方ネコはネズミとハツカネズミが多くなりすぎないように存在した。このことを説明する民間伝承を述べて、問題のこの部分に結論を下すのが、私の意図である。私はミヤマガラス rook について述べることから始めよう。

私はミヤマガラスということばのなかに、ミヤマガラスとワタリガラス ravan を含める。というのは、パスクル paskuru［つまりカラス］（これらの鳥はこの名前で、アイヌの間では一般に知られている）ということばは、これらの両者を含んでいるからである。実際この名前にはコクマルガラスも含まれている。しかしそれぞれについて別々の伝説があるから、私はまずミヤマガラスについて語り、つぎにワタリガラスについて述べよう。というのは、これが私の情報提供者が私に話してくれた順序だからである。

ミヤマガラスの伝説

「非常に遠い昔、アイヌがはじめてミヤマガラスを見たとき、彼らは、これらの鳥は上の高い所から降りてきたし、またこんなに美しく、つやのある衣服を着ているから、それらは神々に違いないと思った。それで春がやって来て、若いミヤマガラスが孵化したとき、人々は出掛けて行って、巣からそれを取った。アイヌはこれを家にもって帰り、特別の目的のために作られた籠のなかで育てた。やがてアイヌは、ミヤマガラスのために酒とだんごの盛大な祝宴をし、大いに礼拝し、大いに喜んでそれをいけにえにした。彼らはまたそれにたくさんのイナオを供えた。このときにアイヌはそれに祈願し、そして言った。『おお、ミヤマガラスよ。われわれはすばらしい祝宴をしておまえを送り出す。もしおまえが神であるならば、自分が神であることを示すようなものをどうかその返礼としてわれわれに与えてくれ』と。そう言って彼らはミヤマガラスを絞め殺して、それを送り出した。こういうことが起こったのちに、そのアイヌは山に猟に行った。そして多数のシカとクマを獲った。それらの獲物は彼らを実際非常に幸福にした。男たちは今やミヤマガラスが神であり、ミヤマガラスのためにしたことの返礼として自分たちを助けてくれたとかたく信じた。このことをよく考え、またこの特別なときまでこんなにたくさんの獲物がとれなかったことを思い出しながら、彼らはぐっすりと眠り、夢を見た。その夢のなかで黒い衣服を何枚もつけた一人の人が、顔に微笑を浮かべ、自分たちを眺めていた。その人は言った。『なんじらは善良な男だ。なんじらは私をいけにえにして、たくさんのおいしいものを持たせて、私の仲間のところに私を遣わした。仲間たちはみな、このためにおまえたちが非常に気に入っている。私は今おまえたちを助けよう。そうすれば、おまえたちが猟をするとき、たくさんの動物が獲れるだろう。今後は私に供え物をする者はだれをも、強くしてやるし、繁栄させてやろう』。この後で、猟師たちは目をさました。そして彼らはこの夢を人々に知らせた。そのときから今日まで、ミヤマガラスは礼拝の対象になった」。

この伝説から、アイヌが生命をいけにえにすることをどう考えているかについて一つの示唆を与えられる。まず第一に、いけにえにすることは、供えられた対象に喜びを与えると考えられている。というのは、いけにえはそれ自身の祖先たちのところに遣わされるからである。第二に、いけにえにすることは、その血族たちに喜びを与える。というのは、いけにえは、その祖先たちに対する祝宴で提供された良い品々のなかの精髄を持って来ると考えられているからである。こうしていけにえとその血族たちはみな非常に幸福になるので、これに対する報酬として、いけにえの祖先たちはアイヌに加護を与える。これらの問題は別の箇所で、とくに動物崇拝といけにえについて論じるときにもっと完全に扱うつもりなので、今はこの問題についてはこれ以上論じない。

ハクチョウ

ハクチョウについてのつぎの伝説は、白人はハクチョウの仲間を殺すのに忙しいが、神々と天使たちはその保存に熱心に従事していることをわれわれに教えている。ハクチョウはこれから述べる神話で見られるように、一人の女の姿に変えられ、こうして、人間を絶滅から救う救済者として描かれた。アイヌの女たちは、ハクチョウの鳴き声から、人が死んださいに耽る特殊の嘆き悲しむ声を学んだと、考えていることはまた注目すべきことである。実際その声が遠方から聞こえるときには、ハクチョウの鳴き声に非常によく似ている。

「天帝がはじめにハクチョウを作り、それを天使の一人として天国においた。さて、アイヌはこの世界に長い間生きたのちに、堕落し、よこしまになった。そして自分たちの間で争い、お互いに戦い合い、殺し合う以外なにもしなかった。のちに、人々がある国からやって来て、彼らと戦争をした。ニカップ（新冠）地方のタカイ・サラの住民は当時は非常に多かった。ところが兵士たちがやって来て、彼らを絶滅させた。このとき、一人のあわれな少年がただ一人草のなかに隠れて逃げた。彼は恐れ、震えながら、隠れていた。彼だけがその地方全体のなかで生き残った。しかし彼は小さい子供だったので、生き延びるための食べ物をまったく手に入れることができなかった。そこで少年は坐ってはげしく泣いた。さて、その場所の近くには、どこにも彼を助ける人はいなかった。それで彼は飢え死にしそうになった。彼は泣き続けた。ついに彼は泣くために残された力さえもはやなかった。彼が窮地に陥ったとき、一人の女がどこからともなく突然あらわれて、少年を持ち上げて、彼を非常にかわいがり、なぐさめた。彼女は彼を連れ去り、美しい家を建て、彼と一緒にそこに住んだ。しばらくして、その子が完全に成長したとき、彼とその女は結婚した。彼らは非常に大きな家族を築き、こうしてそんなにはげしく破壊された地方に再び人々を住まわせた。この少年を救い、後に妻になったこの女はハクチョウであって、以前は天国に家をもっていた。このハクチョウは女の人になり、この地方に生きるアイヌ族を保存するために降りて来た。天帝もまたこの目的のために、その子供を救った。その女が生きている間、彼女は人々のだれかが病気になるか、死ぬと、人々のために泣き、嘆いたものである。だから現在でも、ハクチョウの鳴き声が聞こえるときには、それは女たちの泣き声や嘆き悲しむ声に似ていることがわかる。以上が、これらのことの発端である。ハクチョウ崇拝は『ハクチョウ女王崇拝の儀式』とよばれる」。

「さて、ハクチョウのことをペケッ・チカプ peket chikap、すなわち『白い鳥』［peker ペケル＝白い、明るい、清い。chi のまえの r は、t になる、つまり peket］という人もいるが、真の名前はペケプ・チカプ pekep chikap、すなわち『水柄杓の鳥』［ペケプ＝柄杓。原著ではペペプになっているが、誤植だろう。バチラー辞書ではペケプ・チカップ］

である。これはハクチョウの足が水の柄杓のような形をしているからである。それはまたレタッ・チリ retat chiri、すなわち『白い鳥』［レタル＝白い］ともいわれる。その訳は、羽が白いからである。ハクチョウはかつて天国から降りて来て、人類を救ってからも、そこから戻らず、そこに留まり、非常に数が増えた。彼女は結婚し、多くの子供を生んだのち、もとの形に戻り、やがて羽をもち、他の所に行き、沼地や湖に住んだ。そこでも、彼女はひなの大家族をもった」。

キツツキ

キツツキはある特別な点で、舟作りの鳥であるように思われる。それはチプタ・チリ chipta chiri［とくにクマゲラをいう］という名前で知られているが、これは、「舟を彫る鳥」［チプタ＝丸木舟を彫る］という意味である。この鳥は、アイヌが丸木舟を作るときに道具で舟を切り刻むように、くちばしで木の枝や幹をついばんでいるのがいつも見られるから、その名前で知られるようになった。それはある人々からは大いに重んじられ、その皮と頭は礼拝のために保存される。この呪物はその所有者を金持にし、舟作りを上手にすると考えられている。この鳥は舟の作り方をアイヌに教えるために、天帝によって遣わされたのだと言っているアイヌもいる。

キツツキの伝説

「キツツキは天帝によってこの地上で作られた。神聖なアイオイナが人間の世界に降りて来たとき、彼はキツツキに来させて、舟を彫るのをそれに手伝わせた。この鳥はこの仕事を非常によくやったので、この鳥がこの仕事を仕上げたとき、アイオイナはそれを殺して、この鳥のために大きな祝宴をした。キツツキは本当に賢い鳥で、立派な紳士である。もし人がこの種の鳥の一羽を殺したなら、彼はこの鳥のために祝宴をし、その霊を正しく、幸福に送り返さなければならない。もしそうするなら、礼拝者は舟作りがいちばんうまくなるだけでなく、金持になるだろう。だからキツツキは敬意を払って扱わねばならない」。

40 狩猟と狩猟の道具

一般的な説明／矢毒／毒に関する伝説／シカを追跡する／オオカミ狩り／わな

ごく最近までアイヌ族は肉と魚を食べる人種であり、決して農業民とはいわれなかったことは、さきにそれとなく述べた。このことは、男たちがなによりもまず猟師であり、漁師であることを必然的に意味する。実際、これらの職業は高度に発達していなかったことはたしかである。というのは、それらが職業であるべき理由がなかったからである。サケやその他のさまざまな魚だけでなく、クマ、シカ、およびその他の動物は、エゾでは三、四〇年まえまではいつも非常に豊富だったからである。アイヌはいつも海岸に沿ってか、山の間の川の近くに村を作った。だから食べ物が必要になると、小屋から一歩出て、シカや魚を手に入れるために、二、三千ヤード［二、三〇〇〇メートル］歩きさえすればよかった。というのは、火器が導入されるまえには、シカは人に非常になれていたといわれているからである。しかしクマ狩りについては、話は別だった。この問題は後でそれだけで扱うから、ここではそれについて説明しないつもりだ。猟をするとき、アイヌは矢に毒を塗った。そしてある種の毒は、トリカブトの根から作られた（訳注1）。その根は春に掘られ、皮をむかれ、日向で乾燥された。これを徹底的にしてから、男たちは二つの石の間でこれらの根をひいて、すりつぶし、泥状のもの（パルプ）にする。それから彼らは水のなかにタバコとトウガラシを浸け、その溶液で泥状のもの（パルプ）を湿らし、それに少量のキツネの胆汁をつけ加えた。それからそれを再び乾燥させ、すぐにさきの溶液で再度湿らせた。しかし猟師のなかには、今度は、まずそれを粉末にし、つぎにそれにある種の毒グモをつけ加える人もいた。また二、三日間土のなかにつねにその毒を埋めておく猟師もいれば、そうしない猟師もいるといわれた。自分の毒がいいか、悪いかを知りたいときには、そのごく少量を舌にあてた。もしその毒がいいなら、それはすぐにピリピリし、しびれるような感覚がするといわれている。しかしあまり大量に摂って、その作用のために人が死なないように、それを味わうときには注意を払わなければならなかった。あまり大量に摂ると、酩酊や眠りを起こすといわれた。そしてこのような状態から、目を覚まさせることは非常にむずかしかった。この毒を湿った状態に保つために、どんな種類の脂肪も使われなかった。というのは、その必要はなかったといわれているからである。ジャック・イン・ザ・パルピット Jack-in-the-pulpit、すなわちマムシグサの一種 Arisaema［アイヌ語、nitatraurau、ニタツラウラウ］有毒成分もまた、毒を作るさいの一成分として用いられた。この有毒成分はナイフで球根からえぐり出され、打ち砕いて、糊状のものにされた。それはトリカブトと混ぜられるまえに、左手の第三、第四指の基底部とそれらの間の小部分にあててテストされる。もし短時間、たとえば一〇分ないし一五分、そこにあてると、ヒリヒリするか、焼けるような感じがするだろう。この毒の強さは、このようにして生じた痛みの程度によって示される。私はある日、一〇分間私自身の指の間にそれを少量あてて、この主張の真偽を調べた。そして二四時間後ヒリヒリする感じがした。なぜテストが、右手よりも左手で試みられるかという理由を、私は見つけることができなかった。アイヌはマムシソウが唇や舌に触れないようにとくに注意する。というのは、そうするなら、皮膚全体はすぐにむけ、痛みや障害は際限なく起こるからである。これが本当かどうかを調べるために、私はある日その根を手に入れて、数秒間それを噛んだ。最初私は、なにも感じなかった。しかしまもなく、私は無思慮な行動を後悔した。私は焼けるような、刺すような痛い感じを三〇分間かそれ以上の間経験したことを決して忘れないだろう。これは非常に悲惨で、苦痛な種類の毒であるに違いないと思う。

　しかしこれが全部ではない。アイヌはクモよりももっと有毒な昆虫を見つけたと思っている。彼らはそれをウォルンベ worunbe［マツモムシ］とよんでいる。それは水生の昆虫である。これらの異翅的 heteropterous［異なる部分において異なる組織の羽を有すること］なマツモムシ（松藻虫）科 Notonectidae とタイコウチ（太鼓打）科 Nepidae

の昆虫をアイヌは有毒だと思っている。前者は後者よりももっと命にかかわると見られ、また好んで用いられる。

私がはじめてアイヌのところを訪れたとき、森林のなかを旅行中小川か細流の水を飲ませてくれとアイヌにたのむと、彼らはいつも水を調べることに、私は注目した。彼らが最初によく調べないなら、流れから汲んだ水を私が飲むことを決して許さなかった。これは、さきに述べた昆虫がそのなかに一匹もいないことを見るためだった。というのは、アイヌはこれらの昆虫を飲み込むのを非常に恐れているからである。ある非常に恐ろしい死は、これらの昆虫を飲み込んだ人が支払わねばならない刑罰だと、彼らは言っている。

つぎは矢の毒に関する一つの民間伝承である。それは、その想像上の起源の伝統を生き続けさせようとしているだけでなく、魔術的な性質をもった別の種類の特別の毒をも示しているし、今は失われているその製造法を示している。礼拝されたのちに、この毒を塗って、動物の足跡に射られた矢は、獲物をどこまでも追って行って殺すと、その神話が語っていることに気づくだろう。事実矢は、その毒によって催眠術をかけられたように見えるし、また動物の体に入る意志をもっているように見える。

毒に関する伝説

「これは毒の起源である。毒は神であり、その数は二つであり、夫と妻であり、以前は天国に住んでいた。さて、神聖なアイオイナが天から降りて来たとき、彼は人々が狩猟で使う毒を携えて来た。雄性の毒の名前はケレプトゥルセ Kerep-turuse、すなわち『削って滑り落ちる』［ケレプ＝削る、トゥルセ＝転がる、墜落する］だった。それは非常に強力で、それでひっかくだけで、死をもたらした。その妻の名前はケレプノエ Kerep-noye、すなわち『削ってねじる』［ノェ＝ねじる］だった。これはゆっくりと効く毒で、その作用はおだやかである。使うときには、それを矢の上にのせ、先端をねじる。それゆえ大部分の毒は獲物の体内に入った。さて、雄性の毒を使う方法はつぎの通りである。猟師は矢の先に少量の毒をつけ、動物の足跡を見つけ、祈願をし、そして動物が通る方向に射る。もし彼がそうするなら、矢は飛んで行き、ついに動物に出会って、それにあたり、それを殺す。このような矢は生命を与えられていて、願いを聞き入れ、要求された通りにした。しかし、ああ、この毒の作り方を今はだれも知らない。知識はつぎのようにして失われた。昔々、ある猟師がこの種の毒のついた矢をもって出掛け、シカの足跡を見つけた。新しい足跡を見て、彼は矢をえびらからとり、それにつぎのように祈願した。『おお、なんじ、神聖なケレプトゥルセの矢よ。なんじは実際高貴な神だ。なんじはこのシカの足跡に沿って行け。そして昨日ここを通った動物を殺せ』と。そう言って、彼は矢を射た。矢は足跡に沿って進みに進んだ。しかしシカは丸一日まえに通ったので、矢はシカをつかまえることができなかった。それで矢は地面に落ちた。猟師は矢を追って行って、矢を見つけたとき、怒ってそれを強く踏みつけた。そして言った。『おお、なんじ〝削り落ち、滑り落ちた〟矢よ。なんじはまったく弱い。昨日のようなごく最近にこの道を通ったシカをつかまえることさえできない。私はもはやなんじを使わないし、なんじに神酒を捧げないつもりだ』と。そこでこの種の毒のなかに漬けられたすべての矢は、再び天国に向かって出発し、それ以来見られなくなった。今日アイヌが用いている毒は雌性のものである。それゆえ、それを塗った矢はときどき目標からはずれるし、また動物を殺すのがゆっくりである」。

毒を塗った矢は、三部分から作られている。頭部は竹で作られ、二インチ［五センチ］の長さがある。図40—1の（a）は、毒を入れるようにえぐられた頭部の内部を示してある。それはかなりの量のトリカブトを入れることができる。（b）は、矢の頭部の裏を示している。しかし矢のこの部分には毒はなんら入っていない。（2）は矢の頭部が固定される骨の部分を示す。（3）は矢の葦の柄を示す。（4）は使う準備ができた矢を示す。しかし毒はついていない。

矢に毒をつけるときには、まずその頭部を松やにに浸す。それから注意して毒をつける。そして親指で平らにする。そして再び松やにに浸す。松やにを使うのは、毒を矢にしっかりつけるためである。これらの毒矢は、クマに対してだけでなく、シカや他の種類の動物にも使われる。

アイヌが狩猟で用いる矢は貧弱で弱い道具のように見えるが、非常に強力である。私のコレクションのなかには、四七インチ［一一七センチ］の長さの弓があるが、それはイチイでできていて、サクラの細長い樹皮で巻かれている。シカを追跡することは、アイヌが非常に好む仕事である。これらの動物が多数いるときには、女たちもそれにしば

図40—2 アイヌがシカをおびき寄せる（日本の絵から）

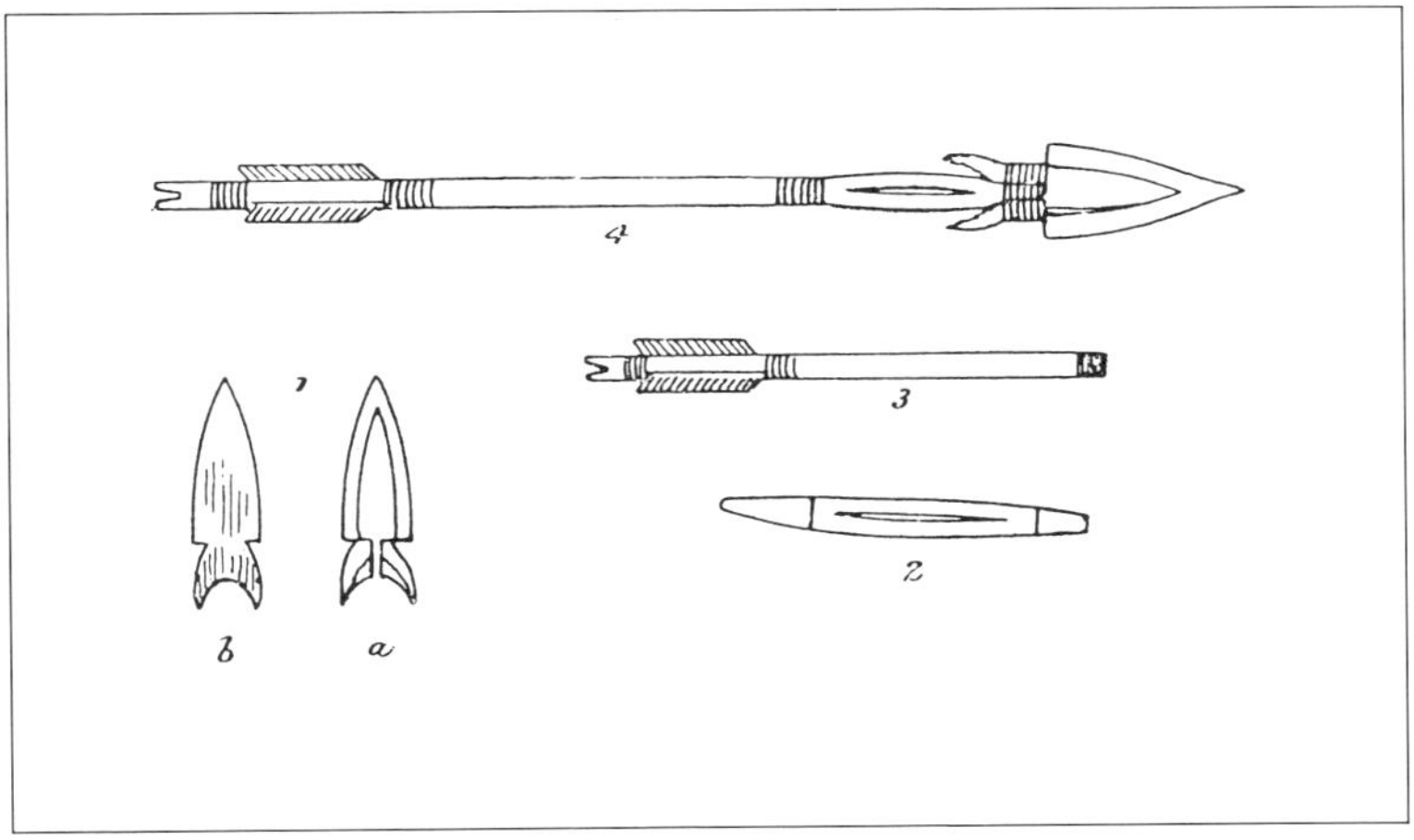

図40—1 毒矢

しば参加した。しかし銃が入って以来、シカとクマは著しく減少した。動物は日本人のハンターによって節度なく無差別に殺された。

シカ狩りにはイヌが使われた。男たちは群れをなしてイヌとともにシカを狩ったものだ。イヌはよく訓練されていたので、シカを決して攻撃したり、殺そうとせず、猟師がやって来て、矢でシカを射るまで、シカのそばに立って追いつめた。多くのシカはまた、ばね仕掛けの矢 spring-bow で殺された。

猟師たちは、狩猟のときには一般に、シカをおびき寄せる一つの楽器を持って行った。それはイパッケニ ipakke-ni［鹿笛］とよばれた。この楽器は一片の木からできていて、その形は、舟の水もれを防ぐのに用いられる詰め物 horsing-iron に非常に似ている。図40—3は、それがなにに似ているかを示している。

この楽器は、底部、すなわち薄い端では幅三インチ［七・五センチ］、厚い端の頂点から下の縁までは二・五インチ［六・三センチ］ある。厚い円形の端から中央の印のところまで孔がある。この孔は、錐か、灼熱した釘を刺して作られる。孔は（1）の所から始まり、（2）の所に出ている。平らな表面には、非常に薄い魚の皮が張られ、ねじれた魚のはらわたで作られた細い紐で、外側の縁のまわりにしばりつけられている。人がシカをおびきよせたいときには、この楽器の表面にある紐の表面を濡らし、孔の近くの皮の上で両方の親指を引き寄せながら、その頂点（1）で吹く。このようにして作られた音は、子ジカの鳴き声に似ている。それは、音が出ている場所に成熟したシカを引き寄せるといわれる。動物をおびき寄せる人はもちろん十分に見えない所で風下にいる。それでその人は、見えないし、匂わない。シカが射程距離にいるとき、それは毒矢で射られ、次いでそれが倒れるまで追いかける。図40—2はシカをおびき寄せるアイヌを描いたもので、函館の博物館にある日本人の描いた絵からとったものである。

アイヌはオオカミ狩りを決して職業にしなかったといわれる。そのわけは、オオカミは非常に用心深く、足が早いからである。彼らはわなでそれをつかまえるのも、ばね仕掛けの弓で射るのにも成功しなかった。「というのは、この動物は、これらの道具を仕掛ける人間とほとんど同じくらいこれらのものをよく知っているように思われるからである」。

エゾのオオカミは、三、四匹以上の動物からなる群れを決して襲わないと、アイヌは断言している。オオカミは、

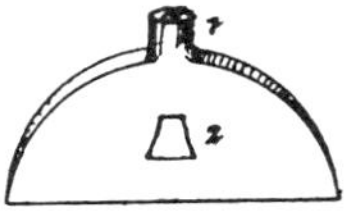

◀**図40―3** イッパケニ（シカをおびき寄せる笛）

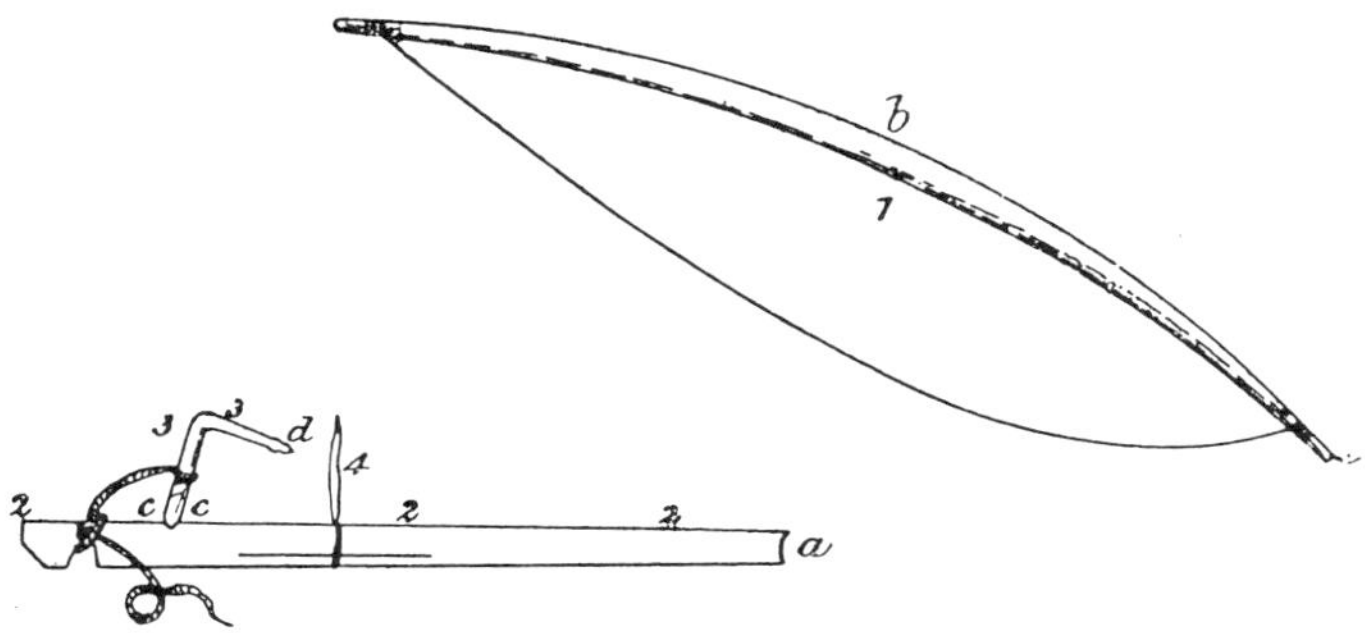

▲**図40―4** ばね仕掛けの弓（部品）

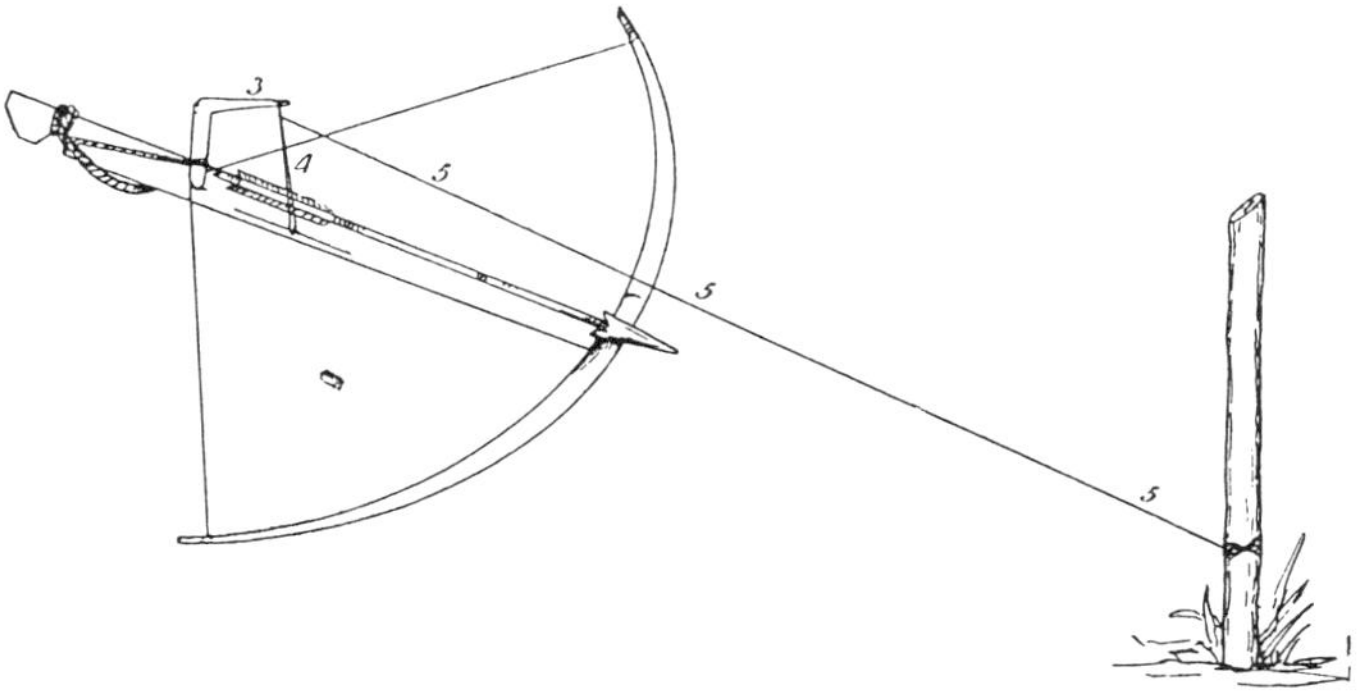

▲**図40―5** ばね仕掛けの矢をセットする

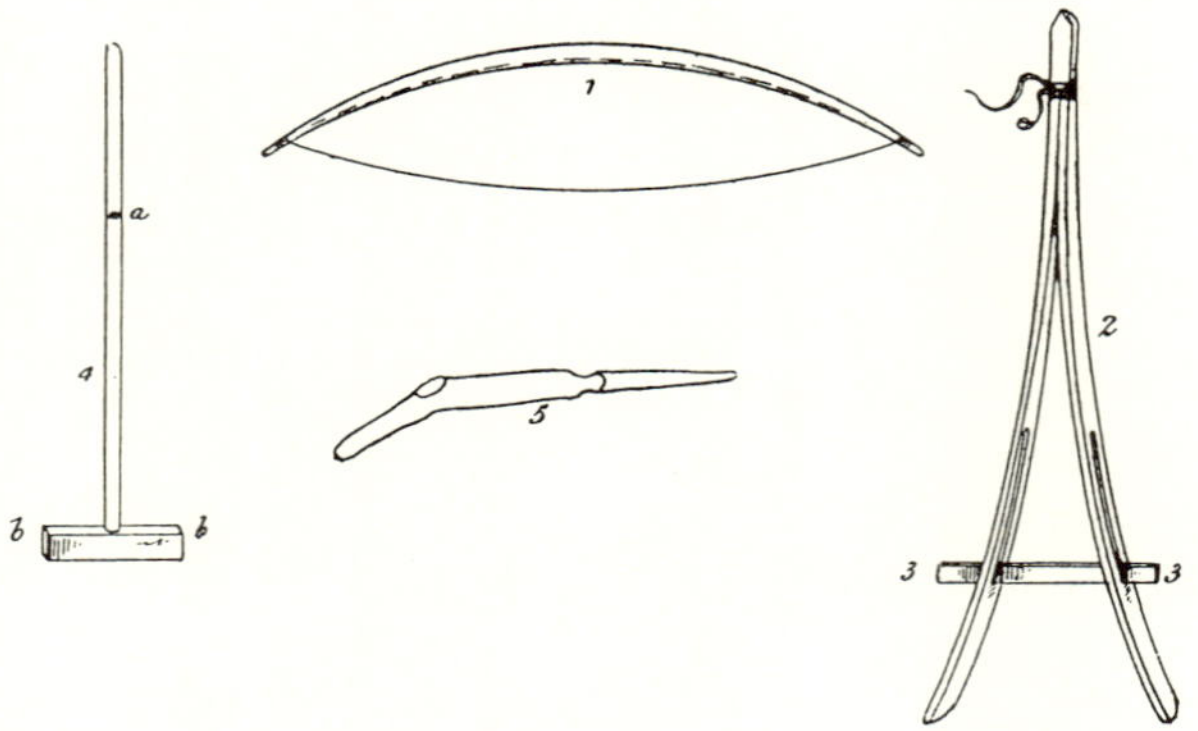

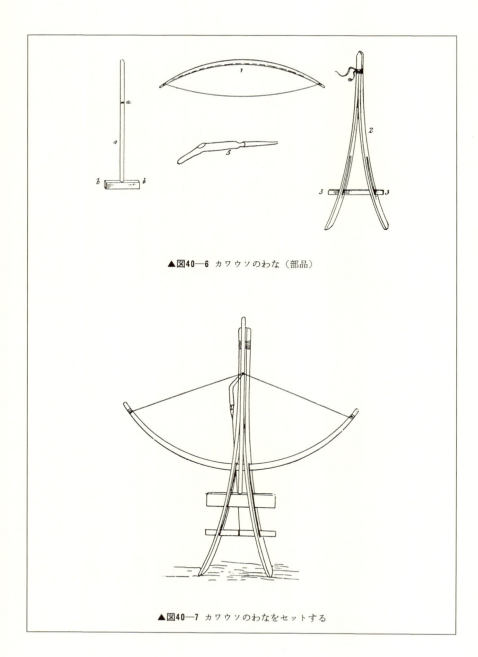

▲図40—6 カワウソのわな（部品）

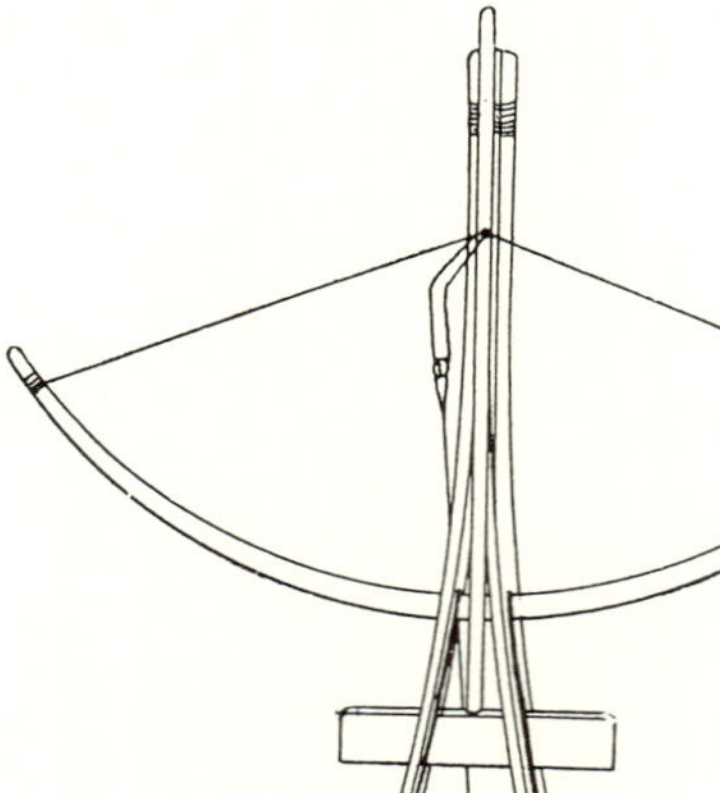

▲図40—7 カワウソのわなをセットする

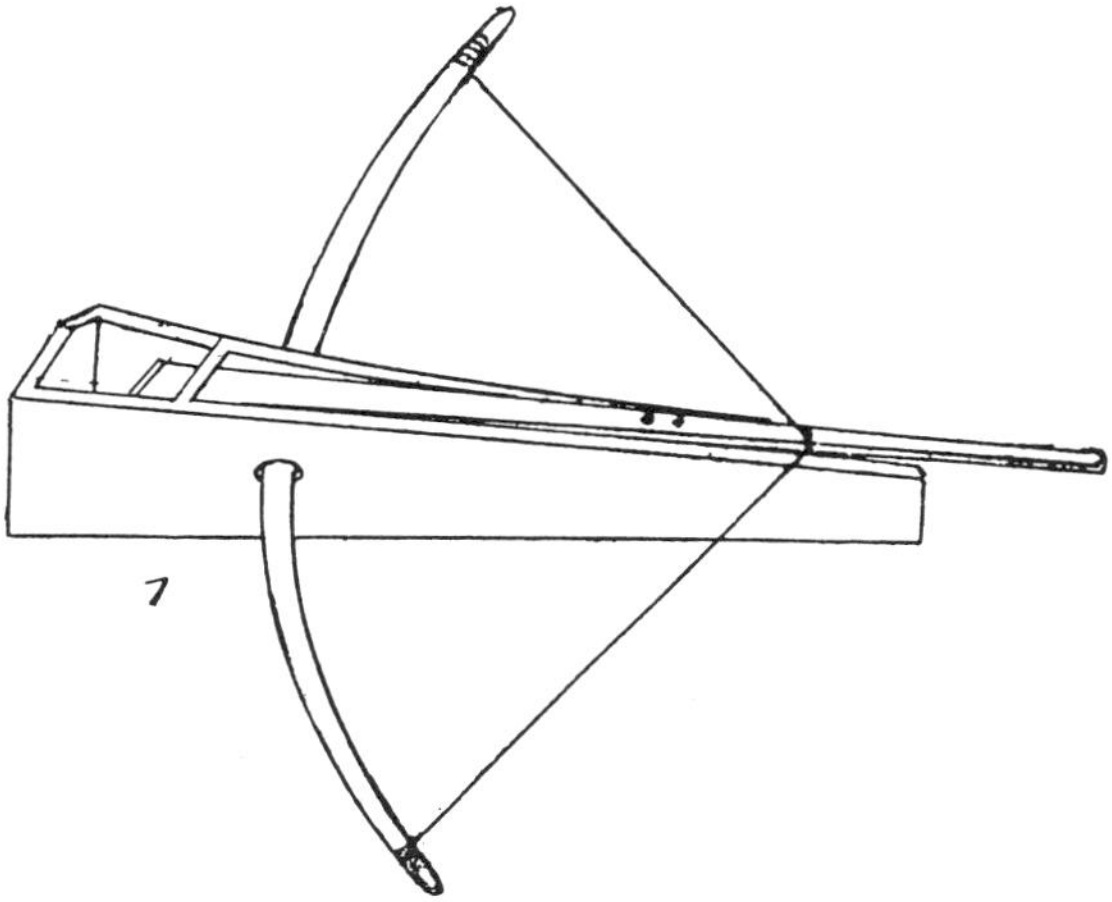

▲図40—8 ネズミのわなをセットする

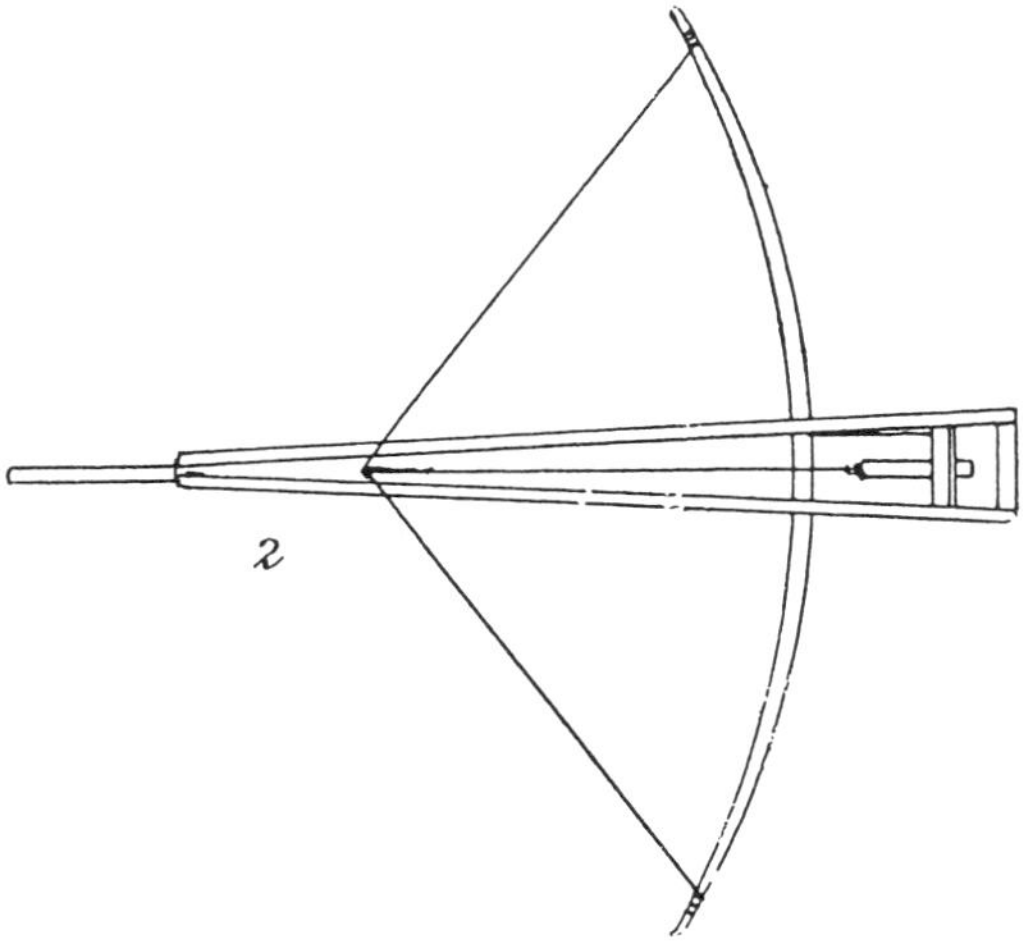

▲図40—9 ネズミのわな（下から見る）

攻撃されたとき、傷ついたとき、あるいは飢えているときには、実際非常に獰猛である。しかし大いに挑発されないならば、決して人間を襲わないだろう。

猟師はごくわずかのわなしか持っていない。しかし彼らが使うわなは、旧式であるが、興味深い形をしている。クマとシカを殺すのに用いられるばね仕掛けの弓を最初に述べる（図40―4）。この器具は、三つの部分からなる。すなわち、（1）弓、（2）は一本の木で、この木は端にわずかの溝（a）があり、弓の中央（b）に置かれる。（3）は引き金で、その端（c）は、弓のつるを引っかけるように置かれる。他方引き金の頂点を示す（d）は、一本の紐（4）によって下に引っ張られている。この一本の紐（4）から、別の長い頑丈な紐、あるいはロープが、足跡か、走行とは反対側に位置する木か、棒のほうに行っている（図40―5）。

足跡に沿って歩いている動物が、紐（5）にさわるとすぐに、動物は引き金（3）をはずし（4）、矢が侵入者――人間だろうと、動物だろうと――の近くに飛んで行く。

つぎに述べるわなは、カワウソ、キツネ、タヌキ、ノウサギ、また（近くにいるときには）オオカミをつかまえるのに用いられる。このわなは通例は、これらの動物の足跡におかれる。それゆえ、動物が紐の小部分を踏むと、わなの紐がゆるんで、足をつかまえる。

図40‐6の（1）はわなの弓である。（2）は、端が裂けた一本の木からなる主要な枠組である。その両半分は、底部の横棒（3）で離されている。（4）は可動性の木片で、刻み目（a）があり、この刻み目に弓のつるを置いて、結びつける。この木片の下端（b）は切り口（それは、横棒（3）まで伸びていて、九インチ［二二センチ］の長さがある）のなかに置かれ、横棒（3）の上に位置している（図40―7）。（5）はわなの引き金である。一本の紐が、下の横棒（3）から出て、弓の下を横切って引き金（5）に達している。だから動物が紐を踏むと、引き金から紐がはずれ、横棒（4）が（3）のほうに下降して、獲物の足をしっかりとはさむ。

これらのわなは非常に強力で、不運にもつかまえられたどんな動物の脚もかなり確実に折ってしまう。動物がこれらのわなを持って逃げないように、一般に近くにある木にしっかりとめられている。

アイヌはネズミを殺すさまざまの方法をもっている。弓はクマやシカに対して用いられるのと同じように、その走路や足跡におかれる。ただ規模が小さいだけが違う。クマや他の大きな種類の動物は引き金に結びつけられた紐を足でさわるが、ネズミはいつもそれをかじってばらばらにする。ネズミ取りの別の方法は、肉の上に重い板をぶら下げることである。この肉は、引っ張ると、板が落ちる軽い仕掛けに結びつけられている。これは、ネズミを殺す非常に確実な方法である。別のネズミ取りは、動物が内部にある餌を引っ張るとすぐに、蓋が閉じるように弓が仕掛けられた単なる長方形の箱からできていた。このわなはネズミの体の真中でネズミをつかまえる。頭はわなのなか、尾はわなの外にある。図40―8はセットされたわなの上部を示し、図40―9は餌を結びつけたわなの内部の紐を示している。

（訳注1） 延元元年（建武三年、一三三六年）一一月二八日、足利尊氏が諏訪神社に寄進した『諏訪大明神絵詞（えことば）』のなかにアイヌの毒矢にふれた一節がある。これは日本最古のアイヌ文献の一つといわれている。『続群書類従』第七三巻（原本、文政五年、一八二二年。明治三六年、一九〇三年版、第三輯下、五一一～五一二ページ）から引用し、送り仮名を多くした。またカッコ内に金田一京助博士の注釈（『アイヌの研究』一九二五年、内外書房、三七一ページ以下）を入れておく。

「元亨正中の頃より、嘉暦年中にいたるまで［一三二一～二九年］、東夷蜂起して奥州騒乱することありき。姫夷［蝦夷の誤りか］が千島［千島は千の島であるが、「えぞがちしま」は北海道のこと］といへるはわが国の東北にあたって大海の中央にあり。日の本［エゾ東部のアイヌ］、唐子［カラコ。カラフトのアイヌ］、渡党［ワタリトウ。奥羽からエゾに渡ったアイヌ］、この三種各三百三十三の島に群居せり。今二島は渡党に混ず［島は党か］。そのうち宇曾利鶴子州［ウソリケシ州。ウスケシは函館のアイヌ語名］と万堂宇満伊犬州［マトウマイン州。松前］といふ島［集落か］どもあり。――日の本、唐子の二類は、その地外国に連なりて形体夜叉のごとく変化無窮なり。禽獣魚肉等を食とし、五穀の農料［農耕の間違えか］を知らず。――渡党［は］和国の人に相類せり。ただし鬢［ビン。耳ぎわの髪の毛］多くして、遍身に毛生せり。言語俚野なりといへども大半は相い通ず。このなかに公超［のごとく］霧をなす術を伝へ、公遠隠形の道を得たる類もあり［エゾは霧を起こして、身を隠すという伝説や和歌が平安時代にあった］。戦場にのぞむときは、丈夫は甲冑間矢［弓矢］を帯して前陣に進み、婦人は後塵にしたがって木を削って幣帛のごとくにして、天に向かって誦呪［ショウジュ］の躰あり［アイヌ語でウケウェホムシュ、ukewehomshuという］。男女ともに山壑［サンガク］を経過すといへども、乗馬を用いず、その身の軽きこと飛鳥走獣におなじ。彼らが用いるところの箭［矢］は魚骨をやじりとし毒薬をぬり、わずかに皮膚に触れれば、その人斃［タホレ、倒れ］ずといふことなし」。

41 動物崇拝

(a) クマとクマ狩り

クマの起源／クマとトドの競走／クマの召使としてのテンとタヌキ／クマ狩り／クマの穴

第1章で述べたように、自分たちはクマの子孫だったと考えているアイヌもいる。それゆえ、クマ自体がどこから来たかを調べるのは興味があるだろう。彼らが、自分たちとまったく違った形態と性質の生き物が同一の原初的な要素から進化し、発達したと、どうして考えるのかに注目するのは非常に好奇心をそそる事柄である。つぎの伝説は、クマとある悪魔が火花から生まれ、トドとクジラは灯火をつけるために用いられた火打ち石から生じたと考えられていることを示している。この伝説によると、これらの後者の生き物はもともとは乾燥した陸で生きるつもりだったが、喧嘩をしたために天帝によって海に追放されたという。しかし彼らの運命は自分勝手に決められたのではなく、一人種によって決められた。われわれは、この事実のほのめかしのなかで、修正された形の「適者生存」や「最強者生存」という教義にぶつかる。というのは、このような人々によると、最強者が最適者だと考えられているからである。クマは乾燥した陸に住むことを許された。というのは、彼は徒競走で、相手を負かしたからである。

クマとトドの競走の伝説

「海と陸の野生動物のうち、より大きなものの多くの起源は、病気の悪魔の起源と同じである。彼らは、つぎのような仕方でこの世界にやって来た。昔彼らがこの地上で生きていたとき、神々はタバコが無性に吸いたくなった。そこで、火を手に入れるために、シラカバ silver birch［英語はヨーロッパ産のシラカバ］の木を手に入れて、それをこすった。神々はそれらを非常に長い間こすりにこすったが、赤い火の代わりに、黒く鈍い黄色の火花しかでず、火を

図41—1 クマを殺すためのばね仕掛けの弓

作ることができなかった。黒い火花があらわれるとすぐに、その火花はクマに変わり、黄色い火花は悪魔になった。この悪魔はある種の病気を起こした。

そこで神々はその棒を投げ捨て、火打ち石を手に入れて、それらを一緒に打った。これらは明るい火花を作り、すぐに火になった。神々がタバコを吸いおえて、まさに天上に戻ろうとしたとき、ある火打ち石を海に投げ捨て、別の火打ち石を陸に投げた。乾燥した陸に落ちたものはトドになり、他方海に落ちたものは大きなクジラになった。さて、クマとトドはともに平和に生きることがまったくできず、喧嘩をし、戦い、お互いに引き裂き合いながら全時間を過ごした。天帝はこういうことが続くのを許さなかった。それで、どちらが乾いた陸で生き、どちらが海に追放されるかを決定するために、天帝は彼らをよんで、事件を決着するためにレースをするように命じた。彼らは指定された場所に行き、支配権を得ようと奮闘した。しかしクマが勝った。それで、クマは陸に留まることが許され、トドは敗者として海に去るように命じられた。この動物はこの運命には決して満足しなかった。それゆえ、今でもときどき海浜にやって来て、岩の上に登り、自分の敵のクマがいる山に向かって吠えるのである」。

つぎの神話は、アイヌのある猟師によって私に語られた。このアイヌはそのとき、ニカップ（新冠）の海岸に住んでいた人である。彼の家の近く海岸に、岩がいくつかある。そこには数十四の大きなトドが毎年冬にやって来る。そのうちのあるものは、身長が一五ないし二〇フィート［四・五—六メートル］ある。これらの動物はしばしば岩の頂上に登り、そこに横たわり、恐ろしい声で吠える。その声はたいへん大きいので、海岸から数マイル［八キロ］離れた所でも、山々の間の内陸でも、聞かれた。その人は私にこう説明した。「鳴き声はクマを目指しているのです。トドはクマを特別に憎んでいます。その訳は、トドはレースに負けたことを決して忘れることができないからです」と。

クマはこのように偉大な神であるから、彼らは自分に仕える召使をもちろんもっている。テンとタヌキが召使とみなされていることを述べるのは、好奇心をそそる。これはつぎの伝説から知られる。

図41―2 酒の盃をもったアイヌ

テンとタヌキの伝説

テンとタヌキ（ムジナ）は、クマの召使として働くように造物主によって作られた。これらの小さな神々 divinity がこれらの神々 deity［クマ］の巣のなかと巣のまわりに住んでいるのは、このためである。彼らの特別の職務は料理人や水汲みとして働くことである。彼らのなかには、黒い顔をもつものが見られるかもしれない。これらは、料理人である。彼らは料理の鍋や釜の間で働いているので、黒くなったのである。普通のテンは、実際に非常に善良な神である。ある人がそれをいけにえにしようとするときには、その人は友達の間をまわって彼らを招待し、そして言う。『山の神の料理人が今まさに遣わされようとしています。あなたがたは来て、そして喜んでください』と。それから、すべての人が集まったときに、テンはいけにえにされるだろう」。

たしかにこれは奇妙な民間伝承であるし、いくらか空想的である。しかしその根底にはトーテミズムがあるというのが、私の意見である。というのは、テンもタヌキも神々とよばれ、クマのように崇拝され、いけにえにされるからである。

オオカミもまた同じ見地から見られるかもしれない。というのは、「邪悪なクマたち」から攻撃されたとき、それは人間の特別の友達とみなされるからである。この事実はつぎの伝説のなかに出て来るが、私にこの話をしてくれたアイヌはそれを『クマとオオカミの崇拝』とよんだ。

クマとオオカミの崇拝

「もっともおとなしく、行儀のよいクマは、ヌプリ・コロ・カムイ nupuri koro kamui、『山を所有している神』［ヌプリ＝山、コロ、コル＝持つ］とよばれる。彼らは山の真中に家をもち、衣服（すなわち皮）は金、銀、銅の細片で飾られている。人はこのような神々を崇拝することを決して怠ってはならない。もっとも荒々しいクマは、ヌプリケシウングル nupuri-kesh-un-guru、すなわち『山の足に住む人』［ケシ＝下、ウン＝にある、グル、クル＝人］といわれる。彼らは山の麓に家をもっている。彼らの衣服は真赤な糸のようなしまで飾られている。彼らは非常に荒々しく、ときどき人を攻撃し、殺す。このようなクマを崇拝してはならない」。

「神聖なオオカミは白の衣服をまとい、山の東側に家をもっている。最初、それは天国に住んでいたが、地上で暮らしたいという強い願望をもち、天国から降りて来て、善良なクマと一緒に住んだ。クマは実際もっとも高貴で、勇敢な神である。さらにクマは動作が非常に早い。さて、もし人が『悪いクマ』に追いかけられるならば、その人は大声でオオカミに助けに来てくれとたのむべきだ。もしその人が誠心誠意そうするなら、オオカミはきっとやって来て、クマを殺し、こうして人間は助かるだろう。それゆえ、オオカミは崇拝されるべき神である」。

遠い昔、アイヌはクマ狩りを、一人の人が時間を費やす上でもっとも男らしく、もっとも有益な方法だとみなしていた。アイヌが昔使った非常に貧弱な武器でクマのところに行き、クマを攻撃することはたしかに非常に勇敢な行為だったし、非常に興奮させるものだったに違いない。たとえば、長い剣と二、三本の矢のある弓だけで、子を連れた牝グマを攻撃することを考えてみよう。後者には毒が塗られているが、毒の作用があらわれるまでには、時間がかかるのはたしかである。またクマを傷つけることは、最良の状況にあっても、非常に重大な問題である。すぐれた射撃の腕、信頼のおけるライフル、安定した目標、そして冷静な頭でもってしても、クマを追跡するには非常に大きな危険を伴う。

人々が銃をもっている現在でさえも、クマ狩りは重大で、危険な仕事だと人々は考えている。そして人々は出掛けるまえに神々の恩恵を得るために、いつも村の二、三の長老と会合をもつ。彼らは獲物の足跡に出会うように山の神々に祈願する。彼らは、水の悪魔から自分たちを守ってください、渡し場を安全に渡らせてくださいと、川の女神にたのむ。彼らは水を飲むときには、泉の女神に栄養分を与えてくださいとたのむ。また火の女神には、自分たちを快適にし、病気にかからないようにし、食べ物を煮たきさせ、衣服を乾燥させ、体を暖めてくださいとたのむ。猟師は旅で休む場所では、どこででも、イナオを作り、礼拝し、その土地の神々の恩恵を求めることをゆるがせにしない。さきの章で述べたように、彼らは、狩猟の旅に出掛けるまえに、特別の守護樹木を選ぶのを忘れない。

あるアイヌの言うところによると、エゾのクマは冬を穴や洞窟で過ごし、春にはじめて外に出て来たとき、その足は非常に弱い。だからそれらは穴から遠くに行くことができない。クマはずっと冬眠状態にいるのではないと思われている。というのは、クマは春にまるまる肥って出て来るからである。これは、クマがなにかを食べていることを示しているように見える。それが実際に事実なら、クマは魚か植物を穴のなかに貯蔵し、冬にそれを食べるのだと言って、この事実を説明する人もいるし、クマは土を食べるのだと言う人もいる。またクマは秋に穴に戻るまえに、引っ掻いてアリの巣を開き、この昆虫を踏みつけて、アリとその卵が全部混じった厚い層を前足に付着させ、冬の間目がさめると、その足をなめ、このようにして生きて、肥るのだと言う人もいる。私は専門の猟師に、これらの問題について多くの質問をした。彼らはみな、クマの穴はいつもなかが完全にきれいで、そのなかには食べ物の貯蔵はなにもないと言った。自分は六二頭か、六三頭を下らないクマを殺したと言っている人と、私は現在実際一緒に住んでいる。この人は、自分が観察するかぎりでは、クマは一二月から三月までぐっすりと眠り、なにも食べないと断言している。この人は、クマが足を吸うために足が柔らかくなっているのを見たことがなかったし、またその穴はいつもきれいなことを発見した。しかし彼の言うところによると、クマが春に穴からを出ると、非常に多数の足跡をつける。

雪が非常に堅く、人々がその上をたやすく歩くことができる早春に、猟師はイヌを連れて、クマの穴が見つかるかどうかを調べに行く。穴は雪の表面のわずかの変色によってそうとわかる。そしてその中央には、小さな孔が見られる。これは、なかにいる動物の熱い息によってできたものである。もしそれが首尾よく見つかるなら、祈願文を唱え、雪を払い、クマを外に追い出すために、穴に長い棒を突き刺す。イヌもクマに嚙みつくようにけしかけられる。ときにクマが出て来て、弓で射られることもあるが、クマが目をさますのを拒むこともある。棒によっても、嚙みつくイヌによっても、動物の目をさますことができないなら、穴の入口に火をつけ、煙が試みられる。これは一般に成功するといわれるが、必ずしもそうではない。

あるクマ猟師の言うところによると、クマは自分自身の穴のなかで絶対になにかを殺さない。そこで、もしクマが上述の仕方でせっつかれても外に出て来ないならば、勇敢なアイヌは、自分の頭と顔をしっかりとしばって、目だけを出して、弓と矢を友人に手渡し、狩猟用のナイフをベルトにしっかりと固定して、クマ自身のすみかのなかでクマに呼びかける。クマはこの侵入にたいへん立腹し、無作法にも足で侵入者をつかみ、侵入者の背中に急に襲いかかる。その男は今やナイフを抜き、その動物を後ろから突き刺す。そしてこのために、クマは穴から出て来るといわれる。もちろん動物が外に出るやいなや、二、三本の毒矢がその体に射られる。私にはこれらすべてのことは、信じがたかった。しかし今私と一緒に住んでいる男は、自分自身は三つの穴に入り、そのなかにいるクマを外におびき出したと言った。

これは、決定的で、もっとも危険な瞬間だといわれる。というのは、今や痛がり、怒りで一杯のクマは、自分の敵を本気で攻撃するからである。もしクマが人間に非常に近づいて来て、人間をなぐろうと立ち上がるならば、それは絶好の機会と見なされる。というのは、その男は弓矢を脇に投げ、ナイフを引き抜いて、動物に突進し、動物をしっ

図41—3 弓をふりしぼるアイヌ

かり抱きかかえ、ナイフを動物の心臓にブスリと突き刺すからである。

これは一瞬で動物を殺す。しかしこれをする人は、クマに妨害されないでは仕事をやりおえない。彼が引っ掻かれるのはかなり確実だし、ときにはひどく引っ掻かれる。また頭皮をほとんどはぎ取られる人もいるし、また少なからざる人がこのようにして殺されたといわれる。

突進して、クマを抱きかかえるほど勇敢か、むこうみずな人は必ずしもいない。猟師のなかには槍を持って行く人もいる。しかし彼らはこのようなものでこの動物を攻撃しない。というのは、彼らの言うところによると、クマは前足でほとんど毎回攻撃をかわすほど敏捷だからである。槍をもつ人は、クマに攻撃されるのを待つ。彼は一枚の布で先を覆った槍を腋の下にはさみ、動物が彼を目指して突進し、なぐろうと後ろ脚で立ち上ったときに、一歩だけ後退し、動物に自分から槍の上に倒れさせる。

アイヌは、クマの足跡にバネ仕掛けの矢をしばしばおく。これらの動物は、射られると、いつも自分自身で矢を引き抜くといわれている。しかし、さかとげ barb［矢や釣り針で、抜けないように後ろ向きに突き出た突起］のある毒矢は皮膚に留まるので、逃走もできないし、治療法もない。このような仕方で射られた動物が、バネ仕掛けの弓から非常に近い距離で確実に見つかるとアイヌは断言している。

クマを殺すもう一つの方法は、足跡に深い落とし穴を掘り、腐った木と枯れ葉でその上を覆い、餌としてその上に一匹の魚かシカの肉をぶら下げることである。動物が落とし穴に落ちると、それはすぐに殺されるのはもちろんだ。

クマが殺されると、アイヌは坐って、クマを賞賛し、それに額手礼 salaam［上体をかがめ、右手を額において、お辞儀をする］をして、それに礼拝し、イナオの贈り物を供える。それから彼らは、その皮を剝ぎ、それを切り、矢の毒にふれた部位を注意して処分する。彼らはイヌが心臓を食べないように注意する。というのは、心臓は他の部位よりも毒に侵されているからである。皮を剝ぎ終わると、クマの頭はイナオで飾られ、まずクマ自身に、つぎに自分たちを保護し、自分たちを成功させてくれた神々に感謝を捧げる。

クマはつぎのように分配される。その動物を殺した男が、彼の特別の財産として、頭、胸、そして内臓を手に入れる。皮と胆嚢が売られると、彼は他の猟師よりも少し多く金をもらう。動物の体は彼らすべての間で平等に分配される。幸運な猟師たちが村に戻ると、大きな祝宴が催される。そして老人たちがやって来て、非常にたくさんの宗教的なシンボルを作り、勇敢な若者たちと同行し、彼らを安全に家に連れ戻してくれたいろいろな神々に感謝し、また神々を賞賛する。

それから彼らは成功した猟師たちの勇敢さを賞賛し始め、狩猟についてのくわしい話をしてくれとたのむ。これは祝宴が最高潮になったときである。というのは、集まって、賞賛している客のまえで、猟師たちは狩猟全体をもう一度ことばでもって演じるからである。しかしもし一人の猟師が殺されたなら、事態は哀悼の宴に変わる。人々は非常に立腹し、即座にクマに対して戦をすることに着手する。彼らはそのクマを狩猟し、ついにクマを殺す。それから、彼らはしばらくの間クマを呪い、また長いナイフでクマを打ちながら、クマのまわりを行進する。彼らはクマがその男を殺した場所にクマを運び、死体のそばにクマを横たえる。これをしてから、彼らは再び円をなして行進し、呪い、祈り、ナイフで打つ。彼らはつぎに墓掘りにとりかかる。そしてこれが完了すると、クマの頭を切る。クマの頭はそれから二つの部分に分けられる。一つの部分は、頭に上顎がついた部分、もう一つは下顎の部分である。それから上顎は墓の底におかれる。そしてそのクマに殺されたアイヌがその上におかれる。他方下顎は、墓が土で埋められたのちに、墓の上にしばしばおかれる。しかしある場合には、それは家に持って帰り、都合のいい場所におかれる。そしてその場所で、犠牲者の妻と娘たちによって毎日、確実に冒瀆される。

しかし彼らはいつもこのようにクマを取り扱うのではない。とくに、アイヌの遺体がすでに埋葬されている場合はそうである。このような場合には、クマの頭は切り落とされ、彼らが見つけることができるいちばん柔らかい沼地に鼻を下にして突っ込まれる。そしてこのようにして、地獄に引き渡される。

42 動物崇拝 (b) いけにえとクマ祭

死後に生き物が再びあらわれる／クマ祭の理由／いけにえのために子グマを飼う／クマ祭への招待／祭の準備／子グマをいじめて絞め殺す／祝宴に列した子グマの魂

アイヌは、人間の霊は一般に死後目に見える形でこの世に再びあらわれると信じていないし、またおそらくある程度は霊化された肉体であるにせよ、あの世で人間の肉体のなかだけに再びあらわれると信じていない。けれども、狩猟で殺されたか、いけにえにされた鳥や動物の霊は、肉体で覆われて地上にやって来て、再度生きると、アイヌはかたく信じている。さらに彼らはこう信じている。動物や鳥の霊は、人間、とくにアイヌの猟師たちの特別の利益になるように、この世にあらわれると。しかしこのような場合、いかなる転生 metempsychosis も、異なった種類の肉体を所有することを意味する変身 metamorphosis も起きない。立ち去った霊が当然もつことができる唯一の肉体は、つねに以前の肉体と同種のものであることをしっかりおぼえておかなければならない。そうでないなら、皮相な思想家は惑わされるだろう。より下等な目《もく》 order の創造物のあらゆる霊は、このような別の肉体によってこういうふうに再び覆われるべきだということは、一時その人を留守にしていたと思われる魂が、夢を見ている間に再びあらわれるのと同じように、アイヌの心には自然のことである。しかしこのような魂の住居の変更について語るにあたって、悪魔によって魂が憑かれることを今問題にしていないことを忘れてはならない。というのは、それはまったく別の問題だからである。また私はここでは、神々の呪詛か悪魔の陰謀によって引き起こされたといわれる肉体のある変身についてはは述べない。というのは、それは一般的でないし、自然でないからである。それは、特別の目的と理由のために、より強力な力が特別に作用して引き起こされる。

また私は、夢を見ている人々に鳥か動物があらわれることについても述べない。このような幻影は、人間のことばをしゃべるために、さしあたりは男や女の形をとる。これらの変身はまったく異常であり、自然の一般的な成り行きの外にあるものとよんでよいものである。しかしこの章では、正常な、それゆえ自然の変化だけを論じる。たとえば、もし動物か鳥が――クマであろうと、シカであろうと、オオカミであろうと、キツネであろうと、アホウドリであろうと、フクロウであろうと、スズメであろうと――自然の仕方で、たとえば狩猟か、いけにえによって殺されるなら、これらはそれぞれ当然――またもちろん――山のなかに再び姿をあらわすだろう。それゆえ、それらは、古い肉体に似た新しい肉体をまとっていると信じられている。しかしこれは受け入れられたことばの意味での魂の転生transmigrationでないことは、証明を必要としない。

アイヌの宗教的行為で、鳥のいけにえは、鳥崇拝の章で多少くわしく述べた。このような場合に用いられた祈願文、とくにシマフクロウ、オオワシ、タカに対する祈願文の例も引用した。他方、アホウドリとツルに対する祈願文は他の章で述べた。いけにえに与えられる一般的な名前は、イヨマンデ iyomande［清音でイヨマンテ。オマンテ＝送る］である。このことばは「送り返す」send away という意味であるが、私はそれを「いけにえ」sacrifice と訳してきた。というのは、この単語がその意味にもっとも適していると思われるからである。この章を動物のいけにえに例証されるようなトーテミズムの問題に主に捧げるつもりである。そしてとくに、奉納の仕方と有名なクマ祭の内的な意味を述べることに努めよう。

人々が始めにも、また後からも、こう尋ねるのはもっともだ。なぜクマのいけにえが行われるのかと。なぜこの動物や他の動物が供えられるのか。またたれに供えるのかと。私はこれに対して、最初にこう答えねばならない。私はアイヌのなかで――この行為を止めてしまったキリスト教徒［のアイヌ］にも、それに依然ふけっている人たちにも――たくさんの質問をしたが、このような質問に対する厳密な答に関しては、だれも非常に決定的な考えをもっていないように思えたと。これまで私は、身代わり substitution という考えがこの行為の土台にあることを発見しなかったし、またそれは贖罪でもない。というのは、「免罪のために血を流す」ことについて、人々はなにも知らないからである。それゆえ、いけにえというユダヤ人の観念は、過去の時代はともかく、現在ではアイヌの心には相いれないものである。

アイヌが獲物をいけにえにするとき、彼らは実際は自分の魂の利益よりも、むしろ肉体の利益を考えているように見えるかもしれない。というのは、彼らの告白によると、彼らがその動物を殺して食べる結果、他の動物が代わりにやって来て、同じやり方で扱われるようになるからである。しかしこれは、この問題を考える上には非常に低俗な見解であるし、また正しい考えでないように筆者には思われる。猟師が獲物をいけにえとして殺し、こうしてその祖先のところにそれを「送り返す」と、それは山のなかのその生息地に戻り、若返ってから再びあらわれるということを、私はある猟師から聞いた。またいけにえのさいには、その動物が再びやって来て、別の祝宴のために食料を供給してくれと要望する祈願文が、その動物に唱えられることは、さらに注目すべきことである。このように殺され、食べられることが、あたかもその動物にとって、名誉であり、喜びであるかのようである。実際、このようなことが人々の考えである。この動物は疑いなく彼らのトーテム神の一つである。そして彼らがそれを殺すとき、その理由は、祝宴自体のためというよりむしろ、いけにえとともによい時間を過ごすためである。というのは、動物の死後、その動物自身の肉が主要な食べ物になり、またあわれな動物自身も参加する祝宴が行われるからである。それは相互の祝宴であるし、またあきらかに友情と血縁関係の祝宴である。アイヌの考えによると(そしてこの考えは実際この場合にはいかに真実であることか!)、宗教のほかならぬ本質は、より大きな力との霊的交流 communion にある。またわれわれにとっては予想外に思われるが、彼らが彼らのある神々と結ぶことができるもっとも完全な霊的交流は、いけにえにしたそれらの肉を目に見えるように、また世俗(肉体)的 carnal に食べることによってであると、人々は考えている。

しかしクマ祭は、神々へのいけにえではなく、いけにえ自身とその崇拝者たちへの共同の奉納である。これはおそらく非常に奇妙に聞こえるかもしれない。しかしつぎに述べるクマ祭の記述を見ると、これがこの慣習の真の説明であることがはっきりわかるだろう。

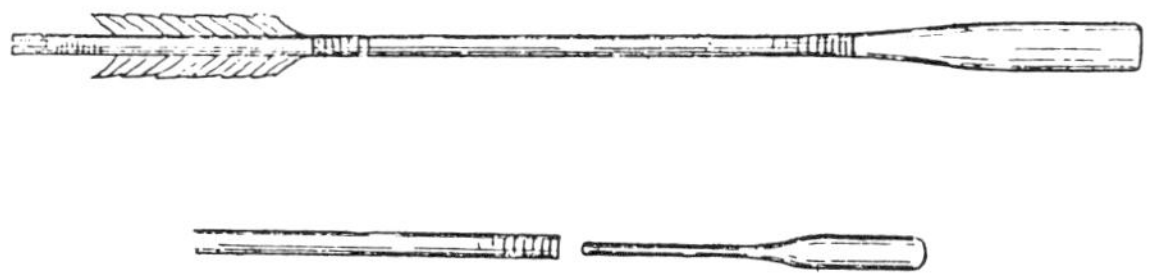

図42―1 先の丸い矢、すなわちヘペレアイ（子グマの矢）

図42―2 タクサ

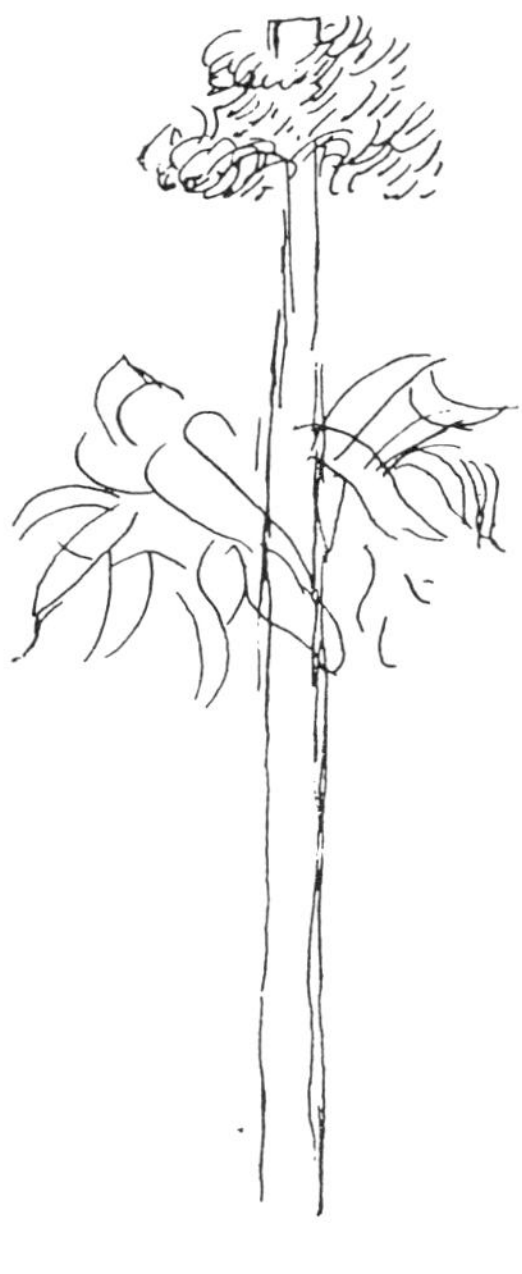

図42―3 トゥショプニ（ロープをもつ木）

クマと鳥、とくにクマが、いけにえにされるこれらの祭は、アイヌの間でのキリスト教宣教師としての私の仕事における最大の障壁だった。私は彼らがこの問題をどういう観点から見ているのか、多年の間わからなかった。クマ祭はそんなに残酷であると同時に──そんなに神聖な宗教的儀式であるし、またそんなに幸福な儀式である。また彼らは自分たちがしていることのすべての意義を説明したり、このような場合に述べる祈願文を人に聞かれたがらない。それゆえ、楽しいが、残酷なこのお祭を最高の楽しみにし、またこのお祭のなかに宗教的法悦を最大に表現する彼らの性癖(気質、habit of mind)を知るのは、私には最高にむずかしかった。またこの祭は、彼らの間で見られるもっとも典型的で、完全な礼拝形式であるし、またそれゆえ、それは彼らの心のなかに深く根づいているので、それとイナオ作りが、アイヌの間での私の仕事に対する大きな障壁だということに気づいたのも決して不思議ではない。

いけにえのためにクマを育てる

アイヌのクマ猟師たちは、一、二頭のクマの子を手に入れ、大きなクマ祭を催すためにそれを家で育てることができると、非常に自慢する。男たちは、一頭の子を手に入れるために、生命をかけることが知られていた。彼らが子グマをつかまえると、たいへん喜んで家に連れて帰る。もちろんこの特別の出来事を祝して酒を飲む。ときに、非常に幼い子クマが人々と一緒に小屋のなかで生きているのが見られるかもしれない。子グマは子供たちと一緒に小屋のなかで遊ぶし、大きな愛情でもって育てられる。実際それらのうちのあるものは、わが子自身よりも大切に扱われさえする。子グマが死んだとき、人々が非常に泣いたケースを私は知っている。しかしクマにだきしめられるとき少し痛みを感じるほどクマが大きく強くなったり、その爪があまり強いので好ましくなくなるとすぐに、クマは材木でしっかり作られた檻のなかに入れられる［目次の末尾のページの図］。クマは一般に二、三歳になるまで、ここにおかれる。そして、このとき、クマは祭のために殺される。

クマの子を飼うことについて、多数の日本人やアイヌによって事実として述べられたことを私は信用しないと何度も述べた。私は、女たちがその乳房で子グマを育てることを言っているのである。このような女は非常に少数である

図42—4 サツチェプ・シケ（干物の束）

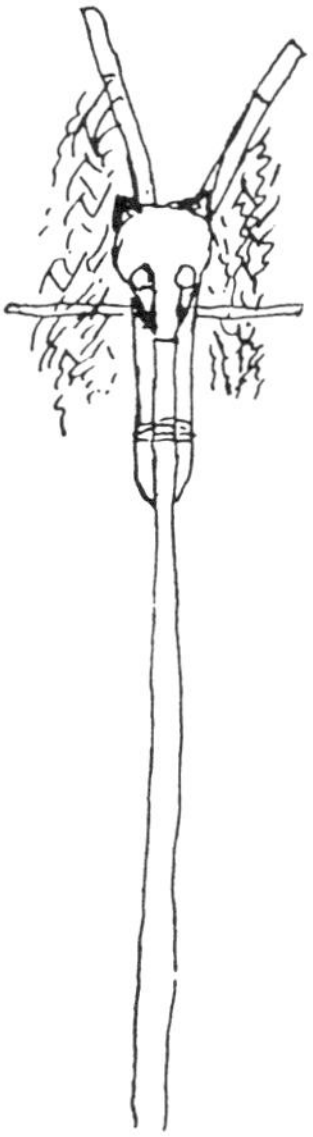

図42—6 ケオマンデニ（送り返すための木）

図42—5 イモカ・シケ（祝宴の残り物）

に違いないと私はしばしば言った。というのは、彼女たちは他のいろいろな方法でクマを養っているとはいえ、自分の乳房で育てているのを私は見たことがないからである。しかし私は今この発言を修正しなければならないと思う。というのは、過去二、三年間に数人の女性が自分の乳房をクマに与えているのを見たからである。昨年私が小屋の隅で説教をしていたとき、一群の女たちが丸くなって坐り、それぞれの女が幼い子グマに順番に少しずつ授乳して、隣りの人に手渡していた。

クマの子が水をペロペロなめることができないほど幼いときに、クマが獲られることはきわめてまれである。粟と魚を柔らかく煮た一皿の粥を子グマの前におくと、子グマはまもなく自分で食べるのを学ぶ。子グマは、一、二日以上ひもじくてもかまわない。それゆえ、ペチャペチャなめることができる子グマの場合は（それがはるかに大きな比率を占める）、育てるのになんの困難もない。ただ一つ都合の悪いことは、母親を求めて泣くときに、それが大きな物音をたてることである。このはた迷惑な行為もまもなく治る。というのは、子グマの所有者は、それを自分の胸に入れて、二、三晩それと一緒に寝るからである。こうして、子グマの恐れと孤独はなくなる。

子グマが食べ物をなめることさえできないほど幼いときに連れて来られたり、子グマに乳を飲ませる女が一人もいないときには、手と口で食べ物を与える。少量の魚と少しの粟、しばしばそれを混ぜたものを、ときどき一人の人が口で噛んで、動物の口に少しずつ押し込む。こうして、クマはそれを飲みこまされる。

他のときには、粟が一種のこね粉 batter か、非常に薄いペースト（ねり粉）にされる。そして男か女がその一口を含み、それを子グマに口移しで飲ませる。子グマは容易にそれを飲み込む。実際、ヨーロッパで少年が若鳥を飼うのとまったく同じように、それは飼育される。つぎの段階は、動物が手からなめるように教えることである。それもまもなくできるようになる。そのとき、動物は木の皿から食べ物をとることを学ぶ。

若いクマがまさにいけにえにされるとき、われわれの目には残酷で、野蛮に見えるこの祝宴が行われる前日、クマの所有者は村のすべての人々に知らせ、祭に参加するように彼らを招待する。彼はまた遠い村から客を招く。そして彼らはかなり確実にやって来る。というのは、酔っ払うよい機会だからである。老いも若きも、すべての人がいちばんはなやかな衣服をつけてやって来る。年長者は刺繍をしたもっともよい衣服を身につけ、体を洗い、髪の毛を切り、首すじの毛を剃る。男たちもこの機会にひげを刈り込み、前髪と首の毛を剃る。このようなとき、女たちはイアリング、腕輪、首飾りをつけ、入れ墨の手入れをし、できれば新しい頭飾りをつけることを決して忘れない。私が聞いた最近の招待の形式はこうである。「私、これこれは、山に住んでいる親愛で、神聖な小さいものをまさにいけにえにしようとしています。私の友人たちと主人たちよ。祭においでください。そのとき私たちは、神のところに送り出す大きな喜びで一つになりたいと思います。おいでください」と。すべての招待状はこれに似ている。これは、一般的な種類を十分に示している。

客たちがいけにえの場所に到達すると、彼らは小屋に入り、いろりのまわりに坐る。粟のだんごが煮られ、また焼かれ、一種の濃い白い酒が、粟から醸造される。女たちは、夫がどんな飲み物を選んで自分にくれるかを知っている。実際その飲み物が粟のビールよりも高価な日本酒であるにしても、それはごくわずかであることに私は注目した。しかしこれは実際の祝宴ではなく、準備的な断食あけの一種にすぎない。

客が全員入ると、男たちは多数のイナオを作り、それをいろりに立て、礼拝が行われる。すべての神々が礼拝され、自分たちと一緒に祝宴に参加するように招待される。これが終わると、大半のイナオがうやうやしく取り上げられ、外のヌサの場所に運ばれ、そこに挿される。つぎに二本の太く、長い竿がそれらの基底部に横たえられる。男たちは彼らのトーテムの冠で飾って、今や小屋から出て来て、おごそかにクマが入っている檻に近づく。女たちと子供たちは、あとからついて行き、歌い、踊り、手を叩く。やがてすべての人がヌサの場所に行くように命じられ、老人をまえにして、大きな輪をなして坐らされる。このあと一人のアイヌが選ばれる。この人は、クマに近づいて、そのまえに坐り、自分たちはまさにおまえを祖先のところに送り返そうとしていると告げる。彼は自分たちがまさにしようとしていることについて許しを請い、クマが怒らないように希望し、クマにどういう名誉が今まさに与えられているかを告げ、また多数のイナオと大量の酒とだんごと他のご馳走をたずさえて行くという慰めのことばでクマを元気づける。彼はまたクマに、もしおまえが善良で、礼儀正しいクマならば、再び同じように扱われるだろうと告げる。私が聞いた最後のあいさつはこうである。「おお、なんじ神聖なものよ。なんじはわれわれが狩猟をするために、この世界に送られて来た。おお、なんじ、高貴な小さい神よ。われわれはなんじを崇拝する。どうか、われわれの祈願を聞いてくれ。われわれはなんじを養い、非常に心配し、苦労してなんじを育ててきた。万事は、われわれがなんじをそんなに愛しているからだ。さて、なんじは大きく成長したので、われわれはなんじをなんじの父と母のもとにまさに送ろうとしている。なんじが父母の所に行ったならば、どうかわれわれのことをよく話してくれ。またわれわれがどんな種類の人間だったかを両親に告げてくれ。どうかもう一度、われわれの所に来てくれ。そうすれば、われわれはなんじをいけにえに捧げよう」。

この祈願文を唱えてから、別のアイヌが子グマの檻に来て、ロープでいけにえの頭をつかまえる。ロープにはこの目的のために、輪が作られている。この輪は、クマがあばれるとき、動物を窒息させないように、首のまわりと前脚の下に巻きつけられる。第二のロープには、もう一つの輪が作られている。これは同じような仕方で、頭に巻きつけられる。違うのは、その端がクマの反対側に出ていることである。だから、動物が檻から出るとき、それは、それぞれの側に一人ずつ、二人の人によって引っ張られる。しかしクマが大きいときには、ときどきロープをお尻にもつけ、一人の人がそれをしっかりもち、クマが危険な怒りを示すときには、手助けする覚悟をして、後ろからついて行く。

あわれな動物が檻から出るやいなや、輪をなしていた人々は叫び、手を叩く。その間にクマは中央に連れて来られる。クマが真中に来ると、人々は先の丸い矢(図42—1)——ヘペレアイ hepere-ai、すなわち「子グマの矢」[ヘペル=子グマ、アイ=矢]といわれる——をとり、クマを目がけて射る。こうして熱情はかきたてられる。叫びは今や耳を聾するほどになり、クマはときどきどう猛になる。しかしクマが半狂乱になればなるほど、人々はますます喜ぶ。しかしもしクマが動かなくなると、クマはタクサ(図42—2)——そのてっぺんにはササ Arundinalia でできた房がある——とよばれる棒でこすられる。興奮し、もがく動物が疲労困憊の兆候を見せると、人々の輪の中央の地面に杭が打たれ、それにクマが結びつけられる。この杭は、イナオの飾り掛けとササの葉で飾られ、トゥシオプニ tu-shop-ni、すなわち「ロープをもつ木」[トゥシ=綱、縄、ニ=木]とよばれる(図42—3)。

万事危険でなくなるやいなや、先の丸い矢が新たに力強く射られる。そこで動物は引っ掻き、怒り、ついにまったく疲れきる。そのとき、もっとも興奮させるような時間がやって来て、勇気の真のテストが行われる。突然勇敢な若いアイヌが突進し、クマの耳と顔の毛をつかみ、他方別のアイヌが突然突進し、そのお尻の部位をつかむ。これらの人々はともに、全力を奮って動物を引っ張る。このために動物の口は開けられる。それからもう一人の人が約二フィート［六〇センチ］の丸い木を持って突進する。彼はこれをクマの顎に差し込む。あわれな動物は怒ってこれをはげしく嚙み、歯の間にしっかりそれをはさむ。つぎに二人の人が、クマのそれぞれの側に一人ずつ前進し、その前脚をつかんで、できるだけそれを引っ張る。それから別の二人が、二本の後ろ脚を同じように握る。これらのことがすべてまったく満足の行くようになされたとき、二本の棒――それはヌサのそばに横たえられ、オクヌンバ・ニ ok-numba ni、すなわち「しめつけるための棒」［オク＝首、ヌンバ、ヌンパ＝しめつける、ニ＝木、棒］とよばれる――が前にもってこられる。その一本はクマの喉の下におかれ、もう一本はその首の後ろにおかれる。

前もって男たちによって決められていたすぐれた矢の射手が今や近づいて、動物の心臓めがけて矢を射る。そしてそのみじめな状態を終わりにする。動物をひどくなぐって血が流れないように注意を払わなければならない。というのは、なんらかの理由でこの地上に血を落とすことは、不幸だとみられているからである。もし血が流れるならば、神聖なイナオの削り掛けで急いで拭わなければならない。この特別なときに、血を流すことがタブーである理由を私はこれまで知ることができなかった。というのは、その根底にある本来の思想は今では失われているように思われるからである。なるほど、ある場合には、血液が男たちのなかでもっとも鍛えられた人によってすぐにあとで抜かれ、温かい間に飲まれるが、これはその動物との血の同盟か、血の盟約ではなく、その動物がもっている勇気と他の徳を彼らに注入することにすぎないといわれている。いけにえは、いささかも罪ほろぼしと見られていない。というのは、罪と罪の許しは、キリスト教の教義をもっているわれわれが見ているような観点から見られていないからである。

クマの心臓が射られるとすぐに、それは二本の棒まで運ばれる。この棒はこの目的のために前もって地面におかれていたものである。その頭はそれらの棒の一本の上におかれる。もう一本の棒はその首の上におかれる。今やすべての人々は叫び、突進し、だれもかれもが、その動物を力づくで押すのを熱心に手伝う。ついにその生命は消える。死のあがきの間、どんな叫びもあげさせないように、注意しなければならない。というのは、これは非常に不幸だと思われているからである。しかし私はその理由を知ることができなかった。人々は子グマが絞め殺されるとき、たいへん興奮するので、死に一役買う熱心さのあまりお互いに足を踏みつけ合うほどである。こうして、あわれな動物は殺され、いけにえ劇の第一部は終わる。

クマが絞め殺されるやいなや、クマは皮がはがされ、その頭は切り落とされる。しかし皮は頭についたままにされる。これは東の窓にもって行かれ、イナオソ inao-so［ソ＝床］とよばれるマットの上におかれ、イナオの削り掛け、イアリング、ビーズ、あるいは他の物で飾られる。実際、あるとき私はそれが古い剣のつかと日本の鏡で飾られているのさえ見た。ここにおかれた後に、それ自身の一切れの肉が切り取られ、鼻の下におかれる。これは、ノッポクオマプ not-pok-omap、すなわち「顎の下のあれ」［ノッ＝顎、ポク＝下、オマプ＝愛する］とよばれる。

つぎに、一枚の乾燥させた魚（干物）とひげ揚げべらが一包みにこぎれいにまとめられて、その前におかれる。また栗のだんご、一椀の煮たそれ自身の肉、日本酒がおかれる。干物はサッチェプ・シケ sat-chep shike、すなわち「乾燥させた魚の束」［サッ＝乾く、チェプ＝魚、シケ＝荷物］とよばれる（図42—4）。煮た栗が入った椀は、マラプト・イタンギ marapto itangi、すなわち「祝宴の椀」［マラプト＝お客、祝宴、イタンギ、イタンキ＝茶碗］とよばれる。これが行われると、一人の人が礼拝して言う。「おお、子グマよ。われわれはおまえにこれらのイナオ、だんご、干物を与える。それらをおまえの両親のところにもって行って、こう言ってくれ。『私は長い間、アイヌの父と母に育てられましたし、あらゆる苦労や危害にあわないようにされてきました。私は今大きくなったので、あなたのところに来ました。私はこれらのイナオ、だんご、そして干物をもって来ました。どうか、喜んでください』と。もしおまえが両親にこう言うなら、両親は非常に喜ぶだろう」と。

もう一つの祈願文はこうである。「私の親愛な子グマよ。どうか、私の言うことを聞いてくれ。私は長い間おまえの面倒をみてきた。そして今、イナオ、だんご、酒、およびその他の貴重な物を贈る。おまえは、おまえに贈られたイナオやその他のよい物の上に乗って、お前の父親と母親のところに行け。仲良くやり、両親を喜ばせよ。おまえが到着したときには、たくさんの神聖な客人をよび、大きな祝宴をしろ。おまえを養った私がおまえに再会できるように、この世界にもう一度戻ってこい。そうすれば、もう一度おまえをいけにえにするために育てよう。私はおまえにあいさつする。私の親愛な子グマよ。無事に出発しろ」と。

この礼拝が行われたのちに、粟のだんごが串に刺され、頭のそばに置かれる。これらは新しい世界で行う祝宴のためだといわれている。というのは、食事にご馳走を出すだけの小さなプレゼントがないなら、子グマは祖先の前に決してあらわれようとしないからである。そのだんごはイモカシケ imoka-shike、すなわち「祝宴の残り物」［イモカ＝土産、シケ＝荷物］といわれる（図42―5）。今や男たちはみな冠を直すか、かぶる。というのは、子グマをいじめ、殺している間に冠が曲がったか、打ち落とされたからである。これがすむと、彼らはみな一緒に立派な踊りをする。

女たちは冠の代わりに、チパヌプ chipanup とよばれる一種の頭飾りをつける。

白いひげのこれらの老人が輪を作り、若者のまねをして踊るのを見るのは、まったくこっけいである。しかし彼らは幸福だし、彼らはこれ以上にすばらしいことをなにも知らないのだから、人は彼らにやさしくほほ笑まざるをえない。踊りが終わると、彼らは小屋に戻る。そしてたくさんのイナオを作る。それはクマの頭の上に慎重におかれる。そうこうしているうちに、子グマの肉が煮える。今やこの肉を一碗取り、動物の鼻の前におく。そしてクマはマラプト・イタンギ、すなわち「祝宴の碗」に加わるようにいわれる。

時間が少したってから、祝宴を主宰している人が言う。「小さな神は今食べ終えました。なんじら、友人たちよ。来て、礼拝しましょう」と。それから彼はその碗を取り、それにおじぎをし、その中身を集ったすべての客に――各人に少量ずつ――配る。というのは、各人が、老いも若きも、少し食べるのは絶対に重要だと思われているからである。それは、「祝宴の碗」とよばれる他に、イプニ・イタンギ ipuni itangi「供え物の碗」［イプニ＝給仕をする］といわれる。この名前は、それが今いけにえにされた神に供えられたという事実を指している。

このお碗を食べたのちに、もっとたくさんのイナオが作られる。他方、その動物の残りの部分は、鍋のなかでシチューにされる。つぎに内臓はこまぎれにされ、塩をふりかけられ、生で食べられる。これは血を飲むことのように、クマの勇気とその他の徳を手に入れるためだといわれている。またある男たちは、自分の体と衣服に血を塗りつけることを述べなければならない。これは狩猟で成功するようにするためだといわれる。この不快な習慣は、ヤイイショウシ、yai-isho-usi、すなわち「よい獲物を自分の体に塗る」［ヤイ＝自分に、イショ＝獲物、ウシ＝塗る］といわれる。彼らは、他の動物や鳥がいけにえにされたときに、その血で自分の体を同じように処理する。

肉が十分に煮えるやいなや、出席している人々に配られる。仲間のあらゆる人々が少量にせよ、それを食べる。こうして、彼らがいけにえとよんでいる親愛な小さな神と彼らは霊的に交流する。そしてこれが、彼らのトーテム神と人々との社会的、宗教的な親交を示す特殊な仕方であるように私には思われる。この祝宴に参加しないことや、イナオを作らないことは、アイヌの仲間関係の埒外にあることを告白することに等しいだろう。骨を除くクマのあらゆる小部分は、内臓でさえも、以前は食べねばならなかった。しかしこの規則は今ではゆるめられている。骨はホスト（主人役）とホステス（主人役の妻）によってとっておかれる。そして彼らはそれをシチューにし、個人的に使用する。骨は多くの食事のベースになってから、小屋のなかの東の窓のそばにおかれ、そこに長い間放置され、その後それは外に出され、ヌサのそばにおかれる。ある祝宴の後でアイヌに、クマの肉のうちのいくらかをとっておくのはどうしてなのかと尋ねたところ、彼は「以前はそうしなかった。しかしアイヌはだんだん利己主義になっている。アイヌの慣習は変わりつつある」と言った。

クマの頭は最後に皮からはずされ、ヌサの山にもって行かれる。それはそこで、他の頭骨の間におかれる。ここには、てっぺんに股がある背の高い棒が立っている。その股はイナオで飾られている。この棒は、ケオマンデニ keo-mande-ni（図42―6）、すなわち「送り出すための木」［オマンデ、オマンテ＝送る、行かせる、ニ＝木］とよばれる。動物、とくにクマの特別においしい部分は、脂肪と白目であるらしい。これらは脳と混ぜられて、煮られ、チタタプ chitatap、すなわち「こまぎれにされた」［魚、とくにサケの頭のタタキ料理］という名前でよばれている。猟師自身と彼の特別の二、三の友人だけが、これを食べる。目の黒い部分は、慎重にイナオの削り掛けで包まれ、ヌサのそばにおかれる。クマの頭は長い棒の上に据えられ、ヌサの間におかれることはさきに述べた。それにぶらさげられた皮と肉は早晩腐る。だから、むきだしの白い頭骨しか後に残らない。このようにおかれた頭骨は、祝宴のとき礼拝されるだけでなく、それが続くかぎり、礼拝されることが非常に多い。それはアコシラッキ・カムイ akoshiratki kamui、すなわち「神聖な守護者」［アコシラッキ＝護られる］とよばれる。それゆえ、それは、ある鳥の頭骨のように、生命を与えられていると思われている。私はある小屋を訪れたときのことを思い出す。その現在の所有者の父親は、アイヌの国のなかでもっとも勇敢で、もっとも成功した猟師であると言われていた。この小屋の外には、ヌサの場所のそばに――信じられないかもしれないが――腐敗状態にあるのと保存状態にあるきっかり二〇〇頭のクマの頭骨が、低い壇の上に積まれているのが見えた。ここに並べられたどのクマも、この家族のメンバーによって殺されたということである。男たちは、昔はしばしば（今ではときどき）そこに行って、それらの前にうずくまって、神酒を供え、自分たちの「神聖な守護者」とそれらに呼びかけ、それらをあがめる。

一八九二年にサハリンのアイヌのなかを旅したB・ダグラス・ハワードは、こう書いている。「インドと中国におけるもっとも下品なタイプや、セイロンなどにおける悪魔崇拝者を含めて、ほとんどあらゆる種類の異教の崇拝者たちの間での私の個人的な調査研究によると、彼らは赤く塗った石、木、あるいはなんらかの像を礼拝していた。しかしそれらの石、木、像には、彼らが礼拝のことばを述べる当の神が実際に含まれていると思われると、私が考えても当然であるような告白を、私は彼らのだれからもまだ手に入れたことがない」（『シベリア紀行』二〇二ページ）。

ハワード氏がこれらのことばによって、アイヌは、ヌサの間に見られる頭骨には、彼らが礼拝のことばを述べている神が実際には含まれていないとみなしていることをほのめかそうとしているのなら、彼はまったく間違っていると思う。アイヌは断固として私にこう宣言した。自分たちが礼拝している動物の霊は、頭骨に宿っていると実際思っていると。それらが「神聖な保護者」としてよびかけられ、「貴い神」とよばれるのは、神々が実際にこれらの頭骨のなかにいると彼らが思っているからである。彼らは実際に、そのなかに含まれた霊によびかけ、その霊に日本酒か粟のビールをしばしば供え、またその霊に懇願する。私は、アイヌが一度ならずこの懇願をしているのを聞いた。

43

動物崇拝

(c) 種々の動物について

シカの起源の神話／リスの起源／モグラ、およびキツネとネコの起源／魔法をかけるキツネ／ネズミとネコの起源／ネコとイヌの罰／ハツカネズミ／カワウソ／ノウサギ

現在地上に住んでいる多くの生き物は天国に本来の家をもっていると、アイヌは想像していることを本書の他のところで述べた。シカはこれらの動物の一つである。それに関する神話は非常に奇妙である。

私がこれまでに収集した神話はこうである。「はじめシカの家は天上にあった。それらがそこに住んでいたとき、それらはシカとよばれなかった。というのは、それらは、天帝の狩猟のイヌだったからである。それらの色は、われわれが現在見るように褐色ではなく、真白だった。それらはイヌ・シカ（セタ・ユク seta-yuk）〔セタ＝イヌ、ユク＝シカ〕とよばれた。そしてノウサギを狩るために、神々に使われていた。それらのなかには、『牡ジカ・イヌ』、『牝ジカ・イヌ』、および非常に立派な枝角のある『イヌ』がいた。これらの動物が山に狩りに行ったとき、三つに分かれた枝角があるものと若い牡ジカは足がもっとも早く、年を取った牡ジカ・イヌと牝ジカ・イヌは足がおそく、獲物を取ることができなかった」。

シカはどのようにして天国から降りて来たか

「この地上におけるシカの起源はつぎの通りだった。偉大な天帝が、シカの骨が一杯詰った袋を天から降ろして、山の上に骨をばらまいた。それらは、地面に到達すると、シカに変わり、山々の間で非常に力強く増えた。これらが、アイヌがユク、すなわち『シカ』とよぶ動物である。それらは、人々が猟をし、食べ物として殺すようにと送られて来たのである。しかしそれらがはじめ天に家をもったとき、それらはセタ、すなわち『イヌ』とよばれた。それらが殺されると、その頭は切り落とされ、それにイナオが供えられねばならない。そしてつぎに、それらはヌサの間におかれなければならない」。

シカ不足の伝説

「昔は、地上には一匹のシカすらいなかったといわれる。そこでアイヌは集まって、天の天帝に嘆願して言った。『おお、なんじ、最高の天におわす天帝よ。おお、なんじ、はじめにシカを天から降ろしたまいし力強い神よ。おお、われらの祖先の神よ。われわれは飢えています。どうかわれわれにシカをお送りください。今すべてのアイヌの国には、これらの動物が一匹もいません。人々はまさに死のうとしています。地上のすべての住民は、なんじに多くの祈願をしました。しかしなんじは答えてくださいませんでした。おお。神よ。われわれの言うことを聞き、われわれにシカの肉をお送りください』と」。

「男たちはこのように祈願した後に、天のほうを見て、力強い叫び声をあげ、そして再び熱心に祈願した。これは、彼らがこんなに心を悲しませる窮乏状態にあったからである」。

ある生き物は進化の道を通って生まれたと、アイヌは考えていることを他の箇所で述べた。しかし進化はつねに下向きのコースをとったと彼らが考えていると想像してはならない。というのは、リスの起源に関するつぎの神話は上向きの発達を示しているからである。またこの神話を見ると、動物の生命がどのようにして植物から生まれたかがわかるからである。実際、ブドウの木の樹皮がリスを生んだといわれている。このような考えは、アイヌの人たちが、つぎのように想像していることを心に留めさえすれば、説明できる。すなわち、生命のない対象は自分たち自身のように独立した個人的、霊的な人格（パーソナリティー）によってそれぞれ生命を与えられるし、また多かれ少なかれ強力に、またあらゆる場合にその特別の活動分野で完全に、精神と意志を与えられると。

エゾのアイヌは、四種類のリスを知っている。第一に、美しいしまのあるリスがいる。アイヌはそれをルオプ ruop、すなわち「しまのある生き物」とよんでいる［沙流方言でシマリス］。つぎにアッ at、すなわち「多産な」とよばれる飛ぶリス［モモンガ］がいる。そのつぎに普通のリスがいる。これは明るい赤色で、アイヌはカシ・イキリクシ kashi ikirikush、すなわち「頭上を横切る」とよんでいる［幌別方言でシマリス。カシ＝上に、イキリ＝線、しま、クシ＝通っている、横切る］。最後に、トゥスニンゲ tusuninge［バチラー、また知里によると、エゾリス。知里によるとこれは、トゥス＝魔術、ニンゲ、ニンケ＝消すで、魔術を使って姿を消すものという意味かとある］として知られているものがある。それは黒褐色である。つぎに述べる神話と関係があるのは、最後に挙げたものである。

リスの起源についての伝説

「神聖なアイオイナがこの地上で生活し、人々と交わっていた非常に古い時代に、アイオイナは、ブドウのつるでできたサンダルをはいていた。リスは実際このサンダルの一つで、それ以上でなかった。その変化の仕方は、つぎの通りだった。ある日アイオイナが旅行中、サンダルを履き続けたので擦り切れた。それでそれをそれ以上使うことができなくなった。そこで、彼はそれを脱いで、投げ捨てた。しかしそれは神聖なアイオイナのような偉大な人のものだったし、またアイオイナが履いたものだったので、それは腐り、消えてしまうことができなかった。それは貴重なものだったので、リスに変わった。これらの動物の形がサンダルのように、長く細いのは、このためである。実際、リスを神とよび、その頭骨を魔よけにして保存し、それに神酒を供え、礼拝する人々もいる。しかしこれは間違っていることを忘れてはならない。というのは、これらの動物は神ではなく、サンダルが変化したものにすぎないからである。さらにそれらは、非常に危険な女魔法使いであることを忘れてはならない。それらは非常に数が多いから、しばしば山で見られるかもしれない」。

「もし木の枝に坐っているリスを見つけたら、その下を通らないように注意しなければならない。というのは、万一人がこのあわれな動物の下を軽率に歩くと、リスはその人につばを吐くだろうからである。これは非常に危険な魔力がある。リスは、もし魔法をかけることができるなら、このように人に魔法をかける。だれかが不運にも魔法をかけられると、その人はすぐに病気になり、死ぬだろう。というのは、治療法がなんらないからである。このことを知らない多くの人々は、リスが坐っている木の下を通るし、その下に立って見るというほど極端なことをする。しかしこのことを知っている人々は、いつも注意してリスを避ける。また、たまたま弓矢を手にもっているなら、彼らはリスを射殺する。この他に、リスは最初はサンダルにすぎなかったことを知っている人々は、礼拝や儀式のまねはしないで、皮や頭骨を投げ捨てる。実際礼拝する人はよく知らない人だけである。いや、無知な人のなかには、貴重なイナオをそれに供えるほど極端なことをする人さえいる」。

モグラ、キツネ、およびネコ

クマはシラカバの木切れを摩擦することによって生じた火花から生まれたということを別の箇所で述べた。これから述べる注目すべき神話は、キツネとネコが恐ろしい悪魔の灰にその起源があると言っている。その話はこうである。

「非常に遠い昔、この地上に、ある神が住んでいた。この神は、モグラとよばれた。彼はもともとここで作られたのではなく、はじめは天から地上に遣わされたのである。

さて、非常に遠い所に、世界の他の隅の右に、大きく恐ろしい悪魔が住んでいた。この悪魔は、モシリシンナイサムという名前でよばれた。彼は創造されたのではなく、この世界ができるずっと前から存在していた。彼には発端がなかった。彼はいつもたいへん意地悪だったので、天帝は世界を作ったとき、彼が人間の住む場所に住むのを許さなかった。これが、彼が追放され、はるか遠くに住むようになった理由である。

昔、モシリシンナイサムは、モグラと試合をしようと決心し、住まいを出て、モグラを訪問した。モシリシンナイサムはモグラの家に入ったとき、大きな音をたてて坐って、言った。『あなたは偉大で、力強い神であるといううわさを聞いています。もし実際にそうなら、力比べをしましょう。そして私とあなたのどっちが強いかをみましょう』と。モグラは、悪い悪魔はよい神の敵でないことを知っていたので、すぐに同意した。

モグラがこの要求に同意するとすぐに、悪魔はどんな警告もしないで、飛び上がってモグラをつかまえて、打ちのめし、炉の火のなかに投げ、悪魔が思っている通りに、モグラをきれいに焼いてしまった。悪魔は自分がしたことを見たとき、非常に喜び、自分の安易な勝利と大きな力を大ぼらを吹いて自慢した。彼は少し休んでから、自分の家と国に戻るつもりで、立ち上がった。しかし、ああ！　驚くべきことが起こったのだ。彼がモグラの家を出たとき、彼が殺したと思った家の持主が非常に生き生きとし、完全に元気になって、戸口のところで彼を迎えた。悪魔はこれにはたいへん驚き、少しこわくなった。しかし彼が防御の姿勢をとるまえに、モグラは彼をつかまえて、今度はモグラが炉の上で彼をはげしく打ちのめした。それからモグラは悪魔を火の中心部に何度も何度もころがし、彼を焼きつくした。モシリシンナイサムは自分の霊を生きのびさせ、無傷で霊ともに逃げようと、一生懸命に努力した。しかしモグラは悪魔の手におえなかった。悪魔は煙に変わろうと努め、こうして屋根から逃げようと上に昇った。しかしこれでさえも、なんの役にも立たなかった。というのは、モグラはその意図を見抜いて、彼に息を強く吹きつけたので、彼は再三火に落ち、とうとう大きな苦しみと苦悩を感じながら、完全に焼けてしまった。そして灰だけが残った。

その遺体は普通の灰のように見え、ある部分は黒く、ある部分は赤く、ある部分は白かったとはいえ、悪魔の遺体なので、遺体から生命を抜き取ることはできなかった。それは不可能だった。それゆえ、灰はキツネとネコに変わった。だから、キツネとネコは近親関係にあり、同じ家族であることがわかる。

それゆえ、これらの動物のどちらかにとりつかれることは、恐ろしいことである。というのは、それらの起源は悪魔なので、それらは悪魔的な性質をいくらかもっているからである」。

日本人の間でのように、アイヌの間でも、狡猾なために有名なキツネは超自然的な力をもっているとされている。

それは、自分の目的に合致すると、肉体を他の形に変えることができるといわれるだけでなく、人々に魔法をかけ、それによって人々を病気にし、狂気に追いやり、彼らを死なせることさえできるといわれている。

私はあるとき、夕食のおかずを撃ち落とそうと一人のアイヌと一緒に出掛けた。われわれが歩いているとき、雪の下にキツネの足跡を偶然に見つけた。われわれはまずそれを追って行き、その皮を手に入れ、その後で食べ物を探すべきかどうかと、私はそのアイヌに尋ねた。彼はきっぱりと「ノー」と答えた。私がノウサギかカモを手に入れないうちは、そうしてはならないと言った。それがキツネとどんな関係があるのかと尋ねたところ、彼はこう言った。「もし私たちが最初にキツネを殺すなら、その日他のなにも手に入れられないのは確実です。というのは、私たちがキツネの体を殺すなら、キツネの霊がまわりに動いて、すべての他の動物や鳥に私たちがやって来たことを知らせるだろうからです」と。それで私は、彼の感情に敬意を払って、その代わりにノウサギをつかまえようと努力した。後でこの人との会話で、彼は私にこう言った。「古代のすべての猟師は、猟に行くとき、また猟に行くなら、まずキツネを殺し、つねにしっかりとその口をふさいで、その霊が他の動物に警告を発しないようにします」と。私は現在でさえも、多くの人たちはこうしているのを知った。

イカツカラ・チロンヌプ ikatkara chironnup という名前で通っている一種のキツネがいる［イカツカラ＝だます、あざむく、チロンヌプ＝キタキツネ］。これは、「魔法をかけるキツネ」という意味である。つぎの神話は、人々がこの動物の起源をどう説明しているかを示している。

「悪魔モシリシンナイサムの灰から生まれたキツネは二種類ある。一つは悪く、他は良い。アイヌはみな、これらの動物の頭骨を礼拝する。そしてそれを呪物か魔よけにして保存する。しかし保存され、礼拝されるのは良いキツネだけで、悪いキツネではない。

もっとも良いキツネは黒い色をし、シトゥンベ・カムイ shitumbe kamui［クロキツネ］、すなわち「軽快な神」［シッ＝山の尾根、ウン＝いる、ペ＝もの］という名前で通っている。祈願されるのは、その頭骨である。というのは、祈願されると、その頭骨のもとの持主［キツネ］は喜び、確実に礼拝者を助けにやって来るからである。赤い色で、毛の薄いキツネは非常に邪悪である。形を変えて、人々にとりつき、人々に魔法をかけるのは、この種のものである。

それらは、サクキムンベ sak-kimunbe、すなわち「夏の間山に住んでいる動物」とよばれる［サク＝夏、キム＝山、ウン＝いる、ベ＝もの］。それらがそうよばれるのは、それらは寒さに耐えることができないので、冬の間穴に留まり、夏の暑い気候のときだけあらわれるからである。それらはいつも、これらの餌食を手に入れようと、油断なく見張っている。このようなキツネの習性をもっている。それらは人間の死体を掘りおこして、それを食べるという恐ろしい頭骨は礼拝されるべきでないし、魔よけとして保存されるべきでない。というのは、これらの動物は、呪われたものの価値しかないからである。この種のキツネは、イカツカラ・チロンヌプ、すなわち「魔法をかけるキツネ」とよばれ、避けるべきである。

上述の神話で注意すべきことは、あるキツネの頭骨が人々から礼拝され、魔よけとして保存されているといわれていることである。これは実際本当である。私は、アイヌの小屋のなかで、呪物の削り掛けで飾られたこれらの目障りなものを何十となく見た。先日、私は、一ダースよりも少なくないキツネとモグラの頭骨が一緒に混ぜられて盆に入れられ、瀕死の状態にある老人のまえにおかれているのを見た。それらは呪物としてそこにおかれ、それらに病気を追い払い、病人に健康と強さを再び与えてくださいと祈願された。

ネズミとネコの起源

アイヌがみな、ネコは悪魔の灰から生じたという説明を本当だと想像していると思ってはならない。つぎの寓話は、ペンリ［ピラトリの村長］の髪の毛がある晩ネズミに強く引っ張られた後に彼によって私に語られたものであるが、これはこの問題のもう一つの説明である。そのときに私がその問題について書き留めたことを、今繰り返そう。ただ、事件が起きたときには、彼はベッドから起き上がってやって来て、私がいたずらをしたと私を非難した。そこで、私もまた起き上がって、火のそばに彼と一緒に坐り、その問題を話した。長い討論ののちに、老人はつぎの神話を私に話した。

「造物主は世界を作り終えたのち、すべてのことがどのように見えるかを見るために天から降りて来た。彼が自分の仕事を見ていたとき、悪い奴があらわれ、彼をあざ笑って言った。『おまえは非常によい行いをし、すべてのことが結局よくなったと思っているのは疑いない。しかしキイチゴの茂みとアザミを見てみろ。こんなものがなんの役に立つのか』。天帝はこのことばに立腹し、手を背後においてひそかにネズミを作った。彼はそれを作るとすぐに、それを解き放った。そのときそれは、突然悪い奴の口に飛び込み、その舌を嚙み切り、あの手におえない体の一部を奪った。だから、悪魔には舌がない。というのは、舌は再び生えないからである。悪魔はそう扱われたことにたいへん立腹したので、仕返しをするために、ネズミをこの地上に非常にたくさん増殖させた。それで、ネズミはまもなく人間には邪魔者で、禍になった。このためにアイヌはある日集まって、天帝に悪を矯正してくれと嘆願した。というのは、天帝がそうしなかったなら、人間はこの世界にもはや生存できないだろうからである。人間をいつも喜んで助ける天帝は、この願いを聞き入れ、ネズミをおさえるために、ネコを作った」。「だから」と、その老人は言った。「ネズミには少し我慢しよう。というのは、ネズミは悪魔の舌を嚙み切った点ではいいことをしたからだ。さらにまた、天帝が創造したものをあしざまに言ってはならない。悪い奴がそうするのを天帝がどういうふうに懲らしめたかをみよう」。

アイヌの考えによると、ある一つの霊が、別の霊に正式に所属している肉体にとりつくことがあるということを、他の箇所で述べた。このとりつくことが、下等動物によって魔法をかけられるということである。魔法をかけられた人の自然の霊は、実際奪い去られたり、破壊されたりせず、さしあたりはとって代わられ、異質な霊が作用するための基盤として用いられる。こうしてなんらかの動物の霊は、一つの罰として——そしてもし十分な原因があれば——人に魔法をかけるかもしれない。そしてこのような魔法をかけられた人は、動作や言語のなかで、彼に魔法をかけた動物の特徴を示す。もしクマが人間に魔法をかけるなら、その人はクマのようにほえるし、ネコが人に魔法をかけるなら、その人はニャーニャー鳴くし、イヌが人に魔法をかけるなら、その人はワンワン吠えるだろう。

この教義の信仰が、動物に残酷なことをしないようにする一手段として用いられたことを、私は聞いたことがある。私が今おぼえている特殊なケースは、イヌに残酷だった一人の人のケースである。もしおまえが注意しないならば、おまえを待ちかまえているセタパゴアツ seta-pagoat［バチラー辞書では、セタパラゴアツ。イヌにたたられること］がいるだろうと、他人が彼に告げることによってやっと彼がイヌを殺さないようにさせることができた。すなわち、彼はイヌに魔法をかけられ、ワンワンとほえ、やせ衰え、最後には死ぬだろう。魔法をかけられた人に対する適切な治療法は、自分に魔法をかけた動物の肉の一部を食べることである。もしこれをしないなら、彼は悪魔払いをされねばならない。

さきに述べた信仰に従って、死んだネコは人々に魔法をかける力をもっているという考えが、人々の間にあることをわれわれは発見した。第27章で述べたように、殺されたネコはとくにこの種のことにふけると言われている。しかしもし人がネコを殺すなら、その人は一般にネコの一部を食べて、それによって魔法をかけられないようにするかもしれない。あるいはもし肉体から離れたネコの魂によって人が魔法をかけられるならば、その人は他のネコを殺して、それを食べてわが身を守るかもしれない。これが良い結果をもたらすことは疑いない。ネコが一般に人々に魔法をかける方法は、人々の体に入り、ネコのジェスチャーのまねをさせ、だんだんと消耗させ、ついにネコのようにニャーニャー鳴きながら、最後に苦しんで死なせることである。この状態の名前は、メコパゴッ meko-pagot、すなわち「ネコの罰」である［バチラー辞書では、メコパラゴアッ＝ネコにたたられること。メコ＝ネコ］。

ネズミ

室蘭の近くにエルム・コタン Erum kotan、すなわち「ネズミ村」［エルム＝ネズミ、コタン＝村］とよばれる場所がある。この村に関して以下に述べる伝説は、この場所の住民から得たものでなく、少なくとも六〇マイル［九六キロ］離れたところに住んでいる一人の人から聞いたものである。その場所自体の人々は、自分たちの家がネズミとハツカネズミの本来の生地で、家だったからそうよばれているのではなく、自分たちの村が海に突き出ていて、形がネズミかハツカネズミにいくらか似ている陸の地点に建設されたから、そうよばれていると思っている。そして、筆者がこの件の真の説明だとかたく信じているのは、この後者である。しかし他人が隣人の住んでいる地域について言わねばならないことをわれわれが聞くのは、ときにはよいから、われわれはよそ者に「ネズミの場所」について語らせよう。

ネズミの伝説

「天帝はこの地上で、ハツカネズミを作った。この種族の最初のものはエルム・コタン、すなわち『ネズミ村』とよばれる場所で作られた。その近くには今でも多数のネズミとハツカネズミがいる。その村の住民は、ハツカネズミ崇拝者である。ネズミはその数がたいへん多く、いろいろな名前でよばれている。もっとも大きいのは、トイエルムtoi-erum、すなわち『大きいネズミ、あるいは悪いネズミ』〔知里によると、これはドブネズミ。このトイは、バチラーによると悪いであるが、知里によると土〕である。つぎはユクエルムyuk-erum、すなわち『シカ・ネズミ』〔知里によると、ハツカネズミ。彼によると、ユクはシカでなく、イ・ウクと分解され、イ＝もの、ウク＝取る〕、そのつぎはニウクイniukui、すなわち『木の皮をかじるもの』〔不明なるも、ニ＝木、ウク＝吹く、イ＝こと〕である。すべてのネズミは一家族をなすが、それらの長（チーフ）はすべてハツカネズミである。それゆえ、もし人がハツカネズミをあがめ、それに神酒を供えるならば、すべてのネズミ族はそれによって光栄に思う。そしてネズミは、根や果実を食べて作物を台なしにせず、庭に作物を実らせて、感謝を示す。

エルム・コタンはネズミの主要な場所だから、その海岸を通って行くときには、どんな舟もネコを伴ってはならない。もしネコを伴っているならば、ネズミは立腹し、舟を難破させるだろう。それゆえ、舟はこの村を通るときにはネコを連れていない。

もし人々がネズミかハツカネズミの害を語るならば、これらの動物は怒り、庭の作物を食べ尽くすだろう。しかしもし人々がイナオを作り、それをネズミに供え、それに礼拝するなら、ネズミたちはなんの害も与えないだろう。現在ネズミが毎年庭（畑）を非常に荒らし、壊すのは、人々がネズミをあがめるのをやめたことによるところが多い」。

カワウソは神として非常に高く尊敬されているようには思えない。これは第1章で述べたように、人間が創造されたときに、それに対して言われた呪いのことばのためであるらしい。しかし、注目に値するこの動物と関係があるいろいろな他の特別な問題がある。最初に述べるべきことは、キツネとの関連である。

カワウソとキツネの伝説

「カワウソはキツネの衣服を作るために造物主によって地上に遣わされた。カワウソはキツネのために赤い衣服を作るように言われた。しかしカワウソの記憶はたいへん悪かったので、仕事をやり終えるまえに、何色だったかをすっかり忘れてしまった。それで、キツネの毛皮を白くした。それゆえ、キツネがアイヌによって最初に発見されたとき白色で、現在見るように赤色でなかった。キツネは健忘症のこの作品にひどく腹を立て、カワウソの不注意と義務の怠慢に小言を言った。白はあまり人目につきやすい色なので、ルナール〔一二、三世紀にフランスで数人の人によって書かれた長い詩『狐物語』に登場するキツネの名前〕の趣味に合わなかった。それゆえ、この誤りを直すために、カワウソは流れに行き、サケをつかまえてから、そのはらごを取り出した。それから、カワウソはキツネを招いて横たえさせ、はらごをつぶして液状にし、それを皮膚にこすりつけ続けた。このようにして、その色を白から赤に変えた。キツネが現在赤で、昔のように白でないのは、このためである。キツネは色が変わったことをたいへん喜んだ。そこでこの良い行為にお礼をするために、シケレベニ shikerebe-ni (Phellodendron amurense)〔キワダ、オウバク〕の樹皮を手に入れ、それを煮て、酒でカワウソの皮膚を染め、現在われわれがカワウソで見るような美しい黒褐色の色にした」。

この動物の忘れっぽさを語るもう一つの伝説は、こうである。

「カワウソは、もっとも奇妙で、むだの多い生き物である。それはなにも覚えられない。それは、サケをつかまえるとすぐ、サケを岸に引き上げ、背中から一口、頭の近くから一口食べ、その魚の残りをすべて残す。それは嚙むとすぐに、そのことをみな忘れ、その魚を投げ捨て、別の食べ物をつかまえ始める。それは、以前につかまえたものを最後まで食べるために、もどって来ることはめったにない。それは、以前につかまえたものについてはすっかり忘れている。記憶の悪い人を『カワウソ頭』[esaman-sapa、エサマン＝カワウソ、サパ＝頭]とよぶのは、このためである。

民間伝承のこの部分について、私はつぎの三つの事実に読者の注意を向けたい。

（1）現在「カワウソ頭」ということばが、アイヌの間では大いに用いられている。われわれの使用人は、なにかを忘れると、自分たち自身やお互いのことをその名前でよぶ。まず第一に、このことが、この問題を私が調べる原因になった。

（2）アイヌは「カワウソにつかまえられる」とか、「カワウソにとりつかれる」ということばを使う。カワウソは他の動物のように、人にとりつく力をもっているというのが、人々の信仰である。もしカワウソがとりつくならば、その確実な結果は記憶の喪失である。つまり、非常に忘れっぽい人は「カワウソにとりつかれている」といつもいわれる。アイヌは、忘れっぽいという心理学的な事実をこのように説明している。

（3）アイヌが、カワウソに殺されたと思われる魚を見つけると、家に持って帰り、それを食べ物として使う。しかし彼らがこのような魚を食べるときか、カワウソの肉を食べるとき、火の女神に特別の祈願をし、意地の悪いカワウソの陰謀から自分たちを護ってくれとたのむ。

男も女も、老いも若きも、そう祈願するだけでなく、食べるときタラ（図14—9）、すなわち「荷物を運ぶさいに用いられる吊り革」を頭のまわりにゆわえる。この吊り革は、カワウソの霊が、アイヌが記憶の座とみなしている脳に入らないようにするといわれている。

もしカワウソの肉か、カワウソがつかまえた魚を食べるとき、タラをつけるのを怠ると、彼はこれらの動物の一匹にとりつかれるという罰を受けるだろう。そしてつぎに山に働きに行くとき、ナイフか、斧か、くわか、あるいはその他の道具をきっと忘れるだろう。

カワウソの頭を食べるのは、とくに危険だと言う人がいる。というのは、そうすると、彼は記憶をなくして呪われ易くなるからである。つぎの伝説はこれをあきらかにするだろう。

「カワウソの頭は食品として軽々しく用いてはならない。というのは、もし人々が注意しないで、食べるなら、彼らはその動物のように非常に忘れっぽくなるだろうからである。それゆえ、カワウソが殺されたときには、通例はその頭を食べない。しかしもし彼らがカワウソの頭を食べたいという非常に強い欲望にとりつかれているなら、適切な注意をすれば、それを食べてもいい。それを食べるときには、人々は、剣、ナイフ、斧、弓、矢、タバコ入れ、煙管、皿、茶碗、庭の道具、および彼らがもっているあらゆるものを取り出し、それらを、背負う紐でしばって束にし、食べている間、頭にそれをゆわえつけて坐っていなければならない。このご馳走はこのようにして食べ、他の仕方で食べてはならない。もしこの方法を注意して守るなら、物をおいた場所を忘れる恐れはないだろう。しかしそうしないなら、その結果記憶の喪失が起こるだろう」。

カワウソについては、もう一つの伝説がある。それは、カワウソが魚釣りに行くが、剣を持って来たことを忘れていることを叙述している。この伝説はつぎの通りである。

「カワウソは非常にたくさんのことを非常に早く忘れる。彼の記憶はまったく信用できない。というのは、いつも思い出せないからである。ある日彼は多くの時間を費やして、一生懸命剣を研いだ。彼が研ぎ終えると、腰に剣をつるして、釣りに出掛けた。やがてクジラに出会った。彼はそれをもっとも激しく攻撃した。彼はそれを強く叩き、力をふりしぼってそれを噛んだが、歯型を残すことはまったくできなかった。彼の歯は食い込まず、どんなに強く噛んでも、その皮の表面をかすめるだけだった。彼はこのように努力して、長い間引っ掻き噛んだが、痛みのために疲れるだけだった。そのとき、海岸に立っていたアイヌが笑ってどなり、カワウソをやじって言った。『おお、神聖な奴。なぜおまえは、腰につけている剣でクジラを攻撃しないんだ』。カワウソは我に返り、腰に剣をつるしていることを思い出した。そこで彼は、それを引き抜き、それからまもなくクジラを殺した。それゆえ、カワウソがどうして天帝から忘れっぽいとののしられたかがわかる」。

しかし奇妙に思われるかもしれないが、非常に価値があると思われているカワウソの一部位がある。それは乾燥した心臓である。読者は二六一ページを見れば、その理由がわかるだろう。この問題の説明はそこに書かれているからである。

ノウサギ

われわれが現在この世界で見るノウサギは、以前は天国に家があったとアイヌはわれわれに言っている。しかしそこにいるときには、動物ではなく、天帝のシカの毛皮だった。どうしてそれがノウサギの形でこの世界に来たのかは、つぎに述べる民間伝承からわかる。

ノウサギの伝説

「はじめノウサギは天国に家があったが、彼がそこに住んでいたときには、ノウサギとよばれず、シカとよばれていた。

彼らは神々自身のシカであった。神々はシカを殺し、それを食べるのがつねだった。というのは、シカはそこにいるときには、実際非常に上等な食べ物だったからである。

さて、この世界で人々がシカとよんでいるこれらの動物は、昔は天国にも住んでいた。それらは、神々が猟に用いたイヌ、イセポ・ユク isepo-yuk、すなわち「ウサギ・シカ」［イセポ＝ウサギ］だった。つねに山に猟に行ったイヌのうちで、いちばん足が早い「ウサギ・シカ」は、二、三歳の牡ジカだった。しかし年を取った牡や牝は、足が遅く、獲物を殺すことができなかった」。

どのようにしてノウサギが天国から降りて来たか

この世界でのノウサギの起源の話はつぎの通りである。

「神聖なアイオイナがかつて天国で一匹のシカを殺し、それを食べた。そのあと彼はその毛を数本皮から抜き取り、それをアイヌの国に投げた。それらが地上に達するやいなや、それらはノウサギに変わった。これらの動物がやせていて、まずいのは、このためである。というのは、これらの動物自体はどんなにおいしいものを食べても、動物の皮の毛には栄養分はないからである。今なお、それらは天国では肥っている。というのは、それらはノウサギではなく、シカだからである。

ノウサギは人々から好意をもって見られていない。というのは、それらは、魔法使いだと思われているからである。それらは、その家に住んでいる家族に魔法をかける意図をもって、住まいに入るといわれる。それらの足跡が小屋の近くの雪のなかで発見されると、人々は悪を防ぐために水柄杓で雪をえぐって、雪を注意深く上下にひっくり返さなければならない。

ノウサギについてのもう一つの伝説

「ノウサギは凶兆の動物で、人々に悪いまじないをかける力をもっている。このまじないはつぎのような仕方で働く。冬の間、それらはときどきアイヌの小屋を訪れるだろう。もしその所有者がそこにいないと、ノウサギはそこを住まいにするだろう。しかしもし所有者が家にいるときにノウサギが入るなら、所有者はみな病気になり、死ぬだろう。ノウサギがこのように家を訪れるのは、人々に魔法をかけるためである。もし人が小屋の近くで雪のなかに足跡を見たら、彼は水柄杓をとり、注意深く掘って、それを上下にひっくり返すべきだ。これをしている間、彼はこう言うべきだ。『ノウサギが私たちに魔法をかけるためにやって来た。しかし私はこの柄杓で、その足跡を上下にひっくり返した。私はこうしてその魂を雪の下に埋めた。それゆえ、この小屋のなかに人々が住んでも、彼らは今は病気にならないだろう。ノウサギ自身を病気にして、殺そう。しかしノウサギによって人々が病気にならないようにしよう』。この文句を言っている間、足跡は上下にひっくり返さねばならない。この後で人々は小屋に入り、火の女神に礼拝する。もしこれをするならば、万事は安全だろう」。

ノウサギはまた邪悪な目をしていると思われている。というのは、それらは人々をじっと見て、魔法をかけると思われているからである。ノウサギの起源はこのように卑しいので、ノウサギは天帝から、人間をあえて見ず、人間の近くにいるときには、注意して目をそむけ、他の方向を見るように命令された。

ノウサギについてのまた別の伝説

「ノウサギは、じっとみつめるその大きな目で人々を見て、人々に魔法をかける。この動物は天の『ウサギ・シカ』(イセポ・ユク)の皮に他ならないから、彼らは非常に卑しい動物である。

それゆえ、天帝はノウサギが人間の顔をあえてまともに見ず、人間をうやまい、しかるべき敬意を払って人間を扱うように命令した。

だから、ノウサギが人々を見るときには、横からか、あるいは後ろから見るのである。人をまともに見るノウサギは、その人に呪文をかけるためだけで、見ている。これは魔法である。もし人がこうしているノウサギをつかまえたら、その人は非常に長い間、また熱心にお祈りすべきだ」。

ノウサギの肉はいつも料理するまえに、水柄杓で慎重に計られる。もし厳密に六杯ならば、ノウサギはもう殺してはならない。しかし六杯以下なら、他のノウサギをつかまえてもよい。これはごまかす好機になる。

「ノウサギが殺されたとき、肉は骨を切り取られ、こま切れにされるべきだ。そのとき、水柄杓で慎重に計るべきだ。柄杓一杯分の量がそれぞれ計られ、シチュー鍋に入れられる。もし六杯あるなら、万事はよい。しかし六杯以下ならば、正しい数になるように、別のノウサギを殺さなければならない。実際、人は厳密に柄杓を六回満たすノウサギを手に入れるまで、それを殺し続けねばならない」。

このことを私に話してくれたアイヌは、こう言った。「人々は、肉を升に六回に詰め込まないように注意した」と。他のノウサギを殺す権利が得られるように、人々はいつも肉を少し少な目に入れた。

「ノウサギが殺されたときには、頭を切り落とし、それにイナオを供えねばならない。それにはまた、つぎの祈願文を唱えるべきだ。『おお、ノウサギよ。私たちは今なんじを殺します。それゆえ、このイナオをなんじに贈ります。われわれはなんじを料理し、人々になんじの死体を食べさせます。私は今、なんじの肉を柄杓でまさに計ろうとしています。もし丸六杯分の柄杓の量があるなら、私の友人たちはみななんじを食べることができるでしょう。しかしそれ以下ならば、空腹で立ち去る者もいるでしょう。そのときには、私はおまえの仲間の他のものを殺さなければならないでしょう』と。こう言ってから、その男は、肉を計り、丸六杯にならないようにそれを積み上げる。そうなると、彼は、他のノウサギを猟で獲る特典を手に入れられるだろう」。

44 魚釣り

サケ／サケ釣り／イトウとカワカマス／イトウの起源／ウナギの起源／義経と弁慶の釣り／メカジキ

アイヌの間で魚に対する一般的な名前は、チェプ chep であるが、とくに強調して使うとき、伝説で使うとき、およびていねいなことばで言うときには、チエプ chi-ep という人もいる。チェプはチエプの縮小型であるが、チエプは「食べ物」［チ＝われわれが、エ＝食べる、プ＝もの］という意味である。このことは、アイヌが本来魚を食べる民族であることを示している。あるいは魚が彼らの間では、生命の糧であったとおそらく言うべきだろう。

淡水魚のなかで、サケと海マス salmon-trout（三六二ページ）は、いちばん高い地位を占めている。これらが川に入るもっとも大きく、もっとも有用な魚であるかぎり、これは予想されることである。本当のサケはシベ shibe［シペ］とよばれる。このことばは「偉大なもの」、あるいは「主な食べ物」という意味である［シ＝真の、本当の、大きい］。それはまた、その他カムイ・チェプ kamui chep として知られている。これは「神聖な食べ物」、「神聖な魚」という意味である。それはもともと天国から降りて来たといわれている。

サケ釣りはシーズン中には人々の間で非常に気に入った仕事である。彼らのなかにはそれをもりで突くのがうまい者もいる。というのは、彼らは人生の非常に早くから、魚のもりを使い始めるからである。夜明けにときどき川に出掛け、八時に六匹か八匹の立派な魚をもって戻って来る一二歳にすぎない少年を私は知っている。この目的に用いられるもりは、マレク marek とよばれる。図44―1は、私の以前のコレクションにあるものである。鉤がついている棒は、八フィート［二四〇センチ］の長さがあり、マレク自体は長さが約一八インチ［四五センチ］ある。鉤（1）は日本製で、魚を突くとき肉に入るように固定されている。鉤（1）と棒の先（2）との間に魚をはさんでおくように、鉤は上に曲がっている。それで、魚が逃げようともがけばもがくほど、鉤はますます完全に魚を突き刺す。背面の紐（3）は、この場合はトドの皮で作られている。

この道具を使うとき、人々は通例川の土手に立つ（ときには、水のなかに膝まで入る）。彼らはサケがやって来るのを見ると、それをめがけて、もりを投げる。しかしときどき舟から魚を獲る。一一月の中頃か、一二月の始め、彼らは松明を照らして魚を獲る。一人の人が魚を引き付けるように川の土手の上に火のついた松明をもって立ち、他方他の人が疑わしい生き物にもりを投げる。

麻やヨモギの繊維で作られた網が、以前はよく使われた。しかし私がはじめて彼らのところにやって来たとき、それらは、夜に使われるだけだった。網は、好んで夜使われるのではなく、網を使うのを禁止した日本の当局を恐れて夜使われるのだと、私は聞かされた。

以前男たちは、ウライ urai とよばれる一種の魚のわなを作った。しかし今は作るのは許されていない。これらのわなは、一般に種々の支流の近くに川を横切っておかれる。わなは、川底に打ち込まれた杭からできていて、杭の間の空間は一種のヤナギ細工でふさがれていた。これは魚が通らないようにする柵として用いられた。これらのわなは矢の頭の形に作られ、いつも下流を指していた。矢の頭の末端、あるいは先端には、戸口が作られ、意のままに上下に滑るように作られた四角の一種の網がそれにはめこまれていた。他方、戸口の上のほうには台があり、そこに漁師が坐っていた。網の上部の横木は、それをはめこむために戸口の棒に残された切れ込みのなかにずっとあったが、底部には取っ手がついていて、この部分は川床にあった。

魚が網に入るのが見えるとすぐに、台の上に坐っている人が、網の下の部分を上の部分に会うまで引っ張った。こうして魚がつかまえられた。種々の他の小さなヤナギ細工のわなが、より小さな稚魚のために、流れに沿って依然として仕掛けられ、おかれている。しかしサケを殺すことと関連して非常に奇妙なことがある。それはここに述べる価値がある。それはこうである。アイヌがサケをとりに行くとき、彼らはいつも約二フィート［六〇センチ］の長さの太いヤナギの棒を持って行き、それでサケの頭を叩き、殺す。この棒はイサパキクニ isapa-kik-ni、すなわち「頭を叩く木」［イ＝彼の、サパ＝頭、キク＝打つ、ニ＝木］とよばれる。

アイヌの言うところによると、サケは石で殺されるのも好まないし、健康で良質のヤナギの木以外の木で殺されることも好まず、ヤナギの棒で殺されることを非常に好むという。実際サケは、イサパキクニをたいへん尊敬しているといわれている。もし他のものが用いられるならば、その魚は愛想をつかして去ってしまうだろう。

サケのことについて私にかつて語ってくれた一人のアイヌがこう言った。「より小さいサケのなかには、イナオコツチェプ inao-kot-chep、すなわち『イナオを持っている魚』［正しくはイナウコッチェプ。コッ、コル＝持つ］とよばれているものがある。またカムイ・コイトゥッカ・チェプ kamui koitukka chep とよばれる別の種類がある［コイ＝波、トゥッカ＝生やす、か］。それは実際、非常に貴重である。というのは、その頭は、大きな魔よけだからである。これらの鼻は短く、その頭はいくらか茶碗の形をしている。このような魚が殺されると、それらは皿の上にのせられ、火のまえにおかれ、礼拝される。それからその頭は切り落とされ、イナオを供えねばならない。その後で、胴体を料理して食べる。サケを殺した棒もまた礼拝され、イナオを供えられねばならない」。

私の情報提供者は続けて言った。「多くの種類の女魔法使いの魚 witch fish がいる。これらのうちのあるものの目は、フクジュソウのように赤く、明るい。しかしそれらは実際には魚ではなく、魚に変わった人魚である。体に腫れ物のような塊があるものもある。これらは、テンキ・セイ・チェプ tenki sei chep とよばれている。これは、『天然痘の魚』［テンキ＝悪い病気、セ＝背負う］という意味である。これらは恐ろしい生き物で、もし食べると、天然痘になる。なかが腐っているものもある。これを食べる人はだれもすぐに、胃の病気になってすぐに死ぬ」。

イトウ mud trout やカワカマス large pike はチニニアプ chininiap［バチラー辞書では、チニニアプ］か、アピニアプ apiniap［同辞書では、アプニアプ］とよばれる道具でつかまえられる。この道具の取っ手は、長さが八、九フィート［二・四ないし二・七メートル］あり、使用する準備ができたときには、一〇フィート［三メートル］の長さになる。図44―2の（1）からわかるように、このもりは、頭が二つついていて、それらには、紐によって竿に固定されている。これらの頭（2）にはさかとげ barb がついていて、二つの部分——鉄の部分（3）と骨の基底部（2）——から成る。魚がこのもりで刺されるやいなや、さかとげのある頭は竿の先（4）からはずれる。しかし魚は、もりの頭と柄の後部についている紐（5）のために逃げられない。（6）は、川底に沿って引っ張られるおとりである。これは、青い物質に包まれた鉄片にすぎず、白い樹皮に縛りつけられている。この末端に、二インチ［五センチ］の長さの一個の白い骨（a）がある。それには、樹皮と赤い布ぎれでできた尾（b）がついている。魚がこのおとりについて行くときに、もりで刺される。

サメ、トド、メカジキをつかまえるのに用いられるもりは、図44—2の（2）に示したものに似ている。

イトウはヘビの鱗から作られ、カイツブリはマスのごみから作られたと信じているアイヌが多い。そして彼らはさらに、こう主張する。カイツブリはこのようにイトウと関係があるので、それらはイトウとつきあうのが非常に好きだ。それで、カイツブリはこれらの魚が見られるところにしばしば行く。したがって、この魚をつかまえたいときには、カイツブリが最近どこで見られたかを考えよ。あるいはこれらの鳥に出会うまで、川に沿って歩け。つぎの伝説は、これらのことをわれわれに告げている。

カイツブリとイトウの伝説

「チライ chirai、すなわちイトウとよばれる魚は、ヘビの鱗から作られた。それゆえ、神々も人間たちも、双方とも、以前はそれを食べるのを恐れた。しばらくしてから神聖なアイオイナがやって来て、そのうちの一匹を殺したのちに言った。『このようなよい魚を人々はどうして食べないのか』。それから彼はそれを二つに切って、そのかすを投げ捨てた。しかしそれらは彼の手を離れたとき、カイツブリに変わった。カイツブリは、チライ、すなわちイトウから作られるのだから、それはチライマ・チリ chirai-ma chiri、すなわち『イトウが泳ぐ鳥』［マ＝泳ぐ］とよばれる。この後で、アイオイナはイトウを料理し、それを食べ、おいしいと言った。そのとき以来、神々も人々もそれを食料品として食べるようになった。再び春になって、カイツブリの声が聞かれると、人々は川に降りて行き、イトウ

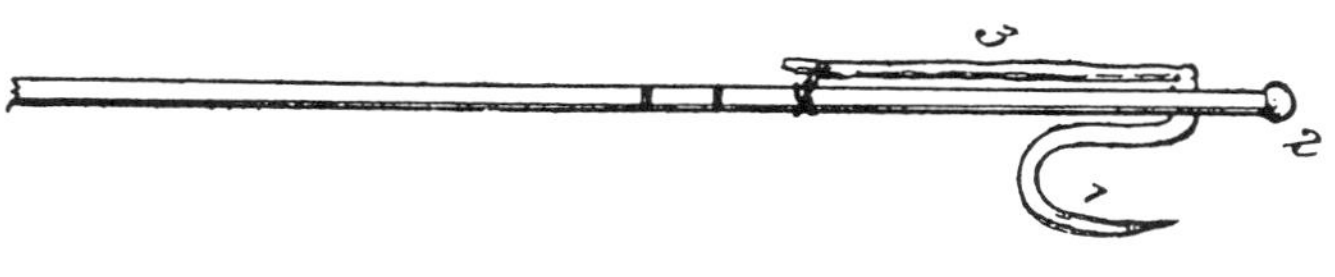

図44—1 マレク（サケを突くもり）

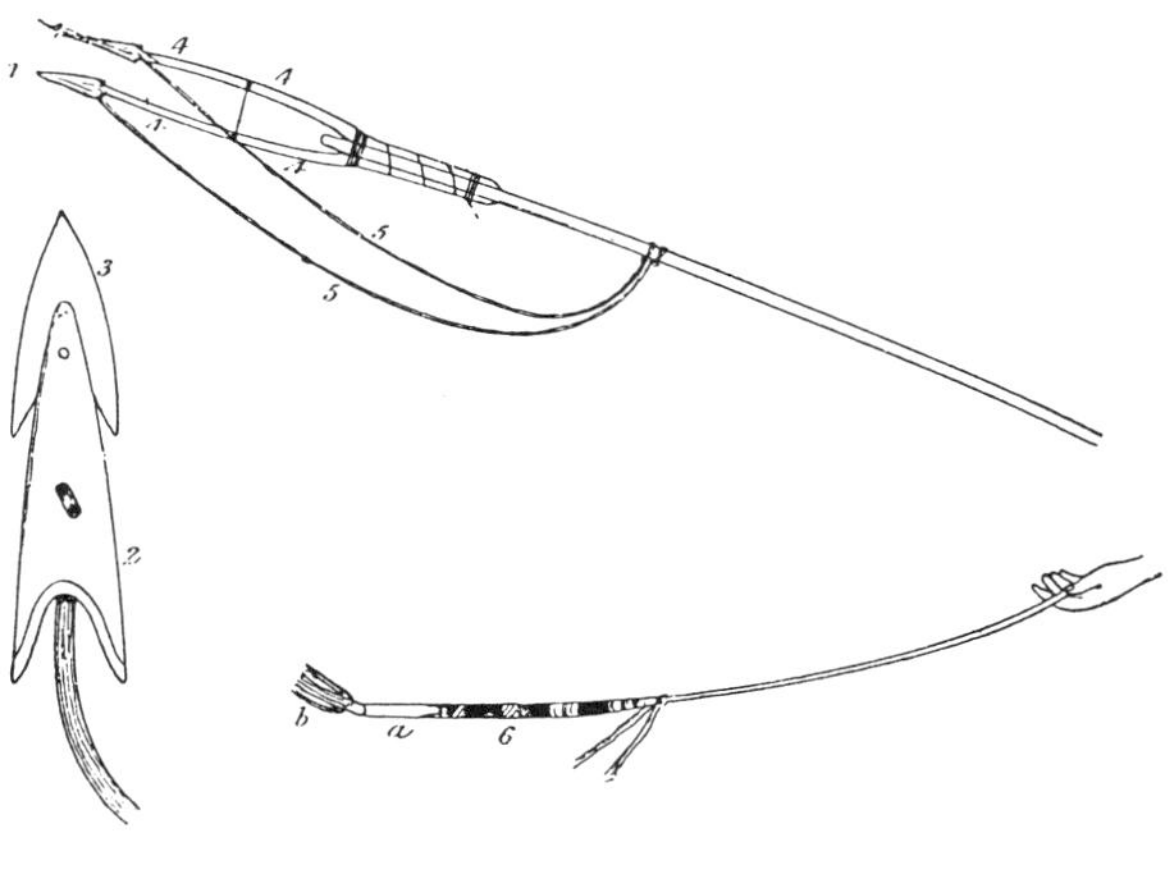

図44—2 マスをつかまえるもり

をつかまえる。というのは、この鳥は、この魚が近くにいないなら決して鳴かないからである」。

アイヌはウナギを非常にきらっている。それで、避けることができれば、それに触れようとしないだろう。これは、それがヘビに非常に似ているからだといわれている。ウナギに関する民間伝承はつぎの通りである。「古代に神聖なアイオイナが地上にいたとき、川には魚が非常に多かったので、アイヌは常食にするためにそれをたくさんつかまえたものだ。しかしクマもまた川にやって来て、そんなに早くそれをつかまえたので、魚が乏しくなった。それで、人々は飢えるしかなかった。人々はこれには非常に怒り、アイオイナの前でクマを非難した。この悶着を聞いて、アイオイナは微笑して言った。『魚は天帝によって作られ、人間と動物が食べるように、最初に川におかれた。それなら、おまえたちを助け、またクマがサケを絶滅させないようにするには、なにをしたらいいか。私はこの問題に関心を向けよう』と。

それから、アイオイナは、小屋を出て、フンカイ Funkai［フンカ、フンキ＝草または潅木のある砂浜、砂丘］の草の茎を取り、それを手でねじって、それでウナギを作った。つぎに、クマが魚をつかまえに来たとき、ウナギがはっているのを見て、クマは恐れて逃げた。それで、アイヌは後にもっとたくさんのサケをつかまえることができた」。

日本の英雄義経に関するアイヌの魚釣りの伝説がある。それは興味深い問題を含んでいる。それはこうである。

「オキクルミ（すなわち義経）とサマイ（すなわち弁慶、義経の信頼できる部下）がメカジキ［アイヌ語、shirikap、シリカプ］をもりでつかまえるためにやって来た。われわれは、漁場で彼らを待った」。

（アイヌはこれをつぎのように解釈する。古代人は舟に乗って魚釣りを始める地点に行った。彼らの動機は、いちばんいい魚がどこで釣れるかを前もって知り、日本人の友人たちよりも成功して帰ることであった）。

「彼らはやって来て、一匹の大きな魚を実際もりで取った」。

（義経は一匹の魚をつかまえた。しかしアイヌは自分たちの技能を［あとで］誇示したいと思っているので、なにもつかまえなかった）（訳注1）。

「この地点から、魚は、舟とともに、海の一つの端から他の端に行った。今、サマイは、力がないためにぶっ倒れた」。

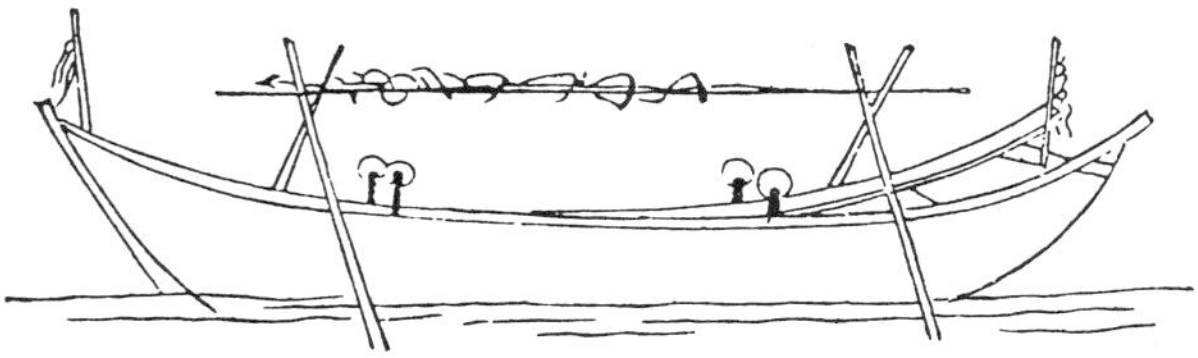

図44—3 豊漁の漁師の舟

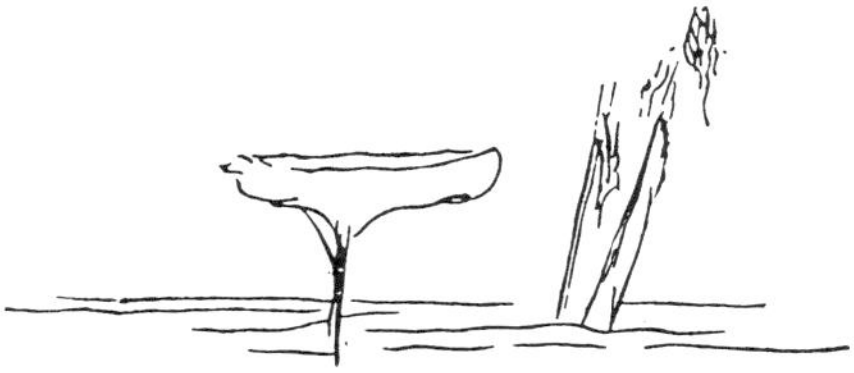

図44—4 礼拝のために立てられたメカジキ

（魚にもりを打つときに、もりの綱の端に結びつけられていた舟が海に引っ張られた。そして弁慶はロープもろとも舟の外に投げ出されるか、あるいは他の方法で殺された）。

「このときオキクルミは全力を出し、若者のようにブーブー不平の声を出して働いた」（すなわち、彼は一生けんめいに働いた）。

「そのときに彼の手のひらに血で染まった水ぶくれができた。彼の顔に怒りがあらわれた。彼は言った。『おお、なんじ、悪いメカジキよ。おまえがこうしているから、おれはもりの綱を切ろう。そしてもりの頭には金属があるから、おまえは胃のなかに鉄を打つ音と骨が砕ける音がするためにひどく苦しむだろう。綱は麻でできているから、麻の平原がおまえから生えるだろう。ロープはシナの木の樹皮でできているから、シナの木の森がおまえの背中から生えるだろう。おまえが死ぬと、シシリムカ川［沙流川］の川口に投げ捨てられるだろう。そしてカラスと多くの種類のイヌがおまえに群がって、おまえを傷つけるだろう』。こう義経はあわれな魚を呪った」。

「さてメカジキは、わかったと言い、話したのはアイヌだと思ったが、ひそかに笑い、立ち去った。しかしそれが遠くに行かないうちに、はげしい痛みが襲って来て、胃のなかに鉄を打つ音と骨が砕ける音がするのを聞いた」。

「また麻の原とニペシ nipesh、すなわち『シナの木』とシウリ shiuri、すなわち『シオリ（ミヤマイヌ）ザクラ』がその体から芽を出した。そしてメカジキは瀕死状態で岸に投げ出された。それから、イヌとカラスが集まって来て、それを傷つけた」。

「このとき、オキクルミが山から下りて来て、言った。『おお、なんじ、悪いメカジキよ。おまえがこのように罰せられるのは、おまえの欠点とおまえ自身の行いのためだ。おまえの下顎は屋外の便所で使われるだろうし、おまえの上顎は石と一緒に沈められるだろう。そしておまえは非常に苦しみ、痛んで死ぬだろう』。メカジキについてのアイヌのこの話を軽視してはならない。こうして、義経の呪いは効を奏した」。

さきの章で述べたように、鳥や獣は殺されて、いけにえにされるとき、つまり「送り返される」とき、その霊は礼拝され、また戻って来て、後で別の祝宴に出るように招待される。これと同種のことは、ある種の魚、たとえばさきに挙げたサケや今述べたメカジキをつかまえた後で行われる。実際は浜で殺されるのではない。というのは、それは海でもりで殺されるからである。しかし祝宴が行われるし、死んだ魚の霊が未来のあるときに、人々のために戻って来るようにと懇願される。この問題を説明するにあたって、私自身のもう一つの体験を述べよう。

あるとき、私はアイヌのある村で講演をし、幻灯［スライド］を見せようと思った。問題の村の村長が私と同じ道を通ってたまたま旅行中だった。われわれは歩いて行く間に、会合を彼の小屋ですることに決めた。その村――実際にはシラオイ［白老］――に到着して、持ち物をおいてから、われわれは人々を訪れて、会合の準備をしに行った。しかしその晩に会合をすることができないことがわかった。というのは、大勢の男たちがメカジキをもりで獲りに海に行き、他方女たちと子供たちは、海岸でかがり火を焚き続け、また夫たちや父親たちが戻って来たときに陸揚げをするのを手伝うために待機するのに忙しかったからである。そこでわれわれは、翌日の夕方まで会合を延期するのを余儀なくされた。

われわれは自分のまわりを見たとき、アイヌの多くが首尾よくいったことに間もなく気づいた。舟自体がわれわれにこのことを物語っていた。というのはメカジキをもりで獲るほど幸運なときには、男たちは特別のやり方で魚とりの道具を並べ、舟をイナオで飾るからである。そのやり方はつぎの通りである。すなわち、舟は潮の干満の道から十分に離れた陸に引き上げられる。必要なときには、再び水面に浮かべる準備をして、へさきを海のほうに向ける。四本の櫂は地面に挿され、二本ずつその上端が結ばれ、一種の長いテントをなすように舟の上にもたれかけさせる。そして一対の櫂はへさきに、もう一対の櫂はともにおかれる。つぎに、舟が狭い水路にあるときに舟を押すのを助けるのにアイヌが用いる長い竿は、図44―3に示す通り、舟のへさきからともに達するように、櫂を横切っておかれる。

もりは、ロープや綱と一緒にこの竿の上におかれる。こうしてから、瓶詰めで売られている日本酒を、それぞれの櫂に一瓶ずつ手に入れる（このときには実際手に入れられた）。そうこうするうちに、メカジキの頭が切り落とされ、その鼻のそばの砂に、礼拝するためと海神への供え物として突き挿された。しかし供えられ、礼拝されたのちに、それは小さく分けられて、食された。

酒を手に入れたのちに、絶対に必要なイナオが作られ、舟の端と海岸に突き挿され、海神と死んだメカジキの霊に祈願文が述べられる。魚をつかまえるにあたって海神が与えた助力に対して感謝のことばが述べられる。つかまえたことに対して、その魚に感謝をし、またその魚に再びやって来てくれと懇願する。この強い神酒は、なくなるまで自由に飲む。そしてその結果はもちろん酩酊、恐ろしい酩酊である。瓶が空になると、彼らは舟の櫂受けの留め金に、各留め金に一つずつ、底を上に向けて瓶を挿す。

舟を点検してから、われわれは翌日に会合をすることを心から期待して宿屋に戻った。しかしわれわれはもう一度失望する運命にあった。朝、この件について尋ねたところ、われわれは全村が憂愁に包まれていることに気づいた。三人の男たちが一匹のメカジキをつかまえようと出掛けたとき、突如海の怪物が目を大きく開いて、彼らの前にあらわれ、舟を攻撃し始めた。その結果、死にもの狂いの戦いが起こった。怪物は形が丸く、黒い液体を出した。この液体は非常に強力で有毒な臭気があった（原注1）。三人の男たちはびっくり仰天して逃げた。実際に恐れたためではなく、恐ろしい匂いのために逃げたと彼らは言っている。それがどうだったにせよ、彼らはたいへんおびえていたので、翌朝三人の男たちは起きて、食べることができなかったほどである。彼らは寝床で青くなって震えていた。

このように恐ろしいことが起こったので、その日講演によってなにかをしようと思うことはまったく絶望的だった。村長自身がこの問題を考えるために、その日の正午に部下たちと大きな会議を開くつもりだと私に言った。漁が安全に行われるように、祈願文を述べ、謎を解決し、イナオを作り、神酒を供え、飲み、善良な海神を礼拝し、悪魔が退散するように懇願し、ある非常に特殊な儀式を行わねばならないだろう

私は以前この種のことを見たことがあるし、またこの種の儀式がどういう意味があるかを知っていた。それは、大酒を飲むことを意味していた。そこで、私は携帯品を荷作りして、立ち去った。

（訳注1） この箇所の原文はつぎの通り。The Ainu, through wishing to parade their skill, caught nothing. なお、一九二五年（大正一四年）刊行の本書日本語版（訳者あとがきを見よ）では、「アイヌは練習を主眼にしたため、なにも獲らなかった」となっている。

（原注1） 男たちはそれを悪魔だったと言っている。私は記述から、それは実際に「悪魔の魚」devil-fish、すなわちタコだと考えたい。

45
魚崇拝 (a) 海と川の神

一般的な説明／クジラ／カメ／アホウドリ／カイペチュプカ・ウン・グル／モアチャとアイアチャ／チワシ・エコツマツ／川の神／ワッカウシ・カムイ／川の源の神／水路の女神／ザリガニ／水生昆虫

アイヌが動物トーテム、鳥トーテム、および他のトーテムをもっているように、彼らはある魚や海産動物に同じような尊敬を払っているのが見られると当然予想されるだろう。そして実際そうだと信じる理由がある。メカジキに与えられた崇拝について、さきの章で述べたことはこの種のことのあきらかな証拠である。筆者の知識によると、サケもある場合に崇拝されるということを述べるのは、当面の問題には非常に適切である。アイヌは、大洋に住んでいるもののなかで、クジラ、海ガメ、トドにもまた、神聖な敬意を払った。これは疑いもなく、トーテム迷信の根底にある観念のためである。

アイヌの漁師が迷信深いことを述べるのは、ほとんど必要ない。「魚崇拝」に関する彼らの観念を説明するのが、この章の目的である。それゆえ、これらの迷信のあるものはもちろん説明するつもりである。アイヌが海の神々と悪魔たちについて語るとき、それらは一般に魚を意味する。私が今扱おうと思っているのはこれらの魚についてである。

私が知ることができるかぎり、主要な海の神々はつぎの通りである。

レプンリリカタ・イナオ・ウク・カムイ repun-riri-kata inao uk kamui、すなわち「イナオを受ける海の波の上の神」［レプン＝沖、リリ＝波、カタ＝上、ウク＝取る、獲得する］。これは、海のすべての神々のなかで最高に尊敬されている神である。あらゆる他のものは、この神の貢献を受けているし、必然的に彼の支配下にある。彼が人間に姿を見せるときはいつも、大きなクジラのなかでも最大の体型をしてあらわれる。彼は人類に好感をもっているといわれているから、海岸に住むアイヌから非常にしばしば崇められている。イナオは漁師によって、とくに漁のシーズンに彼に供えられ、また大量の酒が供えられ、彼のために飲まれる。若者たちが舟に乗って遠くで仕事をしている間、老人たちは浜辺に坐って、イナオを作り、良い天気と大漁をこの神に祈願しているのがしばしば見られる。もし彼らの祈願の申し立てが聞き入れられるならば、感謝のことばが敬虔に述べられ、彼に敬意を表し、彼のやさしさをほめたたえて、大量の酒が飲まれる。この神は二人の特別の従者を連れているといわれる。この従者は、神自身と人類の間の使者としてか、天使として働くと考えられている。これらのうちの一人は、レプンコントゥカイ rep-un-ko-ntukai、すなわち「海のなかの従者」［ウン＝の、コントゥカイ＝従者］とよばれる。彼はいつもカメの形であらわれ、しばしば崇められる。イナオもまた彼のために作られ、彼に敬意を表して大量の酒が飲まれる。というのは、彼は神の摂理では、非常に重要な人物だといわれているからである。彼はアイヌの嘆願に耳を傾け、その嘆願を彼の主人に伝え、そのお返しに祝福の伝言をもって来る。彼は実際彼の主人のように、姿が見つかると、漁師につかまり、食べられてしまう。しかし彼の頭は乾燥され、礼拝するために小屋のなかに保管される。漁に行くまえに、男たち自身か、あるいはそれをもっている彼らの親類の一人が、それを安置してある場所から取って来て、それに礼拝し、それにイナオを供える。

もう一人の従者はアホウドリである。この鳥はいろいろな名前でよばれる。すなわち、イショカピウ isho-kapiu［イショ＝豊富な、また獲物、カピウ＝カモメ］、すなわち「狩猟好きのカモメ」、オンネチカプ onne-chikap［オンネ＝老いた、チカプ＝鳥］、オシカンベ oshikambe、およびシカンベ shikambe である。この鳥のいることは猟師からは吉兆といわれている。このことについては、第28章で述べた。

カメのように、アホウドリも、海神の長（チーフ）と人間たちの間を伝言をもって行き来するといわれる。捕獲可能だと、それは捕獲され、頭を取られ、乾燥され、礼拝するために、保存される。祈願文は、生きた鳥と乾燥した頭の双方にしばしば唱えられる。イナオも作られ、その鳥のために酒が飲まれる。この頭はカムイ・マラプト kamui

図45—1 アイヌのカヌーと橋

marapto［マラプト＝客］とよばれる。この使用法は病気についての章で完全に述べた。つぎに重要だと思われる海神は、カイペチュプカ・ウン・グル kaipe-chupka un guru、すなわち「打ち寄せる東のなかに住んでいる人」［カイペ＝打ち寄せる波、チュプカ＝東、ウン＝にある、グル、クル＝人］である。彼の家は、海の真中よりはるかに遠い所で、東の空の下にあるといわれている。彼は人間にこの上なく好意をもっている。それゆえ、この神は人々から非常に崇められている。この神に受け入れられるために、イナオと酒が供えられる。この神は人間のまえに姿をあらわさない。それゆえ、その体型がなにに似ているかはわからない。しかしそれは、ある種の魚を示していると思われている。さらにまた、彼は、彼自身と人間たちの間を行き来する特別の使者か召使がいることがわかっていないので、彼はいずれにしても遍在［無数の場所に同時に存在］していると思われている。というのは、彼はいつも祈願のことばを聞いているといわれているからである。

序列としてつぎに来るのは、二つの他の生き物である。そのうちの一つは善と考えられ、他は悪と考えられている。彼らは兄弟で、その名前は兄はシアチャ Shi-acha、弟はモアチャ Mo-acha である。シアチャは「荒っぽいおじ、あるいは乱暴なおじ」［シ＝大きい、真の、アチャ＝おじ」という意味であり、非常に気立てが悪く、弟のモアチャをたえず追いかけ、迫害しているからである。モアチャは「平和なおじ」［モ＝静かな、小さい］という意味である。これは情け深い性質で、静かで、親切な性分である。彼は、アイヌ族と平和に生き、アイヌ族に利益を与えるために、できるかぎりのことをする。彼は海辺にやって来て、定住し、穏やかで、静かな風と良い天気をもって来る。アイヌの漁師が舟を水に浮かべ、漁に行くのはこのときである。しかしシアチャ、すなわち乱暴で、荒っぽく、悪い兄は、ありとあらゆる害を加える準備をつねにし、また害を加えたがっている。この兄はやって来て、静かな弟を追いかけ、悪い天気をもたらす。それゆえ、アイヌは舟と綱をたぐりあげ、魚なしで家に帰ることを余儀なくされる。シアチャはすべての嵐と難破を作るものだと思われている。それゆえ、海岸におかれるヌサは、彼に供えられず、おとなしく、善良な神に供えられる。以上が、あるアイヌの見解であるが、別のアイヌによると、シアチャとモアチャは人間にとって非常に善良な同一の神を示しているという。それらの神は、モアチャフンゲ・グル Mo-acha-hunge guru とシアチャフンゲ・グル Shi-acha-hunge guru、すなわち「平和なおじを生み出す人」と「乱暴なおじを生み出す人」という名前で通っている。体型では彼はクジラに非常に似ているといわれる。彼に関する伝説は、彼がなぜ崇拝され、酒とイナオが供えられるかを示しているが、それはつぎの通りである。

「昔、二人のアイヌが海釣りに出掛けた。そのとき、彼らは突然はげしい嵐に見舞われた。彼らの舟が水びたしになったので、彼らは非常に熱心にお祈りをした。知っているあらゆる海神と海の悪魔をよんで助けてくれと祈った。しかしすべてはなんの効果もなかった。やがて非常に大きなクジラが、山のように大きなクジラが、水から持ち上がるのが見られた。そしてだんだん舟のそばにやって来て、風と波から舟を防いだ。これがいわゆる、モアチャかシアチャに他ならなかった。それらは、これ以前には知られていなかったが、その後はアイヌの祈願者からは尊敬された」。

この伝説を伝えている多くの人々によって、クジラの形をした神は、モアチャフンゲ・グル、すなわち「平和のおじを生み出す人」と名づけられた。というのは、彼は舟が休むおだやかで、静かな場所を提供したからである。それはまた、その巨大さのために、シアチャフンゲ・グルとよばれる。というのは、シ shi はまた「大きい」という意味だからである。

もしこれらの神々が別々に名指しで呼ばれるということがないなら、それらは同一のものだと思いたい気がするだろう。しかし実際問題としては、それらは実際には別個だと結論しなければならない。

そのつぎの海神は女神で、チワシエコツマツ Chiwashi-ekot-mat という名前で通っている。そしてこれは、「真水と海水が混じる場所の女性の所有者」［チワシ＝河口、エ＝そこに、コツ＝持つ、マツ＝女、妻］という意味である。河口を見張り、また魚、とくに、春と秋のサケを入らせたり、出したりするのが彼女の義務である。彼女はもちろん崇められる。というのは、彼女は人類にとって善良だからである。イナオがしばしば彼女に供えられ、彼女のために酒が飲まれる。そのイナオは、とくに、河口と流れにおかれる。

川の神々

すべての他のものより本質的に大きい海の魚の神がいるといわれるように、すべての川、湖、池、滝、および泉のチーフの神が一人いると考えられている。この神はワッカウシ・カムイ Wakka-ush kamui、すなわち「水神」［ワッカ＝水、ウシ＝に存在する、の］とよばれ、性別は女性であるといわれている。私は以前には、これは川のすべての神の名前だと思っていた。しかしそうではなく、チーフの川の神の名前にすぎないと、今では確信している。実際水神と火の女神は、この地上における最善で、最高位の神々である。すべての他のものは、単なる召使として彼女たちに従属している。ワッカウシ・カムイは、このように本質的に善良だと考えられているので、彼女にはイナオと酒が供えられ、崇められている。またとくに、病気のときには、とくに祈られる。すべての小さな流れと川の支流は、彼女の子孫といわれ、カムイポテケ kamui-poteke、すなわち「神の小さな手」［ポ＝子供、テク＝手］と、カムイマッネポ kamui-matnepo、すなわち「神の娘」［マッネポ＝娘］とよばれている。

序列として彼女のつぎに位すると考えられる神は、ペツオトクマツ Pet-otokmat、すなわち「川の源の女性」［ペツ＝川、エトク＝源、なのでオトクはエトクの誤植か］とよばれる。彼女は非常に善良な神といわれる。それゆえ、彼女は崇められる。そのとき、イナオが彼女に供えられ、酒が飲まれる。泉をとりしきるのが、彼女の本分である。そして彼女が、女主人、ワッカウシ・カムイに従属しているのはもちろんである。

彼女のつぎに位する神は、ペツルウシマツ Petruushmat、すなわち「水路の女」［ペッ＝川、ル＝道、ウシ＝に存在する、マツ＝女］とよばれる。彼女は一般に善良であると思われ、水源から海まですべての川と流れを監視していると思われている。実際、とくに病気の場合、彼女はときに礼拝される。しかしさきに述べた二人の神の場合ほど、礼拝の回数は多くない。小さなイナオが彼女に供えられるが、彼女に敬意を表して酒を飲むことはない。

もう一つのいわゆる川の神は、ホロカレイエプ・カムイ Horokareyep kamui、すなわち「後ろ向きに歩く神」［ホロカ＝後ろに、レイエ＝這う、プ＝もの］と名づけられる。これはもちろん、川のザリガニである。それはしばしば食用にされるが、決して礼拝されないし、イナオを供えられないという話を私は聞いた。

アイヌがアイウシチッポ Aiush-chippo、すなわち「刺のある小さな魚」［アイウシ＝刺のある、チェプ＝魚、ポ＝小さいものを示す語尾なので、チェッポの誤植か］とか、ロコム rokom［知里によると、ロコム＝イトヨ、トゲウオ］とよんでいる別の神がいる。しかしこれは、魚よりも、むしろ異翅性 heteropterous の昆虫であるらしい。しかし筆者は標本を手に入れることに成功しなかったので、それが実際なにを指しているのか言うことができない。それは崇拝されないが、食用になるといわれている。

46 魚崇拝 (b) 海と川の悪魔

コノトラングル／人魚／奇形の魚／白い波の悪魔／砂を飛ばす悪魔／泥だらけの場所に住む悪魔／急流の悪魔／水の精

アイヌの見解によると、前の章で示したように、二元論的な原理があらゆるところにみなぎっている。それゆえ、海と山の神だけでなく、海と山の悪魔についての話を聞いても、われわれはちっとも驚かないだろう。

アイヌの悪魔学 demonology の体系のなかで、海の悪魔のチーフは、コノトラングル Konoto-ran-guru、すなわち「海に降りて来る人」［コ＝それに向かって、それに対して、ノト＝海面、ラン＝降りる、グル＝人］とよばれる。彼は大洋の真中のどこかに家をもっており、一般に大きな魚の形をしていると思われている。彼はまた非常に意地悪だといわれている。というのは、彼はしばしば風や嵐を引き起こし、舟を難破させるといわれているからだ。遭難のときには、なるほど彼は礼拝されるが、イナオは決しておおっぴらに供えられず、彼に敬意を表して酒を飲むことはない。イナオと酒の供え物をすると、彼に個人的に気に入られ、受け入れられることは疑いないが、それらを彼に供えると、神々の間に多くの羨望、嫉妬、怒りを起こすだろう。このために、それらはおおっぴらに彼には贈られない。私は熟慮のうえおおっぴらに言う。そのわけは、ときおり、アイヌのなかには、特別のときにひそかに非常に小さなイナオを作り、それを胸のなかに隠して、持って行き、この悪魔に贈り、それと同時に、この悪魔に敬意を表して一滴の酒を飲む者がいるといわれているからである。しかしこれは非常に非常に very very ひそかに行わなければならない。しかし一般的な法則とは逆に、これや他の悪魔を自分たちの特殊な神にするアイヌがいるといわれる。しかしこれはいつもひそかに行われている。

形が異常にせよ、色が異常にせよ、異常な魚は、不運であり、コノトラングルか、その種族に属していると思われている。それゆえ、それらはつかまえられると、死んでからか、生きたまま、再び彼らの支配者と主人か、あるいはその手下のところに送り返される。後者はいつも彼らを受け取り、彼らの面倒を見るようにたのまれる。彼らはイコンヌプ ikonnup、すなわち「不運なもの」［イコンヌ＝呪う］とよばれる。コノトラングルは、既婚の悪魔で、その妻はコノトランマッ Knonoto-ran-mat といわれる。彼女は、夫のように意地悪で、夫の悪事の手伝いをする。人魚は彼らの子孫と考えられ、ルルコシンプク ruru-koshinpuk、すなわち「塩水の人魚」［ルル＝潮、コシンプク＝水神］と、アトゥイコシンプク atui-koshinpuk、すなわち「海の人魚」［アトゥイ＝海］とよばれる。

海の悪魔と人魚は魚の体型をしていると思われているが、それらはいろいろな形をとる力をもち、ときには海の鳥として、ときには海の動物として、ときには男と女としてさえ、あらわれるといわれる。

ちょうどこのときに、私と一緒に家に住んでいた若者が、私につぎの事件を話してくれた。それは、今論じている問題の部分を的確に説明している。彼の言うところによると、彼と彼の父親がかつて釣りをしていたとき、ある種のカメをつかまえた。彼らはそれをキナポ kinapo（Orthogoriseus mola, Linn.）［マンボウ］とよんでいる。調べると、それは彼らが思っているよりもはるかに白い足を一本もっているのが見られた。これを見て、老人はそれをイコンヌプ、すなわち「不運を与えるもの」と明言した。そこで彼は足を切り落とし、最後にそれを海に落として言った。Nani konoto-ran-guru akore na, pirika no eyam ran. すなわち「コノトラングルよ。私はおまえにこれを直接与える。おまえはその面倒を大いにみてくれ」［ナニ＝すぐに、ア＝私が、コレ＝与える、ナ＝柔らかな命令形、ピリカ＝よい、ノ＝副詞を作る、ピリカノ＝よく、エヤム＝面倒をみる、大切にする］と。

漁師たちが、なんらかの面で自分たちに悪いことをした敵に呪いをかけたいときには、彼らはこの目的のために海の悪魔のところに直接行くことが多い。このような場合に、イナオがおおっぴらに作られ、悪魔のために酒が飲まれる。そのときには、漁師たちはコノトラングルとその手下たちに、自分たちの激怒の対象と悪魔の呪いとを結びつけ、この対象をニッネプ・パラッ nitnep parat［ニッネプ＝悪霊、パラッは、パロアッ＝呪う、か］、すなわち「悪魔憑き」demonomania［自分自身に悪魔がとりついていると想像する狂気］で苦しめてくれとたのむ。もしこの祈願文が聞き入れられるなら、呪いは不幸と消耗させる病気と、そして最後に死をもたらす。

もし漁師が仕事をしているときに、たまたま海の怪物を見るなら、当然予想されるように、善良な海神のところに真直ぐに行って、助けを求めず、びくびくしてコノトラングルにたよる。われわれの見地から見ると、これは非常に奇妙である。しかしアイヌから見ると、これはもっとも自然の成行きと見られている。コノトラングルは、二流のすべての海の悪魔たちの偉大な親と見られている。それゆえ、彼に近づき、あなたの子孫を邪魔にならないところに連れて行ってくれとうやうやしく要求する。彼は悪魔の政界の分野では至高の存在であり、他のすべての悪魔に対して最高の権力と権威をもっている。もし彼が機嫌が悪いか、ある他の不快な原因から彼が依頼された願い事に耳を傾けないならば、アイヌは最後の手段として、彼と彼のすべての仲間の悪口を大声で言い、万物のなかで偉大な天帝に向かって助けを求める。

序列でつぎに位する海の悪魔は、カイポクン・グル Kaipokun guru、すなわち「波の下に住む人」［カイペ＝波、ポク＝下、ウン＝の］とよばれるという。彼の家は海岸から少し離れたところにある。ここでは、波は持ち上がって、落ちて砕ける。彼は意地が悪いといわれ、もし人が注意を払わないなら、舟が岸に来ると、彼は舟を沈めるだろう。それゆえ、イナオも酒も彼には供えられない。しかし彼の領地の近くでとらえられ、人間の食べ物に適さない魚は、彼の怒りを和らげ、彼の善意を求めるために、彼に向かって投げられる。ときどきまた、イコンヌプ、すなわち「不運を与えるもの」が、彼に贈られる。コノトラングルのように、この悪魔も妻をもっている。彼女の名前はカイポクンマッ Kaipokummat である。

海のもう一人の悪魔は、オタパチェグル Otapatcheguru、すなわち「砂を飛ばす人」［オタ＝砂、パチェ＝飛ばす］とよばれる。彼は海の端のすぐ近くの砂の上に住んでいて、波が砕けて、押し寄せるほど遠い海岸を支配していると思われている。他の悪魔の場合のように、どんなイナオも、酒も彼には供えられない。海岸に投げられて死んだ魚はみな、この悪魔の財産である。これらは、さきに挙げた他の魚のように、イコンヌプとよばれる。アイヌはこれらの魚を食料として食べない。この悪魔の妻は、オタパチェマツと名づけられる。そして彼女の夫のように、よこしまな心の持主である。アイヌの漁師たちは日本人のなんらかの慈善団体に虐待されるか、欺かれると、呪いのことばを日本人にかけて復讐してくれと、この悪魔にとくにたのむ。

川の悪魔

つぎに川の悪魔に向かおう。コヌプキオツグル Konupki-ot-guru、すなわち「ぬかるみの場所に住んでいる人」[コ＝そのなかで、ヌプキ＝濁る、濁り水、オツ＝たまる、ヌプキオツ＝泥だらけの]が、序列としては第一に位することを発見する。この悪魔は、とくに水辺に住んでいると思われている。水を濁らせ、泥だらけにする悪魔である。彼は川の土手を崩すといわれている。その性別は男性で、彼の妻の名前はコヌプキオツマツである。小さいイナオがこの悪魔に供えられる。この悪魔には、神のような性質が少しあるとみなされると思っている人もいるが、たいていの人からは、決して神のごときものと言えないと思われている。とくに彼は、アイヌが小さい庭（畑）にしている川の土手のよい土地を破壊する。

魚に似たつぎの悪魔は、チウカピンネ・カムイ・ラメトク Chiuka-pinne kamui rametok とよばれる。この名前は、「勇敢で、神聖な、男の流れ」[チウカ＝流れにさかのぼる、ピンネ＝雄、ラメトク＝勇敢な]という意味である。

この悪魔は、普通の流れのなかに家をもっているといわれる。小さなイナオがときどきそれに供えられるが、酒は決して供えられない。祈願文も彼には決して唱えられない。そのつぎに位する悪魔は、アイヌがチウランゲグル Chiu-range guru とよんでいるものであると考えられている。それは「下に向から流れ」[チウ＝流れ、ランゲ、ランケ＝下る、落ちる]という意味である。彼と彼の妻は、川の流れがいくらか早く落ちる石の間に住んでいるといわれている。小さなイナオがときどき彼らに供えられるが、彼らのために決して酒を飲まないし、また彼らには決してお祈りをしない。

つぎの悪魔は、コチウトゥナシグル Kochiu-tunash-guru である。これは、「早い流れの男」[コ＝に向かって、に対して、チウ=流れ、トゥナシ=早い」という意味である。彼は結婚していて、彼の配偶者の名前はコチウトゥナシマツである。彼らは非常に強い流れのなかに住んでいるといわれる。他の悪魔のように、小さなイナオがときどきそれらに供えられるが、酒が供えられたり、祈願文が唱えられることはない。

川の悪魔のもう一つの部類は、ペボソコシムプク pe-bosokoshimpuk、すなわち「水を横切って通る人魚」［ペ=水、ポソ=くぐる、もぐる、ペポソ=びしょ濡れ、コシンプク=水神］とよばれる。これらのなかには、すべての水の精が含まれる。これらはまた、ミントゥチ mintuchi［二七三ページ］という名前で通っている。この単語は、ミミ mimi、すなわち「肉」とトゥムンチ tumunchi、すなわち「悪魔」から由来するといわれる。彼らがそうよばれるのは、彼らは毛がなく、肉づきのいい頭をもっていると思われているし、多くの川の事故の原因と考えられているからである。彼らの悪行と、彼らがあらわれた場所を悪魔払いする儀式は第29章で述べた。読者は、そこの説明を参照して欲しい。

47

宗教

(a) アニミズムと生と死の一般的な面

アニミズムの定義／生命は破壊できない／死の観念／死ということば／墓に近づきたがらないこととその理由／女たちは決して神に祈願しない／祖先崇拝

現在のアイヌは、古代の非文明的な諸種族のように、獣、魚、および生長する樹木と植物は、生命をもっていると信じているし、また無機物も生きていると信じている。彼らは生命をもっているものは動くと推論しているだけでなく、動くものはなんでも生命をもっていると推論している。それゆえ、泡立つ流れ、きらきらとさざ波を立てる小川、静かに流れる流れ、勢いよく流れる急流、飛ぶ雲、ピューピュー鳴る風、降り注ぐ雨、吠える嵐、休むことのない大洋、すべてのこのような現象は、彼らの意見によると、それぞれそのなかに実際の生命をもっている。これが真のアニミズムであり、私がそのことばの公正な定義であると思っていることと受け取られてよい。

存在しているどんな生命も、存在しなくなることはあり得ないということが、これらの人々の間にしっかり刻みこまれた信念であるらしい。それゆえ、少なくとも彼らの意見によると、条件つきの不死のようなものはありえない。というのは、不死は自然自体のように、彼らには当然のことだからである。しかし生命とは生きている霊のことである。というのは、生命と霊は、決して思考のなかでは分離されないし、実際分離できないからである。アイヌにとって、生命は、存在しているもっとも活動的で、自然なものである。また逆説的に思われるかもしれないが、生命は、そのより高い形態に関しては、本質であると同時に属性だと彼らはみなしている。

さらに、生命のあらわれはいつも観察できないかもしれないが、生命のないエネルギーはなんらないし、エネルギーのない生命はないと思われている。つねに心に留められているこの原則は、アイヌの間に流布している普通ならば説明できない困惑させるような多くの主張やほのめかしを説明してくれるだろう。彼らはこの原則によって、無生物の力を神であるとか、恐ろしい悪魔だと言うし、また神々と人間と悪魔を、死んでいるが、生きていると言うし、ある戦闘で殺されたが、別の戦闘にはあらわれて戦うと言う。アイヌの場合は、霊は、いわば、生命の背後にある生命の原則――存在か実在の破壊できない他ならぬ真髄――と見られている。

抽象的な形では、すなわちその本質としては、霊は見ることができない。けれども、それは、雷のゴロゴロいう音や急流の勢いよい流れやはげしい風のなかに聞かれるかもしれないし、実質的には、つまり具体的な形としては、霊のエネルギーは、われわれ自身のなかや自然の他の現象のなかで見られるし、体験されるかもしれない。あらゆる生命か霊は、人間と同じく、意志、情愛、および情念をもっていると、アイヌが想像していることを忘れてはならない。それゆえ、人々は慎重に世界を動き廻らねばならないし、どんなものも粗略にか、侮辱して扱わないように注意しなければならない。このようなことが生命の本質についてのアイヌの一般的、通俗的な考えだから、消滅が死の観念のどんな部分にもなり得ない理由がたやすくわかるだろう。実際、第13章で、小屋の火災やその他のことを論じたときに述べたように、人々の魂は死が人々を訪れた後にも生きていると信じられている。しかしこの信仰は十分強いとはいえ、アイヌから死の恐れをすべて取り去らない。彼らは実際死を非常に恐れているので、それについて考えるのに耐えられない。いわんや、それについて語るのに耐えられない。

彼らは死を人類のもっとも憎むべき主要な敵とみなしているらしい。というのは、彼らはいろいろなことを言うにもかかわらず、親しい身内が死んだときに、自分たちを勇気づけ、墓場のかなたの世界により明るく、より幸福な光を与える完全に保証された希望をもっていないからである。

死という観念のアイヌの表し方は、厳密にすべてこれと一致している。たとえば、「空を突き通る」、「取り片付ける」、「考えるための場所をもつ」、「旅に出る」、「置き去りにする」、「この世を後にして去る」、「眠りに終わる」、「別の睡眠をとる」、「肉体の強さを失う」、「別の世界に行く」、「休息する」、「一つの村を放棄する」、「いない」などである。死自体に対する単語は、ライ rai とライ・オマン rai oman である。前者の表現は「より低い場所」を意味し、後者の表現は「より低い場所に行く」［ラ＝下、イ＝所、ライ＝死、死ぬ、オマン＝行く］を意味する。死者に対する名前は、ライコロカムイ rai-koro-kamui、すなわち「より低い場所を所有する神聖な者」［コロ、コル＝持つ］であると述べるのは、非常に好奇心をそそる。

あるとき、アイヌの村長（チーフ）とともに森のなかを歩いているとき、彼が道の片側から遠くない特別の地点に近づくことに強く反対するのに気づいた。私がなにを言っても、彼はその場所近くに行こうとしなかった。彼はまた私が行かないか非常に心配していた。たくさん質問し、なだめすかした後に、彼はついに、こわいからだと私に白状した。しばらく前に、一人の人がそこに埋葬されたから恐ろしいのだと言った。さらに尋問すると、彼がその墓を避けているのは、彼の種族のすべての他の人々と同じく、死者の霊、あるいは魂が依然として生きていると彼が信じているためであることに気づいた。霊は、肉体が横たえられた墓とそのすぐまわりに出没すると考えられているし、また霊は、肉体の休息場所の近くで見つかった人にはだれであろうと、その精神に魔法をかけるし、さらにその肉体に危害を加える力をもっているだけでなく、その霊が女の霊ならとくに、機会があり次第そうする意志をもっていると考えられている。私に同伴した村長は、ピラトリ（平取）のペンリだった。この人の写真は、本書の二五ページにのせてある。

あるとき私は、昔知っていた一老女の墓を訪れ、埋葬の場所を示すために立てられた棒になんらかの銘があるかどうかを調べた。そのとき私について来た人は、その地点から二五ないし三〇ヤード［二三ないし二七メートル］以内には決して来ようとせず、その距離だけ離れて立っていて、声と手で私に指図した。その人は自分自身の母親の幽霊を恐れていたのだ！

他人が埋葬された場所の近くに行かないようにするために物語られる民間伝承はつぎの通りである。「もし人が墓に行くなら、それがどんなに古いかは、問題ではなく、その人はきっと罰せられるだろう。それゆえ、用心せよ、用心せよ」。

小屋に戻ると、その男と数人の女たちは一緒に、たらい一杯の水を戸口に持って来て、顔と手を洗うように私に要求した。私が洗っている間、女たちは、私をイナオで打ったり、イナオでブラシし始めた。どんな考えでこのような行為をしているのかと質問したところ、洗うのは、死者の幽霊と接触したために墓場でうつったすべての不浄から私を清めるためであり、イナオで打ったり、イナオでブラシするのは、老女が私にねらいをつけていたすべての悪い影響と病気を追い払うためだった。水とイナオは、霊の国に不法に侵入したために霊が悪意のある恨みから私に向けたと思われるすべてのよこしまな意図を解毒し、中和する薬だった。

アイヌの女たちは、祈願によって神々に近づかないことはさきに述べた(第18章)。その理由は、女たちは未来の世界のために祈願する魂も、生命もないと信じられているからではない。

このことに対して普通に与えられている非常に奇妙な理由が、真の説明であるらしい。すなわち、男たちは一般に女たちの祈願、とくに自分の妻の祈願を恐れている。かつて私がこの件について話した一老人がまったく真剣に、そして確信をもって、私にこう言った。「男たちだけでなく、女たちも昔は神を礼拝し、すべての宗教的な儀式に参加することが許されていました。しかしわれわれの賢明で、尊敬されている祖先たちは、女たちがそうすることを禁止しました。というのは、女たちが、男たち、とくに夫たちに反対する祈願文を用いるかもしれないと思われたからです。だから、われわれは、祖先たちとともに、女たちに祈願させないことがより賢明だと考えたのです」と。

この考えは一目見るとばかげているし、非合理的に思われるかもしれない。しかしそれは、実際に首尾一貫しているし、アイヌの宗教的原則と完全に一致している。それは論理的で、わかり易い理由である。アイヌは、祈願を聞き入れ、また祈願に答えるいろいろな神を信仰している。妻は、当然あるべきほど優遇されていないし、親切に扱われていないことに男たちは気づいている。男は自分自身の怠けが妻の余分の労働によって埋め合わされねばならないことを知っているし、自分の常習的な酩酊が、家庭の崩壊を起こすことに気づいている。これから、女たちと妻たちの祈願についての男たちの恐れが生まれる。彼らは復讐の祈願を恐れている。男が酒を欲しいと祈願し、彼の妻が、夫はなにも手に入れませんようにと祈願するとき、女は男より道徳的にすぐれているから、彼女の祈願は彼の祈願に対して勝ちを占め、彼が非常に好きなものの欠乏をもたらすことは大いにありそうである。

女たちは神々を礼拝するように教えられないが、他の箇所で述べたように、死んだ祖先に対して神酒を供えることは許されている。いや、供えるように命じられる。しかしこのような場合に、彼女たちが一般に用いることが許されることばは単にこうである。「おお、なんじ、名誉ある祖先よ。私は、あなたにこの酒と食べ物を贈るように遣わされました」。この文句が示すように、アイヌの女たちは、自分たちが少しの贈り物をもって来たことを霊に告げるだけである。

予想とは逆に、死者に対する祈願文はアイヌの宗教では非常に目立つものである。この件に関する民間伝承の一つの特殊な項目はつぎの通りである。「もし一人の人が利己的な霊を助長し、死んだ祖先に食べ物と飲み物としてなにも供えないなら、長老は彼にこう言って警告すべきだ。『愚かで、よこしまな人よ。なんじは愚かである。なんじは苦しんで死ぬであろうことがわからない』。もしこう言われるなら、すべての人は、老いも若きも、死者を礼拝することに注意を払うだろう」。

もう一つの短い忠告はこうである。「もし一人の人が家を去って旅に出て、異国で死ぬなら、彼の親類のある者は、彼の墓に必ず行き、そこで礼拝し、神酒を供えなければならない。死者は、善行も悪行もすべての行為を見守っている。正しいことをする人々は、死者に祝福され、悪いことをする人々は呪われる」。

人々が祖先崇拝の儀式——シンヌラッパ shinnurappa といわれるが——を行おうとするとき、彼らはまず第一に、絶対に必要な酒を手に入れ、ヤナギの枝を取り、イナオを作る。それから、彼らは小屋で会い、そこで儀式が行われる。彼らが知っているあらゆる神々が礼拝された後に第10章で述べたエホロカケプというイナオを六本作る。これは、シンヌラッパ・イナオとよばれる。それが出来上がると、彼らはそれを、酒と食べ物とともにうやうやしく戸口を通ってヌサの束の所にもって行き、そこにそれを立てる。女たちは、酒粕をもって男たちにつき従う。つぎに一人のアイヌが、酒粕をとり、それを酒と混ぜ、それと同時につぎの祈願文を捧げる。「おお、なんじ、今ハデス（よみの国）に住んでいるわれわれの祖先よ。われわれはあなたに、酒、イナオ、酒粕をもって来ました。それを受け取り、喜んでください。これらの物を供えるために、あなたの孫たちがとくに集まりました。喜んでください。われわれを守り、われわれが病気にならないようにしてください。われわれがこのような贈り物を供え続けられますように、われわれに長寿をお与えください」。この祈願文を唱えてから、男たちは小屋に戻り、酒盛りをする。しかし女たちは死者の魂に祈るために残り、酒粕を食べ、死者に酒を供える。儀式のこの部分は、シウェンテプ・イナオ・エプニ shiwentep inao epuni［シウェンテ＝足がのろい、プ＝もの、シウェンテプ＝女、エプニ＝もちあげる］、またはシウェンテプ・カムイ・ノミ shiwentep kamui nomi［ノミ＝お祭りをする、カムイノミ＝神酒を供えてお祭りをする］といわれる。

なぜこの儀式が行われるべきなのか、この儀式の起源はなにかと、アイヌに尋ねたところ、アイヌは私につぎの伝説を話してくれた。

「神聖なアイオイナはこう言った。『もし人々が地上にいる間、善行をし、悪行をしないならば、彼らが若くして死んでも、天に行くだろう。そのとき、彼らは、そこでも、ここでも同じように生き、すばらしい猟をする』。この地上の人々が、天国に行った人々に食べ物、酒、および酒粕を供えるのはいいことだ。そうしないことは、子にふさわしい尊敬がないことを示す。これは実際悪いことだ。死んだ人々は依然として生きている。そして後に残った人々に関心をもっている。だから、彼らはあがめられるべきだ。

もし彼らに尊敬を払わないなら、彼らは再びこの地上にやって来て、不幸をもたらすだろう。それゆえ、なんじが食べ物をもっているときには、なんじの祖先を思い出せ。これは彼らに気に入るだろう。そして彼らはなんじに健康と繁栄をもたらすだろう。そうアイオイナは言った」と。

48 宗教

(b) 死と埋葬

遺体はどう扱われるか／死の宴会／埋葬／道具をこわし、衣服を切る理由／墓石

物語はこう言っている。「死んでからも、人々が生き続けることは、夢からあきらかになる。というのは、死者がときどき睡眠中に夢のなかの人として実際にあらわれることは、普通経験されることだからである。昔々偉大な村長（チーフ）が死んだ。彼の村の人々はたくさん涙を流し、大声で長い間泣いた。泣き声は彼の耳に届いて、彼を悲しませた。そこで、彼は夢のなかの人としてあらわれた。そして、泣くのを止めるように人々にたのんだ。というのは、彼らの涙と声は彼にはわずらわしかったからである。そうでなければ、実際彼は非常に幸福だった」。

人が死ぬと、遺体にはいちばんいい服が着せられ、炉のそばに長く横たえられる。もし死者が男なら、彼の弓矢、えびら、煙管、タバコ入れ、火をつける道具、長いナイフと短いナイフ、剣、茶碗、ひげ揚げべら、そしてまた一束の衣服が彼のそばにおかれる。すべての衣服は、たとえ新しい衣服でも、多かれ少なかれ切られるか、裂かれる。また他のものはどんなものも、壊され、くだかれ、曲げられる。すべてのものは、遺体とともに埋葬される。

もし女の遺体なら、針と糸、いろいろな色と種類の、土着の衣服か、日本の衣服、一組の織機、さじ、ひしゃく、茶碗、ビーズやイヤリングのような小間物がわきにおかれる。また切られたか、裂かれた一束の衣服もおかれる。子供の場合も、茶碗、さじ、衣服、小間物がそばにおかれる。しかし覚えておくべき重要な点は、これらのすべてのものは遺体とともに埋葬され、いつもまず最初に切られるか、そうでなければ壊されることである。しかしそうこうするうちに、悪い知らせを告げるために、すべての親類と友達に使者が急いで遣わされる。そのわけは、葬式は一般に死亡した日の夕方、あるいは遅くとも翌日の夕方に行われるからである。

死の直前か、できるだけ直後に、まばゆい火が作られる。それには、二つの理由がある。第一に、冷たさと死は同一のものと見られているからである。そしてよい火は、肉体の温かさと生命をよび戻すと考えられているからである。第二の理由は、死の宴会の食べ物が料理されるかもしれないからである。あるとき、私は一人の女性の遺体が横たえられているのを見た。この遺体にはいい衣服がつけられ、すべての特別の用具や装飾品――この場合には、胸の上にビーズや指輪がおかれていた――がつけられている他に、一枚の白キャラコが足につけられていた。この白キャラコは、私の妻が二、三日まえに、負傷した彼女の夫の足を包帯するようにと与えたものだった。死者を埋葬するために、白い衣服を手に入れることができるなら、人々は非常に喜ぶらしい。そして数人の人はそれをくれとわれわれに要求した。

体にちゃんと衣服がつけられ、埋葬の準備ができるやいなや、頭部に食べ物か、粟のだんごが一杯入った大きな茶碗がおかれ、他方水か酒は食べ物のそばにおかれる。これらはしばらくの間、そこにずっとおかれる。というのは、霊はこれらのもののエッセンスを食べ、飲むと思われているからである。しかしその物質的な部分はずっと変わらない。食べ物と飲み物を正しく並べた後に、火の女神に礼拝される。彼女は霊の世話をし、それを世界の造物主と天の所有者のところに安全に連れて行くようにたのまれる。火の女神はまた、死者の徳をほめ称え、死者を賞賛するいろいろな伝言をとくに託される。

このときに、遺体にはつぎのように呼びかける。

「あなたが生きている間、あなたは実際私たちのようにアイヌでした。しかし今あなたは神々に似たものになり、あらゆることを見たり、聞いたりすることができます。ですから、私たちは今、あなたが受け取るようにこの食べ物と飲み物を供えます。あなたは今この世を立ち去り、天国に行くところです。あなたは神になるでしょう。あなたが私たちのところにいたときに、あなたの好物だった食べ物と飲み物を私たちのところを立ち去るまえに、あなたに差し上げます。どうかそれを食べてください。というのは、これはあなたのためにとくになされた『送別』の宴だからです。あなたは、これまでにお友達と会い、交際してきました。しかしもはやお友達に会わないかもしれません。私たちはあなたを『火の女神』に確かに引き渡し、天国に送り出します。さようなら」。

パケカイ pakekai、すなわち「背中に背負われるべきもの」［死者の霊に供えた食べ物。パケ＝頭、カイ＝背負う］とよばれる食べ物がしばらくの間、遺体のそばにおかれてから、それは取り去られ、もっとも近い親類の人々の間にうやうやしく配られる。このときに粟のだんごが作られ、酒が小屋に運ばれる。これらは、男たち、女たち、子供たちに手渡され、それから、各人は二、三滴の酒を死者の霊に供え、つぎに少し飲み、火のまえに残されているものを火の女神に供え物として注ぐ。そして始終、短い祈禱文をつぶやく。

つぎに粟のだんごの一部を食べ、残りは炉の灰のなかに隠し、各人が少し埋める。遺体を埋葬してから、これらの残りは集められ、小屋の外に運ばれ、ヌサのそばにおかれる。

この宴会は、二つの名前でよばれる。すなわち、ウェン・イベとウェン・イク wen ibe、wen iku、すなわち「悪い食べ物と飲み物」［ウェン＝悪い、イベ、イペ＝食事、イク＝酒を飲む］と、イベ・ウェトゥツコパク ibe uwetu-tkopak、すなわち「告別の食事」［ウェトゥツコパク＝告別する］である。

ある老人は、死者が非常に親しい友人か仲間だと、遺体の口にタバコを一杯つめた煙管をいつもおいたということを、私は聞いたことがある。この慣習は、まれであるが、今でも行われていることを私は発見した。それゆえ、この宴会は、お互いの友達と食事をともにするために死者が招待される宴会であり、また実際自然の情愛の一つのあらわれである。遺体には恐れるべきものはなにもない。死者は優遇されているかぎり、だれにも敵意を示さない。

これらの儀式が終わるやいなや、遺体は慎重にマット（むしろ）――アイヌはそれをトマ toma とよんでいる――の上に転がされ、こぎれいに縛られ、棒に結わえられて、二人の男によって墓場に運ばれる。子供たちを運ぶのに普通用いられる棒は、エゾニワトコである。この木はもろいから不幸だと思われている。哀悼者は一列になって遺体について行く。男たちが先導する。しかし各人は遺体と一緒に埋葬する小さな品物をもって行く。二・五フィートから三・五フィート［七五―一〇五センチ］の深さの墓が掘られてから、その内側にぐるっと杭が通例打ち込まれ、杭の上と底にマットがこぎれいにおかれる。

つぎに遺体が墓のなかに横たえられ、女の場合には、小間物、茶碗、一、二個の指輪、ビーズ、深い鍋、衣服が埋葬され、男の場合には、弓、えびら、食べたり、飲んだりする茶碗、タバコ、煙管、小刀が埋葬され、子供の場合には、玩具が埋葬される。

あらゆる場合に、品物（現在では、死者が存命中にもっていた必ずしも最良のものではない）は墓に埋葬されるまえに切られるか、折られる。遺体とすべての他の物がマットで十分に覆われたときに、木切れがおかれ、それが全体を覆う屋根になる。それからその上に再び土がかけられる。それゆえ、墓の内部は中空である。水の桶が普通は墓場に運ばれ、遺体が埋められたときに、儀式に参加した人々は手を洗う。そして残された水は、墓の上にかけられる。

つぎに、桶の底をぶち抜き、残りの部分は、その地点の目印として立てる棒のすぐ近くの墓の足元におく。墓は通例たくさんの木や潅木で覆われる。これらの木々は、キツネ、オオカミ、クマを寄せつけないといわれている。

これがすむと、哀悼者は死者の小屋に戻り、男たちはイナオを作り、祈り、食べ、飲み、どうしようもないくらいhelplessly 酔っぱらう。

人々は儀式を正しく行おうと細心の注意を払う。そのわけは、人々は、死者がこの点で無礼に扱われると、自分たちに復讐しようと決心しないかと心配しているからである。この点について、私と話をした人は言った。「死者の霊は、肉体から離れたのちに人々のもとに戻ることができます。それは夢のなかにあらわれる力をもち、生きている人を睡眠中に苦しめます。それはまた病気やその他の害を加えることができます」と。さて、まず第一に、つぎの質問をする人がいると思う。なぜアイヌは道具を折り、砕き、曲げるのか。また彼らが死者とともに埋葬する衣服をなぜ切り裂くのか。なぜこれらの物は死者と一緒に埋葬されるべきなのか。またつぎの質問をするだろう。粟のだんごを砕き、壺や桶の底をぶち抜くというこの儀式をなぜするのかと。これらの質問はこれまでされてきたし、いろいろに答えられてきた。

アイヌがこれらの品物をその持主と一緒に埋葬するのは、これらの品物の仕事は終わり、持主のためにはもはや使用されないからだと言う人たちがいる。この一つの証拠として、これらの品物がまず最初に折られるという事実を彼らは挙げる。しかしこれは、アイヌの考えに合致しないことを読者に単に告げて、私はこの説を放棄しよう。また、これは日本人がこれらの道具を盗まないようにするためだと言う人たちもいる。しかしこれはたしかに真実ではない。問題を真に解決するためには、これよりももっと深層を見なければならない。

第三の真の考えはこうである。これらの品物が遺体と一緒に埋葬されるのは、霊があの世でそれらを必要とすると思われているからである。というのは、各人はそこで決定的に別個の個人的な生活を営むからである。そこでは、衣服だけでなく、狩猟、労働、および料理のすべての道具が必要である。

しかしつぎの質問が出るだろう。もし衣服が肉体のために必要なら、なぜそれを切り、破るのかと。もし家具や道具が必要なら、なぜそれらを最初に壊すのかと。あるいはこれらの物は墓場からあの世にどうやって届くのかと。一たび墓場におかれたら、それらはそこに留まっている。われわれがアイヌの生命観を理解し始めるのは、まさしくここである。生命は、隠され、潜在的で、人目につかなかろうと、あるいは顕在的で、あきらかに活動的であろうと、霊である。

実在しているものとして人々が考えることができるありとあらゆるものは、別々の個人的な霊をもっているし、またつねに霊をもとうとしている。たとえわれわれがこの世で霊を失っても、あの世でそれが見つかるだろう。それは絶対に失われないし、消滅しない。こうして、剣、弓、矢、茶碗、ひげ揚げべら、壺、桶、鍋、ナイフ、さじ、針、ビーズ、イヤリング、木綿、糸、紐、靴、上着、毛布、マット（むしろ、ござ）、あらゆる物、実際個人的なあらゆる物は、分離した、別個の霊と人格をもっていると考えられている。そしてこれらの霊は、たとえなにが起こっても決して失われない。それは、もう一つの世界で生きるだろう。

これらの品物の持主が死んだときに、これらの品物を壊す真の理由が今やわかり始める。死自体は、神々、悪魔たち、あるいは人間たちによって肉体に加えられたなんらかの傷害によって引き起こされる。傷害されるのは肉体だけで、霊は傷害されない。腐って、死ぬのは、肉体だけで、霊は決して腐って、死なない。それゆえ、人々の生きている霊はあの世でこの道具を全部必要とするであろうから、種々の品物のそれぞれ別々の身体、すなわちボディーは損傷を加えられる。こうして、それらの霊は解放され、あの世で品物の持主に奉仕するために、持主に同行する。それ

図48—1 アイヌの男の墓石

図48—2 アイヌの女の墓石

らのボディーは損なわれている。すなわち、殺されている。人間の肉体が墓場のかなたの家にいるときには着る衣服は必要でないから、多数の衣服がまず最初に切られて殺され、つぎに埋葬される。それは食べ物を必要とするであろうから、まず粟のだんごが砕かれて殺されてから、そのつぎに粟のだんごが旅に送り出される。他のものについても同じである。上着は首から下、背中まで切られることに私は注目した。というのは、背骨は生命の座と考えられているからである。これらのことは非常に奇妙で、神秘的であるが、これらのことから、われわれは、この特殊な民族の心の内部の働きを非常によく知ることができる。

さて死は、容易には起こりえないものである。すなわち、生きている肉体のあらゆる小片がその要素に分解されるまでは、なにも完全に死なない。それゆえ、肉体が埋葬されるとき、すべてが分解されるまでは、生命、あるいは霊は墓場のなかと、まわりに依然としてある程度生きている。

それゆえ、人々が幽霊は墓場の近くにいると信じ、その近くに行くのを恐れる理由がわかる。

肉体が墓場近くにいるとき、霊も、少なくともその一部はその近くにいて、だんだんその地上の住まいから解放される。霊は慎重に一人にしてやらねばならない。さきにほのめかしたように、だれも霊の領域には侵入してはならない。というのは、それは部屋と完全な自由を必要とするからである。それゆえ、アイヌが共同墓地でなく、森のなかの遠く離れ、隔離された場所に遺体を埋葬する理由は、この考えに求めねばならない。

アイヌは棺桶のなかに入れて埋葬されるのを非常に恐れているのに、私は気づいた。それゆえ、彼らはこの目的のためにマット(むしろ)しか用いない。この考えは、棺桶は小さすぎることと、棺桶は肉体と地上から霊が引き下がることを妨害するということであるらしい。

サハリンのアイヌのなかには、死者を棺桶に入れ、森のなかの地面にそれを残しておくか、あるいは非常に浅い墓に埋葬し、棺桶の頂点を露出しておくだけの者もいることを聞いた。しかしこれがそうなのかどうかを、私は確信をもって言えない。もし棺桶がサハリンで用いられるのなら、彼らはロシア人の慣習を取り入れたのかもしれない。エゾのアイヌにはこういう慣習はない。実際ここのアイヌは、箱のなかに閉じ込められて——彼らはそう言っているが——埋葬されるのを非常に恐れている。

二、三年前、ある村で一人の女が死んだ。そして彼女は自分はキリスト教を信仰していると言い、キリスト教徒の儀式に従って埋葬されたいと言った。われわれはそのとき、その村から遠く離れていた。しかしそこには、日本人のキリスト教徒が何人かいて、彼らがすべての必要な支度をすることを引き受けた。彼らは、死者の夫と友人たちに、いかにも、棺桶に入れることがキリスト教徒の埋葬の必要な部分であるかのように、彼女は棺桶に入れられるべきだと言った。

これは大騒動を起こした。アイヌは、それを拒否した。それで彼女はマット（むしろ）に包まれ、彼らの慣例に従って埋葬された。

埋葬のとき、水を墓場に運び、それで人々は手を洗うことはさきに述べた。この慣習は清めという観念と本来は結びついていたのかもしれない。

アイヌは死者の名前を口にすることを決して許されていないから、彼らはできるだけ早く死者についてすべてのことを忘れたがっているように見える。しかし彼らは、埋葬するときには、場所を示すために、各墓の足元に棒を必ず立てる。この棒は便宜上墓標とよばれてよい。しかしこれは、死者を思い出すよりもむしろ（というのは、それについてはどんな字も書いてないからである）、埋葬がここにあったことを偶然ここに来た猟師に指摘し、過ちを犯さないようにするためである。

男の墓を示す墓標は、槍を表象するように作られている。しかしアイヌは私に、それは舟の櫂のつもりだと言ったが、それは図48―1に示すように、櫂より確実に槍に似ている。これには特別の意味があるかどうか、私は答えることができない。このことについて私が尋ねたアイヌはなにも知らなかった。それは非常に古い時代から伝えられた古い慣習だと、そのアイヌは言った。彼らの祖先たちがこのような墓を作った。そしてその後継者たちは同じことをしている。男たちと少年たちの墓には、棒が立てられるが、すべて同じ形である。棒の中央からぶら下がっている布ぎれは、死者の頭飾りである。

図48―2には、ある女の墓石が示されている。墓石の下に埋葬された人は、その写真に写っている男の妻であり、少女の母親である。棒の頂点からぶら下がっている布ぎれは、その女の頭飾りである。もし読者が棒の下をよく見る

なら、手を洗うため水を入れて持って来た小さな桶が見えるかもしれない。その底はぶち抜かれ、桶は棒の上から滑り落とされた。この棒の頂点は、槍か櫂のように切られず、丸みをつけられただけで、孔は焼いて開けられた。女たちと少女たちの墓の上に立てられる棒は全部、この形である。葬式のとき、男たちは一般に手と顔を洗い、ひげの手入れをし、髪の毛を刈り、首の毛と前髪を剃る。昔は、やもめと男やもめは一生、ずっと一人でいると思われていた。五年まえ、私がアイヌのなかに来たときはそうだったが、今でははるかに早く再婚する人もいる。

男が妻をなくすと、夫は髪の毛を短く刈り、髪の毛が再び十分に伸びるまで、できるだけ屋内にいるのが慣例であった。もし彼が妻を愛しており、彼女がいないことを痛切に感じているなら、彼は髪の毛とひげの大部分を抜き、気落ちし、意気消沈した顔付きをし、はげしい悲しみをときどき示したものだ。

49 宗教（c）天国と地獄

ハデスのなかの天／ゲヘナ／ハデスへの旅

善人が死後に行く場所は、カムイ・コタン kamui kotan、すなわち「神の場所」とカムイ・モシリ kamui moshiri、すなわち「神の王国」、あるいは「神の世界」とよばれる。人々はこの場所に行くと、至福の状態で永遠に生きる。おそらくこの地上の下はるか遠くとはいえ、彼らはわれわれを見ることができるし、この世で起こっているすべてのことにつねに生き生きとした関心をもっている。彼らはまた、不正を行う家族の人々に罰を与え、善良で、親切な人々に平和を与える力をもっている。彼らはこの力をしばしば行使するといわれる。物質的な天はわれわれの上にあるとはいえ、幸福な場所である天は下にある。それは神々がその特別な住まいをもっている場所であるし、また善良で正しいことをするすべての人々がこの世を去ってから行く場所であることに、すべての人々の意見は一致している。天にいる人々は彼らの個人的なアイデンティティ［過去、現在、未来にわたって自分は同一の自分であること。同一の瞬間に自分は一人であること。外界や他人からはっきり区別された自分という意識をもっていること］を失わない。それゆえ、天についてのアイヌの考えは、いささかも仏教的ではない。仏教的な考えは、あらゆる人を神自身に吸収されるものとして表わす。

ハデス、あるいは中間状態は、ポクナ・モシリ pokna moshiri、すなわち「下界」、あるいは「下の世界」［ポクナ=下方の、モシル=国、大地］とよばれる。すべての霊は肉体を去ると、まずこの場所に行く。しかしハデスは一般には煉獄とは思われていない。けれどもそう信じている人もいる。しかしそこに行くと、霊——それは現在の肉体のように厳密に一つの肉体をもっているものとしてつねに語られているが（しかしその肉体が霊的な性質のものかどうかは、述べられていない）——は、正義の場所にせよ、邪悪な場所にせよ、その場所のどういう区画に行かねばならないかを告げられる。

ハデスの中央には三本の道があるといわれる。第一の道は、われわれが生き、アイヌがカンナ・モシリ kanna moshiri、すなわち「上の世界」［カ=上、ナ=ほうへ］とよんでいる地上から出ている。この道は、ハデスの中央に行っている。すべての霊は肉体を去ると、この道を通る。第二、第三の道は、ハデスの中央から出ている。一つは天に通じ、他はゲヘナに通じる。これらの道にずっと沿って、いろいろな地点に番犬が配置されていて、旅をしている霊を道案内し、内緒にか、あるいは内密に、よりよい世界に行かないように見張っている。

霊が「上の世界」——すなわち、われわれの大地——からハデスの中央に降りるやいなや、番犬が、霊がどこに行くべきかについて、火の女神を通じて送られた造物主からの伝言を受け取ったと言う。もしその霊が存命中に善行を行っていたならば、霊はその道に沿って天に行き、天の戸口で神々と人に会い、なかに導かれる。もしその霊が存命中に悪行をした人ならば、その悪行についての伝言を受け取ったので、霊は今や罰としてゲヘナに行かなければならないと告げられる。もし霊がなんらかの悪事をしたことを否定するならば、火の女神が召喚される。彼女は霊の全生涯を示す大きな図を霊のまえにおく。それで、霊は自責の念にかられる。逃げ道はない。というのは、火の女神は、霊が地上で肉体のなかにいたときに言ったか、行ったあらゆることばや行為の完全な図をもっているからである。

ゲヘナ、あるいは地獄は、テイネポクナシリ Teinei-pokna-shiri とよばれるが、これは「濡れた地下の国」［テイネ=濡れた、ポクナ=下の、シリ、シル=大地］という意味である。邪悪なものはこの場所で罰せられる。これらの罰がなにからなっているかについて、アイヌの意見は一致していない。そこに行く霊は、永久に濡れていて、不快で、非常に寒いだろうと言う人もいる。しかし霊は、地球の中心にある火のなかで永遠に燃えると考えている人もいる。だから、ある霊は永遠に寒いだろうし、他の霊は永遠に熱いだろう。

人間の魂は死後にも、意識的（意識をもった）、個人的な生存をしているとアイヌは信じているだけでなく、動物の魂についてもそう信じている。男女はあの世でも、この世と同じように、また同じ条件のもとで、大きな地域社会（コミュニティー）のなかで生活しているとアイヌは考えているらしい。違う点は、あの世では男女は死を知らないことだけである。夫と妻、親と子は、死後お互いに再び結びつくだろうし、あの世でも結婚するだろうし、結婚させるだろうと、アイヌは信じている。しかしそこでは、苦痛、悲しみ、死はもうない。生きている人たちは、現在とまったく同じ形の肉体をもち、家に住み、なすべき毎日の仕事をもち、狩猟と漁労の場所をもち、イヌや他の動物をもつと予想している。また生きている人は現在のように、笑い、話し、食べ、飲むだろう。要するに、生きている人はきわめて物質的な生存 material existence を送っているだろうとアイヌは考えている。

しかし墓場の彼方で生きている人々について奇妙なことは、死の川をまだ渡らなかった人々を彼らが幽霊とみなし、自分たち自身を実在の通常の人と考えていることである。われわれ［この世の人］が彼ら［あの世の人］について考えているのとまったく同じように、実際彼らはわれわれのことを考えている。しかし彼らはわれわれよりも幸福であり、永遠に生きるだろうし、決して悶着に会わないだろう。彼らは行きたいときには、幽霊の形でこの地上を訪れることができる。またわれわれのうちのある者は決心するなら、彼らと同じ能力で彼らを呼び出すことができる。彼らがわれわれの所に来たとき、彼らはわれわれの目には見えないし、またわれわれが彼らの所に行ったとき、彼らはわれわれが見えない。彼らの幽霊がわれわれを訪問するとき、彼らはわれわれを見ることができるし、われわれが言うことを聞くことができる。しかし彼らはわれわれに話しかけることができない。われわれの幽霊が、下の世界に行ったとき、彼らを見ることができるし、彼らの言うのを聞くことができるが、自分自身の声を他人に聞かせることはできない。それにもかかわらず、幽霊がまわりにいると、イヌは幽霊を見つけることができるし、その匂いを嗅ぐと、イヌはものすごく吠える。

つぎの物語は、あの世に関する人々のこれらの見解を説明しているが、この話はアイヌの一友人から私が聞いたものである。

「昔々二人の若者がいた。二人は献身的な友人だった。二人は、ある岩のほら穴の入口は、死者の霊の場所に通じていることと、もしだれかがその旅をする勇気があるなら、その国はなんに似ているかを行って、見ることができるかもしれないといううわさがあるのを聞いた。それで、その若者の一人がその場所を訪れる決心をした。ほら穴に入ると、彼は最初に濃い暗黒以外なにも見ることができなかった。しかし彼が旅を続けるにつれて、彼は自分のすぐまえに、小さな光の点を見つけた。彼が進むにつれて、前方の光はますます強くなり、背後のほら穴はますます暗くなった。ついに、もっとも明るい光が充満している、もっとも華麗な国にやって来た。木々の美しい森と葦と草の広大な平原が彼のまえに開けた。泡立つ水の川が低地を二分していた。全体的に見て、それはすばらしい国だった。しばらくしてから、彼はある村にやって来て、上の世界、すなわち『生きているとき』に彼が知っていた多くの人々に会った。彼は彼らと話そうと努めたが、彼らはあきらかに困惑を示し、不思議そうに、またこわそうに、あちこちを見始めた。イヌもまた悲しげに吠え始めた。彼自身の父親さえも、彼を知らなかった。また彼の母親はこわそうに逃げ出した。人々はみな、彼を幽霊だと言った。この応対の結果、彼は名乗るのをあきらめた。そして上の世界に戻ることに取り掛かった。

帰国の旅をしているとき、彼は、友人であるらしい一人の男に出会った。しかし道がいくらか暗かったので、友人だと言う確信がなかった。その男は疲れきり、病み、憔悴した顔付きをしていた。そして肩に袋を背負っていた。その男に話しかけると、男は非常にこわそうに走り出し、下の世界に素早く行ってしまった。彼は、最初に入ったほら穴に到達して、すぐに友人の家に行った。しかし、ああ、彼は友人が死んだのを発見した。彼が下の世界への通路で出会ったのは、立ち去りつつある友人の霊だった」。

同じ問題についての別の伝説は、あの世についてのアイヌの観念に一層の光を投じる。この伝説がわれわれに語るところによると、こうである。あるときイヌが、上の世界からの幽霊を死者の世界で見つけたとき、イヌが大声で吠え始めた。そこで幽霊の父と母を含めて、住民たちはイナオの供え物をし、幽霊が食べるように小屋の東の端の外に食べ物のくずをおいた。幽霊は自分にこのようなくずが供えられたのを非常に怒り、それをすべて叩き落とそうと努めた。しかし汚れた不潔な物だけは彼の胸に飛んで入り、彼がどんなに努力しても、それを取り除くことができなかった。生きている人々のいる上の世界に入ってはじめて、彼に供えられたくずを取り除くことができた。

アイヌはこう言っている。この世の住民にこんなに臭い食べ物を提供するとき、その人が感じるのとまったく同じような感じを、幽霊がわれわれのいるこの世に来て、食べ物の残りでもって扱われるときに感じる。だから幽霊がわれわれに嫌悪を感じないように、われわれは敬意をもって幽霊を扱わねばならない、と。また、それはだれの幽霊だとどうやって知るのか。それはおそらくは、われわれの親の霊かもしれないし、子供の霊かもしれない。それゆえ、慎重にするのは当然である。地下の世界からやって来る幽霊は、彼らが嫌っている人々、とくに邪悪な人々に魔法をかけるか、そうでなければ、危害を加える力をもっているとアイヌが想像していることは、すでに述べた。

つぎはハデスを訪れることについてのもう一つのアイヌの伝説である。「昔々、二人の息子をもっていたある男がいた。さてある日、弟のほうが家から離れていたとき、父親が死んだ。父親は死ぬちょうどまえに長男をよんで、息子に言った。自分はこの世からまさに旅立ち、ハデスへの旅をしようとしている。だから、自分は、宝物、祖先伝来の品物、一般的な財産を弟とおまえが平等に分配するように、残しておくと。

父親の死後、二、三日して、弟は家に戻って来て、悲しい知らせを聞いた。彼は非常に悲しんだ。しかしなによりも困ったことには、よこしまな兄は、すべての遺産と他の財産を取り、父親が要求したように、それらを平等に分配しようとしなかった。すべての物は、家族の長であり、代表者としての自分自身に残されたのだと、兄は言った。そこで大喧嘩が起きた。それはたいへんはげしかったので、兄弟は別居したほどである。兄は家に留まり、生活を楽しんだ。しかし弟は、えびらと弓を取り、父親がたどった下の世界への道を見つけ始めた。

入口を見つけてから、彼は降り始めた。彼は非常に早く歩いたので、まもなく人々が多数いて、立派な家がたくさんある大きな村に着いた。彼が進むにつれて、イヌが吠えた。そして人々がお互いにこう言っているのを聞いた。『おお幽霊がいる。幽霊に違いない』。それから彼らは彼に神酒を供え始めた。その男が進んで行くと、イヌたちは依然として吠えた。ついに、彼は父の家にやって来た。彼は小屋に入り、親に話しかけようと試みた。しかし自分自身の姿を見せることも、自分の声を聞かせることもできなかった。これには彼はひどく困った。そこで彼は、自分が知りたいと思っていることがわかるかもしれない方法を見つけるために研究し始めた。ついに彼は一計を思いついた。幽霊として彼はなぜ村の一員になってはならないのか。なぜ自分のためにしゃべってはならないのか。彼は努力した。

それで彼は手近かにいる人の心臓に入り込み、その人の口と舌を借りて父親に、上の世界に財産をどのように残して来たのかと尋ねた。父親は自分はすべての財産を二人の息子に平等に分配したと答えた。

それから、弟は上の世界に戻り、自分がしたことや見たことや聞いたことを報告した。そこで兄は許しを請い、財産を弟と分配した。そしてそのとき以後、二人は同じ村で並んで住み、幸福に暮らした」。

50 宗教 (d) 宗教用語

神の二元性／神に対することば／アイヌの宗教を示す特殊なことば

アイヌの宗教的、および迷信的信仰の種々の項目は、はっきり定められ、十分に考え抜かれた順序で人々の心のなかに配列されていると考えてはならない。神々の序列と性質に関する項目も悪魔の仕事と性質に関する項目も、アイヌからはこういうふうには考えられていない。万物の造物主は当然すべての神々 gods のなかのゴッド（天帝）God と見られている。しかしすでに指摘したように、彼がはじめにすべてのことを生み出したと考えられているし、また直接彼自身の力によってだけでなく、多くの生きている個人的な仲介者たち――この仲介者たちはみな、自分たち自身の分野では任命された長（チーフ）であり、自分たちの特殊な分野と仕事をもち、また自己の義務を遂行するのを助ける天使たちをもっている――の手を借りてそれ以来たえず宇宙を支配したと考えられている。

これらの仲介者たちの位階、性質、能力、および権威の程度はさまざまである。それらは実際、われわれの生命、知能、および力を付与された自然の法則とよんでいいかもしれないものである。ある者は大地を創造することを任され、ある者は大地を美化することを任され、またある者は大地を肥沃にすることを任された。またある者は太陽を支配することを命じられ、第二の者は火に注意することを命じられ、第三の者は川を支配することを命じられた。しかしこれらの支配者、あるいは生きている法は、彼ら自身の権利でか、あるいは彼ら自身の力で存在しているのではなく、彼らの背後にあるもっと大きく、もっと強力な、人格化された法の意志によって存在している。彼は「全能の力」であるし、またすべての自然と存在の、永遠に生き、活力を与える知的な力である。すべての他の神聖な存在は、彼らの位階がなんであれ、直接天帝に対して責任を負っている。天帝に対する彼らの関係は、子供の両親に対する、家来の支配者に対する関係と幾分同じである。それにもかかわらず、伝説がわれわれに語るところによると、アイヌの長（チーフ）たちが行動するまえに、会って、相談するのが恒例であるように、神々は自分たちが行動するまえに、集まって方法と手段についてお互いに相談をし、造物主がもちろん議長として振る舞う。要するに、アイヌは自分たち自身の風習、慣習、および思考と行動の様式でもって神々を包む。

このことからわれわれは、造物主のつぎに、ときにはこの神、ときにはあの神がどうしてチーフの神として語られるのかがたやすくわかる。たとえば、ある人が病気であると仮定する。このようなときの彼らの慣習の通り、人々が集まって病人が平癒するように祈る。そのとき、火の女神が礼拝される。火の女神は肉体を清め、病気を治すことができると信じられている。こうして一時は彼女が心のなかでは至高である。すべての他の神々――彼女の上であれ、下であれ――がいるという記憶は、いわば、休止状態にある。また一人の男が、魚を取りに海に行くとする。とくに嵐がやって来るのが見られるなら、よい天気の神か悪い天気の悪魔が自分を助けに来るようにたのむよりも、もっと自然（ナチュラル）なことがあるか。ここでわれわれは、あるときには一つの力、別のときには別の力が、事態の首位にあることを知る。

しかしこのような事実によってわれわれが誤った方向に導かれないように注意しなければならない。傍観者はこれらのことに関してはまったく異端の意見をもちやすいし、また自分自身は正統な信仰をもっていると思いやすい。これらの問題を注意深く考察し、何年もの間多くの特別な状況下にアイヌの行為を見守ったのちに、すでに本書で述べたように、調停という考えが彼らの性質のなかに非常に深く根づいていることを発見した。たとえばもし、彼らがあがめている特別の神が彼らの祈願に答えないなら、彼はこの神を捨て、造物主自身――根源――が自分たちのためになにをしてくれるかを知るために彼のところへ行く。いや、彼らは、より劣った神は義務を果たしていないと、より偉大な神をときには非難しさえする！

火の女神や、どんなときにもたよりにならないように見えるその他の神々のような仲介者にたよるよりもむしろ、なぜ最初から造物主自自身に直接行かないのかと、これらの人々に尋ねたところ、彼らは言った。「天帝は、これらの仲介者たちをわれわれが彼に近づく道筋（チャンネル）として任命したのですから、この問題についてはわれわれは好きなようにせず、天帝がわれわれに命じるようにしなければなりませんし、あるいはむしろそうすべきなのです。もし天帝が彼自身に近づく手段を指定したのなら、われわれはこの手段を使うべきであって、自分たち自身で他の手段を使うべきでありません」と。彼らはまた、火の女神も他の神も、自分たちが気に入ったようにする意志の力も選択の力ももっていないと言う。火の女神は、「神聖な火」、「養う神」、「ゆりかごの神」、「神聖な祖母」などのような多くの他の名前のほかに、「神聖な使者」、「神聖な天使」とよばれているし、また彼女は天帝と人間たちの間の仲介者として働いているという話をわれわれは聞いた。こうして、第二位の神々とわれわれがよぶのが正当であるかもしれないものの特殊な職務というアイヌの真の観念に到達する。第一に、これらの神々は、とくに人間に関して、宇宙における天帝の意志を果たすように作られた。第二に、それらは、天帝の礼拝者の召使であり、霊媒（媒体、メディアム）として働く。すなわち、この霊媒を通じて祈願文は天帝のところに行き、答が礼拝者に戻ってくる。

しかし造物主自身に直接近づくまれな機会がある。たとえばあるアイヌがかつて私にこう言った。

「非常に大きな苦悩のとき、人々はヤイアスルアニ yaiassuruani（すなわち、『自分自身の消息を公表する』［ヤイ＝自分自身を、アスルアニはアスラニ asurani 知らせるの誤植か）とよばれることをする。それは二、三人の人だけに知られた一慣習である。というのは、神学者（宗教について学んだ人）以外のどんな人もそれを教えられていないからである。だからアイヌがなんらかの悩みをもっているか、非常に大きな苦悩状態にあるなら、彼らはその教義について学んだ人を選び、彼に天国によびかけてもらう。もし彼がこれを正しくするなら、健康はきっとやって来る。しかし気をつけろ。もし彼が祈った神の名前を軽率にも他人に聞かれるならば、それは神聖冒瀆である。だから、彼らがこの術と名前をだれに教えるかについては人々は非常に注意する。秘伝を授けられた人だけがそれを知っているかもしれない。それはイタク・エオシウェン itak eosshiwen（悪を生むかもしれないことば）［イタク＝ことば、話す、エオシウェン＝人に知らさない、自分のものとしてとっておく、惜しくてやれない」であるから、彼らは他人がそれを聞くのを許さない。もしこの儀式が正しく行われるならば、祝福がやって来るだろう。というのは、病人は治るだろうし、シカは繁殖するだろうからである。そのことばは至高の天帝だけに語られるかもしれない」。

アイヌは、この天帝をすべての生命と存在の根源、人間たちといわゆる神々の製作者、すべてのものの後援者、および天帝の召使たちにすべての権威を分配する者とみなしていることをわれわれは見てきた。われわれはまた、この威厳のある存在が地上と人間に到達しようとするときには、天帝はつねに、自分の霊媒、すなわちコミュニケーションの手段としての位階の低い神々を通じて作用を及ぼすことを見てきた。だから、われわれが経験するかぎりは、天帝自身が直接なにかをするのではない。天帝は自分自身直接作用を及ぼすと思われていないが、彼はなにもしないで遊んでいるとか、機械のように天上に坐って、自分自身の瞑想にふけることを喜こび、自分が作った生き物をまったく無視しているだけだと思われていないことを、われわれは発見する。いや、彼は世界で進行しているすべてのことに関心をもち、自分の政府の多数の役人たちをいつも監督している。しかし彼のこれらの召使たちは、ときどき怠慢で、きちんと彼の命令を実行しない。それゆえ、あるべきではないとわれわれが思っていることが世界に存在しているならば、それは造物主が不注意だったか、不注意であるためでなく、彼の仲介者たちが彼の命令をきちんと実行しなかったためであるし、悪い奴がいつも彼の計画を挫折させたり、彼の意見にとって代わろうと努めているためである。というのは、下の地上には悪く、信用できない人間の召使たちがいるように、上の天にも不注意で、信用できない天帝の召使たちがいると、アイヌは思っているからである。地上的な人間の体の間に悪魔がいるように、天使的な存在の間にも悪魔がいると、アイヌは信じている。

God《ゴッド》にあたるアイヌ語はカムイであるが、それは、ゴッドにあたる日本語カミと同じ語根から来ているように思われる。われわれがなんらかの知識をもっているもっとも遠い古代には、日本語の形態はカムだった。これは、アイヌ語のカムイにさらに近い。実際日本人は、彼らのことばカムをアイヌ語のカムイから借りたというのが、われわれの見解である。ここはこのようなことを論じる場所ではない。しかし慎重にいろいろ考え、手に入るだけの証拠を十分に考慮した末に、一目見ると本当らしくないように思われるが、われわれは、「ゴッド」にあたる日本語がアイヌ起源だという見解に達した。

さて、カムイという語自体をみ、あるがままにその意味を考察すると、それは「覆う［kamure カムレ］人か、物［i、イ＝こと、もの］」か、「影を薄くさせる人か、物」という意味であることを発見する。しかしわれわれがそれをさらにたどって行くと、それは「最高、最大、あるいは最善の物か、人」という意味であることを発見する。第一の意味がもちろん好まれるはずである。というのは、それは、もっとも単純であり、別のことばにさかのぼって調べる必要がないからである――もっとも簡単なものが一般に最善であることがわかるからである。二つの意味のうちのどちらをとっても――というのは、両方か、一方がとられるかもしれないからである――両方とも「天」［kanto カンド、カント］にあたることばに似ていることがわかる。そして今度は「天」は、「頂点」、あるいは「上」［ka カ］をその語根としてもっている。だから、アイヌが神にあたる名称を最初に作ったとき、アイヌの心にあったものをわれわれはちらと見る。アイヌは、神をすべてのなかで偉大であり、他のものの影を薄くさせる主 Lord とみなしたように思われる。

現在カムイという単語は非常に広範に使われている。それはいろいろな色合いの意味をもち、他の単語の前か後で用いられるならば、その意味が変わるし、またそれが適用される対象に応じてその意味が変わる。古代ヘブライ人は、「偉大さ」、「高さ」、「美しさ」などのような性質の観念を与えようとするときには、「神の木」、「神の山」などと言った。アイヌは現在でもそう言う。だから「大きな木」に対して「神の木」、「高い山」に対して「神の山」、「大きな川」に対して「神の川」、「強い風」に対して「神の風」、「美しい花」に対して「神の花」と言うのをわれわれは聞く。だからまた、「ハンサムな顔」に対して、アイヌはときどき「神の顔」と言う。また、善良で、気高い人をアイヌは当然「神の人」とよぶだろう。これと厳密に一致して、人々がクマを「神」、あるいは「神の動物」とよんでいるのを発見する。しかし天然痘のような悪い病気ばかりでなく、悪魔にも、カムイという同一の名前が用いられていることを決して見逃してはならない。このような場合は、われわれは英語のゴッドということばを用いることができないのはあきらかだ。いや、このような場合は翻訳することはできない。それはギリシア語のダイモン［ギリシア哲学では神的霊的存在、ユダヤ・キリスト教では悪魔的存在］ということばに非常に似ているらしい。というのは、それも良い対象と、悪い対象の双方に使われるからである。

慎重なアナロジーから、カムイということばが、良い対象に使われるとき、それは有用性、恩恵、気高いか、あるいは神聖な性質をあらわしている。悪いと仮定されている神に使われるとき、それはもっとも恐れられ、こわがられるものを示す。悪魔、爬虫類、および悪い病気に用いられるとき、それは、もっとも憎むべきもの、もっともいまわしいもの、もっとも反感を感じさせるものを意味する。動物、魚、あるいは野鳥に接頭辞として用いられるとき、それはもっとも大きいか、もっともどう猛か、食べ物か衣服としてもっとも有用なものを示している。人に用いられるとき、それはときに善を示すが、もっともよく見られるのは、尊敬や敬意の単なる称号である場合である。

それゆえ、アイヌは神にあたる自分たちのことば「カムイ」を、さまざまの対象、最高で最大の善と最低で最悪の邪悪——神と悪魔、霊と物質、爬虫類、動物、および人間——の双方に用いるのだから、非常に多くの迷信が宗教と混じっていても——悪魔学が彼らの神学と混じっていても、悪が善と混じっていても——決して不思議ではない。それゆえ、天帝（ゴッド）と宗教に関するアイヌの観念と発言が矛盾に満ち、あるときには高く、崇高であり、また別のときには粗野で、反感を起こすようなものであっても——あるときには天帝は物質的な物として、他のときには霊的な存在としてあらわされても——われわれは驚かないだろう。

トゥントゥ tuntu というアイヌ語は名詞で、「大黒柱」、それから「支柱」と訳すが、それは小屋を作るさい用いられる一本の材木や家の屋根の主要な支柱をなす一本の材木を指すのに用いられる。トゥントゥが小屋に対してあるのは、礎石が家に対し、要石 key-stone が丸天井かアーチに対し、また柱 pillar がバルコニーに対してあるのと同一である。われわれは、神に対してこのことばが使われるのを聞くと予想しないかもしれない。それにもかかわらず、それは、アイヌが天帝に祈願文を述べるときに、非常にしばしば用いられる。また思慮深い人には、神聖な名前としてそれが適切なことがすぐにわかるだろう。というのは、そのことばと、それが用いられるいろいろな対象を十分に考察したのちに、われわれはつぎの結論に到達するからである。すなわち、アイヌが世界のトゥントゥとしての天帝にお祈りするとき、彼らは天帝を生きている「大黒柱」、「支柱」、「柱」、「支える物」、「支持物」と考えていると。それは、聖パウロのことばの一つを思い出させる。彼は言う。「神によってすべてのものが成り立つ」と。

さらにアイヌは、このトゥントゥを知的な力と考えている。それゆえ、彼らは自分たちの目にとまるあらゆる自然現象における各段階を――しばしば無数の特別の媒介物を通してにせよ――宇宙の生きている力、宇宙の知的なトゥントゥ、あるいは宇宙の「支柱」に関連させて説明するのを喜ぶ。この存在はときどき万物の「造物主」とよばれる。それゆえ、アイヌが造物主を、世界のなかにあって世界を結びつけているだけでなく、その外にあってそれを作り、それゆえ、それを超越しているものとみなしていることを、われわれは教えられる。造物主は世界の頂点、中心、土台、組織者、そして力強い支柱である。

人々はときどきシンダ shinda、すなわち「ゆりかご」というあいきょうのあることばで、天帝に語りかけることに私は気づいた。というのは、私は、彼らがその名前で天帝に祈っているのを聞いたからである。さらに、すでに指摘したように、天帝はまた「われわれを養うもの」、「われわれの養育者」などという名前でよばれる。たしかにこのような命名はすべて、きわめて宗教的な人々の魂からしか生じない。ところが、ランダー氏［序文、五ページ］はこう言っている。「アイヌはなにも崇拝しない。アイヌは正確に言うと、なんら宗教をもっていない」と。このような考えは、不合理である。というのは、宗教のない人種がかつてあったという理論は何度も何度も否定されたからである。ランダー氏が「アイヌはあらゆるものを崇拝する」とか「アイヌほど宗教に満ちた人種はいなかった」と言ったならば、はるかに真理に近かったろう。

日常生活の思考と命名および日常に使用されることばが借用され、それらが万物の「ゆりかご」、万人の「養育者」、偉大な「万物の母」、あるいは（われわれが言うように）偉大な「万物の父」に用いられるのは、なんと自然であるように思われることか。またこれらのことばが借用され、肉体を温め、食べ物を料理する物質的な火に用いられるのは、なんと自然なことか。アイヌの観念では、熱は生命とみなされ、冷たさは死とみなされることを考えるとき、これは二倍に自然であるように思われる。実際ある人にさよならと言うもっともよい方法は、ポプケ・ノ・オカイ・ヤン Popke no okai yan、すなわち「あなたが温かく保たれるように」［ポプケ＝暖かい、ノ＝副詞を作る語、オカイ＝ある、いる、ヤン＝なさい］という表現を使うことである。

「ゆりかご」という名前が天帝に用いられるとき、このことばの根底にある観念は、つぎの通りであるように思われる。子供がゆりかごのなかで養育され、快適にされ、そしてそのなかで危険から免れているように、すべての人は、いわば、天帝の胸のなかで育てられ、養われる。というのは、天帝は造物主、支柱、宇宙の創造者、そして全人類の保護者で、養育者だからである。

トゥレン turen ということばは、非常に奇妙である。神に対する名前［カムイ］のように、それは良い対象と悪い対象の双方に用いられ得る。それは、予言者が予言するときのように、「神々によって霊感を与えられる」という意味であり、次に悪魔にとりつかれるという意味であり、悪行の罰として病気にかかるとか、天帝から特別の祝福を受けるという意味であり、最後に、大きいか、危険な仕事をしている場合のように、天帝の保護を受けるという意味である。

文章のある段落のなかでどういう特別の意味を表現するつもりかは、文脈からと聞き手の常識から説明できる。接頭辞イがときどきトゥレンに付いて、イトゥレン ituren［守護天使］になる。これが付くと、それはこの単語をより強くするか、あるいはその意味を強める。天帝が、人間に霊感を与え、人間を指導し、警護し、保護する天使と考えられるときに、とくにこのことばが用いられる。アイヌのどの小屋も、その特別の守護神をもっていると思われている。この守護神は、主人が家にいるときには、屋根の上にいると思われている。それは危険が近づいていると、警告を発し、家族の長が戦争や狩猟の旅に出掛けるときには同行する。アイヌはまた、各個人には特別の守護天使がいると信じている。それゆえ、アイヌが天帝を、第一に世界の造物主で、守護者とみなし、第二に神々の父 Providential Father で、人類一般の支持者とみなし、第三に各個人の守護者で、特殊な守護天使とみなしていることをわれわれは知る。アイヌの信じるところによると、どの人も、その人の本性のなかに植え込まれた一つの能力をもち、それによって天帝を知ることができるし、また祈りのさいに天帝と親しく交流することができる。

51 宗教

(e) 大地と大気の神々と悪魔たち

火の女神が遂行していると思われている多数の職務の他に、述べる価値がある特殊の職務がある。というのは、彼女は有用なものと見られているだけでなく、非常に恐ろしいものと見られているからである。彼女が有用なのは、彼女は体を温め、健康をもたらし、食べ物を調理するからである。彼女が恐ろしいとみられているのは、彼女は男女のことばと行為を書き留める特別の証人であるからである。彼女は、最後の審判の日に、われわれを是とするか、非とするらしい。彼女は、各個人がしゃべったか、行ったあらゆることばや行為の完全な図を恐ろしい審判官に見せるだろう。そして彼女からはなんの懇願もありえない。それゆえ、あらゆる人は、彼女がした陳述に従って、これ以後は報酬を与えられるか、それとも処罰される。だから、この神が地上の神々のなかで第一の位を占めるのは不思議でないし、また炉と火の崇拝がきわめて重要視されるのは不思議でない。

序列でつぎに位する神は、トイクルプニクル Toikurupunikuru、すなわち「地表から持ち上がる人」[トイ＝土、地、クル＝表面、プニ＝もちあがる]という名前で通っている神であるらしい。彼は結婚していて、妻の名前はトイクルプニマッ Toikurupunimat、すなわち「地表から持ち上がる女」である。草木の世話をするのが彼らの職務である。彼らはよい性質の持主であるといわれ、このようなものとして崇拝され、イナオを供えられ、彼らに敬意を表して酒が飲まれる。

そのつぎに来るのが、ペコンチコログル Pekonchikoroguru、すなわち「水の帽子をかぶっている人」［ペ＝水、コンチ＝帽子、コロ、コル＝持つ］である。この神は非常に大きな雲のように見えると、人々は言う。彼があらわれるときには、巨大な雨雲のように山々から舞い上がる。彼は非常に善良だといわれ、イナオと酒が彼に供えられるべきである。彼に関しては、一つの伝説があるが、それはこうである。「昔々、アイヌは戦争をしていた。敵は彼らを非常にはげしく圧迫し、彼らの小屋に火をつけた。そこで、人々は思いつくあらゆる神々に助けを懇願した。ついに大きな雲が山々から生じ、燃えている村に直接浮いて来て、その上にはげしい雨を降らし、炎を消した。そのとき彼らはこの神のことをはじめて知った。というのは、以前にはこの神は決して知られていなかったからである。この事件以来この神は崇拝され、『水の帽子をかぶっている人』という名前がつけられた。」

つぎの神はイコロポログル Ikoroporoguru、すなわち「大きな宝物を持っている人」［イコロ、イコル＝宝、お金、ポロ＝大きい］とよばれる。他のページで述べた伝説が示しているように、彼はまたヌプリコロ・カムイ Nupurikoro kamui、すなわち「神聖な山々の所有者」［ヌプリ＝山、コロ、コル＝持つ］とよばれる［第41章］。さきに挙げた神々のように、彼は最高に崇拝されている。山々を見張るのが彼の職務である。つぎに述べる神のように、この神もまた人間のまえにあらわれるときには、クマの体型をしてやって来るといわれる。

序列でつぎに来るのは、サンルウェポロ・カムイ Sanruweporo kamui、すなわち「大きな足跡を作る神」［サン＝降りる、ルウェ＝足跡、通った跡、ポロ＝大きい］であるように思われる。この神も、地上にあらわれるときには、クマの形をし、非常に大きな足跡を残すといわれる。すべての他の神々のように、この神も神聖な崇拝の対象である。私が挙げる最後の地上の神は、シリコロ・カムイ Shirikoro kamui、すなわち「土地の神聖な所有者」［シリ＝陸地］という名前でよばれる。彼の体型はわかっていないが、彼はしばしば人々から崇拝されているといわれる。というのは、森のすべての木を守るのが彼の職務だからである。

さて、つぎに大気の神々がある。これらの神々を語るさいに、至高の統治者といわれる神があることを忘れてはならない。彼はしばしばコタン・カラ・カムイ Kotan kara kamui［カラ、カル＝作る］、モシリ・カラ・カムイ

Moshiri kara kamui［モシリ、モシル＝大地、国］、およびカンド・コロ・カムイ Kondo koro kamui［カンド、カント＝天、コロ、コル＝持つ］とよばれている。それはすべて、「場所と世界の聖なる製作者」、「天の所有者」という意味である。この神は、他のすべてのものの個人的な支配者で、統治者である。というのは、あらゆる他のものは、この神に忠誠を尽くす義務があり、またすべてのことで彼に服従しなければならないからである。この神のつぎに位するのは、日の女神である。それは、天帝が作って、宇宙に配置したよい物の特別の管理者と考えられている。この女神の完全な説明は第6章で述べた。

序列でつぎに位するのは、シニシエラングル shinishieranguru、すなわち「最高の天を通って降りて来る者」［シ＝真の、大きな、ニシ＝空、天、エ＝によって、ラン＝降りる］である。彼は雲の上の最高の天を支配していると考えられている。彼は結婚しているといわれ、妻の名前はシニシエランマツ、すなわち「最高の天を通って降りて来る女」である。両者は崇拝されていて、彼らが受け取るようにイナオと酒が供えられる。

そのつぎに来るのは、ノチウエラングル Nochiueranguru、すなわち「星を通って降りて来る人」［ノチウ＝星］である。星の幸福に注意を払うのがこの神の職務である。彼も妻があり、この妻は夫とともに、イナオと酒を供えられる。ウララエラングル Uraraeranguru は、話されているのを私が聞いた最後の神である。この名前は、「霧を通して降りて来るもの」［ウララ、ウラル＝霧］という意味である。彼の妻はいつも、夫と親しくしている。彼らは霞と霧のなかに家をもち、これらの自然力（エレメント）と結びついたすべてのものを監督している。彼らもまた、他のもののように、崇拝の対象である。

今大地と大気の神々を去るにあたって、これらの自然力のなかに住んでいると思われている悪魔が、はるかに多いように思われるということを述べるのは奇妙なことである。この問題について、あるアイヌがかつて私にこう言った。「大気の悪魔はわれわれのこの大地の非常に近くにいますから、それらがしばしばわれわれを訪れ、われわれの間に住むことさえあり得ます。この世にいる多くの悪魔は、これから説明できます」と。ちょっと前に、私は湖、川、および海に人魚や水の精（ニンフ）がいるように、森のなかに悪いドリュアド（樹木の精）がいるかどうか、一人の男に尋ねた。彼は言った。「たしかに非常にたくさんいます。人間に悪さをする精霊はこれらの一部です。それらは森や山に住んでいるとはいえ、その本当の家はわれわれのまわりの空中です。彼らは悪魔のプリンスの召使です」と。彼はそれを見たことがないと言ったが、それにもかかわらず、それらは存在するとかたく信じていた。別の人に、悪魔に追いかけられたら、なにをするのか、また逃げる上にもっともよい場所はどこかと尋ねたところ、彼は言った。「もっとも安全な隠れ場は、流れている水が土を運んで行った川の土手のすぐ下です。もし悪魔が、自分が追っている者がどの方向に走って行ったかを見なかったならば、悪魔は隠れている人を見つけることができないのは確実です。しかしかりにどの方向に行ったかを悪魔に見られたなら、なすべきもっともいいことは、木に登ることです。というのは、悪魔も木に登ることができますが、人は枝で悪魔のかぎ爪をなぐってそれをたやすく追い払うことができるかもしれないからです！」と。

第4章で述べた沼地の悪魔のつぎに、大地の悪魔の長（チーフ）はキナシュッウングル Kinashutunguru、すなわち「草の根の間に住んでいるもの」［キナ＝草、ござ、シュッ＝麓、ウン＝にいる、の］とよばれている悪魔である。これは実際にはヘビである。ヘビについては、ヘビ崇拝の章ですでに十分に扱った。それゆえ、ここでさらに述べる必要はない。

序列としてつぎに位する悪魔は、トイポクウンチリ Toipokunchiri、すなわち「地下の鳥」［トイ＝土、ポク＝下、チリ＝鳥］とよばれる。なぜ彼が鳥とよばれるのか、この悪魔が鳥族に属しているように思われていることを除いて、その理由をだれも知らないらしい。猟師がクマに殺される危険にあうと、彼はお祈りのなかでこの悪魔を呼んで助けを求めるだろう。もしお祈りが聞き入れられるならば、受け取ってくれとイナオと酒を供える。

つぎに来る悪魔は、トイクンラリグル Toikunrariguru とよばれる。この名前は、「地上で休息する人」という意味である。またその妻の名前は、トイクンラリマッである。野獣の危険があるか、野獣に危害を加えられたときに、これらの悪魔を呼んで祈る。すぐ前に挙げた悪魔のように、この悪魔も動物崇拝（a）の章［第41章また33章］で述べた。

そのつぎに位するのは、ホンポキケウシ Honpokikeush である。この名前は、「下の部分、すなわち山のそばでガラガラという音をたてるもの」［ホン＝腹、ポク＝下、ケウシ＝石がガラガラ落ちる音］という意味である。石を山腹にゴロゴロ落とさせるのは、この悪魔だといわれる。危険な断崖の下を歩くとき、彼は多くのアイヌから崇拝される。しかしこの序列を正統でないとみなすアイヌもいる。

もう一つの悪魔は、プリカンダ・カムイ Purikanda kamui、すなわち「非常に荒々しい人」[プリカンダ＝荒々しい]と名づけられる。彼はある人からは、ヌプリケスウングル Nupurikesunguru とよばれる。これは、「山の麓に住んでいる人」[ケス＝下の方]という意味である。彼は非常に荒々しく、危険な悪魔といわれ、だれかをまさに殺そうとするとき、人食いグマの形であらわれるといわれる。

つぎに述べるのは、イワエサングル Iwaesanguru である。彼の名前は、「山から下りて来る人」[イワ＝岩、エ＝そこへ、そこに、サン＝降りる]という意味である。すぐまえに挙げた悪魔のように、この悪魔もまた訪問するとき、クマの形をする。彼は悪い意図があるときを除いて、決して姿を見せない。危険な状態にある人はこの悪魔から助かるために、さきに挙げたトイポクウンチリとトイクウンラリグルに祈る。

これに続くものは、イワボソインガラベ Iwabosoingarabe、すなわち「山を貫いて見ている人」[ポソ＝通り抜ける、インガル、インカル＝見る、見える、ベ、ペ＝もの]という名前の悪魔である。これは想像上の怪物で、山の真中に地下の家をもち、自分はどういう悪事をしたらいいかを見るために、つねに目で岩に穴（ピアス）をあけている。彼の体型はわかっていない。

この怪物のつぎに来るのは、イワコシンプク Iwakoshinpuk、すなわち「山の小さい妖精」[コシンプク＝水神]である。彼はいつも危害を加えることに専念している恐ろしい怪物である。そして彼は、好きなときにどんな形をもとることができるといわれている。

イワエチシチシ Iwaechishichish は、たった今述べた悪魔と緊密な同盟を結んでいるといわれる悪魔である。この名前は「山で泣くもの」[チシ＝泣く]という意味である。彼は鳥の形をしていて、牡ウシのように鳴くといわれる。

もう一つの悪魔は、イワオロペネレプ Iwaoropenerep、すなわち「山を破る人」[オロ＝中に、ペネレ＝押しつぶす]という名前で通っている。これは想像上の夜の鳥の一種といわれ、シカのような声をしている。しかしその声はそんなにはげしいので、それが鳴くたびに、その震動はもっとも強い岩をもこなごなに砕く。いや、その震動は非常にはげしいので、どんな人もそれを聞くことができないし、生きることができない。

つぎに来る悪魔はイワラサンベ Iwarasambe、すなわち「山腹に生える草を通して降りて来る人」［ラ＝茎、サン＝降りる］とよばれる。彼の体は黒い色をしていると考えられ、形はイヌかキツネぐらいの大きさである。彼の耳は非常に長く、二本の歯をもち、そのそれぞれが、一フィート［三〇センチ］の長さで、下顎から突き出ている。

つぎに来るのは、イワホイヌ Iwahoinu、すなわち「山のテン」［ホイヌ＝テン］であるらしい。この悪魔の動物は異常に大きく、非常に長い歯と大きな角をもっているといわれる。この家族の個体のなかには、黒いものも、赤いものもいるが、これらに会うと非常に危険である。

そのつぎに位するのは、イワサラウシ Iwasaraush、すなわち「岩の草の尾をもつもの」［サラ、サル＝尾、ウシ＝ついている］とよばれるもう一つの想像上の生き物である。それはまたときに、アラサラウシ Arasaraush ともいわれる。これは、「とくに尾をもつもの」［アラ、アル＝まったく］という意味である。この生き物の体は実際非常に大きいといわれるが、体には毛がない。

私が聞いたことを思い出す最後の悪魔は、イワイセポ Iwaisepo、すなわち「山のウサギ」［イセポ＝ウサギ］とよばれる。この悪魔は、また非常に大きいといわれ、体型はノウサギに似ている。その色はときに黒く、その鳴き声はシカのようである。その耳は二、三フィート［六〇—九〇センチ］あるといわれる。

以上が陸の悪魔である。つぎに大気の悪魔に向かうにあたって、われわれはまずアイヌの観念によると、地球の六つの地域があるし、各地域の風は悪魔の乗物と考えられていることをまずはじめに述べなければならない。なぜそうなのか、これらの悪魔はどういう特殊な悪をもたらすかを、私は知ることができなかった。酒やイナオがそれに供えられることはないらしい。

非常に邪悪な大気の悪魔は、イカメナシエラ Ikamenashrera、すなわち「南東の風」［イカメナシは沙流方言で南東の風、レラ＝風］とよばれている。つぎに、ピカタトノマツネプ Pikatatonomatnep である。これは西風の名前である［ピカタは沙流方言で南西の風、トノ＝殿、偉い人、マツネプ＝女性］。この風が非常に強いときには、この悪魔が崇拝され、この風を止めてくださいと熱心に祈願される。メナシオッカイウェンユク Menashokkaiwenyuk がつぎに来る。これは強い東風の名前であり、非常に悪いといわれている［メナシは八雲、美幌方言では東風、旭川、沙流方言では南風、オッカイ＝雄の、ウェンユク＝人食いクマ］。つぎに来るのは、シュムレラウェンユク Shumrerawenyuk である。これは西風［シュムレラ、スムレラ＝西風］を意味する。この悪魔のつぎに、マツナウウェンユク Matnauwenyuk、すなわち「北風」［マツナウ＝北風］が来る。これも、すぐまえに述べたものも非常に悪いものと思われていない。モテナイ Motenai は、序列として最後に来るように思われる。この名前は、地球の北東から来る強いどんな風をもさす。この風のなかに住む悪魔は非常に悪いといわれているが、さきに挙げたイカメナシエラ（南東の風）といわれているものほど邪悪ではない。これらの他に、竜巻がある。それはチウコポイエレラ Chiukopoyerera、すなわち「らせん状の風」［チウコポイエ＝かきまわす］とよばれることもあれば、ウェンレラ Wenrera、すなわち「悪い風」［ウェン＝悪い、レラ＝風］とよばれることもある。これは第33章の終わりで述べたから、ここではそれ以上は言及しない。

つぎに述べるべき悪魔は、ウパスルヤンベウェンユク Upasruyambewenyuk とよばれる。これは、「はげしい雪嵐」［ウパシ＝雪、ルヤンペ＝嵐］という意味である。また、アプトルヤンベウェンユク Aptoruyambewenyuk、すなわち「はげしい雨嵐」［アプト＝雨］、またルヤンベニツネプ Ruyambenitnep、すなわち「悪魔の嵐」［ニツネプ＝悪魔］とよばれる。大雨のときには、すなわちアプトルヤンベウェニユクが訪れて、アイヌがそれから免れたがっているときには、彼らはざるをもって彼をあざ笑い、小屋の外の棒の上にざるをおく。それから彼らは悪魔に「おまえができるなら、水でそれを一杯にしてみろ」と挑戦する。しかし「悪魔がそうすることができないなら、おまえは立ち去るほうがいい」と彼に告げる。

付録

バチラー小伝

ジョン・バチラー John Batchelor（バチェラーとよむ人もいるが、彼自身は日本語でバチラーといっているので、そうよむことにする）は一八五四年三月二〇日イギリスのサセックス州アクフィールド Uckfield に、一一人兄弟の六番目の子供として生まれた。父親はラシャの販売と仕立てをしていた。

彼は、幼い頃にはなかなかの腕白者だった。小学校のとき、彼はたまたま、弟が数学ができないと教師になぐられているのを見た。この教師は乱暴なために有名だった。彼はこれを見て、「小さい者いじめはやめて」と叫び、そこにあるインキ瓶を教師に向かって投げつけた。教師はこれには怒って、今度は彼をつかんで激しく鞭打った。彼が涙を流すと、教師はやっと放してくれた。彼は家に帰ってこのことを母に告げた。母が慰めてくれると思ったところ、母はどんなことがあっても、先生に向かって物を投げるのはいけないと、彼をぶった。そのとき、彼はたいへん悲しくなった。しかし彼は後になってからたしかに自分が悪かったと思った。

八歳ぐらいのとき、彼の家で舞踏会があった。着飾った紳士淑女が集まり、ご馳走を食べたあとみなは音楽に合わせてダンスをした。しかしだれも彼をかまってくれなかった。そのうち客の出て行ったあとの食堂を見ると、テーブルには赤、白、青など色とりどりのお酒が美しいグラスに少しずつ残っていた。彼はそれを片っ端から飲んだ。そのうちに体は火のようになり、目は廻り、頭は痛くなった。母親のもとに行けば、ぶたれることはあきらかだった。そこで彼は犬小屋に行き、そこで寝た。後で目をさますと、ベッドに寝かされ、家の者が心配そうに彼を見守っていた。母は彼に向かって言った。「ジョン、今日の苦しみはあなたが神さまから受けた罰です。私がぶたなくてもわかるでしょう」と。そのとき彼は禁酒の誓いをたて、それを一生守った。後に彼が禁酒運動に熱心になったのは、幼いときのこの事件によるのかもしれない。

一二歳のとき、彼は祖母のところによばれた。祖母は当時九〇歳以上だった。祖母は手を彼の頭にのせ、しばらく彼の目を見つめてから言った。「この子は成長後、英国にとどまらないで、不思議な二つの人種の間で働くでしょう」（『ジョン・バチラー自叙伝』一九二八年、以下『自伝』と略。読者が読みやすいように、漢字を減らし、現代仮名遣いに改め、原文のまま引用する）と。後年彼はこの予言の通りに「この日本国に来て、大和民族とアイヌ民族のために働き、五〇有余年の長い年月を過ごしたことは、実に不思議な神の摂理」(『自伝』)だと、この予言をした祖母に深い感謝を捧げた。

彼の自伝によると、彼は一五歳で小学校を卒業後、弁護士になるつもりでその試験を受けたが、失敗したので、農場で働きながら夜間の学校で学び、のちロンドンに出て、イズリングトン神学校で学び、二一歳のときにそこを卒業した。次いで彼は、同神学校の教師から香港に行くことを命じられた。出帆の前日、行きつけの床屋に行ったところ、床屋は、彼の頭を刈りながら「やあ、バチラーさん、おめでとう。あなたもいよいよご卒業なさってシナにおいでになるそうですね」(『自伝』)と言った。

しかし仁多見巌編訳『ジョン・バチェラーの手紙』(山本書店、一九六五年、以下『手紙』と略し、仁多見氏の訳文を引用させていただく)によると、バチラーが後に所属したCMS伝道協会 Church Missionary Society of London(海外宣教師の協会)に保存されている履歴書には、神学校を卒業したという記載はないという。とすると、自伝に書いてある学歴は間違いということになる。しかし香港に行ったことは事実である。

一八七六年(自伝によると、一八七五年九月二二日になっているが、記憶の誤りらしい)、彼は六人の仲間と一緒に、サウサンプトンから出航した。彼の心にはまだ見ぬ東洋に対するあこがれと希望が一杯だった。船は、ジブラルタル、マルタ、ポートサイド、アデン、セイロン島、シンガポールとイギリスの植民地に寄港しながら、五一日かかって香港に着いた。香港到着後、全員はセント・ポーロ(聖パウロ)・カレッジに入り、主に中国語の勉強をした。入学後すぐに全員に中国語の名前がつけられた。彼には「番傘持」という名前がつけられた。名前を作った中国語の先生は、発音が似ているからだと言った。しかしその意味を聞いて、彼はこの名前を断った。そして自分で「麦之露」(バクチロー)という名前を選んだ。彼はこの名前を実印に彫って一生使った。

しかし香港の気候は彼の体には合わなかった。体はだるく、いつも眠く、おまけに首におできができ、たいへん痛かった。そしてついに、マラリアにかかってしまった。病気はますます重くなった。医者に診てもらうと、ここにもう三日いたら死んでしまうから、もっと寒い土地に行くほうがいいと言われた。一八七七年(明治一〇年)五月二六日付で、彼は、ロンドンのCMS伝道協会幹事のライト師宛に手紙を出した。「健康を損ねたために、医師が私にイギリスにもどるか、ただちに日本に行くかを勧告していると、貴師にお知らせせざるを得ないことを残念に思います。後者のコース、すなわち日本行きは現在の健康状態のもとではもっとも実行可能なものとして、監督からも示唆されました」(『手紙』)と。そこで彼は五月三一日に横浜行きの船に乗った。

横浜への航海のさい、夜明け(自伝では、一八七六年三月一五日の夜明けとなっているが、後述の手紙の日付からすると、一八七七年六月七日頃らしい)のことだった。彼は洋上から富士山を見たときの感激をこう語っている。「薄緑の澄み渡った大空に、他の山々より一段と高くそびえたつ山、頂におく雪が今昇りつつある朝日に輝いているさまは、なんとも形容できない立派さでした。この山は日本国の守り主のような感じがいたしました。そしてそれはこの世のものでなく、神様の国のように感じられました。私は思わず帽子をとってお辞儀をいたしました。日本国に入る第一の迎え人はこの美しい山でした。――それのみならず、その山のふもとに見ゆる緑色濃き松の並木、その間に点々と見ゆる人家、それはやさしい絵を見ているようでした。私は一種の霊気に打たれて、ひとりでに頬に涙の流るるをおぼえました。しかも心には喜びと安心を得たのでございます」（『自伝』）。

彼は一八七七年（明治一〇年）六月二八日付でライト師宛に函館からつぎの手紙を出した。「私は五月三一日横浜に向け、香港を離れました。そして新鮮で愉快な一週間の航海の後にわれわれは港に着きました。香港を離れて約三日後に病気は回復し始めました。――横浜でパイパー師に会いましたが、彼は私を江戸の彼の家に連れて行ってくれ、函館行きの船がなかったので、六月一四日までそこに滞在しました。一六日土曜日、私はアメリカの帆船で横浜を出帆、函館に向かいました。大変な無風のため、航海は八日かかりました」（『手紙』）。

この手紙に「函館に行く船がなかった」とあるのは、西南戦争のために九州に兵員と武器を運ぶのに船が使われていたからである。たまたまアメリカの帆船オーシャン・パール号が函館に行くということを聞き、乗せてもらったが、この船は乗組員が四人で、乗客は彼一人だった。船は金華山沖を通って津軽海峡に入り、函館の山が見えるところまで来たが、風が止んで、船は海流で青森県の尻屋岬まで押し流され、そこに停泊し、追い風が吹いてやっと船が動いて函館に到着した。それは、一八七七年（明治一〇年）六月二四日と推定される（『自伝』では明治一〇年五月一日と書いてあるが、記憶の誤りらしい）。ときに、バチラー二三歳であった。

当時函館は北海道第一の町で人口は二万人だったが（現在三〇万人）、狼そっくりの犬が夜に出て吠えるので、彼は最初のうちはなかなか寝つけなかった。そしてこの犬は子供を食うといわれていた。また攘夷の気風がまだ残り、外国人に対して敵意をもつ日本人も少なくなかった。ドイツ人がその頃殺されたし、彼自身もその翌年には日本刀で切りつけられた。バチラーが函館に来る二年まえから、聖公会のデニングという宣教師が伝道をしていた。バチラーはウィリアムという人の家に下宿し、デニングの下について伝道の手伝いをした。ウィリアムは彼の他に、三人の日本人の学生を下宿させていた。これらの学生は旧津軽藩や会津藩の武士の子供だった。バチラーはこれらの学生に英語を教え、また彼らから日本語を学んだ。彼は、この三人の学生の友人たちとも仲良くなった。

学生たちと交際し、いろいろ話すうちにたびたびアイヌのことが問題になった。学生たちは、「アイヌは人間でなく、人と犬の混血児だ」（『自伝』）と言い張った。これを聞いてバチラーは憤慨し、喧嘩になった。そこで彼はアイヌの村に行ってみようと決心した。その直後、彼は函館の街で弓矢をもったアイヌに会った。「その人たちは人に聞いたように恐ろしいところは少しもなく、かえって従順らしい親切そうな人でした。お目にかかると、すぐうやうやしくお辞儀をして両手でおひげをなで下げました。これはアイヌさんのご挨拶だそうです。私はそれを見て、ひげはもっておりませんでしたが、その人たちをまねて同じようにひげのあるべき所をなでて、挨拶いたしました。すると、お二人は嬉しそうに笑って、なにかアイヌ語でお話なさいました。――この人たちに会って後、私はいよいよ一層この民族の救済のために働こうという決心を強くいたしました。これは、明治一一年三月二八日のことでした」(『自伝』)。

そこで彼はまず、噴火湾に面した森に馬車で行った。ここにはアイヌが大勢いると聞いて行ったのであるが、アイヌはもういなかった。そこで翌日馬に乗ってオテシベ(落部、おとしべ)に行き、アイヌに会った。彼らはお互いが話すときにはアイヌ語であるが、日本語もよく知っていた。ただ、日本人がアイヌに向かって話をするとき、軽蔑して下品なことばを使うのはよくないことだと思った。彼がここで、一番最初に覚えたアイヌ語はつぎの通りだった。**tan**(この)、**to**(日)、**shiri**(天気)、**popke**(暑い)、**pirka**(良い、美しい、立派な)、**iyairai gere**(ありがとう)、**atui**(海)、**chisei**(家)、**tunashi**(早い)、**michi**(父)、**hapo**(母)、**shiwentep**(女)、**ota**(砂)、**saranpa**(さようなら)などである。

彼はこの民族のために働こうと決心した理由を三つ挙げている。第一に、アイヌにキリストの教えを教えたいことであった。第二に、アイヌに神の慈愛、あわれみ、光を知らせたいことであった。彼は言った。「大和民族のなかの多くの人たちがアイヌ人たちを無残にあしらい、余りいやしめ、圧制するのを見聞きして、それは神さまのお心でもない、また[天皇]陛下のお心でもない、また人道でもない、まことに残念なことだ。――私一人でも哀れなアイヌの村へ行ってともに住んで、兄弟同士のように愛をもって交際し、よい道を教え、慰めて、神さまのお光を知らせたいと思ったのでございます」(『自伝』、一部字句変更)と。第三に、日本は開国して日浅く、西洋の学問文明を知らないために、アイヌ民族が、宗教、言語などの点で大きな価値があることが、日本人にはわかっていない。そこで日本人はこのアイヌ民族をそのままほうって置いている。これは日本のために不名誉なことである。そこで、バチラーは、日本人がこのことに気がつくまで、アイヌの宗教、言語、習慣を研究する決心をした。

一八七八年、つまり明治一一年(自伝では明治一〇年と書いてあるが、記憶の誤りらしい)の秋、彼は札幌に行った。汽車はまだなかったので船で小樽まで行き、そこから馬で行った。札幌は当時人口が八八四二人であり(現在は一六九万)、開拓使と札幌農学校があった。彼は長官の黒田清隆に会い、また農学校の教師と学生たちと歓談した。それは楽しい思い出になった。農学校と言っても、当時教師はアメリカ人四人、学生は二四人しかいなかった。札幌で彼はアイヌ語を学びたいと思い、日本家屋を一軒借りて、樺太(サハリン)から来たデンベというアイヌと一緒に住み、このアイヌからアイヌ語を学んだ。このために、バチラーのアイヌ語は樺太アイヌ語的になったといわれる。一二月函館に帰り、日本語を早く覚えるために、宿屋に住み、またアイヌの居住地をしばしば訪れた。

あるとき、彼は恵山《えさん》のふもとのカックミ（川汲）を訪れた。ここは昔は多数のアイヌがいたが、彼が行ったときには、海岸にただ一軒の家しかなく、そこには、年寄り夫婦が二人住んでいるだけだった。彼らには持ち物はなにもなく、大層貧乏で、その上前途の希望はなく、ただ嘆き悲しんでいるだけだった。彼らの話によると、数年まえまではアイヌが大勢住んでいたが、病気で一人死に二人死に、今では自分たちだけになってしまったと言った。その数年後、彼がその地を訪れたときはもう一人もいなかった。

一八七九年（明治一二年）、CMS伝道協会の会員になった。当時、外国人は安政条約に従って函館から一〇里以上離れた地方には住むことが許されなかった。そこで彼は函館を居住地にして、そこからアイヌの村に伝道に行くことにした。五月にウス（有珠）に行った。ここで彼は、エサンペカ、オプルツ（本書三三二ページ）、およびモコチャロという名前の三人のアイヌと親しくなり、アイヌ語を教わった。モコチャロは日本名を向井富蔵といい、荷駄の輸送を稼業にし、また馬の売買や漁業もしていて、胆振《いぶり》地方屈指の資産家だった。その娘が後にバチラーの養女になり、また歌人として知られた八重子である。バチラーはこう言っている。

「有珠はたいへんきれいな所で、前は小さい入り江になって、波が静かですから、いつでも魚をとることができます。また後ろには有珠岳という火山がありまして、その山の上から見た景色は実に美しいので、私も握り飯をもって山に登り、半日楽しく遊びました。――私を案内してくださったモコチャロという人の名前は日本語でいえば、『平和を持つ口』という意味になるのです。私はあまり不思議な名だと思って『なぜそういう名をつけたのですか』と聞きますと、こういう話をしてくださいました。昔アイヌは、同族の間でよく議論が起こりました。そのときなるべく戦わずしてこれを鎮めるために、多くの人のなかから、口の上手な良い人を選んで議論させ、お互いを仲裁させたのだそうです。モコチャロさんは平和を好むお方で、また口も上手な人でしたからその名前をMo-kot-charo［モコッチャロ］、すなわち『平和を持つ口』［モ＝静かな、コル＝持つは、ch のまえなので、コッになった。チャロ＝口］と申されたのだと聞きました。けだしこれは、文明的な仕方であると思います」（『自伝』、一部字句変更）。

同年九月デニング宣教師とともに、ピラトリ（平取）を訪れ、ペンリ村長（本書図1―1）の家に泊まった。ペンリは正しくはペンリウクといい、アイヌの大長老であった。バチラーはペンリと大変親しくなり、これ以後毎年この人の家に泊まって、アイヌ語を学んだ。しかしイギリスから来た彼にとっては、アイヌの家に住むことはつらいことだった（本書一一八ページ）。夏は虫が多く、体中を噛まれ、かゆくてならなかったし、冬は水がたちまち凍るような寒さだった。食事はニシンの油で調理したもので、口に合わなかった。とくに、その臭いが鼻についてならなかった。それで、彼は粟と稗の餅とだんごだけを食べた。当時は、北海道には電気はなかったので、シラカバの樹皮を燃して照明にした。また炉から出る煙がけむく、涙が出て仕方がなかった。彼はこのような苦労をして、アイヌ語を学んだ。

翌一八八〇年（明治一三年）四月に、弘前城を見るために、函館から船で青森に行った。「弘前城はおおかた壊れていたので」、興味がなかったが、青森のことばにアイヌ語が混じっているのに深い感銘を受けた。彼はその例として、ケレイ（革靴）、マキリ（包丁）、モセム（玄関、物置）、ヘン（無い）、ベコ（ウシ）、メコ（ネコ）、シトキ（餅）などを挙げた（青森県師範学校編『青森県方言集』一九三六年、青森市今泉書店発行によると、上記中ケレイはケリ、靴になっていて、マキリは小刀とあるが、モセム、ヘン、メコという語はない。シトキについては、「ウルチの粉三分の二、もち米の粉三分の一ぐらいの割合で混ぜ、あんを入れて作った餅をいう。多くは旧の一二月に作る」と書いてある。アイヌ語でシトは、粉から作った餅、あるいはだんごのこと。仙台税務監督局編『東北方言集』一九二〇年、東北印刷株式会社出版部では、ケリ、靴、マキリ、小刀になっているが、モセム、ヘン、メコの語はない。東条操編『全国方言辞典』一九五一年、東京堂でも、モセム、ヘン、メコという語はない。ベコは東北地方全域でウシのこと）。

翌一八八一年（明治一四年）四月ウスを経てピラトリに行き、ペンリ村長を訪れた。ペンリは、彼が泊まるための部屋を建てて、待っていてくれた。これには、彼は感激した。彼は今回はサル川の上流のアイヌの集落を訪れたいと思っていたので、ペンリに案内を頼んだ。しかしペンリは、役人が西洋人を川上の道に連れて行ってはならないし、西洋人がしゃべったことをいちいち報告するように言われているから、連れて行くことはできないと断った。そこで彼は一人で行く決心をし、その準備をした。すると、午前三時頃にペンリが彼を起こしにやって来て、「役人は上の道を行ってはいけないと命令しましたが、川を上ってはいけないとは言っていません。それで、舟を用意しました」と言い、二人でひそかに上流に行った。この地方には日本人は一人もおらず、アイヌだけが住んでおり、彼らを丁重に迎えてくれた。つぎに川下のアイヌの集落を訪れ、その地方のことばを収集し、またシズナイ（静内）を訪れて、有名なシャグシャインの砦（チャシ）を見た。そしてピラトリに戻った。六月函館に帰る日、本書に述べてあるように、「むしろに包んでしまう」と言ってペンリ村長から叱られた（本書一三四ページ）。

同年一二月二二日函館をたち、翌八二年二月七日イギリスに帰国し、四月ケンブリッジ大学神学部のリデルホールに入り、六週間神学を勉強し、ついで四月ロンドンのイズリングトン神学校に入学し、約一年在学した。このとき『日本アジア協会会報』第一〇巻に「アイヌについての覚書」と「アイヌ語の語彙集」を発表した。なお日本アジア協会というのは、一八七二年（明治五年）に日本と他のアジア諸国についての情報を集め、またそれら諸国の調査をする目的で東京に設立されたイギリスの民間研究機関であり、その会報は当時非常に権威がある英文の雑誌であった。

一八八三年（明治一六年）二月七日ロンドンをたち、四月一四日に函館に戻って来た。五月ピラトリのペンリ村長を訪れて、その家に下宿した。宿泊料として一〇円を支払った。彼はこれについて、「その時分の一〇円は今［大正末から昭和初期］と違って決して安い料金でなかった」と注釈している（明治一五年の白米一〇キロの小売価格は八二銭であり、初任給は警官は八円、小学校教員は五円だった。『値段の風俗史』朝日新聞社による）。彼は伝道をするかたわら、アイヌ語を勉強し、アイヌ語六〇〇〇語を収集した。

「春から八月までピラトリにいた私は、その長い間肉類はおろか、魚肉さえめったに口にいたしませんでした。たいてい粟だんごと野菜ばかりで暮らしていましたので、平生肉類をたくさんいただく西洋人の私には随分苦しい修行でした。しまいには体がたいへん衰え、歩くことさえ困難になりました。その苦しんでいるところに、八月のある日、東京帝国大学教授である私の友人（英国人）が二人私を見舞いに来てくださいました。――喜んで迎えて、互いにいろいろのお話をいたしましたが、お昼になっても［差し］あげるものが何もないのです。相変わらず、あの粟と野菜ばかり、その上料理の仕方も変ですから、食べつけない人には食べることができないものばかりです。しばらくいて、お二人はお帰りになりました。帰るとき、私のため豚のソーセージの缶詰を一つ置いていってくださいました。なにしろお魚さえ一月に一度ぐらいしか食べることができない今、私が常から大好きなソーセージをいただいたのですからたまりません。自分は今どんなに弱っている体かということも忘れて、無我夢中で一缶をみなペロリと一度に食べてしまったのです。さあたいへん。今度こそ体を動かすこともできなくなってウンウンうなって苦しむだけでした。やっと人に運ばれてサルまで行き、そこから荷馬車に乗せられて、ようやく函館に帰りました」（『自伝』）。彼はそれから牛乳とお粥を食べてゆっくり養生し、やっと体が回復した。

同年一〇月頃、彼は家のない貧しいアイヌの少女を保護する決心をした。しかし家に女性がいないと、少女を保護することも、教育することもできないことに気づき、妻をもらう決心をかためた。そこで翌八四年（明治一七年）の元日東京のイギリス公使館でルイザと結婚した。ルイザは函館宣教師会の代表（日本聖公会北海道監督）ウォルター・アンドレスの妹で、バチラーの十年にわたる求婚に根負けして、結婚を承諾した。ときに、新郎二九歳、新婦四二歳であった。六月三〇日から新婚旅行に出掛けた。まず小樽に行き、手宮の古代文字を見た（本書二三二ページ）。当時は鉄道はなかったので、馬で、札幌、定山渓、真駒内、支笏湖、苫小牧、鵡川《むかわ》と廻り、ピラトリ（平取）に着き、ペンリ村長の家に泊まった。しかしそこはベッドもないし、洗面所もないし、ろうそくもランプもなく、ノミが多いので、アイヌの家にはじめて泊まったバチラー夫人はびっくりしてしまった。そこに二か月ほど滞在して、アイヌ語を学び、ついでセップという村のオザハパリソというアイヌの家に約一か月滞在した。この人はアイヌの伝説にくわしかったので、たくさんの伝説を聞き、書き取った（本書一八八ページにのっているカリフラワーの話は、この人のことである。しかし時代は、これよりもっとあとのことらしい）。

一八八五年（明治一八年）一月、彼は妻とともに函館を出帆して大阪に行った（しかしこの旅行は、明治一七年という説もある）。このとき彼は大阪で、アイヌについて講演した。この講演で彼は富士山のフジはアイヌ語だと言い、こう述べた。アイヌは火を二つの側面から見た。一つは日常使われる火、火で、アベ（アペ）abe と言った。もう一つは礼拝される火、または女神とみなされる火である。これは、エゾではフチhuchi あるいはフジ fuji といい、樺太ではウンジ unji と言った。これが、富士山のフジである。なおフチということばには祖母という意味もある。頂上から火や煙が出る山を見たとき、アイヌがこれをおばあさま、つまり祖先と言って拝んだことは想像にかたくないと。アイヌは火を敬う民族だからそうに違いないとバチラーは言った。こう言ったとき、聴衆の若者たちが「ノー、ノー」と叫んで激高した。バチラーが『古事記』に書いてあることを引用して説明しようとしたため、若者たちは一層憤慨した。彼はこれについて、「その時代の人々はあの古事記という立派な本をたいへん重んじていましたので、私のような外国人がその本を引いて話すのを好まなかったのでしょう」（『自伝』）と言っている。

「明治一九年の秋、ピラトリのペンリさんのお宅におりましたときのことです」という書き出しで、彼はイギリスのスパイとして訴えられた経緯を『自伝』のなかでくわしく述べている。しかしこの事件は正しくは、明治一八年（一八八五年）のことであった。ある日一人のアイヌの青年がやって来て、鳥を撃つので、鉄砲の弾丸を売ってくれとバチラーに言った。そばにいたペンリ村長は渡さないようにと目くばせをした。そこで彼は青年の申し出を断った。青年が帰ってから、ペンリは、「ニシバ［旦那］、あなたはご存知ないでしょうが、今の若者はたいへんよくない人です。ほんとに危険なことでした。ニシバをおとしいれるつもりでしたろう」（『自伝』）と言った。これに対してバチラーは、自分は食料のために鳥を撃つ許可証を函館の役所からもらっていると言った。ペンリは、そういうことではないと言い、アイヌに弾丸を売ったことがばれると厄介なことが起こるし、またあの若者は銃を撃てない人だから、悪い日本人にそそのかされたのに違いないと言った。ペンリはすぐに村に行って調べて来て、あのアイヌの後ろには、日本人がいることをつきとめて来た。バチラーはこの日本人をよく知っていたが、ペンリの忠告を聞いてからは、この日本人とあまり交際しないようにした。

ところがある日この日本人が、別のアイヌを使いによこして、「少しまえに鉄砲の音を聞きました。これはきっとバチラー先生がなにかの鳥をお撃ちになつたのだと思います。ついてははなはだ勝手なお願いですが、なんの鳥でもよろしいですから、二羽ばかり分けてくださいませんか。実は今日突然親しい友人が二人少しまえにまいりましたが、あまり急なので、差し上げるご馳走がなにもなく困っています」（『自伝』）と言った。そこで彼はカケスを分けてやった。あとでペンリ村長が、あの日本人は、ニシバが渡した鳥のなかから弾丸を抜いてそれを財布に入れたと教えてくれた。

　その後バチラーが函館に帰ろうとして、ピラトリを後にして歩いていたところ、途中であの日本人があらわれ、今鳥を撃っているが、弾丸がなくなったから分けてくれと、バチラーに言った。そこで彼は、手元にはないが、ペンリさんの家の私の部屋にあるから、ペンリさんに言って、弾丸を出してもらってくれと言った。彼は、なにか変な事件が起こりそうな予感がした。

　その頃アイヌの間では、英国は日本と戦争をして北海道を取ろうとして、バチラーを派遣して、道や川を調べさせているのだ、バチラーはスパイなのだといううわさがささやかれていた。

　一八八五年（明治一八年）春、突如日本政府から訴えられた。それは⑴パスポートの規定より長く条約区域外の地に留まったこと。⑵条約区域外の土地に家を建てたこと。⑶条約区域外で鳥を撃ったことの三点であった。ここでいう「条約」とは、一八五八年（安政五年）に徳川幕府が締結した安政条約を指す。裁判は安政条約に従い、函館の英国領事が行った。裁判が始まるまえ、彼は証人はみなアイヌであり、アイヌの使う日本語は日本人が使う日本語と違うから、英語で裁判するか、アイヌ語の通訳をつけてくれと言った。しかしこの願いは日本政府、および英国領事館双方から拒否された。それで、裁判は日本語で行われることになった。

　バチラーがどれくらいペンリ村長の家に泊まったかという尋問にたいして、ペンリ村長の奥さんが「一月半分」と答えた。英国領事側はこれを a month and a half と解し、日本政府側は四五日と解釈した。そこでバチラーは言った。「アイヌ人の言う日本語がおわかりにならないから、こんな間違いが起こるのです。アイヌ人の言う一月半分という意味は一か月の半分ということなのです」（『自伝』）。そこで彼はアイヌ語の通訳が来るまで、裁判を断った。二一日後通訳が来て、裁判が再開された。家を建てたというが、実際はペンリ村長が建てて、彼が借りていること、また鉄砲の件はバチラーが狩猟の許可証をもち、食料を得るためにしたのであることが認められた。夏、無罪の判決が下った。

「この裁判のあと領事館員が訴え人［原告の政府代理人］に向かってこう尋ねました。『あなた方はなんのためにこんなことでバチラーさんを訴えたのですか』と。すると、訴え人は申しました。『実は、バチラーさんは私たちの邪魔になる人です。われわれはアイヌ語をまったくなくしたい希望でいますのに、バチラーさんは、アイヌ人が日本語を使うと叱ります。それは、私たちがせっかく骨を折っているのを、バチラーさんがこわすわけになるのです。それで訴えたのです』。これを聞いて私は実に驚きました」（『自伝』）。

　同年（明治一八年）彼は、幌別のアイヌの青年、金成《かんなり》太郎を函館によんでアイヌ語を学んだ。金成太郎は、バチラー家の使用人バラビダの妻アッシコルクの甥であった。太郎の父親、金成喜蔵、アイヌ名カンナリキは、幌別の村長であった。この人は大きな漁場をもち、大勢の人を使って鮭漁をしていた。非常な力持ちで、若者が数人がかりでも動かせないような錨を一人でかついだ。大食漢で、甘党で、酒は一滴も飲めなかった。しかし何人もの妾をもち、精力的にぐるぐる廻っていた。それで、カンナアリキ Kanna-ariki（「また、いらっしゃる」の意味だが、カンナ＝しばしば、アリキ、アルキ＝来る）とうあだ名でよばれていた。正月には村人にぼた餅、汁粉、そうめんを大盤振る舞いするのが好きだった。この金成家からは、ユーカラ伝承者金成マツ、『アイヌ神謡集』（岩波文庫）の著者知里幸恵、言語学者知里真志保らの著名人が出た。金成喜蔵はこのように資産家であり、また進歩的だったので、親が子供を小学校に行かせなかった明治初期に、太郎を小学校にやった。

バチラーは金成太郎からアイヌ語を学ぶかたわら、彼にキリスト教の教えを説いた。金成太郎はだんだん教えを信じ、ついに一八八五年（『自伝』では、明治二〇年になっているが、明治一八年らしい）一二月二五日洗礼を受けた。バチラーはこのことを、一〇年にわたる自分の活動の成果として大いに喜んだ。

一八八六年（明治一九年）、金成喜蔵は、バチラーがアイヌのなかに住んで、研究したいという意向のあるのを知って、親切にも自分の家のそばに三つの部屋と台所を作って、彼に貸してくれた。そこで、彼は函館の家をひきはらい、五月に妻と使用人のバラビダ親子三人を連れてこの家に移った。幌別に移って三日目にひどいおできができて、バチラーは苦しんだ。当時はおできを治すことは至難だった。そこで、彼はこのおできを治すために、ヌプルペッ（登別、ヌプル＝濁った、ペッ＝川）に湯治に行った。「私たちがまいりましたころは、瀧本旅館しかございませんでした。宿主は少し足が悪い人でしたが、お心はまことによい方でいつもだれに会っても、にこにこと親切にやさしくなさるので、ここへ来た病人はこの主人の親切なお心とお顔を見て、半分ぐらい病気が治るように思うのでした。きっと愛の心の深い方でしたろう」（『自伝』、字句一部変更）と、彼はこの旅館で受けた親切なもてなしに感謝を捧げている。

同年の夏に東京帝国大学文科大学のお雇い外国人教師チェンバレン（一八五〇―一九三五年）が、「アイノ研究を通して見た日本の言語、神話、および地名」（チェンバレンはアイノと言った。アイヌと言ったのは、バチラーが始めである）を書くために、幌別の彼の家を訪れた。チェンバレンはバチラーの案内でアイヌの村を訪れ、アイヌにいろいろ質問した。チェンバレンは約三週間滞在した。バチラーの家にはベッドも家具もなかったので、彼は酒樽を六つ借りてきて、その上に板と畳をおき、それをベッド代わりにして、チェンバレンを寝かせた。チェンバレンは札幌に発つとき、バチラーが書き、原稿のままになっていたアイヌ語文法を見て、それを自著のなかで紹介したいと申し出た。これは翌一八八七年（明治二〇年）『東京帝国大学文科大学紀要』（英文）に掲載された。

一八八七年（明治二〇年）六月日本聖公会の執事になるた

めに東京に行き、約六か月間神学の勉強をし、一二月一八日執事になり、同教会の日本監督からアイヌ伝道者とし正式に任命された。彼はアイヌの子供を教えるにはどうしても、学校が必要であると痛感し、翌一八八八年（明治二一年。『自伝』には明治二三年となっているが、これは記憶の誤りらしい）に幌別に愛隣学校という小さな学校を建て、金成太郎をその校長にした。バチラーはアイヌの子供にローマ字を教え、ローマ字でアイヌ語の読み書きを習わせ、また算数と裁縫を教え、アイヌ語の賛美歌を歌わせることを教育方針にした。ところが、室蘭の郡長がこれは条約区域外だと異議を申し立てた。そこで彼は仕方なくこれを廃止して、一八九二年（明治二五年）に函館元町に新しい学校を建て、金成太郎を解任して、ネットルシップをニュージーランドからよんで校長にした。太郎が解任されたのは、彼がアルコール依存症になったからであった。

一八八八年（明治二一年）六月バチラーは長老になるために、東京に行き、六か月神学の勉強をし、一二月聖公会長老になった。翌八九年『日本のアイヌ』を英文で発表した。彼は一八八一年に『アイヌ語彙集』を出し、以来アイヌ語の収集に努めていたが、北海道庁の資金援助が得られて、八九年（明治二二年）の六月に二万語のアイヌ語を含む『蝦和英三対辞書』（後の版では、『アイヌ・英・和辞典』）Ainu-English-Japanese Dictionary を刊行した。

ここでアイヌ語辞書と文法書の歴史について簡単にふれておきたい。

文化元年（一八〇四年）頃『もしほ草』（『蝦夷方言藻汐草』）という一冊の本が江戸で出版された。これは、アイヌ語の単語二五〇〇語を、天地、人物、身体、草木、鳥獣、道具、助詞などの項目にわけて記載し、それに日本語の訳をつけた一種の辞書で、巻末にはアイヌ語の会話、アイヌ語の文章の見本、およびユーカラ（ユーガリ浄瑠璃）の一節が載っていた。

この本は一八二九年（文政一二年）シーボルトによって、「ウエハラ・クマジロウとアベ・チョウザブロウのモシホグサ、一七九二年江戸出版」として、ヨーロッパに紹介された。オーストリアの言語学者フィッツマイヤー Pfitzmaier は、シーボルトが持ち帰った『もしほ草』を研究し、それに載っているわずかの単語と文体だけをたよりにしてアイヌ語文法を組み立て、この結果を一八五一年（嘉永四年）に『アイヌ語の構造に関する研究』Untersuchungen über den Bau der Aino-Sprache と題して『王立ウィーン科学アカデミー報告。哲学歴史部門』第七巻に発表した。これが、最初のアイヌ語の文法書である。

一八八七年（明治二〇年）チェンバレンは、この書について こう批評した。「この文法書が不完全に印刷された日本の語彙集『もしほ草』だけをもとにして完成されたことを考えると、このオーストリアの学者によって得られた成果はまことに驚嘆すべきものがある。文の各節を照合し、各単語を比較し、見かけ上の各文法現象に注釈をつけるさいに出会った莫大な苦労のごく一部が、アイヌの国自体への旅行に捧げられなかったことを人は遺憾に思うだけである。アイヌの国での土着の人々との二、三か月の会話は長年にわたる苦労を節減したであろう。実際それは、その苦労を節減しただけでなく、その研究結果をはるかに信頼させるものにしたであろう。実際のところ、フィッツマイヤー博士の『研究』は、学生を旅行の目的地に安全に連れて行くようにもくろまれた案内書というよりもむしろ、学術的生産の一つの記念碑である」と。

ところで、日本に存在している『もしほ草』には巻頭に白虹斎という人の序文があったため、日本では古くから『もしほ草』の著者は白虹斎、つまり最上徳内だとされていた。それゆえ、この本の著者については、ヨーロッパ人の学者と日本人の学者の説がくい違っていた。チェンバレンも著者はウエハラとアベ、刊行年は一八〇四年（文化元年）と書いた（バチラーの『アイヌ・英・和辞典』の注でもそうなっている）。後に金田一京助がチェンバレン所蔵の『もしほ草』を見せてもらったところ、巻末につぎの文があるのを発見した。

「蝦夷地東西の諸島を廻るのあいだ、旁午［ぼうご、繁雑なこと］の遑［いとま］を忍んで、方言を書きあつめたれども、里人の音韻を聞き得ざること少なからず。かつ記すに倭字［わじ］を用いる。軌［法則］に当たらざること多し。極めて誤りあるべし。訂［ただ］さんと欲すれども、東西千里再問することはなはだ難し。後来同志の友、これを正さんことを願ふのみ。寛政四年五月四日　通辞上原熊治郎　支配阿部長三郎」。

寛政四年は一七九二年であるから、シーボルトの記述は正しいことになる。金田一京助の研究によると、上原熊次郎（あるいは熊治郎）は、松前奉行に属した通訳で、一八一一年（文化八年）にロシア海軍のゴローニンが千島アイヌ、アレキセイを連れて国後島に来たとき、その通訳をした人である。上原が松前奉行の命をアイヌ語に訳して、アレキセイに伝え、アレキセイがそれをロシア語に訳してゴローニンに伝えた。ゴローニンの報告によると、上原は当時五〇歳前後だったという。すると上原が生まれたのは一七六一年（宝暦一一年）頃、『もしほ草』を執筆したのは三一歳頃になる。

フイッツマイヤーの『研究』が出て二四年後の一八七五年（明治八年）に、ドブロトボルスキー Dobrotworsky の『アイヌ・ロシア語辞典』がカザンで刊行された。これは、『もしほ草』やフイッツマイヤーの『研究』をはじめ多くの資料をもとにして編纂されたものである。しかし本書には、アイヌ語でないことばも混入していた。

バチラーの『アイヌ・英・和辞典』は、以上の諸辞書に続くものであった。これまでの辞書は、チェンバレンが言った通り、アイヌからことばを聞いて作ったものでなかった。ところが、バチラーの辞書は、アイヌのなかに入り、アイヌ語を直接アイヌについて学び、アイヌがしゃべるアイヌ語に耳を傾けてノートにとり、英語の訳語をつけ、文法を組み立てたという点で（文法はチェンバレンがさきに紹介したものを書き改めて、巻頭に載せた）、画期的なものであった。またアイヌ語の表記にローマ字を取り入れたことは特記すべきことであった。後にこの辞書は酷評されたが、その先駆者的な業績はやはり率直に評価しなければならない。最初の英和辞典であるヘボンの『和英語林集成』が出たのは一八六七年（慶応三年）、最初の日本語の辞書『言海』が文部省の資金援助によって刊行されたのは一八九一年（明治二四年）四月であることを考えると、明治二二年に三五歳の若者によって編纂されたこの辞書はやはり偉大な業績といわねばならない。

バチラーはこれ以後もこの辞書の改訂に努め、その出版には私財を投げうち、あるいは寄付をつのった。この辞書は類書がないので（服部四郎編『アイヌ語方言辞典』一九八一年もあるが、これは、英和辞典から想像されるような辞書とは違う）、今日でもきわめて貴重である。最新の版は一九八一年（昭和五六年）に岩波書店から出た四版二刷である。旧版はもちろんのこと、この版も今日入手はきわめて困難で、古書価格で旧版は十何万円、新版は十万円もする。このことは、アイヌ語学習の大きなネックである。

バチラーは一八九〇年（明治二三年）一月帰国し、イギリスである村の牧師を六か月した。イギリス滞在中に、彼は一八八三年から行っていた聖書のアイヌ語訳の完成に努めた。一八九一年の終わりに彼は、マルコ、ルカ、ヨハネの福音書のアイヌ語訳が完了したと教会関係者に報告している。

翌九一年の六月に彼は函館に戻って来た。彼はかねがね札幌に転居したいと思っていたが、条約改正前であったので、それもかなわなかった。これより前の一八八七年（明治二〇年）に北海道のキリスト教徒が北海道禁酒会を結成した。この会は一八九〇年には会員一五〇〇人を数えるに至った。かねてからアイヌの間に大酒家が多いのを憂えていたバチラーは、この会と提携して、アイヌの間に禁酒を広めることを計画し、この会のなかにアイヌ矯風部をもうけ、その委員になった。これが機縁になって禁酒会に属していた札幌農学校の学生たちと親しくなった。学生たちはバチラーが札幌に移りたいと思っていることを知り、禁酒会の講師として、転居が許可されるように奔走してくれた。幸いこれは当局に許可され、一八九二年（明治二五年）一月、バチラー一家は札幌に転居することができた（『自伝』には明治二六年と書いてあるが、これは記憶の誤りらしい）。彼は北三条西七丁目一番地の活版所あとを二〇〇円で購入したが、修理に二〇〇円もかかった（この時代小学校教員や警官の初任給は八円）。ところがこの家は風が吹くとユラユラと揺れた。それで二階に寝ていることができなかった。

これより五年まえの一八八七年（明治二〇年）四月三〇日、彼はロンドンのCMS伝道協会のスミス師につぎの手紙を出している。

「アイヌ民族は極端に貧しく、かつ圧迫されています。人々は彼ら自身の土地をもっておらず、日本人に適当にされています。アイヌは少しの自由行動も許されていません。今後彼らは土地を政府から買わねばならないでしょう。日本人のためになにか働いている大部分のアイヌは金でなく、品物で報酬を支払われています。ですから、非常に貧しく、しばしば飲んで酔っています。多くの人は一年たっても、一〇セント[当時の邦貨で二〇銭、白米五キロの値段]以上手にするのはむずかしいです。病人と、死にかかっている多くの人々はなにをもって薬を買ったらよいのでしょうか！」（『手紙』）。

彼はアイヌのこの窮状を少しでも助けたいと思った。そこで、一八九二年（明治二五年）一二月（『自伝』には明治三六年になっているが、これは記憶の誤りか）に、彼は自宅に接して、アイヌの家屋の様式を大幅にとりいれたアイヌ施療病室を建てた（本書図4—3）。医者としては、公立札幌病院長関場《せきば》不二彦が奉仕してくれた。入院患者は一八九二年には一五名だったが、九三年には九八名、九四年（明治二七年）には一三七名になった。関場は、病気の種類として、トラホーム七％、梅毒九％、リューマチ一二％、慢性胃炎一五％と報告している。この医療活動によってバチラーの名前はアイヌの間に広く知られるようになったが、彼はたえずその資金繰りに苦しまねばならなかった。一八九五年（明治二八年）五月一日にロンドンのCMS伝道協会本部にこう訴えている。「アイヌ施療施設のために、すでに許可された二〇〇ドルに加うるに、年四〇〇ドルの追加支出を許可されるように心からお願いいたします」と（この時期一ドルは二円で、白米一〇キロの小売価格は、明治二五年六七銭、明治三〇年一円一二銭と二倍近く上がった。この手紙はこのインフレ傾向をさしている）。以後彼は再三金をよこせという手紙を出した。

一八九三年（明治二六年）春には、室蘭、有珠に伝道旅行をし、翌年春には千歳、苫小牧、白老、室蘭、平取を伝道した。このとき彼に同行した英国人の女教師が、つぎの手紙を友人に送った。

「朝八時に札幌駅から汽車に乗りました。線路はようやく室蘭まで通じたばかりでした。客車はアメリカで作られたもので、らくでしたが、なにしろ出来たばかりの線路ですから、一時間にやっと一〇マイル［一六キロ］しか進みませんでした。行く道々で内地から移住して来た多くの人たちを見ました。一三〇〇人もおりまして、そのうちの七〇人は二歳以下の子供だと聞きました。これらの人たちは開墾に来たのですから、みな家をもっておりません。木の枝の上のほうにむしろをかけて、その下に住んでいるのです。木や草がぼうぼうと生い茂ったなかに、ただそれだけの準備をして住むのですから、蚊、アブ、ハエやいろいろの虫のために、随分苦しめられているようでした。一二時頃追分に着きましたが、あいにくそこから苫小牧に行く途中汽車が故障し、三時間半そこで停車し、ようやく五時に白老に着きました。

翌日の朝先生［バチラー］は、村長の家で集会をして、多くの人に説教をされました。みなうやうやしく聞きましたので、われわれは喜びました。これをすましてから、すぐ馬車に乗って苫小牧を通って三時に千歳村にまいりました。途中の道は大変悪く馬車ががたがたとひどく揺れて、随分苦しみました。村に着くと、村民はみな喜んですぐに集まって来て、先生のお説教を聞きました。私どもはみな床に坐りましたが、先生だけは酒樽に腰掛けて、お話をなさいました。天井の低い煤けた家で、明かりは薄暗いものでした。細い木の先を割って、カバの木をねじってはさみ、それに火をつけるのですから、暗い灯火でした。少し燃えるとまた炉端でつついたり、はたいたりしなければならないので、煙いし、わずらわしいものでした。集まった人は三〇人ぐらいで、みな楽しそうに先生の話を聞いているのには感心しました。
その翌日の晩またアイヌの村に行って、先生が幻灯をお見せになると、村の人たちはみな集まって来て、非常に喜んで見ました。翌朝馬に乗って長い旅をして晩八時に先生の家に着きました。この四日間の先生の伝道を見て、まったく内地と違った、随分苦しいお働きだと思いました。しかし神のみ恵みはその上にあるに違いないと信じます」（『自伝』、字句変更および省略）。

この年の夏には、釧路、厚岸《あっけし》、網走、根室に伝道旅行に行った。これ以後も彼は何回か、使用人パラピタと一緒に馬で網走まで行っている。本書に述べてあるウサギの話はこのような伝道旅行の一つのさいの出来事である（一六三ページ）。

一八九五年（明治二八年）五月にアイヌの奉仕によって平取に教会が建設され、翌年には有珠にも教会が建った。しかしここでアイヌと日本人の信者の間で悶着が起きた。日本人の司教は日本語で説教していた。一方、アイヌはバチラーが訳したアイヌ語聖書や教会暦を使っていた。またこれらの教会は「アイヌ公会」と俗称されていた。そこで、日本人の信者たちは、教会でアイヌ語を使うことを禁止し、また「アイヌ公会」という俗称を削除してくれと、日本聖公会に要望した。このアイヌ語問題について、バチラーは同年九月一四日付で、ロンドンのCMS伝道協会のゴールド師に報告している。

「日本人がアイヌ語を恥辱のことばとみなす考えは、それこそ彼らの大きな恥です。アイヌ自身は非常にまれな例外を除いて、彼らの祖先からのことばを愛しています。そしてそれを知ることを愛しています。しかし彼らは土着語でよばれるのをいやがります。彼らはアイヌ語でよばれると感情を害します。その理由は、彼らの祖先の土地を不当に取られたことをいやでも思い出すからだと申しています」（『手紙』）。

バチラーはアイヌ語をこよなく愛していた。アイヌのある老婦人は、愛隣学校に入ったとき、バチラーからものを聞かれた。彼女がおぼつかない日本語で答えると、バチラーは不機嫌そうに言った。「無理をしないで、アイヌ語で答えなさい」と。またあるアイヌの老婦人はこう回想している。「バチラー先生は本当にアイヌのことはなんでもよく知っていましたし、アイヌ語もアイヌと同じように話しました。私は今まで何人もアイヌ語を研究する人に会っていますが、アイヌのように話せたのはバチラーさんぐらいです」（掛川『バチラー八重子の生涯』）。

一八九六年（明治二九年）婦人伝道師マリー・ブライアントが来日した。バチラーは一八九九年（明治三二年）に、彼女を平取に送って、伝道に従事させた（本書図26―2）。彼女は看護婦の資格ももち、分娩、育児などアイヌの保健衛生にも尽くしたので、アイヌから非常に慕われた。彼女は在日二二年で帰国したが、帰国のとき平取のアイヌは泣いて別れを惜しんだという。

翌九七年（明治三〇年）に、バチラーはアイヌ語訳の新約聖書をイギリスで刊行した。一八九八年に札幌北三条西七丁目二番地に新居をたてて移転した（この住宅は現在北大付属植物園にバチラー記念館として保存されている）。一九〇一年（明治三四年）一二月にロンドンに帰り、翌年春まで滞在した。滞在中、本書（『アイヌの伝承と民俗』The Ainu and Their Folk-lore）を出版した。

一九〇三年（明治三六年）、セリオセフスキ Sieroshevski という人が彼を訪ねて来た。この人はポーランド人であったが、聞くと、シベリアのヤクート族のなかに約九年間流刑されていたが、今回釈放されて、バチラーのところに来たという。アイヌの村を見て廻りたいというので、一緒に行った。セリオセフスキはなかなかの学者で、道々ヤクート族とアイヌ族の比較を述べた。話が大変おもしろいので、一日が一時間で過ぎるように思われた。セリオセフスキは立派な双眼鏡をもってほうぼうの景色を見ていたが、それが双眼鏡でなくカメラだということを後で聞いて、バチラーはまったく驚いてしまった。

その後まもなく、ピルズツキ Pilsudski が来た。彼もポーランド人で、七年間シベリアのアイヌのなかに流刑されていたが、釈放され、セリオセフスキを訪ねて来たのだと言った。バチラーは彼とアイヌ語でしゃべったが、共通なことばはアイヌということばだけだった。この人はその後（一九一〇年）ロンドンに行き、コレージュ・ド・フランスの言語学教授ルースレ Rousselet のもとでアイヌ語を短期間研究し、一九一二年に『アイヌ語とアイヌの民間伝承の研究のための資料』を刊行した。

それはさておいて、セリオセフスキとピルズツキの二人は、その後すぐに札幌を去った。汽車が出るとき、セリオセフスキは窓から頭を出して言った。「バチラーさん。あなたはもういい加減に北海道をよして、他にいらっしゃい」。バチラーはけげんな顔をして「なぜですか」と聞いた。セリオセフスキは「危ないからですよ」とだけ言い、その訳を言わなかった。あとでバチラーは日露戦争が近づいていたから、そう言ったのだろうと思った。一九二六年にバチラーはあるロシア人から、この二人はロシア政府が派遣したスパイだという話を聞いた。

一九〇六年（明治三九年）一〇月にバチラーは、向井富蔵（アイヌ名モコチャロ）と向井フユの次女八重子（フチ、一八八四―一九六二年）を養女にした。これはバチラー夫妻に子供がなかったためと考えられるが、バチラーは五三歳、ルイザ夫人は六四歳、八重子二二歳のときであった。のち彼女は婦人伝道師としてバチラーを助け、また歌集『若きウタリに』（一九三一年）で有名になった。大岡信氏の『折々の歌』には彼女のつぎの歌が挙がっている。

空にのみ星ありとすな　人の世の
星を数へむ　良き子集めて

日露戦争後樺太（サハリン）が日本領になってから、バチラーは八重子を連れてしばしば樺太アイヌの伝道に樺太に渡った。一九〇八年（明治四一年）一一月一二日彼は、CM

S伝道協会のゴールド師につぎの報告をしている。「樺太は一八九四年［一八七五年の間違いか］日本からロシアに譲渡されましたが、戦争が終わった一九〇四年に条約によって日本に返還されました。緯度は四六度から五〇度まで、経度は一四一度から一四五度までの地域です。島は日本人だけで、日本人が多数住んでいる町は三つしかありません。豊原［現在ユジノサハリンスク］は四〇〇〇人、コルサコフ（大泊）は六〇〇〇人、真岡《まおか》は二四〇〇人、日本人の常住人口（冬も住む）は二万人です。その他に、アイヌ一三九三人、オロッコ二六三人、ギリヤーク一八八人、ロシア人一三三人です。真岡の北西七五マイルにクシュンナイ（久春内）というアイヌの村があります。ここの若い既婚の婦人が洗礼の準備のために、札幌のわれわれの家に滞在中です」（『手紙』）。

一九〇九年（明治四二年）四月二八日（『自伝』では明治四二年一二月になっているが、これは記憶の誤りか）バチラー夫妻は八重子を連れて、小樽からウラジオストックに渡り、五月四日同地からシベリア鉄道に乗り、帰国した。この年日本政府は彼に勲四等を贈った。またカンタベリー大監督より、神学博士の学位を授けられた。彼はこれらの光栄を非常に喜んだ。八重子は「英国に旅して」と題してつぎの歌をよんだ。

仰ぐさへ　おそれおほかる　聖堂の
　礼拝式に　つらなれりかな

英国滞在中、バチラーは家庭教師をやとって、八重子に英会話とオルガンのレッスンを受けさせた。八重子には、アイヌの女性についての講演の依頼がしばしばあった。こういうときには、バチラーが通訳をした。ある講演会で八重子がアイヌがおかれている窮状を話すと、あちこちですすり泣きが起こった。

「英国のご婦人たちはご同情くださいまして、アイヌの女子を教える一助にと、お金をくださいました。一九一〇年北海道に帰りましたとき、そのお金でもって、有珠村にいる八重子の父親が昔日本のお方から買った土地に、家を建て、六人あまりの女子の世話を始めました［これが『アイヌ女子の家』］。しかるに、その土地を買って一〇年後、それを売った人の息子が相続人になりましたとき、他の悪い人にそそのかされて、その人の父親が売ったことを承知しながら、土地を取り返すために裁判を起こし、とうとう理不尽にも、その土地を取り上げてしまいました。そのため、『アイヌ女子の家』もなくしてしまわねばならなくなりました。これは、八重子にとっても、アイヌにとっても大きな悲しみと失敗でした。このようなことは書きたくないのですが、そういうような残酷なことがたくさん私の目のまえにあったので、そのほんの一つだけをご参考のために記します。もし私の知っていることをみな書きましたら、みな様はそれは嘘だろうと思うほど驚かれるでしょう」（『自伝』）。

この事件は、向井富蔵が地主小野某から買い取った土地の登記をしていないことにつけこんで、小野家の息子の代になったときに、佐藤某がこの息子をそそのかして裁判に持ち込んだ事件であった。富蔵が死んで一七年もたってから起こった事件であった。結局向井家は敗訴し、土地も家も奪われた。八重子は晩年になってからこう書いた。「私たち姉妹が、その土地から生まれたとさえ思っていた土地をとられたときの悲しさ。悪いかもしれませんが、正義の味方であるべき裁判所を疑わずにはおられませんでした。小野家の悪だくみのために、こんな恐ろしい目に会い、死んだ父に対して申しわけない耐えられぬ悲しみです」（掛川、前掲書）。こうして彼女の心に日本人に対する抜きがたい不信が生まれた。彼女はこう詠んだ。

かくまでも　相親しみし　あの土地を
　　去らねばならぬ悲しかりし日

バチラーは、最晩年に「不思議な力」――現代的に言うと超能力――を与えられたと言っている。今日超心理学とオカルティズムは流行だから、これについて述べておきたい。彼は超能力をもつきっかけになった事件について、こう述べている。

「明治四三年（一九一〇年）の春日本国に帰りまして、東京に着くとすぐに、天皇陛下の観桜会のお招きにあずかりました。そのとき陛下にご拝謁をたまわり、しかも陛下より、かしこくも私は握手をたまわりました。そのお手にふれますと、まったくなんと申しあげてよろしいか、威熱とでも申しあぐる、熱き熱き火のごとく強き、み力が出まして、私の全身を足の裏まで廻って、火のごとく、焼けるような感じがいたしました。このような感じは、私の生涯にもう一度ありました。それはおばあさまを見舞ったときに得た感じでございます。私は、陛下と握手いたしましたとき、しばらくぼんやりし、私の体全体が震えたように思いました」（『自伝』、字句一部変更）。

彼は、観桜会から友人の宣教師宅に帰った。この宣教師は、家の隣に中国人女性の寄宿舎をもっていた。帰るとすぐ、この宣教師の夫人が、寄宿している中国人の女性が死にそうだから、お祈りをしてくれと言った。そこで彼はすぐにその女性のところに行き、お祈りをしてから、手をその女性の額にしばらくおいた。彼女は安心したように眠った。一時間後彼女は目をさまして、食べ物が欲しいと言い、食べ物を食べた。翌朝彼が彼女を訪れると、彼女はすっかり治ったと言った。

「これはまったく神よりたまわった力でございますが、もう一つは、明治天皇陛下から握手をたまわったときに、私は病人を治すこの不思議な、ありがたい力を託されたことをたしかに自覚いたしました」（『自伝』）とバチラーは言っている。

彼はこのあと札幌に帰り、また上京して、さきの友人の寄宿舎で一六人の女性に聖書の講義をしてから、会議のために、この友人夫妻とともに有馬温泉に行った。会議は朝から始まり、午後九時になっても終わらなかった。そこで彼は疲れて、自分の部屋に帰り、ベッドに横になると、すぐに寝入ってしまった。そのとき彼は、幻影を見た。場所はあの寄宿舎で、二人の中国人女性と一人の西洋人の女性が見えた。一人の中国人女性は畳にひれ伏し、手を頭の上において泣いていた。もう一人の女性はさきの女性のそばにひざまづいて、同じく泣き、さきの女性の肩をなでていた。西洋婦人はなにをしているかわからないが、洋服のすその模様だけが見えた。彼はこの幻影を一晩に三度も見た。翌朝彼が友人夫婦にこのことを話すと、「二人の中国人女性の洋服の模様は見覚えがある。これはなにか異変が起こったのに違いない」と、友人夫婦は言い、急いで急行で帰って行った。三日後東京でこの友人に会い、この幻影のことを聞いたところ、友人夫婦が新橋駅に着いて駅の待合室に入ると、幻影のなかの二人の中国人女性がそこにいて、「昨夜九時ごろ、『父死んだすぐ帰れ』という電報が来ました。それで、今発つところです」と言ったという。そしてバチラーが幻影を見たときが、彼女たちがちょうど電報を見て泣いていたときであることがわかった。また西洋婦人は英国人で、彼女たちの英語の教師だった。のちにバチラーがこの英国人に聞いたところ、そのときの状態は、バチラーが幻影として見た通りだった。

一九一五年（大正四年）彼は妻とともに帰国した。このときはマニラを経由してオーストラリアに行き、そこから南アフリカに行き、そこで弟に会い、それからロンドンに行くことにした。シドニーにしばらく滞在し、説教をしたり、講演をしたりした。またニュージーランドにも招かれ、そこで多くのマオリ人たちに会った。

ある日、彼が泊まっている神学校に二人のマオリ人女性が自動車でやって来て、こう言った。「ここに病気を治す白人の方がおいでですか。もしおいでなら、出て見ると、病気を治していただきたいのですが」。この声で彼が出て見ると、その女性が「先生ですか」と言って、こう説明した。今自動車で女の人を連れて来たが、彼女は片足が悪く歩くことができない。だから先生が手をおいて治して欲しいと。そこでバチラーは、治るかどうかわからないが、遠い所から来られたのだからやってみましょうと言い、患者を部屋に入れた。この人の膝は普通の倍ほど腫れ、大変痛いようだった。そこで彼がそこに手をおいてお祈りをすると痛みはとれ、二〇分後には動かすことができ、一時間後には腫れも引いて起き上がり、夢中で跳びはね、最後には走り出した。このようにして彼は何人かのマオリ人を治した。

ニュージーランドを発つとき、彼はマオリ人からこの地に留まってくれと頼まれた。またオーストラリアを発つときには、メルボルンの教会関係者から、帰らないで欲しいと言われた。しかし彼は「私には北海道でなすべき仕事がまだたくさんありますからどうしても帰らなければなりません。これは私が神から与えられた仕事だと思います。また私はアイヌ民族のために一生働こうと決めましたから帰ります」（『自伝』）と言って、誘いを断固断った。

彼が南アフリカに行こうとしたとき、イギリスの親類が、南アフリカにはドイツの水雷艇がいて危険だから日本にひき返すようにと言って来た。それで彼は、一九一六年（大正五年）一二月に札幌に戻ってきた。

札幌に帰ってしばらくして、彼は弟の幻影を見た。弟が家の門のまえに、軍服を着てやせおとろえて立っていた。死んでいるようだが、完全に死んだようでなかった。彼は驚いて戸を開けて、手招きをしたが、知らないふりをしていた。彼はこの幻影をその後二度も見た。その翌年、妹から手紙が来た。それによると、弟は軍人になってアフリカでドイツ軍と戦っているとき、日射病になり、死にそうになったが、助かった。しかしその後マラリアになり、ながらく危篤状態だったが、今やっと治ったと書いてあった。バチラーは、幻影を見たときが、弟が日射病になったときだと思った。

一八七八年（明治一一年）尾張徳川家は旧士族救済のために八雲の土地を払い下げてもらい、そこに徳川農場を開いた。一九二〇年（大正九年）頃、八雲の郵便局長がバチラーのことを当主の徳川義親にしゃべった。これがきっかけになって、バチラーと徳川義親の親交が始まった。同年一二月一〇日バチラーは上京して、義親の東京の本邸を訪れた。

一九二三年（大正一二年）一二月二一日の夜に奇妙な夢を見たと、バチラーは一二月二八日付で義親に手紙を出した。この手紙にはつぎの彼の日記の文が引用されていた。

「一二月二二日。昨夜私は非常に眠くなり、ほとんど起きていることができなかったので、六時半にベッドについた。私はすぐにぐっすりと寝入った。しかしちょうど真夜中すぎに目がさめた。そして私のまえに、人もあろうに、摂政の宮が立っていた。宮（プリンス）は非常に疲れているように見えたが、その他の点では非常に健康そうだった。どういうわけか私は、宮が差し迫った危険にあるという印象を受けた。それから、木々の生えた土手が見えた。次いで、上のほうから突然すさまじい音がし、人が突進し、宮が通り過ぎて行った。これはとても奇妙だった。それで、私は非常に心配になったので、徳川侯爵に手紙を書こうと思った。しかしつぎの瞬間に、私が少し『もうろく』していると思われるといけないので、書くまいと決心した」。

「一二月二七日。今日の新聞は摂政の宮が撃たれたが、怪我がなかったと報じている。私はすぐに、徳川侯爵に、弾丸は上から来たのか、水平に来たのかと尋ねた」（『自伝』、ただし日記文は英語）。

これは、摂政（大正天皇は病弱のために、後の昭和天皇が国務を代行していた）が一二月二七日帝国議会の開院式に出席するために、自動車で午前一〇時半に虎ノ門にさしかかったとき、難波大助によって狙撃された事件をさしている。この事件は、皇太子の暗殺未遂事件であっただけでなく、犯人が代議士難波作之助の三男であったために、当時世間に大きな衝撃を与えた。この日記は、バチラーがこれを予知していたことを示している。彼は後に、暗殺未遂の現場を車で通ったとき、木々の生えた土手があることを確認した。

バチラーはかねてから、札幌にアイヌ青年のための寄宿舎を建て、そこに田舎のアイヌ青年を入れて、彼らを小学校以上の学校に通学させたいと考えていた。彼は寄宿舎を建てるに至った経緯を『自伝』でこう述べている。

「日本全土に住んだといわれるアイヌ民族も次第に減じて、今日わずかに一万五千人を数えるにすぎない有様になって、種々侮蔑待遇を受けていることは、まことに気の毒な次第であります。五十余年の私の北海道生活中、私はあわれなアイヌ民族が心の悪い人々のため、どれくらい苦しめられているかを見聞きいたしましたとき、実に残念に思い、同情にたえない次第でございます。ゆえに、私はこれらの人たちのためにできるだけ力を尽くしてまいりました。しかしこうした弱肉強食的悪思想をもつ人のために長い間しいたげられて、彼らがまったく自尊心を失い、自暴自棄の行為をなす者が多くなって来ましたことは甚だ遺憾なことであります。ゆえに、これが対策をいろいろ考究の結果、教育により、また宗教により、人格的な自尊心を高めるほかはないと考えまして、その一助として、札幌に寄宿舎を設けて、アイヌの子弟で中等学校へ入学する者の援助指導を計画いたしました」（『自伝』、字句一部変更）。

　先立つものは金だった。ロンドンのCMS伝道協会の財政的援助は望み薄だった。そこでバチラーは自力で建設資金を集めることにした。彼は東京の徳川義親の私邸を訪ねて、支援を頼んだ。義親は彼の趣旨に賛成し、自らも寄付する他に、各方面を奔走して、約三万円を集めてくれた（白米一〇キロの小売価格は大正八年三円八六銭、同一一年三円四銭、同一五年三円二〇銭。警官の初任給は大正八年二〇円、同九年四五円）。こうして、一九二四年（大正一三年）九月二四日に寄宿舎が完成した。これが「アイヌ保護学園」（のちバチラー学園と改称）で、一六名から一八名の学生を収容できた。

　この年彼は七〇歳になったので、CMS伝道協会宣教師を辞任し、この学園の運営に全力を注いだ。しかし財政はつねに赤字だった。一九二六年（大正一五年）収入は一〇七七円、支出は三九九六円だった。彼は一〇万円の基金が欲しいと思った。そこで寄付を方々に求めた。北海道の資産家に寄付を再三願って、わずか二〇円しか出してくれなかったときには、がっかりしてしまった。しかしつぎの手紙を見たときには、彼は涙が出るほど嬉しかった。

「拝啓　私どもは二、三日まえに校長先生からアイヌについてお話を承りまして、とてもかわいそうでなりません。そしてイギリス人ジョン・バチラー先生のご親切を非常に尊く思います。私ども少年団員は朝夕、団の費用にあてるために、豆腐や納豆を売っているので、少しばかりの貯金があります。そのなかから、金五〇銭を差し上げますから、これをアイヌ保護学園の設立費におあげください。どうぞお願い申します。昭和二年一二月一三日　気仙郡気仙町仲町少年団　岩手県教育会副会長　栗田五百枝殿」。

　のちに新渡戸稲造を会長、徳川義親、渋沢栄一を顧問にしてバチラー学園後援会が作られ、基金の募集が行われた。一九三〇年（昭和五年）、宮内省（のちの宮内庁）の二〇〇〇円をはじめとして、各方面の寄付が集まり、総額三万四二五〇円になった。翌年学園は財団法人の認可を得た。

　これより前の一九二四年（大正一三年）、七一歳のとき、宮内省、北海道庁、日本聖公会などから、長年にわたる社会事業に対して表彰を受けた。一九二六年（大正一五年）一〇月三〇日から一一月一六日まで東京で汎太平洋学術会議が開かれたとき、彼はその会員に推薦され、アイヌについての講演をし、翌年（昭和二年）一〇月英文で『アイヌの生活と伝承』Ainu Life and Lore を教文館から出版した。これは、『ジャパン・アドバータイザー』紙に連載されたものを本にしたものである。翌年一〇月『ジョン・バチラー自叙伝――我が記憶をたどりて』を文禄社（東京市京橋区南紺屋町四）から刊行した。これはバチラーがローマ字で書いたものを、得能佳吉夫人松子がそのまま漢字とひらがなに直したものである。

一九三六年（昭和一一年）四月六日ルイザ夫人がなくなった。享年九一歳であった。同年一〇月二〇日、バチラーは横浜から船に乗り、イギリスに一時帰国した。これは五度目の帰国だった。翌三七年（昭和一二年）二月イギリス皇帝からＯＢＥ（大英帝国勲章）を授与された。三月札幌に戻って来た。一〇月ルイザの姪ミス・フローレンス・アンドレスがバチラーの世話をするために来日し、バチラー家に同居した。養女八重子はやがてアンドレス（当時七〇歳）を嫌うようになった。これはおそらく、ルイザ夫人の死後、自分がバチラーの世話をするつもりでいたのに、アンドレスが横から出て来てパパ、バチラーをとってしまったと思ったせいだろう。八重子のファーザー・コンプレックスのあらわれと言えた。

この頃バチラーは八〇歳の高齢であったが、『アイヌ・英・和辞典』第四版の執筆に努力を傾けた。しかしその出版は思うにまかせなかった。戦争のために用紙は不足し始めていたし、この辞書のように、戦時下に不急でない書籍には用紙の割当てはなかった。しかし徳川義親の奔走によって岩波書店がその出版を引き受けてくれた。一九三八年（昭和一三年）四月バチラーはアンドレスとともに上京して、六月まで二人でその校正に没頭した。翌三九年（昭和一四年）この辞書が完成した。ときにバチラー八五歳であった。同年日本の戦時色はますます濃厚になり、国内の反英感情も強くなった。また九月には英国がドイツに宣戦を布告した。そこで彼は骨を埋めるつもりでいた日本を去る決心をし、一九四〇年（昭和一五年）五月七日にロンドン行きの船がないか日本郵船に問い合わせた。一一月一三日リヴァプール行きの箱根丸があるという返事が来た。彼は早速それを予約したが、七月二二日にこれを取り消した。イギリスに帰ることは危険であることがわかったからである。そこで彼はカナダに行く決心をし、一二月一七日札幌を発って横浜に行き、アジア丸に乗ってバンクーヴァーに向かった。その前日彼は徳川義親に、もう一度札幌に帰って来るから、アイヌ保護学園はそのままにしておいてくれと、くれぐれもたのんだ。一九四二年彼はカナダから故郷アクフィールドに帰り、一九四四年（昭和一九年）四月二日になくなった、享年九〇歳であった。

彼は前世紀の終わりにたまたま北海道に来て、アイヌの存在を知り、アイヌとアイヌ語をこよなく愛し、アイヌが冷遇され、差別されていることに憤慨し、彼と志を同じくする何人かの人とともに、アイヌの福祉のためにできるかぎりのことをした。彼はこの点で、ＮＧＯの先駆と言えるかもしれない。バチラーは晩年には聖者のようだったと言われる（司馬遼太郎『オホーツク街道』朝日新聞社）。彼が『自伝』の末尾に書いたつぎの文は、今日でもわれわれの心をそくそくと打つのである。

「世界の文化の進歩はすべての人がみな生存権を有しているように、あらゆる民族もまた民族としての生存権［を有すること］があきらかに認められてまいりました。これは当然のことであります。日本人が米国やその他で、差別的待遇を受けていることを聞くとき本当にいやな気がいたします。日本は大いにその非を責め、また世界に向かって人類平等主義を主張せねばならないと思います。それをなすまえに、同国民であるアイヌ族がもって生まれたその生存権まで奪われ、山から山へ追い込められて、予防し得る病気のために、地上から滅びゆかんとしていることに［日本人が］注目され、その向上策に誠意を示されることを希望いたします」。

　彼はしばしば「アイヌの父」とよばれたが、むしろ日本人に対するきびしい警告者であり、厳格な父であった。

文献

Batchelor, J. The Grammar. in Ainu-English-Japanese Dictionary. 1926.

金田一京助「蝦夷語学の鼻祖上原熊次郎先生逸事」『アイヌの研究』一九二六年、内外書房

バチラー『ジョン・バチラー自叙伝　我が記憶をたどりて』一九二八年、文禄社

仁多見巌訳編『ジョン・バチェラーの手紙』一九六五年、山本書店

掛川源一郎『バチラー八重子の生涯』一九八八年、北海道出版企画センター

司馬遼太郎『オホーツク街道』一九九三年、朝日新聞社

謝辞

仁多見氏の著書から手紙を引用し、この手紙に従いバチラー自伝の年号の誤りを訂正し、また同氏作成の年譜を参考させていただきました。また掛川氏の著書から一部引用しました。両氏に厚く感謝します。

安田一郎

バチラー年譜

	事項
一八五四（嘉永　七）年	三月二〇日、イギリス、サセックス州アクフィールド村に生まれる。
一八六六（慶応　二）年	二つの民族の間で働くと祖母から予言される。
一八六九（明治　二）年	小学校を卒業。弁護士試験を受け、不合格。［一五歳］
一八七六（明治　九）年	九月イギリスを発ち、香港に行き、同地のセント・ポール（聖パウロ）・カレッジに入学。
一八七七（明治一〇）年	香港で病気になり、五月三一日香港を発ち横浜に行く。六月一六日アメリカの帆船で横浜を発ち、六月二四日函館に到着。宣教師見習いとして函館に住む。日本語を学ぶ。
一八七八（明治一一）年	三月函館でアイヌをはじめて見る。秋札幌に行き、開拓使長官黒田清隆に会う。札幌でアイヌ、デンベにつきアイヌ語を学ぶ。
一八七九（明治一二）年	ＣＭＳ（海外）伝道協会に入会し、アイヌ伝道を決心する。五月有珠に行き、モコチャロ（日本名、向井富蔵）と親しくなる。ついで平取を訪れ、ペンリ（ペンリウク）村長からアイヌ語を学ぶ。
一八八〇（明治一三）年	四月弘前に旅行、青森県にアイヌ語が残っているのを知る。
一八八一（明治一四）年	四月ペンリ村長を再度訪問し、沙流川上流および下流に行く。一二月イギリスに一時帰国。
一八八二（明治一五）年	二月ケンブリッジ大学のリデルホール、およびイズリングトン神学校に入学。「アイヌ語彙集」を『日本アジア協会会報』に発表。
一八八三（明治一六）年	二月ロンドンを発ち、四月函館着。五月平取のペンリ村長宅に住み、アイヌ語を学ぶ。秋栄養失調におちいる。一二月二七日、聖公会北海道監督アンドレスの妹ルイザ（四二歳）と結婚するため上京。［二九歳］
一八八四（明治一七）年	元旦英国公使館で結婚式をあげる。六月夫人と小樽、札幌、千歳、苫小牧、平取、新冠、

静内と廻る。平取ではペンリ村長宅に滞在。『日本国北海道蝦夷今昔物語』を日本語で出版。

一八八五（明治一八）年　一月夫人と関西旅行。大阪でアイヌの風俗について講演。春英国スパイとして告訴される。夏無罪の判決が下る。一二月二五日金成太郎アイヌで最初のキリスト教徒になる。

一八八六（明治一九）年　五月函館から幌別（金成太郎の父、喜蔵の家）に転居。夏チェンバレン教授来訪。バチラーの「アイヌ語文法」を見る。

一八八七（明治二〇）年　「アイヌ語文法」を『東京帝国大学文科大学紀要』（英文）に発表。日本聖公会の執事になるため、東京に行き、六か月勉学し、一二月八日執事になる。

一八八八（明治二一）年　「カムイというアイヌ語について」、「アイヌ民間伝承の見本」を『日本アジア協会会報』（英文）に発表。秋、幌別に愛隣学校を建てる。六月長老になるため再度上京し、勉学。マタイ伝、ルカ伝などをアイヌ語に翻訳。一二月二一日長老になる。

一八八九（明治二二）年　六月『蝦和英三対辞書』を北海道庁から出版。

一八九〇（明治二三）年　一月イギリスに一時帰国。ある村で牧師を六か月する。

一八九一（明治二四）年　マルコ伝、ヨハネ伝などをアイヌ語に訳す。

一八九二（明治二五）年　一月札幌北三条西七丁目に転居。英文『日本のアイヌ』、英文『アイヌ炉辺物語』、英文『アイヌ語の地名』をロンドンで出版。『アイヌ語訳詩篇』を刊行。一二月アイヌ施療病室を作る。関場不二彦診療を担当。

一八九三（明治二六）年　宮部金吾と「アイヌ有用植物」を『日本アジア協会会報』（英文）に発表。

一八九四（明治二七）年　この年北海道各地を伝道し、網走まで馬で行く。『アメリカ民間伝承協会雑誌』に「アイヌの民間伝承」を発表。［四〇歳］

一八九五（明治二八）年　五月平取に教会完成。ミス・ローレンス来日。

一八九六（明治二九）年　一月有珠に教会完成。「イシリナ（魔法をかける）」を『日本アジア協会会報』（英文）に発表。一一月ミス・ブライアント来日。

一八九七（明治三〇）年　アイヌ語訳『新約聖書』出版。

一八九八（明治三一）年　札幌に新居を建てる（建物は現在北大植物園にバチラー記念館として保存）。

一九〇〇（明治三三）年　八月日本語版『アイヌ人及其説話』上巻を教文館より出版。

一九〇一（明治三四）年　八月同上書、中巻を教文館より出版。一二月イギリスに一時帰国。英文『アイヌとその民間伝承』をロンドンで出版。

一九〇二（明治三五）年　英文『海に囲まれたエゾ』をロンドンで出版。

一九〇三（明治三六）年　秋セリオセフスキ、ピルズツキ来訪し歓談。

一九〇五（明治三八）年　『アイヌ英和辞典』第二版を教文館から出版。

一九〇六（明治三九）年　一〇月三〇日向井富蔵、フユの次女、八重子（二二歳）を養女にする。

一九〇七（明治四〇）年　八月はじめて樺太を伝道、以後数回同地を伝道する。

一九〇八（明治四一）年　『ヘスティングの倫理学および宗教百科辞典』に「アイヌの宗教」を寄稿。

一九〇九（明治四二）年　四月二八日夫人、養女とともに小樽を発ち、三〇日ウラジオストック着。五月四日同地からシベリア鉄道に乗り帰国。秋カンタベリー大監督より神学博士号授与。日本政府より勲四等を授与。［五五歳］

一九一〇（明治四三）年　四月日本に戻る。四月二七日観桜会に招待され、明治天皇と握手。以後「不思議な力」を得る。有珠にも家を建て、この地の伝道に努める。

一九一二（明治四五）年　有珠の土地を旧地主より訴えられ敗訴。立ち退きを命じられる。

一九一五（大正　四）年　一二月イギリスに帰国の途中オーストラリア、ニュージーランドに滞在。マオリ人の治療をする。

一九一六（大正　五）年　一二月大戦のために、イギリスに行けず、札幌に戻る。

一九一八（大正　七）年　五月中条（宮本）百合子（二〇歳）来訪し滞在。樺太庁にアイヌ差別教育廃止を提言。

一九二〇（大正　九）年　徳川義親と親交を結ぶ。機関誌『ウタリグス』（人々のために）を創刊。

一九二三（大正一二）年　CMS伝道協会宣教師を辞任。

一九二四（大正一三）年　九月二四日アイヌ保護学園設立。宮内省、北海道庁、日本聖公会などより表彰。［七〇歳］

一九二五（大正一四）年　英文『北海道の穴居民』を教文館から出版。日本語版『アイヌ人と其説話』と日本語版『アイヌ炉辺物語』を札幌富貴堂書房から出版。

一九二六（大正一五）年　八月『アイヌ英和辞典』第三版を教文館から出版。一〇月汎太平洋学術研究会委員に推薦され、アイヌ語の本質について講演。

一九二七（昭和　二）年　一〇月英文『アイヌの生活と伝承』を教文館から出版。

一九二八（昭和　三）年　一〇月日本語版『ジョン・バチラー自叙伝――我が記憶をたどりて』を文禄社から出版。

一九二九（昭和　四）年　日本語版『アイヌより観たる日本地名研究』を文禄社から出版。

一九三一（昭和　六）年　アイヌ保護学園をバチラー学園と改称。八重子、歌集『若きウタリに』を東京堂から出版。

一九三六（昭和一一）年	四月六日ルイザ夫人死去。享年九一歳。札幌円山墓地に葬る。一〇月三〇日イギリスに一時帰国。［八二歳］
一九三七（昭和一二）年	二月OBE勲章をイギリス皇帝より授与。三月イギリスから帰る。一〇月ルイザ夫人の姪、アンドレス来日。
一九三八（昭和一三）年	四月アンドレスと上京し、『アイヌ英和辞典』を校正。六月六日「六〇年間のアイヌ伝道の思い出」をラジオで国際放送。七月札幌市主催バチラー慰労音楽会開催。一一月一五日「日本における六二年を一五分で語る」をラジオで国際放送。
一九三九（昭和一四）年	『アイヌ・英・和辞典』第四版を岩波書店から刊行。
一九四〇（昭和一五）年	一二月一五日横浜を発ち、バンクーヴァーに向かう。
一九四二（昭和一七）年	イギリスに帰国。
一九四四（昭和一九）年	四月二日アクフィールドで脳出血のため死去。享年九〇歳。

＊年譜作成にあたっての参考文献は五〇九ページ参照。他に、ヒッチコック『アイヌ人とその文化』（北構保男訳、六興出版、一九八五年）。アダミ編著『アイヌ民族文献目録　欧文編』（小坂洋右訳、サッポロ堂書店［札幌市北区北一四条西四丁目二］、一九九一年）。および国立国会図書館所蔵のバチラーの著書および論文を参考にした。なお事件（事項）が起きた年については、異説が多いので、一、二年のずれがあることをご了承いただきたい。

訳者あとがき

本書はJohn Batchelor. The Ainu and Their Folk-Lore. The Religious Tract Society. London. 1901. の全訳である。ところで、本書を翻訳後に、この本は明治時代に日本語版が出ていることを知った。そこでこの現物を探しに国立国会図書館に行った。その結果ジョン・バチェラ著『アイヌ人及其説話』という本が、これであることが判明した。その奥付を見ると、上巻は明治三三年(一九〇〇年)一一月二六日発行、中巻は明治三四年(一九〇一年)八月三一日発行になっている。発行所は教文館(東京市京橋区銀座四丁目二番地)、印刷所は青山学院実業部(東京府豊多摩郡渋谷村大字青山南町七丁目一番地)である。下巻はこの図書館では見つからなかった。下巻はもともと出版されなかったのか、出版されたが、紛失してしまったのかは不明である。この日本語版の内容は本訳書の内容とほぼ同じであるが、序文は違う。この序文は本書が出版された事情をよく説明しているので、ここにその一部を転載しておきたい。文章は原文のままであるが、現代の読者が読みやすいように、漢字を減らし、句読点をふやし、現代仮名遣いに改めた。

昨年ある日、札幌農学校に奉職せらるるわが友人宮部博士、著者にいわく。もし君がアイヌのことに関し、今までになせしところの演説と種々記述せし多くのことをことごとく集めて、これを一冊とせば、可ならんと思惟すと。その後、他の人々もまた同様のことを請えり。しかして、日本人は格別に和文をもってすることを請えり。著者は著作の才に短にして、よくその任にあたるに足らざることを自ら知り、かつそのこと大にして、容易ならざる請いなりといえども、懇親なる友人の至嘱にして、そむきがたきものあり。またこの請いのごとくするときは、今までになせし記録の誤謬と僻見を改良するをえ、またさらに他の奇異なることを著す機会を与うるなきにあらず。——

本書は表題に示すごとく、アイヌ人およびその説話を記述し、決して他の人の習慣、および説話にわたらず。その包含せる事項はことごとく事実にして、想像にあらず。著者が第一着に収集せしものは、他より借りきたれるもの、すなわち伝聞により得られたるものにあらず。本書はまったくアイヌの実話にして、毫も著者の説を加えず。著者自らアイヌ語を翻訳し、後において見らるるごとく、アイヌの思想、説話、および口伝を記述せしものにして、毫も英国のことなどを交えて記述せしものにあらず。

しかれども、本書に論ずる説話はただ蝦夷アイヌのことのみに属すれども、著者は樺太島アイヌと親しく接せしは、わずかに四か月にすぎず。ゆえに、該島の住民の説話は実正、あるいは真確なりと、自らこれを保証するあたわず。ゆえに、本書には樺太アイヌのことはまれに記載するのみなり。また蝦夷アイヌのことといえども、その説話は沙流、室蘭、有珠、新冠、石狩、十勝、釧路、および網走などの地方において、著者自ら収集せし事柄のみを本書に記載せり。アイヌの説話などを研究するに意ある人あらんには、なお許多の事項を収集するを得べきはもちろんなりといえども、著者はかくのごときことに費やすべき時間を有せず。ゆえに、本書をもって著者がアイヌのことを論ずる最終の言となさんと欲す。――

本書はその目的第一、日本人のために著せしゆえに、日本語にて記述せり。なんとなれば、深くアイヌのことを研究せんと欲する人は、けだし英語よりも、日本語を便利とするならんと思うによる。――終わりに、一言す。本書を著すに著者の口にて述べたる、つたなきことばを巧みに記されし助手の労を謝す。

そしてこの助手がまた序文を寄せている。その序文の一部も転載しておく。

本書の著者バチェラ氏は英国人にして、つとに日本国に来り、アイヌと相いともに起臥する二十余年、その間、よくかの風俗、習慣、言語に精通し、アイヌ語を用いること、またあたかもその自国語のごとくにして、毫も苦渋するところなく、実見親炙の事実を精探細究したる結果、本書を著したるにより、本書記するところは、実に拠り、真を写したる最正確のものと言わざるべからず。

本書の原文は英語にて記し、The Ainu and Their Folklore と題す。本書はとくに日本人のために記されたるもの［なり］――その記するところは題名のごとく、アイヌおよびその説話の外に出ずと言えども、日本国の先住者たるアイヌの流風遺習の日本人風俗習慣中に存するものあり。ゆえに、本書によりて、ただアイヌの風俗習慣を知るにとどまらず、日本人風俗習慣の根源由来をあきらかにするところ少なからず。しかしてまたアイヌのためには貴重なる古事記なりとす。

バチェラ氏はアイヌ語の他、なおまた日本語にもよく精通し、談話すこぶる巧みなり。――本書はバチェラ氏の口述するところを余が筆記せしにすぎず。今本書を刊行するにあたり、一言してもって序とす。

明治三三年七月三〇日　著者助手。

以上の文から考えると、本書は、英語で最初に書かれ、日本語版の一部が明治三三年（一九〇〇年）一一月に出版され、翌年に英語版がロンドンから、日本語版の中巻が教文館から出版されたらしい。ところが大正時代の終わりに、この日本語版の改訂版が出た。国会図書館で調べると、表題はバチェラー著『アイヌ人と其説話』、発行は大正一四年（一九二五年）七月一日、出版社は富貴堂書房（札幌市南一条西三丁目六）になっている。旧日本語版が口述筆記であるのに対して、この版は、著者が英語版を森安延衛、若林功（この人は『北海道開拓秘録』の著者として北海道では有名だった）の援助をえて翻訳したものである。この翻訳後、向井山雄（バチラー八重子の弟で、司祭）が全巻を通読し、アイヌの立場から意見を述べた。バチラーはこの新版では日本語の文体を変え、旧版の（さきに引用した）序文を削除し、1章と2章にアイヌの歴史を一、二ページつけ加えた。しかしそれ以外の章の内容は、旧版とまったく同じである。加筆部分の一部を参考までにあげておく。

1章――「現時アイヌの郷土はエゾの島、すなわち今の北海道と南樺太である。この島は紀元六六二年阿部の比良夫という人が、今の後志《しりべし》の国に守備隊をとどめ国内探検を行ったときはじめて日本の歴史の前景にあらわれた。しかし一六世紀前のことは少しも聞くところなく、ようやくこの世紀に入り、武田信広なる人が力を開拓に尽くした。松前藩主は実にこの名士信広の後裔であると。政府の所在地は松前とよび、北海道の南部にあるが、一六〇四年［慶長九年］松前義広の代、徳川家康の公認をえ、爾後、その権威は一八六九年［明治二年］に及んだ。この年エゾは九か国に分画された。そしてアイヌの大部分は、日高、胆振、および十勝に住んでいる。あるアイヌ人の話によると、北海道は以前は西は石狩より東は苫小牧まで海水により分かれた島で、南はウシマ、すなわち半島湾といい、北はノシケ・モシリ、すなわち『中の島』とよんだと。樺太のアイヌは今日でも北海道をノシケ・モシリとよんでいる。今は昔、百日にわたる大地震があったが、このため砂が海より突出し、二つの島が一つの島になったと言っているが、その地方の土壌はこの伝説の正しさを思わせぬでもない」（語句一部変更）。

2章――「紀元七二〇年［養老四年］、彼らが日本人に加えた強力な襲撃はこれを撃退するに日本人をして、九か国の兵を招集するに至らしめたとのことである。戦局は日本側に有利になってアイヌ人はついに仙台以北に退却するにやむなきに至った。記録は、紀元七七六年［宝亀七年］北方要塞（この要塞でアイヌはいつも返り討ちされた）に近い多くのアイヌの首領たちが彼らの宿敵に大攻撃を加えたことを語っている。彼らは仙台付近の要塞に猛烈に突撃した。――幾多の激戦が海にも陸にも行われ、勝利は一方に与えられるかと思えば、またたちまちにして他方に帰し、いわゆる勝敗相い半ばしたのであった。しかるに九世紀に至り、勝利は日本側のものになり、幾世紀にわたる恐ろしい闘争は終わりを告げた。紀元八五五年［斉衡二年］アイヌ間に内乱が起こり、これがために彼らの勢力がいちじるしく弱められた――」（漢字表記変更）。この項は、一九二七年（昭和二年）刊行の『アイヌの生活と伝承』（英文）の第四章「日本人との戦闘」の二三〜二四ページに載っている文と同じである。

訳者は、原初の信仰形態について大きな関心をもっていたので、昭和二〇年代の終わりにこの訳書の原本をたまたま神田の古本屋街で手に入れた。当時私は、この本の日本語版があることなど知らなかった。この古本には、つぎの書き込みがあったのが印象的であった。「本書は往年（昭和一年頃）上海のシナ人古本屋にて求めて読まずにしまっておいたが、その後一一年たった昭和一三年一一月一九日はからずもこれがアイヌの父バチラー博士の著書と気づきなかなかの珍書と認め、保存することとした」と。旧所有者は一一月一九日のバチラーのラジオ放送を聞いて、はっと思いあたったのであろう。

読者諸氏にとくに注意を喚起しておきたいことは、本書に述べられたアイヌの生活状態の記述は一九世紀のものであって、現在のものでないことである。訳者がこの古い本をあえて出すのは、民族の精神の根幹にある信仰を知っていただくためである。

本書のなかには今日の観点からすると、差別的表現、あるいは差別的表現ととられかねない箇所がある。しかし著者バチラー氏が差別に対して強く反対していたことは、氏の自伝や多数の書簡からもあきらかである。したがって氏が本書によって差別を助長しようとしたとは考えられないし、氏に差別の意図があったとは考えられない。また本書が学術的に貴重な著書であることにかんがみて、無削除で刊行することにした。読者諸氏のご賢察を切に望むものである。

私は、一九八七年（昭和六二年）に青土社からアストンの『神道』の拙訳を刊行していただいた。その直後に、バチラーの本書を出してもらえないかと、青土社の清水康雄社長にお願いをしたところ、快諾を得た。しかし当時私は公務多忙で、翻訳にとりかかることができなかった。昨年、清水社長から早くしてくれというお電話をいただいた。そこで急いで訳すことにした。二〇代の終わりから気掛かりであったこの本を、人生のたそがれが迫った今、出版することができたのは、一つに清水社長のおかげである。ここに厚く同社長にお礼を申しあげたい。同社長はまた古いアイヌ関係文献を（大正から昭和初期に出たアイヌ関係文献は非常に高価であるが）神田古本屋街でさがして多数送ってくださった。このことでもお礼を申しあげたい。横浜市立大学講師の浮田徹嗣君も同大学図書館で古いアイヌ関係文献をさがしてくれた。また織機については東京芸術大学染織研究室助手の岡本泰子さんの教示をえた。両氏に厚くお礼を申しあげる。最後に本書出版にあたって、たいへんお世話になった青土社の水木康文氏にお礼を申しあげたい。

なお、本書校正中に、仁多見巌、飯田洋右訳編『ジョン・バチラー遺稿――わが人生の軌跡』（一九九三年、北海道出版企画センター／札幌市北区北一八条西六丁目二〇）があることを、水木康文氏が教えてくださったことを付記しておく。バチラーについてくわしいことを知りたい方は是非一読されたい。

一九九四年（平成六年）十一月

安田一郎

解説

アイヌ民族学の立場から本書『アイヌの伝承と民俗』を読む

このたび青土社より、ジョン・バチラー『アイヌの伝承と民俗』（原題 *The Ainu and Their Folk-Lore* 1901 London）（以下『本書』と呼ぶ）の安田一郎氏による和訳が再版されることとなった。『本書』は、アイヌ語とともに心ゆたかに暮らすアイヌの人びととその文化の持つ魅力に引き寄せられた英国人、ジョン・バチラーの異文化理解のひとつの到達点をしめす記録といえるものである。

『本書』の原著者ジョン・バチラーは、北海道のアイヌの人々との交わりの中から得られた多くのアイヌ語彙や民族誌的情報を多くの書物に残しているが、バチラーの業績全体を視野に入れた評価は未だなされていない。そこで、今回の再版にあたり、バチラーの業績全体を捉えなおすことを視野に入れながら、『本書』を民族学（文化人類学）的視点から読み直してみたい。

『本書』の原著は、一九〇一年にバチラーの祖国である英国ロンドンで刊行されたものである。この日本語版はロンドン版に先立つ一九〇〇年（明治三三）に上巻が刊行され（東京、教文館）、中巻も翌年同所より刊行されたが、下巻はどうしたことか出版されず、未刊行のままにされた。したがってコンプリートで最初に刊行されたものは英文版であり、挿入された写真や図版が鮮明でかつ豊富に提示され、充実した内容となっている。なお、英文版の翻訳は札幌、富貴堂書房より一九二五年（大正一四）に刊行されている（『アイヌ人及其説話』大正一四年七月一日　札幌、富貴堂）。翻訳の援助を行ったのは、森安延衛と若林功であり、また「アイヌの友人向井山雄が著者と共に通読訂正した」と緒言に記述されている。この日本語版はバチラーのアイヌ文化に関するもっともポピュラーな翻訳書として普及し、再販が翌一九二六年、改訂版が一九三〇年（昭和五）に刊行されている。富貴堂版の二種と英語版では写真や図版に多く差し替えや削除がみられ、定本としてはこの英文版とすべきであり、このたび再販される安田一郎氏翻訳の青土社版は、バチラーが母語で綴ったもので、その想いが直接反映されているであろう。したがって、『本書』は、現代的視点に立って初めて日本の読書に提示された、バチラーによる「アイヌ文化論の原点」と位置付けたい。

をふかく理解できるものである。

青土社版の『本書』は、訳者安田一郎氏の手になる「バチラー小伝」と「年譜」が付録にあることで、バチラー像をふかく理解できるものである。

バチラーは、一八五四年に英国に生まれ、二三歳のとき函館に宣教師見習いとして居住。翌一八七八年札幌でアイヌの人からアイヌ語を学んだという。その後噴火湾沿いの有珠に赴き、アイヌ伝道を本格化する中で、アイヌの信徒、向井富蔵と緊密になる。次いでアイヌ人口の多い日高地方の沙流川流域ピラトリで、アイヌの有力者ペンリウクからアイヌの文化を身近に学んだ。

バチラーの当初の目的は、アイヌの人々へのキリスト教布教に向けて、自らアイヌ語を学ぶとともに、アイヌ語彙の集成を行い、アイヌとキリスト教の世界観を共有することにあったはずである。事実、彼はアイヌ語辞典を一八八九年（明治二二）に完成させるとともに、アイヌ語訳の新約聖書などの福音書も著している。そしてアイヌとのコミュニケーションに必要な語彙を聞き取る調査の過程で、合わせて語られるアイヌ文化のさまざまな内容豊かな生活文化を書きとめるという自然な流れが生まれ、民族誌として『本書』がまとめられていったのであろう。

今日的視点で見れば、明治政府が同化政策を推進し、アイヌを日本文化の枠に閉じ込めようとするさなかであっても、バチラーが『本書』の基となる記録を行った北海道滞在当時は、いまだアイヌ語での豊かな会話が盛んに交わされる中で、アイヌ文化が力強く生き生きと保持されていた時期で、写真や図版で示された民具とその生活が日常であったことが特筆に値する。したがって、その記録も明治初期の民族誌として学問的に貴重である。

すなわち『本書』は、キリスト教伝道者としての情熱をもって生き生きとしたアイヌ文化・社会を投影した、アイヌ民族文化の記録であるとともに、聞き書きなどが体系的に挿入された、学術的な側面をもつ資料として再評価されるべきである。

バチラーの一連の著作の問題点を挙げれば、ひとつは地名の解釈に顕著な、彼のアイヌ語分析と解釈の部分である。彼自身ある程度アイヌ語が分かってくると地名を独自解釈してしまうことが散見された。いわば、アイヌ語単語を一部創作してしまったものまである。それから、音韻表記などの問題である。アイヌ語の文法構造の解明と提示など言語学的な整理が進むのは、知里真志保の論文まで待たねばならなかった。

もうひとつは、単語にせよ、聞き書きにせよ、多くは採集地が不明で、資料としての価値を薄めている点である。

また、『本書』の戦前の翻訳書『アイヌ人及其説話』についても、原文を日本語に移しかえるにあたって、バチラーに日本語を教えた当時の人たちの価値観、「アイヌ観」が入っていると考えるべきである。バチラーがアイヌの文化に接した時、彼がどのようにそれを受け止めたか、キリスト教精神を背負ったイギリス人が、和人文化というフィルターを二重に通して見ているところが、ひとつの時代状況として注意すべき点である。

そうした意味で、バチラーの原典を、アイヌをはじめとする先住民族問題への理解が進んだ今日的視点で改めて解釈した安田一郎氏の翻訳である『本書』には、大きな意義があったといえる。

ところで知里真志保は、『アイヌ語入門』という本の中で、バチラーの辞典の誤りを徹底的に批判している。知里がアイヌ研究を深めていった時代は、アイヌへの差別や偏見も根強く、そうした社会的状況に対して彼自身がアイヌ民族を背負って戦わざるを得ない面があり、彼は日本人も含めて、研究者に対する学問的誤りを正すために敢えて強烈な批判を展開したわけである。

知里は自ら編んだ辞書の随所で、バチラーのこうした記述は全くの誤りであると、わざわざ断り書きを註に付けるなどしているが、それはすなわち、当時においてバチラーの辞典がいかに影響力をもっていたかを示すとともに、バチラーに誤りがあっても、内心彼の業績を認めていたことの表れかもしれない。

あるいは知里としても、内心は全否定ではなく使い方次第だと言いたかったのかもしれないが、当時のアイヌを取り巻く状況を鑑みて、彼の意に反する誤解が生じることを避けるため、全否定と受けとられる表現を用いたのではないか。また一方で、知里自身、アイヌのことはアイヌにしか分からない、との思いを示したとも受け取れる。

バチラーの残した膨大な記録・記述を見ると、彼には、同化政策などによって失なわれつつある「伝統社会」のアイヌの人たち、アイヌ語そしてアイヌ文化を、是が非でも記録にとどめようという強いパッションがあったと思われる。この単語は何だろうと思い、バチラーの辞典を引いてみたら、すでに収録されていたケースがあったと、アイヌ言語学者の中川裕氏が語っておられた。こうしたバチラーの強烈なパッションの結実としての辞典をはじめとするアイヌの外部世界の人間による記録は、ひるがえって今日のアイヌ語学習やアイヌ研究の広がりの一助となっていることとは改めて事実として指摘しておきたい。

バチラーが、アイヌ語を学び、複数のアイヌ語福音書まで編んでいることについては、もちろん伝道のためというのが主要な動機であろうが、『本書』をはじめとする彼の執筆活動全体は、そうした必要性に応じた作業の枠をはみだしている。

また、これはキリスト者としての倫理観の延長的行動とも捉えられるが、彼は『ウタリグス』という雑誌の発行や、バチラー学園を通して、アイヌの人たちのためにいろいろな奉仕活動を行っている。

また、バチラーの周囲で支えていた人たちのことも重要である。バチラーを通じてキリスト教に帰依した向井富蔵などは、後にバチラーの養女になるバチラー八重子の実父である。

筆者の立教大学時代の恩師海老沢有道先生のご母堂がバチラー学園に関係されていたのであるが、その方の回想によれば、バチラーという人は、非常に魅力に富んだ、人を魅きつけるものをもった人だったようである。アイヌに対する深い理解を持っていると周囲の人々に受け止められていたとのことである。バチラーは、時折東京などでアイヌについて講演などをしているが、それが知識人層の共感と寄付や支援の申し出に繋がった。

『本書』以外のバチラーの著書である *Ainu Life and Lore*（1927 東京、教文館）や *The Koropok-Guru Or Pit-dwellers Of North Japan*（1904 Yokohama, Japan Mail）などは、広く世界の知識人に読まれていた。そのため、バチラーの仕事は、その後の日本、さらには欧米諸国におけるアイヌ・イメージの形成にたいへん大きな役割を果たしたはずである。それらが広く今日のアイヌ語・アイヌ文化研究にどのような作用を及ぼしたのかという点を、きちんと学問的に位置付けていかねばならない。

『本書』をはじめとするバチラーの著作の足跡を、現代的視点を持ちつつ、バチラーの世界観と彼を取り巻いていた状況を睨みながら咀嚼できれば、すなわちなぜバチラーがこのように述べたのか、このように描いたのかというところを突きつめることによって、彼が日本あるいは世界の読書層、知識層のアイヌ観、アイヌ・イメージの形成にどのような影響を与えたかの解明につながることと思われる。

バチラーは、明治・大正期を中心に、広く国内外のアイヌ認識に大きな影響を与えたのは確実である。また学者たちも刺激を受け、バチラーを超える仕事への意欲にもつながってきた。

バチラーを同じキリスト教的世界観の内側から、あるいはひとりの聖職者へのアプローチとして伝記などにまとめた仕事はあるが、外側からある距離をおいて、学問の対象としてとらえる仕事はまだ十分なされていない。バチラーがあれほど多くの語彙を集めた辞典をつくり、『本書』をはじめとする膨大な著述を残したということは、やはり布教の枠を超えた熱意と、アイヌの人々への「愛情」の表れであると思われる。
当然のことながら、彼の記述の中には他者の引用も含まれ、彼のオリジナル部分とをしっかりと仕分ける必要もある。そうしたプロセスを経て、バチラーの業績の全体像を把握したうえで、公正に再評価をせねばならない。

一方、『本書』中に記載のある古老からの聞き書きや民族誌的記述は、豊かで、かつ体系的に配置されている。このことは、『本書』を言語学、民族誌、民族学（文化人類学）、あるいはより広範な学際的な視点からの活用と評価の見直しが必要となってくることを示唆しているのではなかろうか。

『辞典』を含むバチラーの一連の労作も、日本人研究者の多くからは、学問的にほとんど評価されずに見過ごされてきたといえる。その理由は何か。ひとつに、長い歴史を通じて接触してきた日本人こそ、アイヌを熟知し、アイヌ文化を記録できるのだという、誤った認識があるのかもしれない。これは、アイヌのことはアイヌにしか分からない、との思いを示した知里真志保の言語学者であり、当事者としての自負とは異なる、わたしたち和人の研究者がアイヌ研究において示してきた偏狭な学問観の表れといえるだろう。

今回再版される『本書』安田一郎氏の翻訳は、上述したバチラーの再評価に向けた作業をはじめ、国際的なアイヌ研究の系譜の明確化など、新たなアイヌ研究の地平を切り拓く出発点として、今後の学際的視野からのアイヌ研究の中で大いに活用されることを期待したい。

二〇一八年（平成三〇年）八月三日

大塚和義（国立民族学博物館名誉教授／アイヌ民族学）

索　引

オ

カ

キ

ク

チ

テ

アイヌの伝承と民俗

新装版

2018年 8 月25日　第 1 刷印刷

2018年 9 月15日　第 1 刷発行

著者——ジョン・バチラー

訳者——安田一郎

発行者——清水一人

発行所——青土社

〒101-0051　東京都千代田区神田神保町 1—29　市瀬ビル

［電話］3291-9831（編集）　3294-7829（営業）

［振替］00190- 7 -192955

印刷・製本所——ディグ

装幀者——田中淑恵

ISBN978-4-7917-7097-7　　Printed in Japan